그림으로 배우는

스프링 6 입문

토키 코헤이 지음
김성훈 옮김

한빛미디어
Hanbit Media, Inc.

스프링을 이제 막 배우는 개발자에게 꼭 필요한 부분만 엄선해 설명하는 책입니다. 기존의 스프링 도서들은 많은 것을 알려주려고 하여 읽기 부담스러웠으나 이 책은 업무에 주로 사용하는 기능 위주로 설명이 쉽게 되어 있습니다. 특히 테스트를 설명한 부분은 중급 개발자들이 현장에 적용할 아이디어를 얻는 데 도움이 될 것입니다. 요즘 신규 개발자에게 스프링에 대해 설명할 때 어려움을 느끼고 있었는데 도움이 많이 되었습니다.

홍스(프리랜서 개발자)

초보자가 헷갈리기 쉽거나 확실히 알기 어려운 개념들을 차근차근 설명해주고, 제공된 샘플 코드를 직접 실행해보며 스프링의 개념과 용법에 익숙해지도록 돕는 책입니다. 자바나 자바스크립트 등과 관련된 사전 지식이 어느 정도 필요하지만 설명과 코드를 따라가다 보면 어느새 스프링에 익숙해져 있을 것입니다. 스프링 초보자가 개념을 확실히 다잡고, 중급자로 넘어가고자 할 때 읽기 좋은 책입니다.

권성민(스마트레이더시스템 선임연구원)

스프링은 따로 설명할 필요가 없을 만큼 유명한 프레임워크이고, 자바의 사용 비중이 높은 우리나라에서는 특히 더 많이 쓰입니다. 많은 분들이 배우길 원하는 만큼 다양한 서적이 있지만, 이 책은 그중에서도 추천할 만한 책입니다. 세심한 설명과 함께 제목이 말해주듯 다양한 다이어그램으로 복잡한 스프링의 기능을 명확하게 소개합니다. 따라서 쉽게 이해할 수 있을 뿐만 아니라 원하는 내용을 빠르게 찾아보기에도 좋습니다. 스프링을 배우기 시작하는 초보자뿐만 아니라 스프링의 다양한 기능을 익히고 싶은 분들에게도 추천합니다.

정현준(AtlasLabs, VP of Engineering)

내가 '읽은' 스프링 관련 지식이 내가 '알고 있는' 지식으로 바뀌는 기분 좋은 경험을 하고 싶은가요? 그럼 당장 이 책을 읽으면 됩니다! 각 주제가 적절한 분량으로 구성되어 있고, 실습을 통해 읽은 내용을 복습할 수 있어 누구나 부담 없이 재미있게 읽을 수 있습니다. 저의 경우에는 이 책을 통해 어설프게 알고 있었던 스프링과 스프링 부트의 내용을 깔끔하게 정리해볼 수 있었습니다. 특히 각 장의 끝에 있는 실습은 지시문의 옵션을 포함해서 반드시 해보라고 권하고 싶습니다. 스프링 초보자를 위한 재미있고 유익한 책을 찾는다면 이 책을 추천드립니다.

채민석(integrate.io 기술영업)

스프링의 주요 개념들을 다이어그램을 사용해 쉽고 자세하게 설명합니다. 또한 실습이 잘 구성되어 있어서 이해하기 어려운 부분도 직접 구현해보면서 스스로 고민하고 해결할 수 있도록 돕습니다. 특히 테스트에 대해 자세히 설명하는데, 테스트의 목적과 방법을 이해한다면 실무에서 큰 도움이 될 거라고 생각합니다. 탄탄하게 스프링 기초를 다질 수 있는 책으로, 스프링 애플리케이션 개발을 시작하는 분들에게 강력히 추천합니다.

이동규(데이터 엔지니어)

스프링 프레임워크는 개발자들에게 인기가 높은 개발 도구입니다. 커뮤니티도, 관련된 도서도 많이 있지만, 정작 쉽게 스프링 웹 프레임워크의 개념을 이해하고 실제 개발을 시작할 수 있도록 개념을 잡아주는 서적은 많지 않은 것 같습니다. 이 책은 스프링 시큐리티, MVC, DI, JUnit 등 필수적인 지식을 쉽고 간략하게 설명하며 실습 코드를 제공해주므로 손쉽게 따라갈 수 있습니다. 스프링으로 웹 서버 개발에 도전하는 분들에게 추천드립니다.

조현규(페리지에어로스페이스, SRE Engineer)

지은이·옮긴이 소개

지은이 토키 코헤이 土岐 孝平

대학에서 정보 공학을 전공했지만 졸업 후에는 캐주얼 숍에서 판매원으로 일하다가 IT 업계에 합류했다. 2002년에 스프링의 창시자인 로드 존슨Rod Johnson의 책 『J2EE Design and Development』를 접하고 스프링의 팬이 되었다. 다양한 개발 프로젝트에 참여하며 비효율적인 개발 환경을 겪고 교육의 중요성을 통감했다. 이러한 이유로 2008년부터는 교육 분야에서 활동을 시작했다. 2012년에는 주식회사 현장지향現場指向(*https://www.genba-oriented.com*)을 설립해 스프링을 중심으로 한 교육 프로그램 강사로 활동 중이다. 저서로는 『OpenID Connect入門(OpenID Connect 입문)』(Kindle Direct Publishing, 2021), 『[改訂新版] Spring入門(스프링 입문 개정판)』(기술평론사, 2016), 『間違いだらけのソフトウェア・ア・キテクチャ(실수투성이 소프트웨어 아키텍처)』(기술평론사, 2010) 등이 있다.

옮긴이 김성훈 openwide@naver.com

주로 IT 관련 서적을 번역하는 번역가다. 주요 번역서로는 『따라 하며 배우는 언리얼 엔진 5 입문』(한빛미디어, 2024), 『그림으로 배우는 5G 네트워크』(영진닷컴, 2022), 『그림으로 이해하는 IT 지식과 트렌드』(길벗, 2021), 『파이썬으로 배우는 머신러닝 입문』(성안당, 2021), 『Scratch가 보이는 그림책』(성안당, 2020), 『C가 보이는 그림책』(성안당, 2018), 『실무에서 바로 통하는 자바』(한빛미디어, 2017), 『안드로이드 개발 레벨업 교과서』(위키북스, 2017), 『프로그래밍이 보이는 그림책』(성안당, 2017), 『24가지 예제로 배우는 게임 수학&물리 입문』(길벗, 2014), 『세가의 신입 사원 교육 과정에서 배우는 게임 프로그래밍의 정석』(한빛미디어, 2012), 『웹 개발자를 위한 웹을 지탱하는 기술』(멘토르, 2011) 등이 있다.

스프링은 자바 기반 애플리케이션 개발에 쓰이는 오픈 소스 프레임워크입니다. 사실상 표준이라고 해도 좋을 만큼 많은 개발 프로젝트뿐만 아니라 전자정부 표준 프레임워크로도 사용되므로 이미 접해본 사람도 많을 것입니다. 일반적으로 프레임워크를 도입하면 애플리케이션의 기본 틀이 제공되므로 높은 품질을 유지하면서 개발 기간을 단축할 수 있고 유지 보수성이 우수한 애플리케이션을 만들 수 있습니다.

하지만 스프링 프레임워크에서 제공하는 이런 편리함을 제대로 누리려면 스프링이 내부적으로 어떻게 동작하는지 어느 정도 이해할 필요가 있습니다. 저자는 오랜 기간 스프링을 이용한 개발과 교육을 해오면서 스프링 프레임워크를 제대로 이해하지 못한 채로 예제를 그대로 적용해 의미 없는 코드를 넣거나 오히려 오류를 유발하는 개발자를 많이 보았다고 합니다.

이 책은 이러한 저자의 경험을 바탕으로 쓰여졌으며, 스프링을 체계적으로 정리하여 학습자가 중요한 기술 요소를 쉽게 이해할 수 있도록 구성되어 있습니다. 특히 함께 제공되는 실습용 프로젝트를 시간을 들여 분석해보고 실습 과제에 도전해보면 개념을 잡기에 더 좋으리라 생각합니다. 자바로 개발하면서 스프링을 피해 가기가 어려운 요즘, 이 책을 통해 스프링에 대한 더 깊은 통찰을 얻게 되길 기대합니다.

끝으로 번역 작업을 맡겨주신 한빛미디어와 번역 원고를 꼼꼼히 확인하시고 매끄럽게 다듬어주신 편집자님, 책의 완성도를 높여주신 베타리더분들께 깊이 감사드립니다. 항상 하는 말이지만 이 책을 선택해주신 독자 여러분께 이 책의 가치가 잘 전해진다면 번역자로서 무척 보람될 것 같습니다. 감사합니다.

김성훈

오랫동안 스프링 관련 개발 프로젝트와 교육에 참여하며 크게 두 가지 문제를 통감했습니다.

첫째, 스프링을 제대로 이해하지 못한 채 코딩하는 개발자가 많습니다. 스프링을 사용하는 데 필요한 코드를 마치 공식처럼 생각 없이 넣는 개발자를 많이 보았습니다. 의미 없는 코드를 넣기도 하고 심지어는 장애를 유발하는 코드를 넣는 경우도 있었습니다. 그 코드를 쓰면 어떤 일이 벌어지는지 모르기 때문에 예상한 대로 잘 동작하지 않게 되면 대처하는 데 큰 어려움을 겪게 됩니다.

둘째, 스프링은 초보자가 학습하기 어렵습니다. 스프링에는 자바를 배울 때 보지 못했던 새로운 용어가 많습니다. 게다가 어려운 용어도 많기 때문에 초보자가 매번 이해하고 외우기가 쉽지 않습니다. 또한 스프링이 제공하는 기능 중에는 프로그래밍으로 고생해본 경험이 없으면 편리함을 느끼기 어려운 것도 있어 프로그래밍 초보자의 경우 스프링에 친숙해지는 데 오랜 시간이 걸리죠.

이 책은 이러한 문제점을 해소하기 위해 쓰여졌고, 스프링을 체계적으로 정리하고 싶은 사람, 자바 학습을 마친 후 스프링에 입문하려는 사람에게 특히 추천할 만한 내용으로 구성되어 있습니다. 여러분의 경력에 이 책이 조금이나마 도움이 되길 바랍니다.

토키 코헤이

사전 지식

이 책을 이해하려면 다음과 같은 사전 지식이 필요하다.

- 자바^{Java} SE, 서블릿^{Servlet}, JSP, JDBC를 사용한 간단한 웹 애플리케이션을 만들 수 있거나 소스 코드를 이해할 수 있어야 한다.
- SQL을 사용해 간단한 SELECT, UPDATE, INSERT, DELETE 문을 작성할 수 있어야 한다.
- 간단한 HTML을 작성할 수 있어야 한다.
- CSS나 자바스크립트의 역할을 알고 있어야 한다(작성은 못 해도 상관없다).

버전 정보

표 0-1 이 책에서 사용하는 소프트웨어의 버전

제품	버전
자바	17
스프링 부트 Spring Boot	3.2.3
스프링 프레임워크 Spring Framework	6.1.4
스프링 시큐리티 Spring Security	6.2.2
Thymeleaf	3.1.2
JUnit	5.10.2

특별한 언급이 없다면 소프트웨어에 관한 설명은 [표 0-1]의 버전을 기준으로 한다. 소프트웨어 버전 업데이트로 인해 본문의 설명, 화면 캡처 등이 달라질 수 있으므로 학습할 때는 [표 0-1]의 버전을 사용하길 권장한다.

주요 내용

이 책은 크게 [1부 기본편]과 [2부 실무편]으로 구분된다.

대부분의 장에서 간단한 실습 과제를 제공하므로 직접 프로그램을 다뤄보면서 학습하길 권장한다. 실습 코드는 *https://github.com/hanbit/spring-6-introduction*에서 다운로드할 수 있으며, 코드를 불러오는 자세한 방법은 이어지는 〈실습 코드〉 부분을 참고하기 바란다.

1부 기본편

초보자도 쉽게 이해할 수 있도록 세부 내용을 깊이 파헤치지 않고 전반적인 스프링의 기능을 파악한다. 이제 막 스프링을 학습하기 시작한 사람이라면 1부의 내용을 처음부터 끝까지 꼼꼼히 읽는 것이 좋다. 어느 정도 스프링을 다뤄본 사람이라면 복습 삼아 가볍게 훑어본 후 관심 있는 주제에 집중해 읽도록 하자.

2부 실무편

각 기능의 세부 내용을 포함하여 실제 개발 현장에서 바로 활용할 수 있는 실무 지식을 학습한다. 특히 많은 페이지를 할애한 테스트 프로그램 작성 방법에 관한 내용은 개발 현장에서 유용하게 쓰인다. 2부의 내용을 이해하고 나면 개발 현장에서 큰 자신감을 갖게 될 것이다.

참고로 이 책은 아키텍트(애플리케이션 전체의 방침을 결정하거나 공통 부분을 만드는 역할)를 대상으로 하지 않기 때문에 스프링 내부의 상세한 동작이나 고급 커스터마이징 방법에 관한 내용은 다루지 않는다.

또한 참고서나 매뉴얼처럼 사용법과 설정 값의 종류를 망라해서 소개하지 않는다. 이 책은 스프링의 핵심을 파악하는 데 중점을 두고 있으므로 세부적인 사용법은 공식 문서[1]를 참고하기 바란다.

각 장의 주요 내용은 다음과 같다.

1부 기본편

1장	**스프링 개요** 스프링이란 무엇인지부터 시작해서 스프링의 전반적인 기능과 특징을 간략하게 소개한다.
2장	**웹 애플리케이션 개요** 스프링을 본격적으로 학습하기 전에, 이 책에서 가정하는 웹 애플리케이션 제작에 관해 설명하고, 자주 나오는 용어를 설명한다.
3장	**DI의 개념** 스프링을 잘 다루기 위한 핵심 개념인 DI(의존성 주입)를 자세히 설명한다. DI가 무엇을 하는 데 필요한지, 어떤 이점이 있는지 알아본다.
4장	**DI 컨테이너** 스프링의 핵심 기능인 DI 컨테이너의 개요와 기본 용어를 설명한다.
5장	**스테레오타입 애너테이션** Bean 정의 방법 중 하나인 스테레오타입 애너테이션의 사용법과 DI 컨테이너 생성법을 설명한다.
6장	**프로파일로 설정 전환하기** 실행하는 환경(테스트 환경, 프로덕션 환경 등)에 따라 구성을 전환하는 데 편리한 프로파일에 관해 설명한다.
7장	**JavaConfig와 @Bean 메서드** Bean 정의 방법 중 하나인 @Bean 메서드 사용과 스테레오타입 애너테이션의 차이점을 설명한다.
8장	**스프링 JDBC: 데이터베이스 접근** 스프링 고유의 데이터베이스 접근 방식인 스프링 JDBC를 설명한다.

---

1 https://docs.spring.io/spring-framework/reference/6.1.4/index.html

30장	**RESTful 웹 서비스 테스트** 작성한 REST API의 테스트 방법을 설명한다. JSON의 응답을 확인하는 방법, 내장 AP 서버를 사용한 테스트 등을 다룬다.
31장	**스프링 시큐리티의 테스트 지원** 스프링 시큐리티의 테스트 지원 기능을 사용해 테스트 실행 시 사용자 설정과 CSRF 토큰을 전송하는 방법을 설명한다.
32장	**Selenide를 사용한 E2E 테스트** Selenide 라이브러리를 사용해 자동으로 브라우저를 조작하면서 E2E 테스트를 하는 방법을 설명한다.
3부 부록	

초보자가 어려워하는 용어를 설명한 다음, 예제 애플리케이션의 개요를 설명한다.

실습 코드

실습 과제의 소스 코드는 *https://github.com/hanbit/spring-6-introduction*에서 다운로드할 수 있다.

실습에서는 Maven[2]을 사용하며, 소스 코드를 실행하려면 자바 17 이상이 필요하다. 소스 코드를 다운로드하고 ZIP 파일의 압축을 풀면 spring-book-src-master 폴더가 나타나는데, 이 폴더에 있는 pom.xml 파일을 Maven과 연동 가능한 통합 개발 환경 integrated development environment(IDE)에서 불러와야 한다(대표적인 IDE인 Eclipse와 IntelliJ IDEA에서 소스 코드를 불러오는 작업은 이어서 설명한다).

소스 코드를 불러오면 장별로 구분된 프로젝트들이 표시된다. 프로젝트 이름 앞에 숫자가 붙

---

2 [3부 부록]의 〈A.12 Maven〉 참고

어있지만 장 번호를 나타내는 것은 아니므로 유의하자. 프로젝트 이름 뒤에 '-answer'가 붙은 것은 예시 답안이고, '-answer'가 붙지 않은 것이 실습용 프로젝트다. 실습용 프로젝트 폴더 바로 아래에는 실습 절차를 설명한 Instruction.adoc 파일이 있다.

Instruction.adoc은 AsciiDoc 형식으로 작성되어 있으므로 IDE 플러그인[3]을 설치하면 보기가 편하다.

실습 코드는 크게 두 가지 주제로 구분된다. 하나는 '수강 신청 애플리케이션'으로, 프로젝트 이름에 'training'이 포함된다. 다른 하나는 '상품 주문 애플리케이션'으로, 프로젝트 이름에 'shopping'이 포함된다.

각 애플리케이션의 개요는 [3부 부록]의 〈A.25 수강 신청 애플리케이션〉과 〈A.26 상품 주문 애플리케이션〉에서 확인할 수 있으니 참고하기 바란다.

0001-training-common과 0002-shopping-common 프로젝트에는 다른 프로젝트에서 참조되는 공통 프로그램이 저장되어 있다. Entity 클래스와 예외 클래스, 데이터베이스의 데이터 등록용 SQL 파일(schema.sql, data.sql)이 있다.

Eclipse에서 소스 코드 불러오기

여기서 설명하는 조작 방법과 화면 캡처는 Windows용 Eclipse IDE for Java Developers 의 2023년 9월 버전을 기반으로 한다. 사용하는 운영체제와 버전에 따라 조작 방법이나 화면의 모습이 다를 수 있으니 유의하자.

---

3 Eclipse 플러그인: Asciidoctor Editor, IntelliJ IDEA 플러그인: IntelliJ AsciiDoc Plugin 등

1 ❶ [File]에서 ❷ [Import...]를 선택한다.

2 ❶ [Existing Maven Projects]를 선택한 후 ❷ [Next]를 클릭한다.

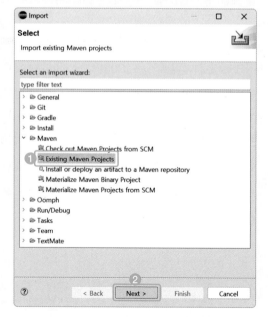

3 ❶ [Browse…]를 클릭해 소스 코드 폴더를 선택하고(소스 코드 폴더를 선택하면 가져올 프로젝트 목록이 'Projects:' 항목에 표시된다) ❷ [Finish]를 클릭한다.

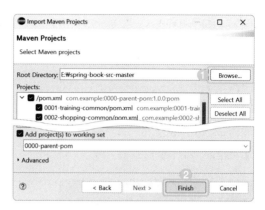

가져온 목록을 확인해보자. Package Explorer 패널에 많은 프로젝트가 표시된다. 임포트 import한 직후에는 프로젝트에 빨간색 표시가 나타나지만 빌드가 완료되면 빨간색 표시가 사라진다. 처음에는 Maven이 라이브러리를 다운로드하기 때문에 목록이 표시되기까지 시간이 걸릴 수 있다.

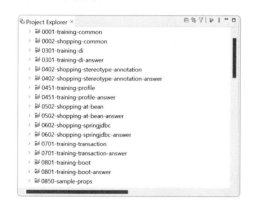

사내 네트워크 등에서 인터넷에 연결할 때 프록시 서버를 사용하는 경우 Maven의 라이브러리를 다운로드하는 데 실패해서 빨간색 표시가 계속 남을 수도 있다. 이럴 때는 Maven에 프록시 서버를 설정한 후 다시 임포트 작업을 수행한다.

IntelliJ IDEA에서 소스 코드 불러오기

여기서 설명하는 조작 방법과 화면 캡처는 Windows용 IntelliJ IDEA Community Edition 의 2023년 2월 5일 버전을 기반으로 한다. 사용하는 운영체제와 버전에 따라 조작 방법이나 화면의 모습이 다를 수 있으니 유의하자.

1 ❶ [File]에서 ❷ [Open...]을 선택한다.

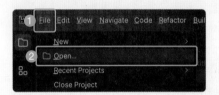

2 ❶ 소스 코드 폴더를 선택하고 ❷ [OK]를 클릭한다.

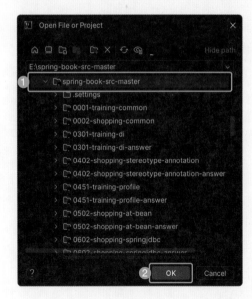

3 ❶ [Maven Project]를 선택하고 ❷ [OK]를 클릭한다.

4 가져올 파일을 신뢰할 수 있는지 묻는 창이 뜨면 [Trust Project]를 클릭한다.

5 현재 창을 사용할 것이라면 [This Window]를, 새로운 창을 열 것이라면 [New Window]를 선택한다.

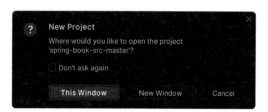

가져온 목록을 확인해보자. Project에 많은 프로젝트가 표시된다. 처음에는 Maven이 라이브러리를 다운로드하기 때문에 목록이 표시되기까지 시간이 걸릴 수 있다.

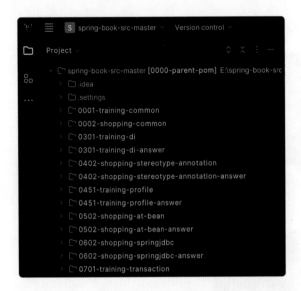

사내 네트워크 등에서 인터넷에 연결할 때 프록시 서버를 사용하는 경우 Maven의 라이브러리를 다운로드하는 데 실패해서 프로젝트가 제대로 표시되지 않을 수 있다. 이럴 때는 Maven에 프록시 서버를 설정한 후 다시 임포트 작업을 수행한다.

UML 표기

이 책에서 다루는 UML 표기법에 관해 간략히 설명한다.

클래스 다이어그램

클래스 다이어그램은 클래스나 인터페이스의 정의와 각 클래스 간의 관계를 나타내는 그림이다. [그림 0-1]은 클래스 다이어그램의 예다.

그림 0-1 클래스 다이어그램의 예

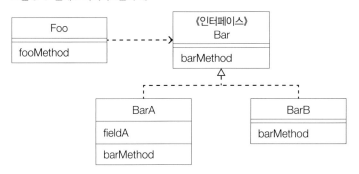

클래스나 인터페이스는 사각형으로 표시한다. 사각형 안을 3칸으로 나눈 다음, 맨 위 칸에는 클래스 또는 인터페이스의 이름을 적는다. 인터페이스인 경우에는 인터페이스 이름 위에 《인터페이스》라고 표기한다. [그림 0-1]에는 3개의 클래스와 1개의 인터페이스가 있음을 알 수 있다.

가운데 칸에는 해당 클래스의 필드[4]를 적는다. 예를 들어 BarA 클래스에는 fieldA 필드가 있다.

필드는 여러 개 적을 수 있다. 이 책에서는 필드 타입과 수식어 등을 생략했다. 또한 필드가 없거나 필드를 기재하는 것이 중요하지 않을 때는 비워둔다.

맨 아래 칸에는 클래스나 인터페이스의 메서드를 작성한다. 예를 들어 Foo 클래스에는 fooMethod 메서드가 있다. 메서드도 여러 개 기재할 수 있는데, 이 책에서는 메서드의 인수나 반환 값 등을 생략했다. 마찬가지로 메서드가 없거나 메서드를 기재하는 것이 중요하지 않을 때는 비워둔다.

---

4 클래스 안, 메서드 밖에서 선언한 변수를 가리키며, 클래스 내 모든 메서드에서 참조할 수 있다.

필드와 메서드가 둘 다 중요하지 않을 때는 [그림 0-2]처럼 클래스 또는 인터페이스의 이름만 쓰고 사각형으로 표시한다.

그림 0-2 필드와 메서드가 중요하지 않을 때의 다이어그램 표시

Foo

《인터페이스》 Bar

사각형과 사각형을 연결하는 데는 [그림 0-3]의 화살표를 사용한다. 한 쪽이 다른 쪽을 사용한다는('의존한다'고 표현하기도 함) 것을 의미한다. '사용'의 종류는 여러 가지인데, [그림 0-1]과 같이 클래스에서 인터페이스를 향해 화살표가 그려진 경우에는 Foo 클래스가 Bar 인터페이스의 메서드를 호출한다는 뜻이다.

그림 0-3 왼쪽이 오른쪽(화살표 머리 쪽)을 사용한다는 것을 의미한다.

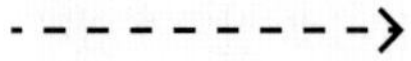

- - - - - - - - - →

[그림 0-4]의 화살표는 해당 클래스에서 화살표가 가리키는 인터페이스를 구현한다는 뜻이다. [그림 0-1]에서는 BarA 클래스와 BarB 클래스가 Bar 인터페이스를 구현하고 있음을 알 수 있다.

그림 0-4 왼쪽이 오른쪽(화살표 머리 쪽)을 구현한다는 것을 의미한다.

- - - - - - - - ▷

[그림 0-1]에는 없지만 상속하는 경우에는 [그림 0-5]의 화살표로 표시한다. 해당 클래스(자식 클래스)가 화살표 머리 쪽이 가리키는 클래스(부모 클래스)를 상속한다는 의미다.

그림 0-5 왼쪽이 오른쪽(화살표 머리 쪽)을 상속한다는 것을 의미한다.

객체 표기

UML에는 객체를 나타내는 표기 방법이 있다. [그림 0-6]은 객체 표기의 예다.

그림 0-6 객체 표기의 예

객체도 사각형으로 표시하는데, 클래스를 나타내는 사각형과 구분하기 쉽도록 이 책에서는 옅은 회색 사각형으로 표시했다. 사각형 안에는 콜론(:)으로 구분된 문자열을 기재하고 전체 문자열에 밑줄을 넣는다.

:의 오른쪽에는 객체의 타입을 기재한다. 객체의 타입은 객체의 원형을 나타내는 구상 클래스Concrete class[5]일 수도 있고, 구현하는 인터페이스일 수도 있다. 이 책에서는 Controller나 Service 같은 객체의 역할을 기재하는 경우도 있다.

:의 왼쪽에는 객체의 이름을 임의로 적는데, 이 책에서는 생략한 경우가 많다.

객체를 연결하는 화살표는 해당 객체가 화살표 끝이 가리키는 객체를 참조한다는 의미다. 일반적으로 객체끼리 연결할 때는 화살표가 아닌 단순한 실선으로 연결하는 경우가 많지만 이 책에서는 편의상 화살표를 사용한다. [그림 0-6]에서는 Foo 클래스의 객체가 BarA 클래스의 객체를 참조하고 있다.

---

5 생성자를 호출해 객체를 만들 수 있는 클래스다. 객체에는 원본이 되는 구상 클래스가 반드시 존재한다.

시퀀스 다이어그램

시퀀스 다이어그램은 메서드 호출 순서에 따라 처리 흐름을 나타낸 그림이다. [그림 0-7]은
시퀀스 다이어그램의 예다.

그림 0-7 시퀀스 다이어그램의 예

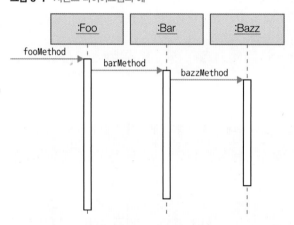

처리 과정에서 등장하는 객체는 앞서 설명한 객체 표현 방법과 동일하게 사각형으로 표시한
다. [그림 0-7]에서는 Foo 클래스 객체의 fooMethod 메서드가 호출된 부분부터 그림이 시
작된다. 메서드 처리가 실행되는 동안에는 세로선이 흰색 막대로 표시된다. fooMethod 메서
드 안에서 Bar 객체(어떤 구상 클래스의 객체인지는 관계없다)의 barMethod 메서드가 호출
되고, barMethod 메서드 안에서 Bazz 클래스([그림 0-1]에는 없는 새로운 클래스) 객체의
bazzMethod 메서드가 호출되는 것을 알 수 있다.

메서드 안에서 객체를 생성하고 싶을 때는 [그림 0-8]과 같이 작성한다.

그림 0-8 객체를 생성하는 경우

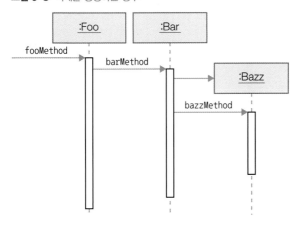

원하는 객체 사각형을 생성 시점 위치로 내리고, 생성을 지시할 위치에서 객체 사각형을 향해 화살표를 그린다. [그림 0-8]에서는 barMethod 메서드 안에서 Bazz 클래스의 객체를 생성하고 있다.

1부 기본편

1장 스프링 개요

2장 웹 애플리케이션 개요

6장   프로파일로 설정 전환하기

7장   JavaConfig와 @Bean 메서드

8장   스프링 JDBC: 데이터베이스 접근

12장   RESTful 웹 서비스 만들기

2부 실무편

15장 **싱글톤과 스레드 세이프**

16장 **스프링 JDBC: JOIN 결과 가져오기**

32장 Selenide를 사용한 E2E 테스트

PART

1부

기본편

스프링을 배울 때 처음부터 자세한 부분까지 모두 학습하려고 하면 오히려 핵심을 놓치게 되고 흥미를 잃어 학습을 지속하지 못할 가능성이 높다. 따라서 1부에서는 세부 내용을 깊이 파헤치지 않고, 스프링의 큰 틀을 이해하는 데 집중한다. 스프링의 주요 개념과 대표 기능을 접해보고, 스프링의 편리함을 체험해보자.

기본편

스프링 개요

자바Java로 개발하다 보면 '스프링Spring'이라는 말을 자주 듣게 된다. 이 장에서는 스프링이 무엇인지, 어떤 기능을 제공하는지, 왜 인기가 많은지 알아보자.

1.1 스프링이란?

스프링은 세계적으로 널리 알려진 오픈 소스[6] 자바 라이브러리library[7]로, 웹 애플리케이션과 같은 서버 측 애플리케이션을 자바로 개발할 때 사실상 표준de facto standard이라고 할 수 있을 정도로 많은 개발 프로젝트에서 사용되고 있다. 라이선스는 Apache License 2.0을 따르므로 스프링의 소스 코드를 수정해 상업적으로 사용해도 문제없다(오픈 소스일지라도 라이선스에 따라 상업적 사용이 불가한 경우가 있다).

스프링은 라이브러리 중에서도 프레임워크에 속한다. 프레임워크framework란 애플리케이션의 틀을 제공하는 프로그램을 말한다. 프레임워크를 이용하면 기본적인 틀이 제공되므로 처음부터 만드는 것보다 단기간에 고품질의 애플리케이션을 개발할 수 있다. 또한 프로그래밍할 때 프레임워크의 규칙을 따르면 일관된 애플리케이션을 만들 수 있다. 규칙의 종류는 다양하다. 클래스를 작성하는 단위 규칙, 메서드 이름 규칙, 애너테이션annotation[8] 규칙 등을 예로 들 수 있다. 스프링의 경우 애너테이션을 사용하는 규칙이 특히 많다. 따라서 스프링에서 제공하는 애너테이션의 종류와 용도를 파악하는 것이 스프링을 잘 사용할 수 있는 포인트가 된다.

참고로, 어떤 라이브러리가 프레임워크인지 아닌지를 구분하는 엄격한 기준이 있는 것은 아니다. 프레임워크라는 용어를 라이브러리의 특징을 나타내는 추상적인 단어로 이해하는 것이 좋다.

1.2 스프링의 다양한 프로젝트

스프링에는 다양한 프로젝트가 있는데, 스프링 프레임워크Spring Framework가 중심이 된다. [그림

---

6 프로그램의 소스 코드가 일반에 공개되어 있다면 오픈 소스다.
7 이미 만들어져 있는 범용 프로그램을 가리킨다.
8 [3부 부록]의 〈A.5 애너테이션〉 참고

1-1]처럼 스프링 프레임워크를 중심으로 새로운 기술이나 특정 기능에 대응하는 프로젝트가 많이 존재한다.

그림 1-1 다양한 프로젝트

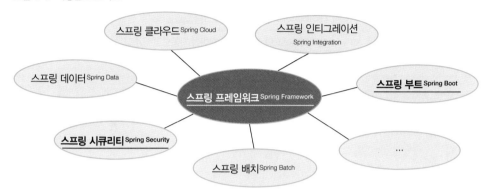

'이걸 다 알아야 하는건가?'하고 미리 걱정할 필요는 없다. 대부분의 프로젝트가 새로운 기술이나 특정 기능에 특화되어 있고, 모든 애플리케이션 개발에서 사용되는 것은 아니기 때문이다. 개발하는 애플리케이션의 특성에 따라 스프링 프로젝트 중에서 유용한 것이 있는지 확인하고 사용을 고려해본다는 자세로 접근하면 충분하다.

다만 [그림 1-1]에서 밑줄 친 스프링 프레임워크, 스프링 시큐리티, 스프링 부트는 대부분의 애플리케이션에서 사용되는 프로젝트다. 참고로, 이 책에서 '스프링'이라고 말할 때는 특정 프로젝트를 가리키는 것이 아니라 모두를 포괄하는 것임을 기억해두자.

1.3 스프링 프레임워크 개요

스프링의 핵심은 스프링 프레임워크다. 스프링 프레임워크는 애플리케이션 전반에 걸쳐 편리한 기능을 제공한다. 우선 이 책에서 설명할 대표 기능을 간단히 살펴보자(표 1-1).

표 1-1 스프링 프레임워크의 대표 기능

기능	개요
DI 컨테이너	객체의 생성과 관리를 통합해서 사용할 수 있게 해준다.
스프링 MVC	HTTP 통신, 화면 관련 프로그램을 효율적으로 만들 수 있게 해준다.
스프링 JDBC	데이터베이스 접근 관련 프로그램을 효율적으로 만들 수 있게 해준다.
선언적 트랜잭션	데이터베이스의 트랜잭션[9] 제어를 자동으로 해준다.
테스트 지원	테스트 프로그램 작성을 용이하게 해준다.

스프링을 사용하려면 스프링 프레임워크 사용은 필수다.

1.4 스프링 시큐리티 개요

스프링 시큐리티는 사용자 인증과 애플리케이션에 대한 사이버 공격을 방지하는 기능을 제공한다. 스프링을 사용하는 애플리케이션에 로그인 기능이 필요한 경우 반드시(라고 해도 좋을 만큼) 스프링 시큐리티를 사용한다. 이 내용은 〈14장 스프링 시큐리티〉에서 자세히 설명한다.

1.5 스프링 부트 개요

스프링 부트는 스프링을 이용한 애플리케이션 개발의 생산성과 유지 보수성을 높여주는 라이브러리이자 도구다. 2014년에 출시됐는데, 스프링 프레임워크가 등장한 것이 2003년이니 약 10년이 지난 후의 일이다. 요즘은 '스프링 = 스프링 부트'로 인식될 정도로 자주 쓰이지만 그때까지만 해도 스프링 부트를 사용하지 않고 애플리케이션을 개발했다. 지금도 물론 스프

---

9 [3부 부록]의 〈A.1 트랜잭션〉 참고

링 부트를 사용하지 않고 애플리케이션을 개발할 수 있다. 하지만 생산성이나 유지 보수성을 고려했을 때 특별한 이유가 없다면 스프링 부트를 사용하는 편이 좋다. 이 내용은 〈10장 스프링 부트로 생산성 향상하기〉에서 자세히 설명한다.

1.6 스프링의 탄생과 개발 조직

2002년 로드 존슨^{Rod Johnson}의 『J2EE Design and Development』(Wrox, 2002)라는 책이 출간됐다. 당시 업무용 애플리케이션 개발에서 주류였던 기술의 문제점을 지적하고 대안을 제시한 획기적인 책이었다. 이 책에 감명을 받은 개발자들은 로드 존슨과 함께 오픈 소스 커뮤니티를 결성했고, 책의 예제 코드를 기반으로 2003년에 스프링 프레임워크의 첫 번째 버전(0.9)을 공개했다.[10]

현재도 스프링은 오픈 소스 커뮤니티에 의해 개발되고 있으며, 전 세계 사람들이 참여하고 있다. 전반적인 개발을 주도하는 곳은 VMware다. 커뮤니티의 핵심 멤버들을 VMware에서 고용했고, 스프링 개발 활동에 전념할 수 있도록 지원하고 있다.

1.7 스프링이 인기 있는 이유

해외 업체에서 발표한 보고서[11]에 따르면 스프링은 인기 있는 프레임워크 1위 자리를 차지하고 있다. 일본의 대형 SI 업체인 NTT 데이터에서도 스프링 기반 개발 가이드라인인 'TERASOLUNA Server Framework for Java (5.x) Development Guideline'을 일반

---

10 https://www.quickprogrammingtips.com/spring-boot/history-of-springframework-and-spring-boot.html

11 JRebel 사의 Java Developer Productivity Report(https://mma.prnewswire.com/media/1422901/2021_java_developer_productivity_report.pdf?p=pdf), Snyk 사의 JVM Ecosystem Report(https://snyk.io/reports/jvm-ecosystem-report-2021/)

에 공개했다.[12] 스프링의 인지도와 인기는 남다르다고 할 수 있는데, 필자는 그 이유가 다음과 같은 장점 때문이라고 생각한다.

■ 다른 프레임워크와 결합할 수 있다

스프링이 제공하는 기능만으로도 애플리케이션 전체를 구축할 수 있지만 부분적으로 다른 프레임워크를 사용하는 것도 가능하다. 예를 들어 데이터베이스에 접근하는 부분만 스프링이 아닌 다른 프레임워크를 사용하는 경우는 흔히 볼 수 있다. '선택할 수 없는 편이 생각할 필요가 없어 편하다'라고 생각하는 사람도 있겠지만 많은 개발자들은 선택할 수 있는 자유를 지지하는 것 같다.

■ 확장성이 뛰어나다

스프링의 뛰어난 확장성으로 놀랄 때가 많다. '이 동작을 커스터마이징할 수 없을까?'하고 찾아보면 대부분 커스터마이징할 수 있는 기능을 제공한다.

■ 하위 호환성을 중요하게 여긴다

스프링은 버전이 업데이트되어도 이전 버전에서 만든 애플리케이션이 최대한으로 작동할 수 있도록 하위 호환성을 유지한다.[13] 이는 장기간 유지 보수를 염두에 둔 애플리케이션에서 매우 중요한 요소가 된다.

■ 새로운 기술에 적극적으로 대응한다

클라우드나 빅데이터 등 새로운 기술을 빠르게 지원한다. 따라서 비즈니스 요구 사항 변화에 빠르게 대응할 수 있다.

---

12 *https://terasolunaorg.github.io/guideline/*
13 스프링 부트는 스프링 프레임워크와 비교하면 하위 호환성이 좋지 않다. 하지만 버전을 업데이트할 때 주의할 점과 절차를 공식적으로 공개한다(*https://github.com/spring-projects/spring-boot/wiki*).

웹 애플리케이션 개요

본격적으로 스프링에 관해 설명하기 전에, 웹 애플리케이션에 대한 인식을 일치시키기 위해 용어와 설계의 개념, 프로그램 역할 분담에 관해 설명한다.

2.1 웹 애플리케이션이란?

웹 애플리케이션이란 브라우저를 이용해 조작하는 애플리케이션을 말한다. 아마존과 같은 쇼핑 사이트, 페이스북과 같은 SNS, 구글과 같은 검색 사이트 등을 웹 애플리케이션이라고 할 수 있다.

[그림 2-1]을 살펴보자. 브라우저와 AP 서버[14]가 HTTP로 통신하고 AP 서버가 애플리케이션 처리를 호출한다. 업무에 필요한 데이터(예 주문 데이터, 상품 데이터 등)는 데이터베이스에 저장되고, 애플리케이션은 데이터베이스에서 데이터를 가져오거나 저장한다. 애플리케이션은 요청request에 따라 처리를 수행한 후 결과를 HTTP 응답response으로 브라우저에 반환한다. 브라우저는 HTML로 화면을 구성한다. 참고로 이 책에서 데이터베이스는 특별한 언급이 없는 한 관계형 데이터베이스를 가리킨다.

그림 2-1 웹 애플리케이션

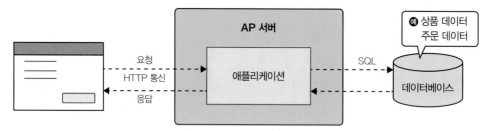

[그림 2-1]에는 HTML을 어디에서 작성하는지 표시되어 있지 않은데, HTML을 어디에서 작성하느냐에 따라 크게 MPA와 SPA 두 가지로 구분할 수 있다.

---

14 [3부 부록]의 〈A.2 AP 서버〉 참고

2.2 MPA

MPA는 'Multi Page Application'의 머리글자를 딴 용어로, [그림 2-2]와 같이 요청할 때마다 브라우저가 화면을 다시 로드하므로 'Multi Page'라고 표현한다.

그림 2-2 MPA

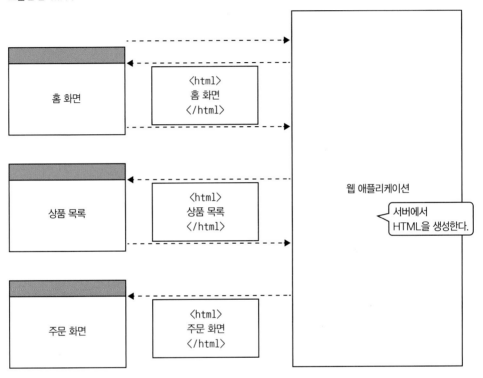

요청이 있을 때마다 서버에서 HTML을 생성하고, 생성된 HTML을 응답으로 반환한다. 브라우저는 응답으로 돌아온 HTML을 읽어 화면에 표시한다. 서버에서 작동하는 애플리케이션 자체가 웹 애플리케이션이 된다.

2.3 SPA

SPA는 'Single Page Application'의 머리글자를 딴 용어로, [그림 2-3]과 같이 브라우저는 첫 화면만 로드하므로 'Single Page'라고 표현한다.

그림 2-3 SPA

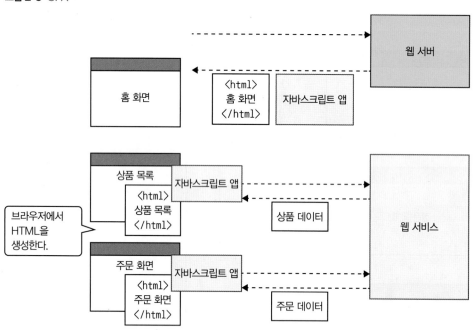

최초 페이지는 웹 서버에 준비된 HTML을 다운로드해서 보여준다. 이때 자바스크립트 애플리케이션([그림 2-3]의 자바스크립트 앱)을 함께 다운로드한다. 그 이후부터는 자바스크립트 애플리케이션이 HTML을 생성하여[15] 화면을 다시 구성한다. 화면에 필요한 데이터(상품 데이터, 주문 데이터 등)는 웹 서비스[16]에서 가져온다. 웹 서비스와 자바스크립트 애플리케이션이 한 세트로 웹 애플리케이션이 되는 셈이다.

---

15 엄밀히 말하면 HTML의 DOM(Document Object Model)을 생성한다.

16 이 책에서는 클라이언트에 대한 응답으로 HTML이 아닌 데이터 자체를 반환하는 애플리케이션을 가리킨다.

SPA는 브라우저가 페이지를 매번 다시 불러오지 않기 때문에 화면이 매끄럽게 갱신된다. 따라서 사용자의 조작성이 좋아지므로 최근 웹 애플리케이션에서 채택되는 사례가 늘고 있다.

2.4 프로그램의 역할

웹 애플리케이션을 구성하는 프로그램은 역할별로 구분된다. 역할의 종류를 어떻게 정의할 것인가에 대해서는 여러 가지 의견이 있지만 이 책에서는 다음과 같은 역할을 사용한다.[17]

- **Controller**
  요청을 받아 업무 로직을 호출하고, 적절한 View를 호출하기까지의 전체 처리 흐름을 제어한다.

- **View**
  동적 데이터를 삽입하면서 HTML을 생성한다. 동적 데이터로는 데이터베이스에서 검색한 데이터를 예로 들 수 있다.

- **Service**
  업무 로직을 처리한다. 예를 들어 재고 수량을 확인해 재고가 충분하면 주문 데이터를 생성하고 부족하면 예외를 발생시키는 등의 처리를 한다.

- **Repository**[18]
  데이터베이스에 접속해 데이터를 가져오거나 저장한다.

- **Entity**
  업무 데이터(상품 데이터 등)를 가진다. 데이터베이스의 테이블이 이미 존재할 때는 테이블과 짝을 이루어 생성하는 경우가 많다. 예를 들어 상품 테이블에 대해 Product 클래스를 Entity 클래스로 생성하는 식이다.

- **Input**
  사용자가 입력한 정보(주문 시의 이름이나 주소 등)를 가진다.

참고로, 여기서는 서버에서 HTML을 생성하는 웹 애플리케이션을 전제로 설명했지만 서버

---

17 원래는 프로그램의 역할을 설명하기 전에 레이어(프로그램을 계층으로 나누어 의존 관계를 규칙화하는 개념)를 설명하는 것이 타당하지만 레이어 분할에 대한 의견 또한 다양해서 이 책의 범위를 벗어나므로 설명을 생략한다.

18 Repository라는 용어는 도메인 주도 설계에서 많이 사용되지만 이 책에서는 특별히 도메인 주도 설계를 의식하진 않는다. 또한 개발 프로젝트에 따라 DAO(Data Access Object)라는 역할 이름을 사용하기도 한다.

에서 HTML을 생성하지 않는 웹 서비스에도 대부분 적용할 수 있다(웹 서비스의 경우 View 역할이 필요 없다).

프로그램의 호출 관계, 즉 어떤 프로그램이 어떤 프로그램을 호출하는지는 [그림 2-4]에서 살펴볼 수 있다.

그림 2-4 역할 간 호출 관계

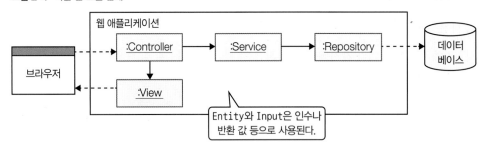

실선 화살표는 역할 사이에서 호출하는 방향을 나타낸다. [그림 2-4]에서는 Controller 객체가 Service 객체를 호출하고, Service 객체가 Repository 객체를 호출하는 형태로 되어 있다.

HTML을 생성하는 View 객체는 Controller 객체가 호출한다(엄밀히 말하면 직접 메서드를 호출하는 것이 아니라 선택하는 형식이지만 편의상 호출한다는 표현을 사용했다). 업무 데이터를 가진 Entity 객체와 사용자가 입력한 정보를 가진 Input 객체는 호출 시 인수나 반환 값 등으로 사용되며, 모든 역할에서 이 두 객체를 사용한다.

여기서 반드시 기억해야 할 점은 호출 방향이 한 방향으로 되어 있다는 점이다. 화살표가 서로를 가리키거나 순환하지 않는다. 이렇게 한 방향으로 만들면 프로그램을 변경했을 때 그 영향의 범위를 국지적으로 제한할 수 있다. 예를 들어 업무 로직의 Service 클래스를 변경한 경우를 생각해보자. Service 클래스를 호출하는 것은 Controller 클래스뿐이므로 영향을 받는 것은 Controller 클래스 하나로 끝난다.

그런데 만약 [그림 2-5]처럼 Repository 객체가 Controller 객체를 호출해서 순환 호출 형태가 되었다고 가정해보자. 이때 업무 로직인 Service 클래스를 변경하면 Controller 클래스에 영향이 가고, Controller 클래스를 수정하면 Repository 클래스에 영향이 간다. 또 Repository 클래스를 수정하면 Service 클래스에 영향이 가는 등 변경 시 영향 범위를 파악하기가 어려워진다.

그림 2-5 순환 호출의 예(이 예는 좋지 않다)

그러므로 반드시 역할 사이의 호출 방향을 의식하면서 애플리케이션을 작성해야 한다.

2.5 처리 흐름

[그림 2-6]은 Controller, Service, Repository, Entity, View가 어떻게 연동되는지 처리의 흐름을 나타낸 것이다. 단순한 참조 계열[19] 처리를 가정했으므로 Input은 등장하지 않는다.

그림 2-6 처리의 흐름

브라우저 | :Controller | :Service | :Repository | :View | 데이터베이스

요청 → 업무 로직 → 데이터베이스 접근 → SQL 실행
생성 → :Entity
레코드의 데이터 저장
HTML 생성(Entity)
데이터 참조
응답(HTML)

---

19 옮긴이_ 참조 계열은 GET, 갱신 계열은 POST, PUT, DELETE 처리를 말한다.

브라우저가 보낸 요청을 Controller 객체가 받아서 Service 객체의 업무 로직을 호출한다. 업무 로직에서 Repository 객체의 메서드를 호출하고, Repository 객체는 데이터베이스에 SQL을 실행한다. [그림 2-6]에서는 데이터를 검색해서 가져온다고 가정한다.

Repository 객체는 가져온 데이터를 Entity 객체로 변환하고, 변환한 Entity 객체를 Service 객체에 반환한다. Service 객체는 반환받은 Entity 객체를 Controller 객체에 반환한다(이번에는 데이터를 검색하는 것뿐이므로 Service 객체는 업무 로직이라고 할 만한 일은 하지 않지만 역할상 업무 로직이라고 할 수 있다). Controller 객체는 HTML을 생성하기 위해 View 객체를 호출하는데, 이때 Entity 객체를 View 객체에 넘겨준다. View 객체는 전달받은 Entity 객체의 내용을 포함하여 HTML을 생성하고 브라우저에 응답으로 반환한다.[20]

---

20 [그림 2-6]에서는 편의상 View 객체에서 브라우저의 메서드를 호출하는 듯한 그림으로 표현했지만 실제로 그렇게 작동하는 것은 아니다.

DI의 개념

스프링을 학습할 때 장벽이 되거나 소홀히 하기 쉬운 개념이 바로 DI(의존성 주입)다. 쉽게 이해하긴 어렵지만 스프링을 제대로 사용하려면 꼭 이해해야 하는 중요한 개념이다. 이 장에서는 DI의 개념을 자세히 설명한다.

3.1 DI란?

DI는 'Dependency Injection'의 약자로, 프로그램을 설계할 때 사용되는 개념이다. 스프링과 자바뿐만 아니라 다양한 프레임워크와 프로그래밍 언어에서 쓰인다. 이 용어의 의미는 나중에 설명한다.

3.2 DI로 무엇을 할까?

우선은 DI로 무엇을 할지 설명하겠다. DI로 하려는 일은 간단히 말해 프로그램의 부분적인 전환을 쉽게 만드는 것이다. 이게 무슨 뜻인지는 [그림 3-1]과 [그림 3-2]를 통해 알아보자.

그림 3-1 부분적인 전환(클래스 다이어그램)

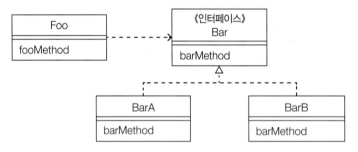

그림 3-2 부분적인 전환(객체)

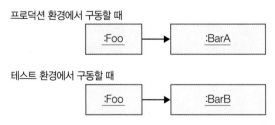

여기서는 [그림 3-1]과 같이 Foo 클래스가 Bar 인터페이스의 메서드(barMethod)를 호출한다고 가정한다. Bar 인터페이스를 구현한 클래스로는 BarA 클래스와 BarB 클래스가 있다.

BarA 클래스는 프로덕션^{production} 환경(운영 환경이라고도 함)에서 사용하고, BarB 클래스는 테스트 환경에서 사용한다고 가정한다.

프로그램이 작동할 때는 Foo 클래스의 객체가 Bar 객체(BarA 또는 BarB 클래스의 객체)를 사용한다. 참고로, 이 책에서 Bar 객체처럼 '인터페이스명 객체'로 표기한 경우에는 인터페이스를 구현한 어떤 구상 클래스[21]의 객체라는 것을 의미한다.

[그림 3-2]처럼 프로덕션 환경에서 구동할 때는 BarA 객체를 사용하고, 테스트 환경에서 구동할 때는 BarB 객체를 사용한다. 그러므로 프로덕션 환경에서 구동할 때와 테스트 환경에서 구동할 때 Bar 객체의 기반이 되는 구상 클래스를 전환할 필요가 있다. 이때 DI를 적용하면 Foo 클래스의 소스 코드를 수정하지 않고도 Bar 객체의 구상 클래스를 전환할 수 있다.

참고로, 이 책에서는 객체와 인스턴스를 구분하지 않고 모두 '객체'로 통일했다.

3.3 DI 설명을 위한 클래스와 인터페이스 소개

좀 더 구체적으로 살펴보자. 그 전에 설명에 사용할 클래스와 인터페이스를 소개한다(그림 3-3).

그림 3-3 DI를 설명하기 위한 클래스와 인터페이스 구조

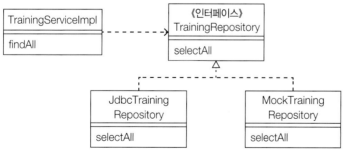

---

21 생성자를 호출해서 객체를 만들 수 있는 클래스. 객체에는 반드시 기반이 되는 구상 클래스가 존재한다.

[그림 3-3]은 객체의 바탕이 되는 클래스와 인터페이스를 나타낸다. Training 관련 업무 로직을 담당하는 TrainingServiceImpl 클래스[22]가 TrainingRepository 인터페이스[23]의 selectAll 메서드[24]를 호출한다.

TrainingRepository 인터페이스를 구현하는 구상 클래스로서 JDBC[25]를 사용해 데이터베이스에 접속하는 JdbcTrainingRepository 클래스와 데이터베이스에 접근하지 않는 테스트용 MockTrainingRepository 클래스가 있으며, 각각 selectAll 메서드를 구현하고 있다. 참고로 Mock은 실제 프로그램을 모방한 테스트용 가짜 프로그램을 의미하는 단어다.

[그림 3-4]처럼 프로덕션 환경에서 구동할 때는 JdbcTrainingRepository 객체를 사용하고, 테스트 환경에서 구동할 때는 MockTrainingRepository 객체를 사용한다.

그림 3-4 객체 전환

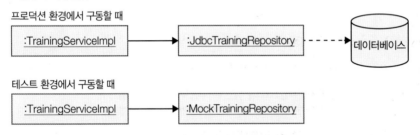

TrainingRepository 인터페이스, JdbcTrainingRepository 클래스, MockTraining Repository 클래스에 대한 예제 코드는 다음과 같다(예제 3-1, 예제 3-2, 예제 3-3).

---

22 인터페이스를 구현(Implementation)한 Service의 클래스 이름 끝에 관습적으로 '-Impl'을 붙이는 경우가 많다. Service의 인터페이스는 편의상 그림에 표시하지 않았다.

23 [3부 부록]의 〈A.3 인터페이스〉 참고

24 Repository의 검색 관련 메서드 이름은 'find-'로 시작하는 경우가 많지만 이 책에서는 Service의 메서드 이름과 구분하기 쉽게 'select-'로 시작한다.

25 자바의 데이터베이스 접속 표준 인터페이스

예제 3-1 TrainingRepository 인터페이스

```
public interface TrainingRepository {
    List<Training> selectAll();
}
```

예제 3-2 JdbcTrainingRepository 클래스

```
public class JdbcTrainingRepository
    implements TrainingRepository {

    ...
    @Override
    public List<Training> selectAll() {
        // 데이터베이스에서 데이터를 가져온다.

        ...
        return trainings;
    }
}
```

예제 3-3 MockTrainingRepository 클래스

```
public class MockTrainingRepository
    implements TrainingRepository {

    ...
    @Override
    public List<Training> selectAll() {
        // 테스트용으로 적당한 데이터를 준비한다.

        ...
        return trainings;
    }
}
```

실제로 프로그램이 작동할 때는 TrainingServiceImpl 클래스의 객체가 TrainingRepository 인터페이스의 구상 클래스의 객체에 처리를 호출한다. 프로덕션 환경에서 실행할 때는 [그림

3-5]처럼 TrainingServiceImpl 객체가 JdbcTrainingRepository 객체의 메서드를 호출한다.

그림 3-5 Service 객체가 Repository 객체를 호출한다.

이때 반드시 생각해야 할 점은 TrainingServiceImpl 객체가 어떻게 JdbcTraining Repository 객체를 준비할 것인지다. 우선 간편한 방법부터 살펴보자.

3.4 객체를 준비하는 간편한 방법

TrainingServiceImpl 클래스에서 JdbcTrainingRepository 클래스의 생성자^{constructor}를 호출하면 JdbcTrainingRepository 객체를 준비할 수 있다. [예제 3-4]와 같이 작성하면 된다.

예제 3-4   객체를 준비하는 간편한 방법(TrainingServiceImpl.java)

```java
public class TrainingServiceImpl implements TrainingService {
    ...
    public List<Training> findAll() {
        TrainingRepository trainingRepository = new JdbcTrainingRepository(); ①
        return trainingRepository.selectAll();
    }
    ...
}
```

①을 보면, findAll 메서드가 호출된 시점에 new 연산자로 JdbcTrainingRepository 클래스의 생성자를 호출해 JdbcTrainingRepository 객체를 생성했다. 처리 자체는 문제없이 작

동하지만 이 방식에는 문제가 있다.

예를 들어 테스트를 위해 구상 클래스를 JdbcTrainingRepository에서 MockTraining Repository로 바꾸고 싶다고 가정해보자. 이 경우 [예제 3-4]의 ❶을 [예제 3-5]와 같이 수정해야 한다.

> 예제 3-5   Service 프로그램을 수정한다.

```
TrainingRepository trainingRepository = new MockTrainingRepository()
```

이렇게 되면 실행하는 상황에 따라 매번 수정해야 하는 번거로움이 발생한다. 또한 수정하는 것을 잊어버리면 프로덕션 환경에서 Mock의 구상 클래스가 작동해버리는 등 위험한 상태가 될 수 있다.

3.5 DI 사용법

이 문제를 해결하는 것이 바로 의존성 주입^{Dependency Injection}(DI)이다. DI에서는 Training Repository 객체를 TrainingServiceImpl 클래스와는 다른 곳에서 생성하고, 생성한 TrainingRepository 객체를 TrainingServiceImpl 객체에 전달한다.

JdbcTrainingRepository 클래스를 구상 클래스로 사용하는 경우는 [그림 3-6]과 같다.

그림 3-6 DI를 사용하는 방법

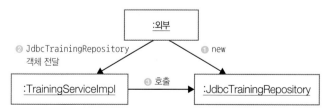

'외부'에서 new 연산자로 JdbcTrainingRepository 클래스의 생성자를 호출해 Jdbc
TrainingRepository 객체를 생성한다(❶). 외부에서 생성된 JdbcTrainingRepository 객
체를 TrainingServiceImpl 객체에 전달한다(❷). TrainingServiceImpl 객체는 전달받은
객체(구상 클래스는 신경 쓰지 않는다)의 메서드를 호출한다 (❸).

이때의 TrainingServiceImpl 클래스는 [예제 3-6]과 같다.

예제 3-6   TrainingServiceImpl 클래스

```java
public class TrainingServiceImpl implements TrainingService {
    private TrainingRepository trainingRepository;

    public TrainingServiceImpl(TrainingRepository trainingRepository) {
        this.trainingRepository = trainingRepository;
    }

    public List<Training> findAll() {
        return trainingRepository.selectAll();
    }
}
```

TrainingRepository 객체를 전달받기 위해 생성자에서 TrainingRepository 타입의 인수
를 정의한다. 그런 다음 인수로 받은 TrainingRepository 객체를 trainingRepository 필
드[26]에 대입하는데, 이때 인수 타입과 필드 타입이 TrainingRepository 인터페이스로 되어
있는 것이 핵심이다.

TrainingServiceImpl 클래스는 TrainingRepository 인터페이스의 구상 클래스를 의식하
지 않고, 전달받은 객체를 단순히 TrainingRepository 인터페이스 타입으로 취급한다. 따
라서 전달받는 객체의 구상 클래스가 바뀌더라도 TrainingServiceImpl 클래스를 수정할 필
요가 없다.

---

26 클래스 안, 메서드 밖에서 정의한 변수. 클래스 안의 모든 메서드에서 참조할 수 있다.

TrainingServiceImpl 클래스의 findAll 메서드가 호출될 때는 이미 필드에 대입된 TrainingRepository 객체를 사용해서 처리할 수 있다.

다음으로 외부에서 작성할 소스 코드를 살펴보자. 프로덕션 환경에서 실행하는 경우 [예제 3-7]과 같다.

예제 3-7   프로덕션용 외부 소스 코드

```
TrainingRepository trainingRepository = new JdbcTrainingRepository();
TrainingService trainingService = new TrainingServiceImpl(trainingRepository);
```

프로덕션 환경에서는 Repository의 구상 클래스로 JdbcTrainingRepository 클래스를 사용하기 위해서 JdbcTrainingRepository 객체를 생성한다. 그런 다음 TrainingServiceImpl 객체를 생성할 때 생성자의 인수로 JdbcTrainingRepository 객체를 전달한다. 이때 메모리 안에 있는 객체의 관계는 [그림 3-7]과 같다.

그림 3-7   프로덕션 환경에서의 객체

TrainingServiceImpl 객체가 JdbcTrainingRepository 객체를 참조하는 형태가 된다.

단, TrainingServiceImpl 객체 입장에선 참조하는 객체의 구상 클래스가 JdbcTrainingRepository인지 아닌지는 신경 쓰지 않는다. 어디까지나 TrainingRepository 객체로서 참조하고 있다.

[예제 3-8]은 테스트용 외부 소스 코드다.

예제 3-8   테스트용 외부 소스 코드

```
TrainingRepository trainingRepository = new MockTrainingRepository();
TrainingService trainingService = new TrainingServiceImpl(trainingRepository);
```

테스트에서는 구상 클래스로 MockTrainingRepository를 사용하기 위해 MockTraining
Repository 객체를 생성한다. 나머지는 프로덕션용과 마찬가지로 TrainingServiceImpl
객체를 생성할 때 생성자의 인수로 MockTrainingRepository 객체를 전달한다. 이때 메모리
안의 객체는 [그림 3-8]과 같다.

그림 3-8 테스트 환경에서의 객체

TrainingServiceImpl 객체가 MockTrainingRepository 객체를 참조하는 형태가 된다.

이번에는 '외부'의 위치를 환경에 따라 전환하는 예제를 살펴보자. '외부'에 해당하는 소스 코
드를 어디에 작성할 것인지는 자유지만, 이번에는 프로덕션용 외부 소스 코드를 main 메서드
에 작성하고 테스트용 외부 소스 코드를 JUnit[27] 테스트 메서드에 작성한다. [예제 3-9]는
프로덕션용 main 메서드다.

예제 3-9 프로덕션용 소스 코드를 main에 작성한다.

```
public static void main(String[] args) {
    TrainingRepository trainingRepository = new JdbcTrainingRepository();
    TrainingService trainingService = new TrainingServiceImpl(trainingRepository);

    // 업무 로직 호출
    List<Training> trainings = trainingService.findAll();
    ...
}
```

main 메서드가 호출되면 JdbcTrainingRepository 객체와 TrainingServiceImpl 객체를
생성한다.

---

27 [3부 부록] 〈A.23 JUnit〉 참고

TrainingServiceImpl 클래스의 생성자를 호출할 때는 JdbcTrainingRepository 객체를 인수로 전달한다. 그런 다음 TrainingServiceImpl 객체의 업무 로직(findAll 메서드)을 호출한다.

다음으로 테스트용 외부 소스 코드를 작성한 JUnit의 테스트 메서드를 살펴보자(예제 3-10).

예제 3-10 　테스트용 소스 코드를 테스트 메서드에 작성한다.

```java
@Test
public void test_findAll() {
    TrainingRepository trainingRepository = new MockTrainingRepository();
    TrainingService trainingService = new TrainingServiceImpl(trainingRepository);

    // 업무 로직 호출
    List<Training> trainings = trainingService.findAll();
    // 결과 확인
    ...
}
```

테스트 메서드가 호출되면 MockTrainingRepository 객체와 TrainingServiceImpl 객체를 생성하고, TrainingServiceImpl 객체에는 MockTrainingRepository 객체를 전달한다.

그리고 TrainingServiceImpl 객체의 업무 로직(findAll 메서드)을 호출해서 예상대로 결과가 나오는지 확인한다.

TrainingRepository 인터페이스의 구상 클래스를 전환할 때 TrainingServiceImpl 클래스의 소스 코드를 수정할 필요가 없음을 알 수 있다.

3.6 다시, DI란?

여기서 다시 한번 DI가 무엇인지 설명하고자 한다. DI를 설명하는 방법은 사람마다 다르겠지만 필자는 DI가 '사용되는 객체를 사용하는 객체 외부에서 생성하여 전달받는 사고 방식'이라고 생각한다.

[그림 3-9]를 보자. ❶에서 사용되는 객체를 준비하고(생성자를 호출해 객체를 생성하고 필요에 따라 초기화하는 등) ❷에서 사용하는 객체에 생성자의 인수 등을 사용해 전달한다. 사용하는 쪽은 ❸에서 전달받은 객체의 메서드를 호출한다.

그림 3-9 DI란?

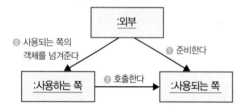

또한 DI의 D는 의존^{Dependency}[28]을 의미하고, I는 주입^{Injection}을 의미한다. 구체적인 의존 대상은 [그림 3-9]의 '사용되는 쪽'이다.

어째서 사용되는 객체에 의존하는지 생각해보면 사용하는 객체가 어떤 처리를 할 때 사용되는 객체의 메서드를 호출해야 하기 때문이다. 사용하는 객체 입장에서 사용되는 객체는 없어서는 안 되는 존재인 것이다. 그러므로 사용하는 객체는 사용되는 객체에 의존한다고 할 수 있다.

이 책에서는 의존되는 객체(여기서는 사용되는 객체)를 가리켜 의존 객체^{Dependent Object}라고 한다.

....

28 흔히 '의존성'으로 번역되지만, DI의 Dependency는 '의존의 성질'이 아닌 의존 그 자체로 생각하는 것이 더 이해하기 쉬우므로 이 책에서는 '의존'이라 나타냈다.

그리고 사용하는 객체에 의존 객체를 전달하는 것을 주입한다고 표현한다. 즉, 의존 객체를 외부에서 주입하므로 이를 Dependency Injection이라 부르는 것이다. 실제 개발 프로젝트에서는 주입을 'DI' 또는 '인젝션'이라고 부르는 경우가 많다. 이 책에서는 '인젝션'이라는 표현을 주로 사용한다.

3.7 DI와 인터페이스

(이 장에서도 그랬듯이) 일반적으로 DI를 설명할 때는 의존 객체가 인터페이스를 구현한다고 가정하고 설명하는 경우가 많다. 하지만 의존 객체가 반드시 인터페이스를 구현할 필요는 없다. 예를 들어 [그림 3-10]과 같은 클래스라도 DI를 적용할 수 있다.

그림 3-10 인터페이스를 사용하지 않는 DI

TrainingRepository는 인터페이스가 아닌 구상 클래스다. 이 경우 TrainingRepository 클래스, TrainingService 클래스, 외부 소스 코드에 대한 예제는 다음과 같다(예제 3-11, 예제 3-12, 예제 3-13).

예제 3-11 TrainingRepository 클래스

```java
public class TrainingRepository {
    ...
    public List<Training> selectAll() {
        // 데이터베이스에서 데이터를 가져온다.
        ...
        return trainings;
    }
}
```

```java
public class TrainingService {
    private TrainingRepository trainingRepository;

    public TrainingService(TrainingRepository trainingRepository) {
        this.trainingRepository = trainingRepository;
    }

    public List<Training> findAll() {
        return trainingRepository.selectAll();
    }
}
```

```java
TrainingRepository trainingRepository = new TrainingRepository();
TrainingService trainingService = new TrainingService(trainingRepository);
```

TrainingService 객체와는 다른 곳에서 TrainingRepository 객체를 생성하고 전달받았으므로 DI를 적용했다고 할 수 있다.

실제 프로젝트에서는 개발자가 동일한 인터페이스를 구현한 Service 클래스나 Repository 클래스를 여러 개 만드는 경우는 드물다. 예를 들어 TrainingRepository 인터페이스를 작성하고 이를 구현하는 클래스로서 JdbcTrainingRepository 클래스를 만들었다면 그 외에 TrainingRepository 인터페이스를 구현하는 다른 클래스를 만드는 경우는 적다. 이렇게 구현할 클래스가 하나뿐인 경우는 구현 클래스를 전환하지 않으므로 인터페이스의 필요성이 낮아진다. 그래서 인터페이스 작성 및 유지 보수 부담을 줄이고자 인터페이스를 사용하지 않는 방침을 따르는 프로젝트도 있다.

'인터페이스를 사용하지 않으면 테스트할 때 의존 객체를 Mock 객체로 전환할 수 없지 않을까?'하는 생각이 들 수도 있다. 하지만 Mock용 라이브러리를 사용하면 간단히 전환할 수 있다. Mock용 라이브러리는 의존 객체의 구상 클래스(여기서는 TrainingRepository 클래스)의 서브 클래스를 자동으로 생성해준다. 즉, [예제 3-14]와 같은 소스 코드를 자동으로 생성한다.

예제 3-14 서브 클래스

```java
public class MockTrainingRepository extends TrainingRepository {
    ...
    @Override
    public List<Training> selectAll() {
        // 적당한 테스트용 데이터를 준비한다.
        ...
        return trainings;
    }
}
```

그리고 자동 생성된 서브 클래스의 객체를 [예제 3-15]처럼 인젝션해준다.

예제 3-15 서브 클래스의 객체를 인젝션한다.

```java
TrainingRepository trainingRepository = new MockTrainingRepository();
TrainingService trainingService = new TrainingService(trainingRepository);
```

따라서 인터페이스를 사용하지 않는 방침이라도 Mock 객체로 전환할 수는 있다.

다만 개발자가 동일한 타입의 Service 클래스나 Repository 클래스를 여러 개 만들어야 하는 경우에는 해당 Service나 Repository만 인터페이스를 사용하는 것이 좋다고 생각한다. 예를 들면 데이터베이스에서 교육 데이터를 가져오는 JdbcTrainingRepository 클래스 외에 외부 시스템(제휴한 교육 회사의 시스템 등)에서 교육 데이터를 가져오는 ExternalTrainingRepository 클래스를 만들어 상황에 따라 전환하는 경우다. 이 경우 [그림 3-11]과 같이 TrainingRepository 인터페이스를 작성하고 상황에 따라 구상 클래스를 전환하는 것이 좋다.

그림 3-11 인터페이스를 사용하는 경우

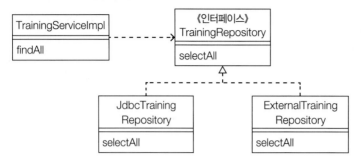

실습

0301-training-di에 이 장의 실습 과제가 준비되어 있으니 꼭 도전해보자.

DI 컨테이너

DI를 적용하려면 객체를 외부에서 준비할 필요가 있다. 하지만 외부에서 직접 객체를 생성하려고 하면 문제가 생길 우려가 있다. 그 문제를 해결해주는 것이 스프링의 **DI 컨테이너**다. 이 장에서는 외부에서 객체를 직접 생성할 때 일어나는 문제, DI 컨테이너의 역할, 자주 나오는 용어에 관해 설명한다.

4.1 외부에서 직접 객체를 준비할 때의 문제점

3장에서는 '외부'에 해당하는 프로그램을 [예제 4-1]과 같이 만들었다.

예제 4-1   외부 소스 코드 예시

```java
public static void main(String[] args) {
    TrainingRepository trainingRepository = new JdbcTrainingRepository();
    TrainingService trainingService = new TrainingServiceImpl(trainingRepository);

    // 업무 로직을 호출한다.
    List<Training> trainings = trainingService.findAll();
    ...
}
```

애플리케이션의 규모가 커지면 외부에서 준비할 객체 수가 많아진다. [예제 4-1]은 Service 객체와 Repository 객체를 각각 하나씩만 준비하므로 그렇게 복잡하지 않지만 실제 개발 프로젝트에서는 Service나 Repository 역할을 가진 객체가 수백 개에 달하는 경우가 드물지 않다. 이런 경우에 객체를 일일이 준비해서 다른 객체에 인젝션하는 처리를 작성하는 것은 매우 번거로우며 유지 보수성도 좋지 않다.

4.2 DI 컨테이너를 사용한 솔루션

DI 컨테이너[29]는 이 '외부'에서 하는 처리를 담당하는 스프링의 기능이다. 컨테이너 Container 는 우리말로 '상자'인데, 자바에서 컨테이너라는 용어가 나오면 객체를 담는 상자로 생각하면 된다. 컨테이너에 객체를 넣으면 컨테이너는 객체에 부가적인 기능을 제공한다. 마찬가지로 DI

---

29 스프링 공식 매뉴얼에서는 'IoC 컨테이너'로 되어 있지만, 이 책에서는 일반적으로 쓰이는 'DI 컨테이너'라는 명칭을 사용한다.

컨테이너는 'DI 기능을 제공하는 객체를 담는 상자'라는 의미가 된다. DI 컨테이너에 의해 준비된 객체는 [그림 4-1]과 같이 DI 컨테이너 내에서 관리된다.

그림 4-1 DI 컨테이너

DI 컨테이너는 다양한 기능을 제공하는데, 그중 대량의 객체 생성이나 인젝션을 간결한 코드로 처리해주는 기능이 있다. 이 기능으로 외부에서 직접 생성할 때 발생하는 문제를 해결할 수 있다.

4.3 DI 컨테이너 관련 기본 용어

DI 컨테이너의 구체적인 사용법을 설명하기 전에 먼저 알아둘 용어들이 있다. Bean, Bean 정의, 설정 정보, 애플리케이션 컨텍스트 이 4가지 용어를 [그림 4-2]를 통해 알아보자.

그림 4-2 DI 컨테이너 관련 기본 용어

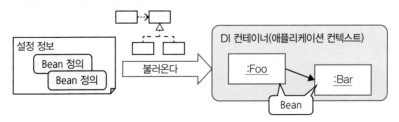

- **Bean**

  DI 컨테이너가 관리하는 객체를 말한다. 참고로 자바에서 'Java Beans'라는 용어를 볼 수 있는데, Java Beans의 Beans와는 직접적인 관계가 없다. 여기서 말하는 Bean은 스프링의 고유한 용어다.

- **Bean 정의**

  Bean을 정의하는 정보를 가리킨다. 예를 들어 관리할 객체의 구상 클래스는 무엇인지, 어느 의존 객체를 인젝션할 것인지와 같은 정보를 말한다.

- **설정 정보** configuration

  DI 컨테이너로 불러올 정보다. 설정 정보에는 Bean 정의도 포함된다. Bean 정의 외에도 DI 컨테이너의 특정 기능(다양한 기능이 있지만 나중에 설명한다)을 활성화 또는 비활성화할 수 있는 정보가 포함된다. 설정 정보를 작성해서 DI 컨테이너에서 불러오면 설정 정보에 따라 Bean 객체가 생성되며 의존 객체가 인젝션된다.

- **애플리케이션 컨텍스트** Application Context

  DI 컨테이너의 다른 이름이다. DI 컨테이너에 해당하는 객체가 ApplicationContext 인터페이스를 구현하므로 DI 컨테이너를 종종 '애플리케이션 컨텍스트'라고 부르기도 한다.

4.4 JavaConfig에 설정 정보 작성하기

DI 컨테이너에 불러올 설정 정보를 JavaConfig라 불리는 클래스에 작성한다.[30] JavaConfig는 설정 정보를 자바의 클래스에 작성할 수 있게 해주는 기능이다. 언뜻 보면 JavaConfig라는 용어가 자바 표준 용어처럼 들리지만 엄연한 스프링 고유의 용어다. 이 방식으로 설정 정보를 작성한 클래스를 이 책에서는 'JavaConfig 클래스'라고 부른다.

JavaConfig 클래스를 만들려면 임의의 클래스를 작성한 다음 클래스 위에 @Configuration을 붙이면 된다(예제 4-2).

예제 4-2 JavaConfig 클래스

```
@Configuration
public class FooConfig {
    ...
}
```

---

30 XML 파일에 작성하는 방법도 있지만 이 책에서는 생략한다.

FooConfig라는 클래스를 적당히 만들고 @Configuration을 붙이기만 하면 된다. @Configuration을 붙이면 스프링은 이를 JavaConfig 클래스로 인식하여 작성된 설정 정보를 읽어들인다. JavaConfig 클래스 안에서는 DI 컨테이너의 특정 기능을 활성화하거나 Bean 정의를 설정한다. Bean 정의 설정은 JavaConfig 클래스 안에 직접 작성할 수도 있고, 다른 장소에서 작성된 설정을 불러올 수도 있다. 이어서 자세한 설정 정보 작성 방법을 살펴보자.

4.5 Bean 정의 작성하기

Bean 정의를 작성하는 대표적인 방법은 다음 3가지다.

- 스테레오타입 애너테이션
- @Bean 메서드
- \<bean\> 태그

스테레오타입 stereo type 애너테이션 annotation 과 @Bean 메서드에 관해서는 나중에 자세히 설명하겠지만 우선 [그림 4-3]을 통해 간단히 살펴보자.

그림 4-3 대표적인 Bean 정의 방법

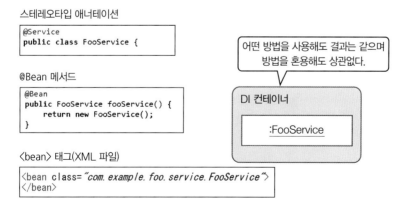

스테레오타입 애너테이션

```
@Service
public class FooService {
```

@Bean 메서드

```
@Bean
public FooService fooService() {
    return new FooService();
}
```

어떤 방법을 사용해도 결과는 같으며 방법을 혼용해도 상관없다.

DI 컨테이너

:FooService

\<bean\> 태그(XML 파일)

```
<bean class="com.example.foo.service.FooService">
</bean>
```

- **스테레오타입 애너테이션**

  스테레오타입 애너테이션은 Bean으로 관리하고 싶은 구상 클래스에 붙이는 애너테이션[31] 이다. DI 컨테이너는 스테레오타입 애너테이션이 붙은 구상 클래스를 감지해 자동으로 생성자를 호출하고 객체를 생성한다. 생성된 객체는 DI 컨테이너에서 관리된다.

- **@Bean 메서드**

  Bean 메서드는 @Bean을 붙인 메서드를 말한다. 표준 용어는 아니지만 이 책에서는 편의상 @Bean이 붙은 메서드를 '@Bean 메서드'라 부를 것이다. Bean 메서드는 DI 컨테이너에 의해 자동으로 호출되고, 반환 값으로 반환한 객체가 Bean으로 관리된다.

- **〈bean〉 태그**

  〈bean〉 태그는 XML 파일에 작성한다. Bean으로 관리할 구상 클래스를 class 속성으로 지정하고, XML 파일을 DI 컨테이너로 불러온다. 지정된 구상 클래스의 생성자가 DI 컨테이너에 의해 호출되고, 생성된 객체는 Bean으로 관리된다.

각각 방법은 다르지만 결과는 같다. [그림 4-3]의 경우 FooService 클래스의 객체가 Bean으로 관리되는 결과를 얻을 수 있다. 하지만 결과가 같다고 아무 방법이나 사용해도 되는 것은 아니며, 잘 구분해서 사용해야 한다. 어떻게 구분해야 하는지에 관해서는 나중에 설명한다. 우선 다음 장에서 스테레오타입 애너테이션을 사용하는 방법을 자세히 알아보자.

---

31 [3부 부록]의 〈A.5 애너테이션〉 참고

5장

스테레오타입 애너테이션

4장에서 3가지 Bean 정의 방법을 소개했다. 이 중 가장 많이 사용되는 방법은 **스테레오타입 애너테이션**이다. 이 장에서는 스테레오타입 애너테이션 사용법과 DI 컨테이너 생성 방법을 설명한다.

5.1 스테레오타입 애너테이션이란?

스테레오타입 애너테이션은 Bean으로 관리하고 싶은 구체적인 클래스에 붙이는 애너테이션으로, 스프링에서 사용되는 고유한 용어다. 스테레오타입 애너테이션에는 여러 종류가 있는데, 구상 클래스에 스테레오타입 애너테이션을 붙이면 스프링이 이를 감지해서 구상 클래스의 생성자를 호출하고 객체를 생성한다. 생성된 객체는 Bean으로 관리해준다. 예를 들면 [예제 5-1]과 같이 사용할 수 있다.

예제 5-1 스테레오타입 애너테이션 사용

```
@Service
public class TrainingServiceImpl implements TrainingService {
    ...
}
```

클래스에 붙은 @Service는 스테레오타입 애너테이션 중 하나다. DI 컨테이너를 생성하면 DI 컨테이너는 TrainingServiceImpl 클래스에 스테레오타입 애너테이션이 붙어있는지 감지하고, TrainingServiceImpl 클래스의 생성자를 호출하여 객체를 생성하고 Bean으로 관리한다.

5.2 스테레오타입 애너테이션의 종류

스테레오타입 애너테이션은 여러 개이며, 구상 클래스의 역할에 따라 구분해서 사용한다. 스테레오타입 애너테이션의 종류에 따라 Bean으로 관리하는 것뿐만 아니라 부가적인 기능을 부여하는 것도 있다.

대표적인 스테레오타입 애너테이션은 [표 5-1]과 같다.

표 5-1 대표적인 스테레오타입 애너테이션

스테레오타입 애너테이션	설명
@Service	Service의 구상 클래스에 붙인다. 부가 기능은 없다.
@Repository	Repository의 구상 클래스에 붙인다. 부가 기능으로 데이터베이스 접속 관련 예외를 스프링이 제공하는 예외로 변환할 수 있다.
@Controller	Controller의 구상 클래스에 붙인다. 부가 기능으로 스프링 MVC 기능을 이용할 수 있다.
@Component	역할을 나타내지 않는 범용적인 스테레오타입 애너테이션이며, 부가 기능은 없다. 구상 클래스의 역할이 위의 항목에 해당하지 않는 경우에 붙이는 경우가 많다.

[표 5-1]에서 @Service와 @Component는 부가 기능이 없다. 따라서 어느 쪽을 사용해도 마찬가지지만 Service의 구상 클래스에는 @Service를 사용하는 편이 좋다. 구상 클래스의 역할을 쉽게 알 수 있어 소스 코드의 가독성이 더 좋아지기 때문이다. [예제 5-2]에서 구상 클래스의 역할에 따른 스테레오타입 애너테이션의 예를 확인해보자.

예제 5-2　구상 클래스의 역할에 따른 스테레오타입 애너테이션 사용 예시

```
@Service
public class TrainingServiceImpl implements TrainingService {

    ...

}
```

```
@Repository
public class JdbcTrainingRepository implements TrainingRepository {

    ...

}
```

Service 역할의 구상 클래스인 TrainingServiceImpl에는 @Service를, Repository 역할의 구상 클래스인 JdbcTrainingRepository에는 @Repository를 붙였다.

DI 컨테이너를 생성하면 각 클래스의 생성자가 DI 컨테이너에 의해 호출되어 객체가 생성되며, [그림 5-1]처럼 Bean으로 관리된다.

그림 5-1 Bean

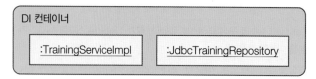

5.3 인젝션 지시

스테레오타입 애너테이션으로 객체를 생성했지만 의존 객체 인젝션(TrainingServiceImpl 객체에 JdbcTrainingRepository 객체를 인젝션)이 아직 이루어지지 않았다. DI 컨테이너에 인젝션을 요청할 때는 @Autowired를 사용할 수 있다. @Autowired는 인젝션을 지시하는 애너테이션이다.

[그림 5-2]처럼 TrainingServiceImpl 객체에 JdbcTrainingRepository 객체를 인젝션하는 경우에는 TrainingServiceImpl 클래스 안에서 @Autowired를 사용한다.

그림 5-2 @Autowired를 사용한다.

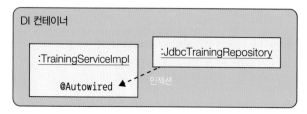

인젝션된 후에는 TrainingServiceImpl 객체가 JdbcTrainingRepository 객체를 참조하므로 [그림 5-3]과 같은 상태가 된다.

그림 5-3 인젝션 후의 상태

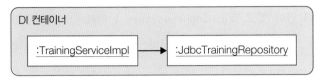

@Autowired를 붙일 수 있는 곳이 몇 군데 있는데, 그 중 하나가 생성자다. [예제 5-3]의 코드를 확인해보자.

예제 5-3 생성자를 이용한 인젝션

```java
@Service
public class TrainingServiceImpl implements TrainingService {

    private TrainingRepository trainingRepository;

    @Autowired
    public TrainingServiceImpl(TrainingRepository trainingRepository) { ❶
        this.trainingRepository = trainingRepository;
    }

    public List<Training> findAll() {
        trainingRepository.selectAll();
        ...
    }
}
```

생성자를 정의하고 @Autowired를 붙이면 DI 컨테이너는 스테레오타입 애너테이션이 붙은 구상 클래스(여기서는 TrainingServiceImpl 클래스)의 객체를 생성할 때 @Autowired가 붙은 생성자를 호출한다. 이때 인수로 정의된 타입(여기서는 TrainingRepository 타입)의 객체를 DI 컨테이너에서 찾아 전달해준다.

❶에서는 생성자에 인수로 TrainingRepository 객체가 전달되고, 전달된 Training

Repository 객체를 trainingRepository 필드에 대입한다. 실제로는 JdbcTraining Repository 객체가 DI 컨테이너 안에 있고 TrainingRepository 인터페이스를 구현하므로 JdbcTrainingRepository 객체를 인수로 전달하게 된다. 전달받은 JdbcTraining Repository 객체를 trainingRepository 필드에 저장하므로 [그림 5-3]과 같은 상태가 된다.

참고로 [예제 5-3]처럼 생성자가 하나만 정의된 경우에는 @Autowired를 생략할 수 있다. 따라서 [예제 5-4]와 같이 작성해도 문제가 없다.

예제 5-4   @Autowired를 생략한다.

```java
@Service
public class TrainingServiceImpl implements TrainingService {

    private TrainingRepository trainingRepository;

    public TrainingServiceImpl(TrainingRepository trainingRepository) {
        this.trainingRepository = trainingRepository;
    }

    public List<Training> findAll() {
        trainingRepository.selectAll();
        ...
    }
}
```

5.4 컴포넌트 스캔

구상 클래스에 스테레오타입 애너테이션을 붙이면 Bean으로 관리된다고 설명했지만 엄밀히 말하면 스테레오타입 애너테이션을 붙이는 것만으로는 충분하지 않고 반드시 컴포넌트 스캔Component Scan 이라는 과정을 거쳐야만 한다. 컴포넌트 스캔은 DI 컨테이너가 스테레오타입 애너테이션이 적용된 구상 클래스를 찾는 것을 말한다. 컴포넌트 스캔을 사용하려면 [그림 5-4]처럼 DI 컨테이너에서 불러올 설정 정보에서 활성화해야 한다.

그림 5-4 컴포넌트 스캔을 활성화한다.

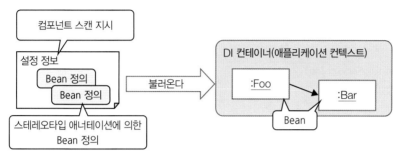

컴포넌트 스캔을 지시하려면 [예제 5-5]처럼 4장에서 소개한 JavaConfig 클래스에 @Component Scan을 붙이면 된다.

예제 5-5 컴포넌트 스캔을 지시한다.

```
package com.example.training;
...
@Configuration
@ComponentScan
public class TrainingApplication {
    ...
}
```

그러면 @ComponentScan을 붙인 클래스(TrainingApplication)가 속한 패키지(com.example.training)를 기점으로 하위 패키지를 포함하여 DI 컨테이너가 스테레오타입 애너테이션이 붙어있는 구상 클래스를 찾아준다(그림 5-5).

com.example.training의 하위 패키지인 repository와 service 패키지 안에 각각 Jdbc TrainingRepository 클래스와 TrainingServiceImpl 클래스가 있다. JdbcTraining

Repository 클래스와 TrainingServiceImpl 클래스에 스테레오타입 애너테이션이 붙어있으면 각각 객체가 생성되어 Bean으로 관리된다.

그림 5-5 컴포넌트 스캔의 탐색 범위

```
com.example.training
      ├── repository
      │      └── JdbcTrainingRepository
      ├── service
      │      └── TrainingServiceImpl
      └── TrainingApplication
```

컴포넌트 스캔의 출발점이 되는 패키지를 베이스 패키지라고 하며, 베이스 패키지를 명시적으로 지정할 수도 있다. 명시적으로 지정할 경우 [예제 5-6]과 같이 작성한다.

예제 5-6   베이스 패키지를 지정한다.

```
@Configuration
@ComponentScan("com.example.training")
public class TrainingApplication {
}
```

@ComponentScan의 ( ) 괄호 안에 임의의 패키지 이름을 지정할 수 있다.

5.5 DI 컨테이너를 생성하고 Bean 가져오기

설정이 완료되었으므로 이제 DI 컨테이너를 생성할 차례다. DI 컨테이너를 생성하는 방법은 여러 가지가 있지만 여기서는 AutomaticConfigApplicationContext 클래스를 사용하는 방법을 소개한다(〈10장 스프링 부트로 생산성 향상하기〉에서는 SpringApplication 클래스의 run 메서드를 사용하는 방법을 소개한다). [예제 5-7]의 예를 살펴보자.

DI 컨테이너를 생성한다.

```java
public static void main(String[] args) {
    ApplicationContext context =
        new AnnotationConfigApplicationContext(TrainingApplication.class);
    ...
}
```

[예제 5-7]에서는 main 메서드가 호출된 직후 DI 컨테이너의 객체를 생성했다.

AnnotationConfigApplicationContext 클래스는 DI 컨테이너의 객체를 생성하는 구상 클래스 중 하나로, new 연산자로 생성자를 호출한다. 생성자의 인수로 전달하는 것은 Java Config 클래스의 Class 객체[32]다. [예제 5-5]에서 작성한 TrainingApplication 클래스가 지정되어 있다.

생성자 처리 과정에서 지정한 JavaConfig 클래스에 작성된 설정 정보를 불러온다. Training Application 클래스에는 @ComponentScan이 붙어있으므로 컴포넌트 스캔이 이루어지고, 스테레오타입 애너테이션이 적용된 구상 클래스의 객체가 Bean으로 생성되어 관리된다. 또한 @Autowired가 지정되어 있으면 인섹션도 이루어진다. DI 컨테이니 생성이 완료되면 [그림 5-6]과 같은 상태가 된다.

그림 5-6 DI 컨테이너를 생성한 후의 상태

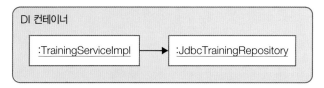

DI 컨테이너 안에 TrainingServiceImpl 객체와 JdbcTrainingRepository 객체가 있으며, TrainingServiceImpl 객체에는 JdbcTrainingRepository 객체가 인젝션되어 있다.

----

32 클래스에 대한 정보(클래스 이름, 메서드 이름, 애너테이션 등)를 가진 객체. '클래스 이름.class'로 표기해 참조할 수 있다.

DI 컨테이너의 객체는 ApplicationContext 인터페이스를 구현하므로 Application Context 타입 변수에 저장할 수 있다. [예제 5-7]에서는 context 변수(변수 이름은 임의) 에 DI 컨테이너의 객체를 저장했다.

DI 컨테이너를 생성하면 DI 컨테이너 안에서 원하는 Bean을 가져올 수 있다. Bean을 가져올 때 는 DI 컨테이너가 제공하는 getBean 메서드를 사용할 수 있다. [예제 5-8]의 예를 살펴보자.

Bean 가져오기

```
...
ApplicationContext context =
    new AnnotationConfigApplicationContext(TrainingApplication.class);
TrainingService trainingService = context.getBean(TrainingService.class);
trainingService.findAll();
...
```

getBean 메서드의 인수로는 가져오고 싶은 Bean의 타입(Class 객체)을 지정한다. [예제 5-8]에서는 TrainingService 인터페이스 타입을 지정했다. DI 컨테이너 안에는 Training Service 인터페이스를 구현한 구상 클래스의 객체로 TrainingServiceImpl이 있으므로 getBean 메서드의 반환 값으로 TrainingServiceImpl 객체가 반환된다. 그 후에 Training ServiceImpl 객체의 findAll 메서드를 호출하므로 인젝션되어 있는 JdbcTraining Repository 객체의 메서드를 이용해 데이터베이스 접근이 이루어진다.

5.6 3가지 인젝션 방법

앞서 인젝션 방법으로 생성자를 이용하는 방법을 설명했지만 생성자를 이용하지 않고 인젝 션하는 방법도 있다. 인젝션 방법은 크게 다음 3가지다.

- 생성자 인젝션
- Setter 인젝션
- 필드 field 인젝션

5.6.1 생성자 인젝션

생성자 인젝션은 앞서 설명한 것처럼 생성자의 인수로 의존 객체를 전달받는 방법이다. [예제 5-9]처럼 생성자를 정의하고 인수 타입을 의존 객체의 타입으로 정의하면 DI 컨테이너가 생성자를 호출할 때 인수의 타입과 일치하는 Bean을 전달해준다. 이를 그림으로 나타내면 [그림 5-7]과 같다.

예제 5-9   생성자 인젝션

```java
@Service
public class TrainingServiceImpl implements TrainingService {

    private TrainingRepository trainingRepository;

    @Autowired
    public TrainingServiceImpl(TrainingRepository trainingRepository) {
        this.trainingRepository = trainingRepository;
    }
    ...
}
```

그림 5-7 생성자 인젝션

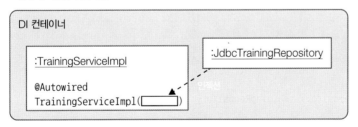

참고로 생성자가 하나만 정의되어 있을 때는 @Autowired를 생략할 수 있다. 따라서 [예제 5-10]처럼 작성할 수도 있다.

```
@Service
public class TrainingServiceImpl implements TrainingService {

    private TrainingRepository trainingRepository;

    public TrainingServiceImpl(TrainingRepository trainingRepository) {
        this.trainingRepository = trainingRepository;
    }
    ...
}
```

5.6.2 Setter 인젝션

Setter 인젝션은 Setter 메서드의 인수로 의존 객체를 인젝션하는 방법이다. [예제 5-11]처럼 Setter 메서드를 정의하고 인수 타입을 의존 객체의 타입으로 설정한다. @Autowired를 붙이면 DI 컨테이너가 이 Setter 메서드를 호출하고 인수 타입에 맞는 Bean을 전달해준다. 이를 그림으로 나타내면 [그림 5-8]과 같다.

예제 5-11　Setter 인젝션

```
@Service
public class TrainingServiceImpl implements TrainingService {

    private TrainingRepository trainingRepository;

    @Autowired
    public void setTrainingRepository(TrainingRepository trainingRepository) {
        this.trainingRepository = trainingRepository;
    }
    ...
}
```

그림 5-8 Setter 인젝션

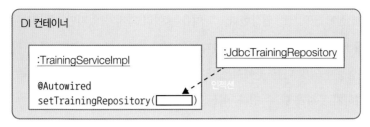

5.6.3 필드 인젝션

필드 인젝션은 필드에 직접 인젝션하는 방법이다. [예제 5−12]처럼 필드에 직접 @Autowired
를 붙인다. 이를 그림으로 나타내면 [그림 5−9]와 같다.

> **예제 5-12** 필드 인젝션

```
@Service
public class TrainingServiceImpl implements TrainingService {

    @Autowired
    private TrainingRepository trainingRepository;

    ...
}
```

그림 5-9 필드 인젝션

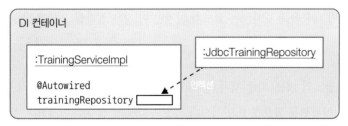

지금까지 3가지 인젝션 방법을 소개했다. 하려는 일은 같기 때문에 어떤 방법을 사용해도 상관없지만 일반적으로는 생성자 인젝션을 권장한다. 그 이유는 여러 가지가 있지만 가장 이해하기 쉬운 이유는 필드에 final 한정자를 붙일 수 있다는 점이다.[33] final 한정자가 붙은 필드는 자바 언어 사양상 생성자 외의 다른 곳에서는 내용을 설정을 할 수 없게 제한된다. 즉, 실수로 필드 내용을 변경하지 못하게 할 수 있다. 예는 [예제 5-13]과 같다.

예제 5-13　final을 붙인 필드

```
@Service
public class TrainingServiceImpl implements TrainingService {

    private final TrainingRepository trainingRepository;

    public TrainingServiceImpl(TrainingRepository trainingRepository) {
        this.trainingRepository = trainingRepository;
    }

    public void someMethod() {
        trainingRepository = ...
    }
}
```

[예제 5-13]은 생성자 인젝션을 사용하고 있다. trainingRepository 필드에는 final 한정자가 지정되어 있고, 생성자 내에서 이 필드의 내용을 설정한다. someMethod 메서드 내에서 trainingRepository 필드의 내용을 변경하려는 코드가 있지만 이 경우 컴파일 오류가 발생한다.

DI 컨테이너에서 준비해준 필드의 내용(의존 객체)을 개발자가 마음대로 변경해서는 안 된다. final 한정자와 생성자 인젝션을 활용하면 인젝션된 필드의 내용이 실수로 변경되는 것을 방지할 수 있다.

....
33 테스트를 용이하게 하거나 순환 참조를 불가능하게 하는 등의 이유도 있다.

5.7 같은 타입의 Bean이 여러 개 존재할 때 인젝션 방법

앞서 DI 컨테이너는 @Autowired가 붙은 곳의 변수 타입에 따라 같은 타입의 Bean을 인젝션 해준다고 설명했다. 그렇다면 같은 타입의 Bean이 여러 개인 경우에는 어떻게 작동할까? 데이터베이스의 교육 데이터에 접근하는 JdbcTrainingRepository 클래스와 협력 업체인 교육 회사의 외부 시스템에 접근하는 ExternalTrainingRepository 클래스를 만들고, 각각 스테레오타입 애너테이션이 달려있다고 가정해보자.

JdbcTrainingRepository 클래스와 ExternalTrainingRepository 클래스는 모두 TrainingRepository 인터페이스를 구현하고, TrainingServiceImpl은 TrainingRepository 객체를 인젝션하도록 지정한다. [예제 5-14]의 예를 살펴보자.

예제 5-14 같은 타입의 Bean이 여러 개 존재하는 Bean 정의

```java
@Repository
public class JdbcTrainingRepository implements TrainingRepository {

    ...

}
```

```java
@Repository
public class ExternalTrainingRepository implements TrainingRepository {

    ...

}
```

```java
@Service
public class TrainingServiceImpl implements TrainingService {

    ...

    @Autowired
    public TrainingServiceImpl(TrainingRepository trainingRepository) {
```

```
            this.trainingRepository = trainingRepository;
            ...
        }
    }
```

이 상태에서 DI 컨테이너를 생성하려고 하면 [그림 5-10]과 같은 상태가 된다.

그림 5-10 같은 타입의 Bean이 여러 개 존재하는 경우

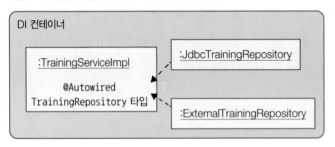

TrainingRepository 타입의 Bean이 두 개이므로 DI 컨테이너가 어느 것을 인젝션해야 할지 알 수가 없다. 따라서 DI 컨테이너는 생성 시에 오류를 발생시키고 처리를 중단한다.

오류를 피하는 방법은 '작동 중에 두 개의 객체 처리를 구분해서 호출하는가?'와 '실행(시작)하는 타이밍(프로덕션 환경에서 실행, 스테이징staging 환경[34]에서 실행 등)에 어느 쪽으로 전환하고 싶은가?'에 따라 달라진다. 전자의 경우 두 개의 Bean에 ID를 할당해서 인젝션하는 쪽에서 어느 Bean을 주입할 것인지 ID로 지정하는 방법을 사용할 수 있다(구체적인 작성 방법은 생략한다). 후자의 경우는 다음 장에서 소개할 프로파일을 사용한 방법이 효과적이다.

---

34 프로덕션 환경의 스펙(머신 구성이나 머신 스펙 등)과 최대한 동일하게 한 테스트용 환경을 말한다.

실습

0402-shopping-stereotype-annotation에 이 장의 실습 과제가 준비되어 있으니 꼭 도전해보자.

6장

프로파일로 설정 전환하기

실제 개발 프로젝트에서는 애플리케이션 실행 환경(프로덕션 환경, 스테이징 환경 등)에 따라 설정을 바꾸고 싶을 때가 있다. 예를 들면 어떤 외부 시스템과 연동할 때 프로덕션 환경에서는 실제 외부 시스템과 연동되는 객체를 사용하고, 스테이징 환경에서는 실제 외부 시스템과 연동되지 않는 더미 객체를 사용하고자 하는 경우 등이다. 이 장에서는 이를 가능하게 하는 **프로파일** 기능에 관해 설명한다.

6.1 프로파일이란?

프로파일은 설정^{configuration}을 그룹화하는 DI 컨테이너의 기능이다. 프로덕션 환경용이나 스테이징 환경용 등으로 설정을 그룹화할 수 있으며, 그룹화할 때의 그룹 이름이 프로파일 이름이 된다. 그룹화한 후에 해야 할 일은 DI 컨테이너를 생성할 때 활성화할 프로파일 이름을 지정하는 것이다. 이를 통해 애플리케이션을 실행할 때 사용할 설정을 전환할 수 있다.

예를 들어 [그림 6-1]과 같이 6개의 Bean 정의가 있다고 가정하자. Bean 정의 A와 B가 프로파일 1에 속하고, Bean 정의 C와 D가 프로파일 2에 속한다. Bean 정의 E와 F는 어떤 프로파일에도 속하지 않는다. DI 컨테이너를 생성할 때 프로파일 1을 활성화한다면 Bean 정의 A와 B, 그리고 Bean 정의 E와 F가 사용된다. 어떤 프로파일에도 속하지 않는 E와 F는 언제나 활성화된다. 프로파일 2를 활성화하고 DI 컨테이너를 생성하면 Bean 정의 C와 D, 그리고 E와 F가 사용된다. 활성화할 프로파일을 아무것도 지정하지 않고 DI 컨테이너를 생성하면 Bean 정의 E와 F만 사용된다.

그림 6-1 프로파일

6.2 환경별 프로파일

실제 개발 프로젝트에서는 환경별 설정을 프로파일로 그룹화하는 것이 일반적이다. 예를 들어 [그림 6-2]처럼 TrainingServiceImpl 클래스의 Bean 정의, JdbcTrainingRepository 클래스(데이터베이스의 교육 데이터에 접근하는 구상 클래스)의 Bean 정의, External TrainingRepository 클래스(외부 시스템의 교육 데이터에 접근하는 구상 클래스)의 Bean

정의가 있다고 가정한다. 또한 JdbcTrainingRepository 클래스와 ExternalTraining Repository 클래스는 공통 인터페이스 TrainingRepository를 구현한다.

이때 ExternalTrainingRepository 클래스의 Bean 정의를 production 프로파일(프로덕션 환경을 가정)에 속하게 하고, JdbcTrainingRepository 클래스의 Bean 정의를 staging 프로파일(스테이징 환경을 가정)에 속하게 하면 TrainingServiceImpl 클래스의 Bean 정의는 어떤 프로파일에도 속하지 않게 된다. 참고로 프로파일 이름은 개발자가 자유롭게 결정할 수 있다.

그림 6-2 프로파일을 사용한 Bean 정의

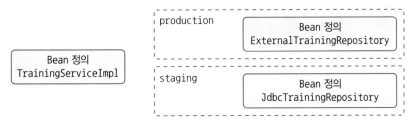

프로덕션 환경에서 실행할 경우에는 production 프로파일을 활성화하고 DI 컨테이너를 생성한다. 이때 ExternalTrainingRepository 클래스와 TrainingServiceImpl 클래스의 Bean 정의가 사용되므로 [그림 6-3]처럼 ExternalTrainingRepository 객체와 Training ServiceImpl 객체가 생성되고 DI 컨테이너에서 관리된다. TrainingServiceImpl 객체가 TrainingRepository 객체를 인젝션하게 되어 있다면 TrainingServiceImpl 객체에 ExternalTrainingRepository 객체가 인젝션된다.

그림 6-3 production 프로파일을 활성화해서 DI 컨테이너를 생성한 경우

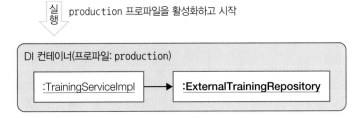

스테이징 환경에서 실행할 경우에는 staging 프로파일을 활성화하고 DI 컨테이너를 생성한다. 이때 JdbcTrainingRepository 클래스와 TrainingServiceImpl 클래스의 Bean 정의가 사용되므로 [그림 6-4]처럼 JdbcTrainingRepository 객체와 TrainingServiceImpl 객체가 생성되며 DI 컨테이너에서 관리된다. TrainingServiceImpl 객체에는 JdbcTrainingRepository 객체가 인젝션된다.

그림 6-4 staging 프로파일을 활성화하고 DI 컨테이너를 생성한 경우

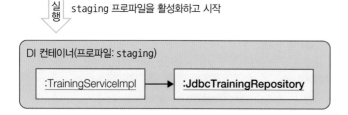

6.3 프로파일 사용법

이제 프로파일을 사용해보자. 설정을 그룹화할 때는 @Profile을 사용한다. @Profile을 붙일 수 있는 곳이 여러 군데 있지만 이번에는 스테레오타입 애너테이션과 함께 사용하는 방법을 소개한다. [예제 6-1]과 같이 스테레오타입 애너테이션을 붙인 구상 클래스에 @Profile을 붙인다. 이때 ( ) 괄호 안에 프로파일 이름을 지정한다.

예제 6-1 프로파일 사용법

```
@Repository
@Profile("production")
public class ExternalTrainingRepository implements TrainingRepository {
    ...
}
```

```
@Repository
@Profile("staging")
public class JdbcTrainingRepository implements TrainingRepository {

    ...

}
```

```
@Service
public class TrainingServiceImpl implements TrainingService {

    ...

}
```

[예제 6-1]처럼 작성하면 ExternalTrainingRepository 클래스의 Bean 정의는 production 프로파일에, JdbcTrainingRepository 클래스의 Bean 정의는 staging 프로파일에 속한다. 하지만 TrainingServiceImpl 클래스의 Bean 정의는 어떤 프로파일에도 속하지 않아 @Profile이 붙지 않는다. 결과적으로 [그림 6-2]와 같이 그룹화되는 것이다.

6.4 활성화할 프로파일 지정하기

마지막으로 DI 컨테이너 생성 시 활성화할 프로파일을 지정하는 방법을 살펴보자. 프로파일을 지정하는 방법은 여러 가지가 있지만 대표적인 방법인 시스템 프로퍼티 또는 환경 변수를 사용하는 방법을 소개한다.

시스템 프로퍼티로 지정하는 경우 [예제 6-2]처럼 java 커맨드[35]를 실행할 때 -D 옵션으로 spring.profiles.active라는 이름의 프로퍼티를 지정한다.

---

35 자바로 만들어진 프로그램을 실행하기 위한 명령어로, Eclipse나 IntelliJ IDEA 등의 IDE에서 실행할 경우 java 커맨드를 직접 사용하지 않지만 서버 머신에서 실행할 때는 java 커맨드를 직접 사용하는 경우가 많다.

예제 6-2   활성화할 프로파일을 java 커맨드로 지정한다.

```
java -Dspring.profiles.active = 프로파일 이름   main 메서드를 가진 클래스 이름
```

spring.profiles.active 프로퍼티는 DI 컨테이너가 자동으로 읽어들이는 프로퍼티다. spring.profiles.active 프로퍼티 값으로 활성화할 프로파일 이름을 지정한다. 프로파일 이름은 쉼표로 구분해 여러 개를 지정할 수도 있다.

운영체제의 환경 변수를 이용하는 경우 환경 변수 이름 SPRING_PROFILES_ACTIVE에 프로파일 이름을 지정한 후 java 커맨드로 애플리케이션을 실행한다. 리눅스^{Linux} 계열 운영체제 에서 export 명령어로 환경 변수를 지정하는 경우 [예제 6-3]과 같이 작성하면 된다.

예제 6-3   환경 변수로 활성화할 프로파일을 지정한다(리눅스 계열).

```
export SPRING_PROFILES_ACTIVE=프로파일 이름
java main 메서드를 가진 클래스 이름
```

Windows의 경우 [예제 6-4]와 같이 작성한다.

예제 6-4   환경 변수로 활성화할 프로파일을 지정한다(Windows).

```
set SPRING_PROFILES_ACTIVE=프로파일 이름
java main 메서드를 가진 클래스 이름
```

실습

0451-training-profile에 이 장의 실습 과제가 준비되어 있으니 꼭 도전해보자.

JavaConfig와 @Bean 메서드

6장에서는 Bean 정의 방법 중 하나인 스테레오타입 애너테이션에 관해 설명했다. 이번
에는 또 다른 Bean 정의 방법인 @Bean 메서드에 관해 설명한다. 그리고 스테레오타입
애너테이션과 @Bean 메서드의 일반적인 사용법에 대해서도 알아볼 것이다. @Bean 메서
드는 JavaConfig 클래스 안에 작성되므로 JavaConfig 클래스부터 살펴보자.

7.1 JavaConfig란?

〈4장 DI 컨테이너〉에서도 설명했지만 JavaConfig는 DI 컨테이너에 불러올 설정을 자바의 클래스에 작성하기 위한 스프링의 기능이다. [예제 7-1]과 같이 임의의 클래스에 @Configuration을 붙이면 JavaConfig 클래스로 인식되는데, 이러한 클래스를 이 책에서는 JavaConfig 클래스라고 부른다.

예제 7-1 JavaConfig 클래스

```
@Configuration
public class FooConfig {
    ...
}
```

7.2 여러 개의 JavaConfig 클래스 불러오기

JavaConfig 클래스는 여러 파일로 나누어 작성할 수 있다. 작성한 여러 JavaConfig 클래스를 DI 컨테이너로 불러오는 방법은 다음과 같이 크게 3가지다.

- AnnotationConfigApplicationContext 클래스의 생성자 인수로 지정하기
- @Import로 가져오기
- 컴포넌트 스캔하기

각각에 관해 자세히 살펴보자.

7.2.1 AnnotationConfigApplicationContext 클래스의 생성자 인수로 지정하기

DI 컨테이너를 생성할 때 AnnotationConfigApplicationContext 클래스의 생성자 인수로 여러 개의 JavaConfig 클래스를 지정한다. AnnotationConfigApplicationContext 클래스의 생성자 인수는 가변 인수이므로 원하는 수의 JavaConfig 클래스를 지정할 수 있다. [예제 7-2]의 예를 살펴보자.

예제 7-2 AnnotationConfigApplicationContext 클래스의 생성자의 인수로 지정한다.

```
@Configuration
public class FooConfig {
    ...
}
```

```
@Configuration
public class BarConfig {
    ...
}
```

```
ApplicationContext context =
    new AnnotationConfigApplicationContext(FooConfig.class, BarConfig.class);
```

FooConfig와 BarConfig 이렇게 두 개의 JavaConfig 클래스를 DI 컨테이너에서 불러온다.

7.2.2 @Import로 가져오기

스프링에서 제공하는 @Import를 사용해서 한 JavaConfig 클래스에서 다른 JavaConfig 클래스를 가져올 수 있다. [예제 7-3]의 예를 살펴보자.

```
@Configuration
@Import(BarConfig.class)
public class FooConfig {

    ...

}
```

```
@Configuration
public class BarConfig {

    ...

}
```

```
ApplicationContext context =
    new AnnotationConfigApplicationContext(FooConfig.class);
```

FooConfig 클래스 위에 @Import가 붙어있고, ( ) 괄호로 BarConfig 클래스를 지정하고 있다.

AnnotationConfigApplicationContext 클래스의 생성자 인수로는 FooConfig 클래스만 지정되어 있지만 FooConfig 클래스가 BarConfig 클래스를 임포트하고 있으므로 결과적으로 FooConfig 클래스와 BarConfig 클래스를 불러오게 된다.

7.2.3 컴포넌트 스캔하기

@Configuration은 사실 스테레오타입 애너테이션 중 하나다. @Service나 @Repository 와 마찬가지로 컴포넌트 스캔을 하면 JavaConfig 클래스의 객체가 생성되고 Bean으로 관리된다. 이때 JavaConfig 클래스라는 것을 인식하여 작성된 설정 정보를 읽어들인다. [예제 7-4]의 예를 살펴보자.

```
package foo;
...
@Configuration
@ComponentScan
public class FooConfig {
    ...
}
```

```
package foo;
...
@Configuration
public class BarConfig {
    ...
}
```

```
ApplicationContext context =
    new AnnotationConfigApplicationContext(FooConfig.class);
```

FooConfig 클래스와 BarConfig 클래스는 모두 foo 패키지에 속하고, FooConfig 클래스 쪽에 @ComponentScan이 붙어있다. AnnotationConfigApplicationContext 클래스의 생성자인수로 FooConfig 클래스를 지정하면 foo 패키지를 베이스 패키지로 하여 컴포넌트 스캔이 이루어진다. foo 패키지 아래에는 스테레오타입 애너테이션 중 하나인 @Configuration이 붙은 BarConfig 클래스가 있으므로 BarConfig 클래스도 불러온다. 결과적으로 FooConfig 클래스와 BarConfig 클래스를 모두 불러오게 되는 것이다.

지금까지 여러 개의 JavaConfig 클래스를 불러오는 방법 3가지를 소개했는데, 어떤 방법을 사용해도 상관없다. 이 책에서는 기본적으로 컴포넌트 스캔 방법을 사용한다. 이 방법의 장점은 JavaConfig 클래스가 늘어날 때 편하다는 점이다. 컴포넌트 스캔할 패키지의 아래에 JavaConfig 클래스를 작성하기만 하면 된다. 또한 작성한 JavaConfig 클래스를 매번 어딘가에서 지정할 필요가 없기 때문에 지정 누락 실수를 막을 수 있다.

7.3 @Bean 메서드란?

@Bean 메서드는 Bean을 정의하는 방법 중 하나다. [그림 7-1]과 같이 JavaConfig 클래스 안에서 @Bean을 붙인 메서드를 작성한다. 공식적으로 '@Bean 메서드'라는 명칭이 있는 것은 아니지만 이 책에서는 편의상 @Bean 메서드(메서드 레벨 애너테이션)라고 칭하겠다.

그림 7-1 @Bean 메서드

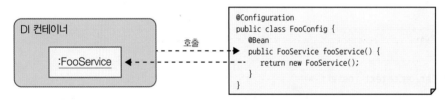

@Bean이 붙은 fooService 메서드가 @Bean 메서드다. fooService 메서드는 FooService 객체를 반환한다. @Bean 메서드 내에서 객체를 어떻게 준비할지는 자유지만 [그림 7-1]에서는 단순히 new 연산자로 생성자를 호출하고 생성된 객체를 그대로 반환한다. @Bean 메서드는 DI 컨테이너가 자동으로 호출해주며 반환된 객체는 Bean으로 관리된다.

또한 @Bean 메서드는 하나의 JavaConfig 클래스 안에 여러 개를 정의할 수 있다. [그림 7-2]에는 @Bean 메서드가 두 개 정의되어 있다.

그림 7-2 여러 개의 @Bean 메서드

```
@Configuration
public class TrainingApplication {
    @Bean
    public TrainingService trainingService() {
        return new TrainingServiceImpl();
    }
    @Bean
    public TrainingRepository trainingRepository() {
        return new JdbcTrainingRepository();
    }
}
```

DI 컨테이너

:TrainingServiceImpl

:JdbcTrainingRepository

각각 TrainingServiceImpl 객체와 JdbcTrainingRepository 객체를 반환하므로 DI 컨테이너 안에서는 이 두 객체가 Bean으로 관리된다.

7.4 인젝션

@Bean 메서드로 Bean을 정의할 때 인젝션하는 부분도 @Bean 메서드 안에 작성할 수 있다. 예를 들어 Bean으로 관리하고 싶은 구상 클래스가 의존 객체를 인젝션하기 위한 생성자를 정의한 경우 생성자를 호출할 때 의존 객체를 전달할 수 있다. [그림 7-3]의 예를 살펴보자.

그림 7-3 @Bean 메서드와 인젝션

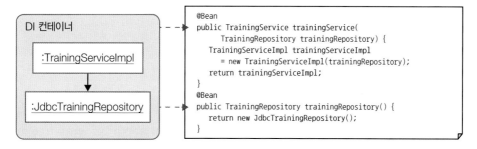

[그림 7-3]에는 TrainingServiceImpl 객체와 JdbcTrainingRepository 객체를 Bean으로 정의하는 @Bean 메서드가 각각 정의되어 있다. TrainingServiceImpl 객체에는 의존 객체

로 TrainingRepository 객체를 인젝션한다.

trainingRepository 메서드에서는 JdbcTrainingRepository 객체를 Bean으로 정의하고 있으므로 JdbcTrainingRepository 객체가 DI 컨테이너에서 관리된다.

trainingService 메서드에서는 TrainingServiceImpl 객체를 Bean으로 정의하고 있다. trainingService 메서드의 인수로는 TrainingRepository 타입 인수가 지정되어 있다. @Bean 메서드의 인수로 TrainingRepository 타입의 인수를 지정해두면 DI 컨테이너가 이 @Bean 메서드를 호출할 때 컨테이너 내에서 TrainingRepository 객체를 찾아 인수로 넘겨준다. 이 경우에는 JdbcTrainingRepository 객체가 전달된다.

trainingService 메서드에서는 TrainingServiceImpl 클래스의 생성자를 호출해 객체를 생성한다. 이때 생성자의 인자로 TrainingRepository 객체를 전달한다. 그리고 Training ServiceImpl 객체를 반환 값으로 돌려준다. 이제 [그림 7-3]의 왼쪽 도식처럼 Training ServiceImpl 객체에 JdbcTrainingRepository 객체가 인젝션된 상태가 된다.

@Bean 메서드 호출 순서는 DI 컨테이너가 적절하게 결정해준다. [그림 7-3]의 경우 trainingService 메서드의 인수로 TrainingRepository 객체를 전달해야 하므로 trainingRepository 메서드가 먼저 호출된다.

7.5 적절한 Bean 정의 방법 선택하기

지금까지 Bean을 정의하는 방법으로 스테레오타입 애너테이션을 사용하는 것과 @Bean을 사용하는 것을 소개했다. 방법은 달라도 DI 컨테이너에서 Bean이 관리된다는 결과는 동일하다. 그렇다면 어떻게 구분해서 사용해야 할까?

우선은 각 방법의 장단점을 살펴보자. [표 7-1]에 주요 장단점을 정리했다.

표 7-1 Bean 정의 방법별 주요 장단점

Bean 정의 방법	장점	단점
스테레오타입 애너테이션	대량의 Bean 정의를 간결하게 할 수 있다.	개발자가 작성한 클래스에만 Bean 정의를 할 수 있다(라이브러리가 제공하는 클래스에는 Bean 정의를 할 수 없다).
@Bean 메서드	라이브러리가 제공하는 클래스에도 Bean 정의를 할 수 있다.	대량의 Bean 정의는 힘들다.

스테레오타입 애너테이션의 장점은 대량의 Bean 정의를 간결하게 할 수 있다는 점이다. 애플리케이션 규모가 커지면 Controller, Service, Repository 등의 역할 클래스가 수백 개씩 나오는데, 구상 클래스를 만들면 클래스 정의 위에 스테레오타입 애너테이션을 붙이기만 하면 되므로 개발자의 부담이 거의 없다. 하지만 단점은 개발자가 만든 클래스에만 사용할 수 있다는 점이다.[36]

스프링을 사용하는 경우 라이브러리가 제공하는 구상 클래스를 Bean으로 관리하는 경우가 생긴다. 데이터베이스 연결을 관리하는 DataSource[37] 인터페이스의 구상 클래스가 대표적인 예다. DataSource 객체를 Bean으로 관리하면 데이터베이스에 접근하는 객체(⑩ Repository)에 DataSource 객체를 인젝션해서 데이터베이스에 접속할 수 있다. DataSource 인터페이스의 구상 클래스는 직접 만들기가 어렵기 때문에 보통은 라이브러리의 구상 클래스를 사용한다. 하지만 라이브러리에서 제공하는 구상 클래스에 스테레오타입 애너테이션을 붙이고자 해도 라이브러리의 소스 코드를 수정할 수 없기 때문에 스테레오타입 애너테이션을 붙일 수 없다.

@Bean 메서드의 장점은 라이브러리에서 제공하는 클래스도 Bean을 정의할 수 있다는 점이다. 라이브러리에서 제공하는 구상 클래스의 생성자를 호출해 객체를 생성하고 반환 값으로 돌려주면 Bean으로 관리할 수 있다. 단점은 대량의 Bean 정의가 힘들다는 것이다. 예를 들어

---

36 [표 7-1]에는 나와 있지 않지만 스테레오타입 애너테이션은 같은 클래스에 여러 개의 Bean을 정의할 수 없다는 단점(제약)이 있다.
37 [3부 부록]의 〈A.6 DataSource〉 참고

수백 개의 Bean을 정의할 경우 일일이 @Bean 메서드를 작성하는 것은 부담이 되고 유지 보수성 측면에서도 좋지 않다.[38]

이러한 장단점을 바탕으로 어떤 상황에 어떤 Bean 정의 방법을 사용할지 알아보자. 용도를 구분하는 기준에 정답은 없지만 가장 알기 쉽고 무난한 기준은 개발자가 만든 클래스를 Bean으로 정의할 때는 스테레오타입 애너테이션을 사용하고, 라이브러리의 클래스를 Bean 정의할 때는 @Bean 메서드를 사용하는 것이다. 개발자가 만드는 클래스는 대량으로 만들어지므로 대량의 Bean 정의에 최적화된 스테레오타입 애너테이션이 적합하다. 라이브러리의 클래스는 스테레오타입 애너테이션으로 Bean을 정의할 수 없으므로 @Bean 메서드로 Bean을 정의한다. 게다가 라이브러리 클래스의 Bean은 그리 많지 않으므로 그다지 어렵지 않다.

참고로 앞서 소개한 〈bean〉 태그(XML 파일) 방식의 Bean 정의는 현재 그다지 잘 사용되지 않는다. 그 이유는 〈bean〉 태그 방식의 장단점이 @Bean 메서드 방식과 동일하기 때문이다. 〈bean〉 태그로 Bean을 정의할 경우 [예제 7-5]와 같이 XML 파일로 작성한다.

> **예제 7-5** 〈bean〉 태그

```
<bean class="com.example.foo.service.FooService">
</bean>
```

Bean 하나하나에 대해 〈bean〉 태그를 작성해야 하므로 개수가 많아지면 힘들어진다. 또한 구상 클래스를 지정하면 Bean을 정의할 수 있으므로 라이브러리의 클래스도 Bean을 정의할 수 있다. 따라서 〈bean〉 태그의 장단점은 @Bean 메서드의 장단점과 동일하다는 것을 알 수 있다. 그렇다면 〈bean〉 태그와 @Bean 메서드 중 어느 쪽을 사용하는 것이 좋을까? @Bean 메서드는 자바 프로그램으로 작성하므로 타입 세이프 Type Safe [39]하게 작성할 수 있다. 〈bean〉 태

---

38 [표 7-1]에는 나와 있지 않지만 @Bean 메서드를 사용하면 스테레오타입 애너테이션을 사용했을 때보다 성능이 조금 더 좋다는 장점이 있다.

39 클래스 이름 등을 잘못 쓰거나 다른 형태의 객체를 변수로 대입할 때 컴파일 오류가 발생하는 것을 말한다.

그는 클래스 이름 등을 문자열로 작성하므로 타입 세이프하게 작성할 수 없다. 따라서 타입 세이프한 @Bean 메서드를 선호하는 경향이 있다.

7.6 〈bean〉 태그의 Bean 정의가 존재하는 이유

그렇다면 왜 〈bean〉 태그 방식의 Bean 정의가 존재하는 것일까? 그 이유는 스프링이 등장한 2003년 초기에는 〈bean〉 태그가 Bean을 정의할 수 있는 유일한 방법이었기 때문이다. 하위 호환성을 유지하기 위해 지금도 〈bean〉 태그를 이용한 Bean 정의를 지원하는 것으로 보인다.

〈bean〉 태그로만 Bean을 정의할 수 있던 시절에는 〈bean〉 태그를 작성한 XML 파일이 커져 유지 보수성이 떨어지는 문제가 있었고, 이를 'XML 지옥'이라고 부르기도 했다. 2007년에 스프링 2.5 버전부터 스테레오타입 애너테이션을 사용할 수 있게 되었고, 2009년 3.0 버전부터는 JavaConfig가 도입되어 @Bean 메서드를 사용할 수 있게 되었다. 〈bean〉 태그는 구식이 되었지만 Bean 정의 방법으로 여전히 남아 있다.

지금도 오래전부터 유지 보수하고 있는 스프링 애플리케이션에서 〈bean〉 태그를 사용하는 것을 어렵지 않게 볼 수 있다. 또한 〈bean〉 태그를 사용하던 시절의 자산(도구와 지식)을 활용하기 위해 일부러 @Bean 메서드 대신 〈bean〉 태그를 사용하기도 한다.

7.7 라이브러리의 클래스를 Bean으로 정의하기

앞서 언급했듯이 @Bean 메서드의 용도는 라이브러리가 제공하는 클래스의 Bean 정의다. 이번에는 라이브러리가 제공하는 구상 클래스의 대표적인 예로 DataSource 구상 클래스의 Bean 정의를 소개한다. 작성 방법을 외울 필요는 없으며 전체적인 느낌만 파악해도 충분하다.

참고로 DataSource 인터페이스의 구상 클래스의 Bean 정의는 〈10장 스프링 부트로 생산성 향상하기〉에서 소개할 자동 설정^Auto Configuration^을 사용할 수 있다. 그러면 자동으로 Bean이 정의되므로 수동으로 Bean을 정의할 필요가 없어진다.[40]

DataSource 인터페이스의 구상 클래스는 다양한 라이브러리에서 제공하지만 우선은 스프링과 함께 많이 사용되는 HikariCP 라이브러리의 구상 클래스를 사용한 예제를 확인해보자 (예제 7-6).

예제 7-6　HikariCP의 DataSource 타입 Bean 정의

```java
@Bean
public DataSource dataSource(){
    HikariDataSource dataSource = new HikariDataSource();
    dataSource.setDriverClassName("com.mysql.jdbc.Driver");
    dataSource.setJdbcUrl("jdbc:mysql://localhost:3306/training");
    dataSource.setUsername("abc");
    dataSource.setPassword("abc123");
    return dataSource;
}
```

@Bean 메서드를 정의하고 HikariDataSource 클래스의 객체를 반환한다는 것을 알 수 있다. 객체를 반환하기 전에 Setter 메서드로 데이터베이스 접속에 필요한 설정을 하고, DI 컨테이너를 생성한 후에는 [그림 7-4]와 같이 HikariDataSource 객체가 Bean으로 관리된다.

그림 7-4　HikariDataSource 클래스를 Bean 정의했을 때의 DI 컨테이너

40　자동 설정을 사용할 때도 여러 DataSource 타입의 Bean을 등록하는 경우처럼 수동으로 Bean을 정의하는 경우가 있다.

또한 내장 데이터베이스[41]에 대한 DataSource 타입의 Bean을 정의하는 코드는 [예제 7-7]과 같다.

내장 데이터베이스의 DataSource 타입의 Bean 정의

```
@Bean
public DataSource dataSource() {
    EmbeddedDatabase dataSource = new EmbeddedDatabaseBuilder()
        .setType(EmbeddedDatabaseType.H2).build();
    return dataSource;
}
```

EmbeddedDatabaseBuilder 클래스는 스프링이 제공하는 클래스다. EmbeddedDatabase Builder 객체를 사용해 내장 데이터베이스 제품(여기서는 H2라는 제품)을 지정하고, build 메서드를 호출하고 있다. build 메서드를 호출하면 DataSource 인터페이스를 구현한 EmbeddedDatabase 클래스의 객체가 반환되는데, 그대로 @Bean 메서드의 반환 값으로 돌려주고 있다. DI 컨테이너를 생성한 후에는 [그림 7-5]와 같이 EmbeddedDatabase 객체가 Bean으로 관리된다.

그림 7-5 EmbeddedDatabase 클래스를 Bean 정의했을 때의 DI 컨테이너

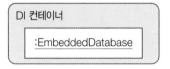

어떤 @Bean 메서드를 정의하든 결과적으로 DI 컨테이너상에 DataSource 객체가 Bean으로 관리된다. 나머지는 DataSource 객체의 Bean을 사용하고 싶은 곳에 인젝션해서 사용하면 된다. [예제 7-8]은 DataSource 객체의 Bean을 인젝션하는 Repository 클래스의 예다.

---

41 [3부 부록]의 〈A.7 내장 DB〉 참고

```
@Repository
public class JdbcTrainingRepository implements TrainingRepository {
    private final DataSource dataSource;
    public JdbcTrainingRepository(DataSource dataSource) { ❶
        this.dataSource = dataSource;
    }

    public Training selectById(String id) {
        ...
        Connection con = dataSource.getConnection(); ❷
        ...
    }
}
```

❶에서 JdbcTrainingRepository 클래스의 생성자 인수로 DataSource 객체를 인젝션한다. 참고로 생성자의 정의가 하나이므로 @Autowired는 생략했다.

selectById 메서드 내에 있는 ❷에서는 인젝션된 DataSource 객체를 사용해 데이터베이스 연결을 나타내는 Connection 객체를 가져온다. 그림으로 나타내면 [그림 7-6]과 같다.

그림 7-6 DataSource 타입 Bean의 인젝션

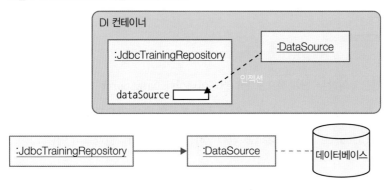

JdbcTrainingRepository 객체에 DataSource 객체가 인젝션되어 DataSource 객체가 데이터베이스에 연결된다. JdbcTrainingRepository 객체는 인젝션된 DataSource 객체가 HikariCP의 구상 클래스의 객체인지, 내장 데이터베이스용 구상 클래스의 객체인지 신경 쓰지 않는다.

7.8 JavaConfig와 프로파일

마지막으로 JavaConfig와 프로파일에 관해 살펴보자. 〈6장 프로파일로 설정 전환하기〉에서 프로파일은 설정을 그룹화하기 위한 기능이라고 설명했다. 이때 스테레오타입 애너테이션과 함께 @Profile을 사용하여 그룹화하는 방법을 설명했다. JavaConfig 클래스에 작성한 설정에도 프로파일을 할당해 그룹화할 수 있다.

[예제 7-9]와 같이 JavaConfig 클래스 위에 @Profile을 붙이고 ( ) 괄호 안에 프로파일 이름을 지정한다. 그러면 JavaConfig 클래스에 작성한 모든 설정이 지정한 프로파일로 묶이게 된다.

예제 7-9 @Profile을 클래스에 붙인다.

```
@Profile("foo")
@Configuration
@ComponentScan
public class FooConfig {
    @Bean
    public FooService fooService() {
        ...
    }
}
```

[예제 7-9]의 경우 @ComponentScan 또는 @Bean의 fooService 메서드는 프로파일 foo가 활성화된 경우에만 사용된다.

또한 [예제 7-10]처럼 @Bean 메서드에 @Profile을 붙일 수도 있다. 그러면 @Bean 메서드만 지정한 프로파일에 속하는 형태가 된다.

예제 7-10   @Profile을 메서드에 붙인다.

```java
@Configuration
@ComponentScan
public class FooConfig {
    @Bean
    @Profile("foo")
    public FooService fooService() {
        ...
    }
}
```

@ComponentScan은 어떤 프로파일에도 속하지 않기 때문에 항상 사용된다.

실습

0502-shopping-at-bean에 이 장의 실습 과제가 준비되어 있으니 꼭 도전해보자.

스프링 JDBC: 데이터베이스 접근

스프링을 사용하는 애플리케이션에서는 다양한 데이터베이스 접근 방식을 선택할 수 있다. 이 장에서는 사용할 수 있는 몇 가지 데이터베이스 접근 방식을 간단히 소개하고 스프링 JDBC 사용법을 자세히 설명한다.

8.1 스프링과 데이터베이스 접근

스프링에서 사용할 수 있는 대표적인 데이터베이스 접근 방식은 다음과 같다.

- 다른 라이브러리와 연동
- 스프링 데이터 Spring Data
- 스프링 JDBC

8.1.1 다른 라이브러리와의 연동

데이터베이스 접근을 용이하게 해주는 다양한 라이브러리가 있다. 인기가 높은 MyBatis, 자바의 표준인 JPA 등이 대표적인 예다. 스프링에서는 이러한 주요 라이브러리를 지원한다. 따라서 스프링의 트랜잭션 기능과 연동 가능하며, 데이터베이스 접근 시 발생하는 예외를 스프링의 예외로 변환할 수 있다. 이러한 점을 고려하여 개발자는 자유롭게 데이터베이스 접근 라이브러리를 선택할 수 있다.

8.1.2 스프링 데이터

스프링 데이터는 스프링 프로젝트 중 하나다. 관계형 데이터베이스뿐만 아니라 이른바 NoSQL 데이터베이스에도 유용한 기능을 제공한다. 스프링 데이터가 제공하는 대표적인 기능으로는 Repository의 구상 클래스 자동 생성이 있다. 자동 생성이라고 하지만 소스 코드를 생성해 파일로 출력하는 것은 아니고, DI 컨테이너 생성 시 메모리상에 구상 클래스를 생성한다. 그리고 해당 클래스의 객체를 생성해 Bean으로 등록한다. 개발자는 Repository의 인터페이스를 작성하기만 하면 된다.

스프링 데이터는 데이터베이스 종류나 사용 기술에 따라 '스프링 데이터 ○'(○ 부분에는 다양한 용어가 들어간다)라는 이름의 서브 프로젝트가 여러 개 존재한다. 대표적으로 스프링 데이터 JPA와 스프링 데이터 MongoDB가 있다. 스프링 데이터 JPA는 자바 표준인 JPA를 사용해 Repository 구상 클래스를 자동 생성하고, 스프링 데이터 MongoDB는 NoSQL 중 하나인 MongoDB의 데이터베이스 접근을 용이하게 하는 클래스를 제공하거나 Repository 의 구상 클래스를 자동 생성한다.

8.1.3 스프링 JDBC

스프링 JDBC는 스프링 프레임워크에서 제공하는 기능으로, 자바 표준인 JDBC를 좀 더 쉽게 사용할 수 있는 방법을 제공한다. 이 장에서 자세하게 설명할 것이다.

8.2 자바와 데이터베이스 접근

어떤 데이터베이스 접근 방식을 사용하더라도 내부에서는 [그림 8-1]처럼 자바 표준 JDBC 가 사용된다.

그림 8-1 자바와 데이터베이스 접근

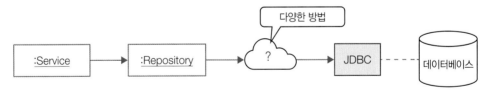

고급 기능을 사용할수록 Repository와 JDBC 사이의 처리가 무거워져 처리 속도가 느려지 거나 문제가 발생했을 때 내부 처리가 따라오기 어려워지는 경향이 있다.

8.3 스프링 JDBC란?

스프링 JDBC는 스프링 프레임워크가 제공하는 데이터베이스 접근 기능이다. 자바가 표준으로 제공하는 JDBC를 래핑^{wrapping}[42]하여 JDBC를 직접 사용할 때 필요한 정형화되고 중복된 처리를 대신해준다. 단순히 중복되는 처리를 대신해주는 것뿐이라서 처리 속도는 JDBC를 직접 사용할 때와 거의 차이가 없다. 또한 [그림 8-2]처럼 필요에 따라 JDBC를 직접 사용할 수도 있다.

그림 8-2 스프링 JDBC

개발자가 작성하는 Repository 클래스 내에서 스프링 JDBC가 제공하는 API[43]를 사용하여 데이터베이스 접근을 수행한다. 또한 필요에 따라 Repository 클래스 내에서 JDBC를 직접 사용할 수도 있다.

8.4 JDBC와 스프링 JDBC의 비교

JDBC를 직접 사용하는 소스 코드와 스프링 JDBC를 사용하는 소스 코드를 비교해보자. [예제 8-1]은 JDBC를 직접 사용하는 소스 코드다.

---

[42] 처리를 중개하여 원래 프로그램을 숨기는 일

[43] 특정 프로그램이 다른 프로그램에서 사용하도록 제공하는 창구. 창구의 형식은 맥락에 따라 다양하지만 라이브러리가 제공하는 API라는 맥락에서는 다른 프로그램에서 호출되는 것을 가정하고 준비된 클래스나 인터페이스를 가리킨다.

```java
public void insert(Training training) {
    try (
        Connection con = dataSource.getConnection(); ❶
        PreparedStatement stmt = con.prepareStatement(
            "INSERT INTO training VALUES(?,?,?,?,?,?)"); ❷
    ) {
        stmt.setString(1, training.getId()); ❸
        stmt.setString(2, training.getTitle());
        stmt.setObject(3, training.getStartDateTime());
        stmt.setObject(4, training.getEndDateTime());
        stmt.setInt(5, training.getReserved());
        stmt.setInt(6, training.getCapacity()); ❹
        stmt.executeUpdate(); ❺
    } catch (SQLException ex) { ❻
        if (ex.getErrorCode() == 23505) {
            throw new SameKeyException("키 중복");
        }
        throw new SystemException("INSERT 실패", ex);
    }
}
```

[예제 8-1]은 Repository 클래스의 소스 코드를 가정한 것으로, insert 메서드[44]가 정의되어 있고 인수로 받은 Training 객체의 프로퍼티 값을 INSERT 문을 사용해 데이터베이스에 등록하는 코드다. insert 메서드의 처리의 내용을 살펴보자.

우선 ❶～❷를 보면, try-with-resources 문으로 Connection 객체와 PreparedStatement 객체를 가져오고 있다. try-with-resources 문을 사용하는 이유는 Connection 객체와 PreparedStatement 객체를 반드시 닫아주기 위해서다. 닫는 것을 잊어버리면 데이터베이스

---

[44] Repository 클래스에 정의하는 등록 관련 메서드 이름은 일반적으로 save나 create, add가 많이 사용된다. 하지만 이러한 메서드 이름은 Service 클래스의 메서드 이름으로도 많이 사용되므로 Service 클래스의 메서드 이름과 구분하기 쉽도록 이 책에서는 insert라는 이름을 사용한다.

와의 연결이 제대로 해제되지 않아 장애의 원인이 될 수 있다.

그런 다음 SQL에서 ? 부분에 해당하는 파라미터를 지정하고(❸~❹) 데이터베이스에 SQL을 실행한다(❺).

또한 JDBC가 제공하는 대부분의 메서드는 SQLException이라는 검사 예외[45]를 던지는 구조로 되어 있다. 검사 예외를 던지는 메서드를 호출할 때는 catch 블록에서 예외를 잡아 처리하거나, throws 절에서 상위 호출자에 해당 예외를 던진다고 선언해야 컴파일을 통과한다. 하지만 throws 절에서 SQLException을 던진다고 선언할 경우 이번에는 상위 Service 클래스가 SQLException을 잡거나 던져야 하므로 이를 피해야 한다. Service 클래스는 업무 로직 역할이므로 데이터베이스 접근 기술인 JDBC에 신경 쓰게 하고 싶지 않기 때문이다.

그래서 ❻에서 catch 블록을 작성해 SQLException 객체를 잡고 있지만 SQLException 객체를 잡아도 오류 화면을 표시하는 등의 처리는 Repository 클래스에서는 할 수 없다. 그러므로 Repository 클래스의 메서드를 호출하는 Service 클래스나 Service 클래스를 호출하는 Controller 클래스에 처리를 위임하기 위해 비검사 예외[45]를 던지고 있다(예외 클래스는 적당한 것을 만들었다고 가정한다). 오류 원인에 따라 던지는 예외 클래스가 달라지는데, 오류 원인은 SQLException 객체의 getErrorCode 메서드의 반환 값으로 판단해야 한다. 여기서는 '23505'라는 값과 비교하는데, 23505는 H2라는 내장 데이터베이스 제품에서 기본 키가 중복될 때 사용하는 오류 코드다. 데이터베이스 제품이 바뀌면 오류 코드도 바뀌므로 소스 코드를 수정할 필요가 생기게 된다.

[예제 8-1]에서 애플리케이션 고유의 처리는 SQL을 지정하는 ❷와 파라미터를 지정하는 ❸~❹뿐이고, 나머지는 정형화되고 중복된 코드 작성이다. 이런 중복된 코드는 가독성과 유지 관리성을 떨어뜨린다. 또한 자바 초보자가 Connection 객체를 닫지 않아 문제가 발생하기도 하고, 컴파일만 통과하려고 SQLException 객체를 잡고 예외를 던지지 않은 경우 정작 필요한 예외 처리가 이루어지지 않아 버그로 이어질 위험성이 있다.

---

45 [3부 부록]의 〈A.8 검사 예외와 비검사 예외〉 참고

반면에 스프링 JDBC를 사용하면 [예제 8-2]처럼 작성할 수 있다.

예제 8-2 | 스프링 JDBC를 사용하는 소스 코드

```
public void insert(Training training) {
    jdbcTemplate.update("INSERT INTO training VALUES(?,?,?,?,?,?)",
        training.getId(),
        training.getTitle(),
        training.getStartDateTime(),
        training.getEndDateTime(),
        training.getReserved(),
        training.getCapacity());
}
```

[예제 8-2]는 스프링 JDBC로 [예제 8-1]을 대체한 것이다. [예제 8-2]는 나중에 설명할 JdbcTemplate 클래스의 update 메서드를 호출하고 있다. update 메서드의 인수로는 실행할 SQL 문자열과 매개변수 값이 지정되어 있다. update 메서드 내에서는 Connection 객체와 PreparedStatement 객체 획득, SQL 실행, Connection 객체와 PreparedStatement 객체 닫기, SQLException이 발생했을 때 각각의 오류 원인에 따른 비검사 예외로 변환하여 던지기 등의 처리를 수행한다. 이렇게 하면 insert 메서드에서 중복되는 코드가 사라지고, 애플리케이션 고유의 처리만 작성하면 된다.

8.5 스프링 JDBC의 활용 사례

대부분의 개발 프로젝트가 스프링 JDBC를 채택하고 있을까? 그렇지 않다. 필자는 스프링 JDBC가 아닌 다른 기술을 채택하는 개발 프로젝트가 더 많을 거라고 생각한다. 그렇다면 어떤 경우에 스프링 JDBC를 도입하는 것이 좋을까? 스프링 JDBC의 장점이 살아나는 3가지 활용 사례를 소개하고자 한다.

■ 처리 속도를 최대한 높이고 싶은 경우

스프링 JDBC는 JDBC를 직접 사용할 때 필요한 중복되는 코드 작성을 대신해줄 뿐, JDBC를 직접 사용할 때와 비교해 처리 속도는 거의 차이가 없다. 하지만 JDBC를 완전히 래핑해 많은 기능을 추가한 다른 기술과 비교하면 스프링 JDBC의 처리 속도는 매우 빠르다고 할 수 있다.

■ JDBC에 익숙한 베테랑 개발자가 많은 경우

예전에는 JDBC를 직접 사용해서 애플리케이션을 개발하는 프로젝트가 많았다. 그 시절에 개발을 했던 베테랑 개발자들은 JDBC에 익숙하다. 스프링 JDBC는 JDBC를 얇게 감싼 기술이므로 JDBC에 익숙한 개발자라면 스프링 JDBC를 사용하는 것이 쉽다.

■ 레거시 애플리케이션을 리팩터링하는 경우

JDBC를 직접 사용하는 레거시^{legacy} 애플리케이션은 데이터베이스 접근과 관련된 프로그램이 중복되어 있을 것이다. 유지 관리성을 높이기 위해 리팩터링^{refactoring}[46]을 할 경우 스프링 JDBC가 효과적이다. 리팩터링의 영향을 적게 받을 수 있고, 소스 코드도 단순화할 수 있다.

8.6 JdbcTemplate 클래스

이제부터 구체적인 스프링 JDBC 사용법을 설명한다.

스프링 JDBC에서 가장 주요한 클래스로 볼 수 있는 것이 JdbcTemplate 클래스다. Jdbc Template 클래스는 데이터베이스에 SQL을 실행하는 다양한 메서드를 제공한다.

---

[46] 처리 결과를 바꾸지 않고, 유지 관리성을 높이고자 프로그램 내부를 개조하는 것을 말한다.

JdbcTemplate 클래스의 메서드를 호출하기 위해서는 JdbcTemplate 객체를 준비할 필요가 있는데, 준비하는 방법은 간단하다. [예제 8-3]과 같이 new 연산자로 생성자를 호출하면서 DataSource 객체를 인수로 넘겨주면 된다(JdbcTemplate 클래스는 내부에서 DataSource 객체를 사용해 Connection 객체를 가져온다).

예제 8-3 JdbcTemplate 객체 준비하기

```
DataSource dataSource = ...
JdbcTemplate jdbcTemplate = new JdbcTemplate(dataSource);
```

8.7 검색 계열 처리

검색 계열 처리를 다음 3가지로 나누어 살펴보자.

- 하나의 컬럼column을 가져오는 경우
- 레코드를 Map 객체로 변환하여 가져오는 경우
- 레코드를 Entity 객체로 변환하여 가져오는 경우

8.7.1 하나의 컬럼만 가져오기

먼저 레코드 중에서 하나의 컬럼만 가져오는 경우를 살펴보자. [그림 8-3]과 같이 하나의 레코드에서 하나의 컬럼만 가져온다.

그림 8-3 한 레코드에서 한 컬럼 가져오기

id	title	start_date_time	end_date_time	reserved	capacity
t01	비즈니스 예절 교육	2021-08-01	2021-08-03	1	10

한 레코드에서 한 컬럼만 가져올 때는 queryForObject 메서드를 사용해 [예제 8-4]처럼 작성한다.

한 레코드의 한 컬럼 가져오기

```
String title = jdbcTemplate.queryForObject(
    "SELECT title FROM training WHERE id=?", String.class, "t01");
```

queryForObject 메서드의 첫 번째 인수에는 실행할 SQL 문자열을 지정한다. 참고로 이 책에서는 SELECT, FROM, WHERE와 같은 SQL 예약어는 대문자로 표기하고, 테이블명이나 컬럼명 등 개발자가 정의하는 것은 소문자로 표기한다. SELECT 구문의 컬럼 지정으로 가져오고 싶은 컬럼명을 작성한다.

[예제 8-4]에서는 title 컬럼을 지정했다. SQL의 파라미터 부분은 ? 기호로 표시한다(JDBC에서 규정된 기호다). 두 번째 인수에는 반환 값으로 반환할 객체의 타입을 지정한다. title 컬럼은 문자열 데이터로 가정했으므로 String으로 지정했다. 세 번째 인수는 ? 기호에 대응하는 파라미터 값을 지정한다. [예제 8-4]에서는 "t01"이라는 ID 값을 지정했다.

세 번째 인수 이후는 가변 인수이므로 ? 기호가 여러 개일 경우 ? 기호 개수만큼 인수를 지정한다. 예를 들어 [예제 8-5]에는 SQL 문자열에 두 개의 ? 기호가 있다. 이런 경우 세 번째 인수부터는 ? 기호 개수와 순서에 따라 파라미터 값을 지정한다.

여러 개의 파라미터 지정하기

```
String title = jdbcTemplate.queryForObject(
    "SELECT title FROM training WHERE id=? AND title=?",
    String.class, "t01", "비즈니스 예절 교육");
```

컬럼의 데이터를 정수나 날짜 형식으로 가져올 수도 있다. [예제 8-6]에서는 자바 표준 날짜 형식인 LocalDateTime으로 데이터를 가져오고 있다.

날짜 형식으로 가져오기

```
LocalDateTime startDateTime
    = jdbcTemplate.queryForObject(
        "SELECT start_date_time FROM training WHERE id=?",
        LocalDateTime.class, "t01");
```

[예제 8-7]에서는 정수형인 Integer로 데이터를 가져오고 있다.

정수형으로 가져오기

```
int count = jdbcTemplate.queryForObject(
    "SELECT COUNT(*) FROM training", Integer.class);
```

참고로 [예제 8-7]은 SQL 안에 ? 기호가 없기 때문에 세 번째 인수가 지정되지 않았다.

다음은 여러 레코드에서 하나의 컬럼을 가져오는 방법이다. [그림 8-4]처럼 여러 레코드에 걸쳐서 하나의 컬럼 값을 가져온다.

그림 8-4 여러 레코드에서 한 컬럼 가져오기

id	title	start_date_time	end_date_time	reserved	capacity
t01	비즈니스 예절 교육	2021-08-01	2021-08-03	1	10
t02	자바 교육	2021-10-01	2021-10-03	5	10
t03	마케팅 교육	2021-11-01	2021-11-03	5	5

여러 레코드에서 한 컬럼만 가져오려면 [예제 8-8]과 같이 작성한다.

여러 레코드에서 한 컬럼 가져오기

```
List<Integer> reserveds = jdbcTemplate.queryForList(
    "SELECT reserved FROM training", Integer.class);
```

첫 번째 인수와 두 번째 인수는 queryForObject 메서드 사용법과 다르지 않다. 각각 SQL 문자열과 반환 값으로 반환할 객체 타입을 지정한다. 세 번째 인수부터는 매개변수 값을 지정하는데 [예제 8-8]은 SQL에 ? 기호가 없기 때문에 세 번째 인수 이후는 지정하지 않았다. queryForList 메서드의 반환 값의 타입은 List이며, List 객체 안에 컬럼의 데이터가 두 번째 인수에서 지정한 타입으로 저장되어 있다.

8.7.2 레코드를 Map 객체로 변환해서 가져오기

다음은 레코드 단위로 데이터를 가져오는 방법을 설명한다. [그림 8-5]와 같이 한 레코드의 데이터를 가져온다.

그림 8-5 한 레코드 가져오기

id	title	start_date_time	end_date_time	reserved	capacity
t01	비즈니스 예절 교육	2021-08-01	2021-08-03	1	10
t02	자바 교육	2021-10-01	2021-10-03	5	10
t03	마케팅 교육	2021-11-01	2021-11-03	5	5

한 레코드의 데이터를 Map[47] 객체로 가져오려면 queryForMap 메서드를 사용해야 한다. [예제 8-9]에서 사용법을 확인하자.

예제 8-9 한 레코드를 Map으로 가져오기

```
Map<String, Object> map = jdbcTemplate.queryForMap(
    "SELECT * FROM training WHERE id=?", "t01");
```

---

47 [3부 부록]의 〈A.9 Map〉 참고

첫 번째 인수는 SQL 문자열이다. SELECT 문의 컬럼이 *로 지정되어 있으므로 컬럼 전체를 데이터베이스에서 가져온다. 두 번째 인수부터는 ? 기호의 파라미터에 대응하는 값을 지정한다. 반환 값은 Map 타입이며, [그림 8-6]과 같은 Map 객체를 얻게 된다.

그림 8-6 Map 객체의 내용

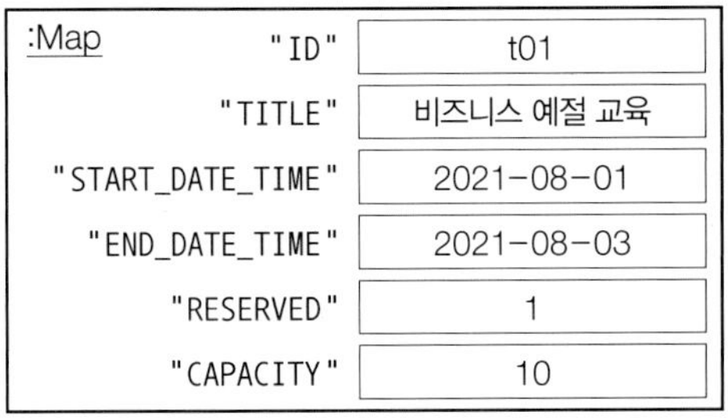

:Map		
	"ID"	t01
	"TITLE"	비즈니스 예절 교육
	"START_DATE_TIME"	2021-08-01
	"END_DATE_TIME"	2021-08-03
	"RESERVED"	1
	"CAPACITY"	10

컬럼명이 키가 되어 컬럼 값이 저장된다. 여러 개의 레코드를 가져올 때는 queryForList 메서드를 사용한다(예제 8-10).

예제 8-10 여러 레코드를 Map으로 가져오기

```
List<Map<String, Object>> maps = jdbcTemplate.queryForList(
    "SELECT * FROM training");
```

첫 번째 인수는 SQL 문자열, 두 번째 인수부터는 파라미터의 값을 지정하는데 [예제 8-10]의 SQL에는 ? 기호가 없기 때문에 파라미터를 지정하지 않았다. 반환 값은 Map 객체가 여러 개 저장된 List 객체로, [그림 8-7]과 같은 내용이 들어 있다.

그림 8-7 List 객체의 내용

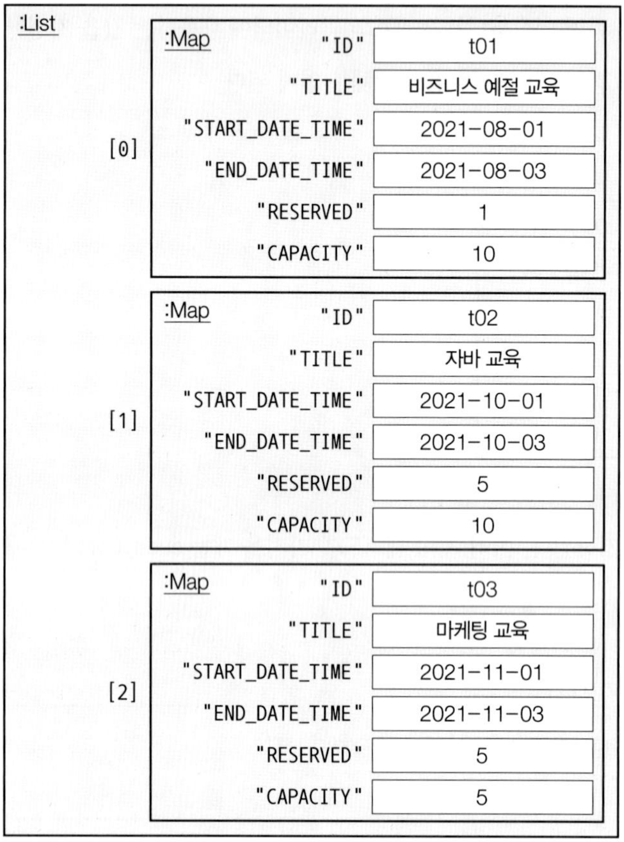

세 개의 레코드를 가져올 수 있다고 가정했으므로 List 객체 안에는 세 개의 Map 객체가 저장된다. 또한 Map 객체마다 각 레코드의 컬럼 값이 저장된다.

8.7.3 레코드를 Entity 객체로 변환해서 가져오기

[그림 8-8]은 한 레코드의 데이터를 Map 객체가 아니라 Entity 객체로 변환하는 방법이다.

그림 8-8 레코드를 Entity 객체로 변환해서 가져오기

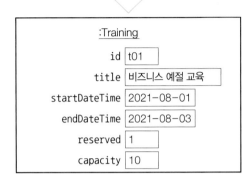

```
SELECT * FROM training WHERE id='t01'
```

id	title	start_date_time	end_date_time	reserved	capacity
t01	비즈니스 예절 교육	2021-08-01	2021-08-03	1	10

:Training

id	t01
title	비즈니스 예절 교육
startDateTime	2021-08-01
endDateTime	2021-08-03
reserved	1
capacity	10

[그림 8-8]에서는 SELECT 문으로 가져온 레코드를 Training 객체로 변환하는데, Training 클래스는 training 테이블의 컬럼에 해당하는 필드를 가지고 있으므로 컬럼의 값을 해당 필드에 저장한다.

그럼 어떻게 프로그램으로 작성하는지 살펴보자. [예제 8-11]의 Training 클래스의 예제부터 시작한다.

예제 8-11 Training 클래스 예제

```java
public class Training {
    private String id;
    private String title;
    private LocalDateTime startDateTime;
    private LocalDateTime endDateTime;
    private Integer reserved;
    private Integer capacity;
    ... Getter · Setter 메서드
}
```

training 테이블의 컬럼에 대응하는 필드를 가지고 Getter·Setter 메서드를 정의한다. 그리고 스프링 JDBC의 기능을 이용해 자동으로 컬럼과 연결되도록 필드명을 컬럼명과 같게 한다. 이때 컬럼명이 스네이크 케이스^{snake case}[48]이고, 필드명이 카멜 케이스^{camel case}[49]라도 문제없이 연결해준다. 예를 들어 컬럼명이 start_date_time이고, 필드명이 startDateTime이더라도 문제없이 대응시켜준다.

또한 [예제 8-12]와 같이 생성자에서 모든 필드의 값을 받는 형태로 만들 수도 있다.

예제 8-12   Training 클래스 예제(생성자에서 필드 값을 설정)

```java
public class Training {
    private final String id;
    private final String title;
    private final LocalDateTime startDateTime;
    private final LocalDateTime endDateTime;
    private final Integer reserved;
    private final Integer capacity;
    public Training(String id, String title, LocalDateTime startDateTime,
            LocalDateTime endDateTime, Integer reserved, Integer capacity) {
        this.id = id;
        this.title = title;
        this.startDateTime = startDateTime;
        this.endDateTime = endDateTime;
        this.reserved = reserved;
        this.capacity = capacity;
    }
    ... Getter 메서드
}
```

[예제 8-12]에서는 생성자에서 필드 값을 설정하므로 Setter 메서드가 필요 없다. 또한 생

---

48 언더바(_)로 단어를 구분하는 형식
49 맨 첫 글자를 제외하고 각 단어의 첫 글자를 대문자로 표기하여 단어를 구분하는 형식. 맨 첫 글자도 대문자로 표기하는 방식은 파스칼 케이스(pascal case)라 한다.

성자 외에는 필드 값을 변경하지 않을 것이므로 필드에 `final` 한정자를 붙여놓았다. 이뮤터블[Immutable] 객체[50]로 만들고 싶다면 [예제 8-12]처럼 작성하는 것이 좋다.

다음으로 JdbcTemplate 클래스 사용법을 설명한다. 이번 장에서는 DataClassRowMapper 클래스와 함께 사용하는 방법을 소개한다. 우선 [예제 8-13]은 레코드 하나를 가져오는 코드다.

예제 8-13   한 레코드를 Entity로 변환해서 가져오기

```
Training training = jdbcTemplate.queryForObject(
    "SELECT * FROM training WHERE id=?",
    new DataClassRowMapper<>(Training.class), "t01");
```

레코드 하나를 가져와서 Entity 객체로 변환할 경우는 queryForObject 메서드를 사용한다. 첫 번째 인수로 SELECT 문의 문자열을 지정하고, 두 번째 인수로 DataClassRowMapper 객체를 지정한다. DataClassRowMapper 객체는 레코드의 값을 생성자에서 지정한 클래스의 객체로 자동으로 변환해주는 스프링의 클래스다. [예제 8-13]에서는 변환할 클래스로 Training 클래스를 지정했다. 세 번째 인수는 ?에 해당하는 파라미터 값이다. 반환 값으로 받은 Training 객체에는 [그림 8-8]과 같이 레코드의 컬럼 값이 필드에 저장되어 있다.

다음으로 여러 개의 레코드를 여러 개의 Entity 객체로 변환하는 방법을 설명한다. [예제 8-14]를 살펴보자.

예제 8-14   여러 레코드를 Entity로 변환해서 가져오기

```
List<Training> trainings = jdbcTemplate.query(
    "SELECT * FROM training",
    new DataClassRowMapper<>(Training.class));
```

사용하는 메서드가 query 메서드로 바뀐다. 첫 번째 인수는 SELECT 문의 문자열이고, 두 번

---

50 객체 생성 후 필드 값을 변경할 수 없는 객체

째 인수는 DataClassRowMapper 객체다. 레코드를 변환할 클래스로 Training 클래스를 시정했다. 세 번째 인수부터는 파라미터 값을 지정하지만 [예제 8-14]의 경우 별다른 파라미터가 없으므로 세 번째 인수 이후는 지정하지 않았다.

반환 값은 [그림 8-9]와 같은 List 객체가 되며, 그 안에는 Training 객체가 여러 개 저장되어 있다.

그림 8-9 List 객체 안의 Training 객체

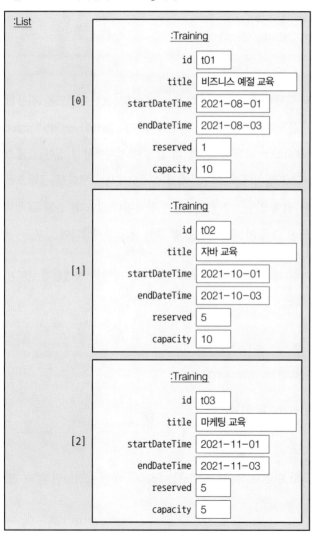

8.8 갱신 계열 처리

이제부터는 갱신 계열(추가, 변경, 삭제) 처리에 대해 다음 3가지로 나누어 설명한다.

- INSERT 문 실행하기
- UPDATE 문 실행하기
- DELETE 문 실행하기

8.8.1 INSERT 문

INSERT 문을 실행할 때는 JdbcTemplate 클래스의 update 메서드를 사용한다. SQL 문은 INSERT지만 메서드 이름은 update이므로 주의하자. 이어서 UPDATE, DELETE 문의 실행 방법도 소개하는데, 모두 같은 update 메서드를 사용한다. [예제 8-15]에서 사용법을 살펴보자.

예제 8-15 INSERT 문 실행하기

```
jdbcTemplate.update("INSERT INTO training VALUES (?,?,?,?,?,?)",
    "t03", "Spring 교육", startDateTime, endDateTime, 0, 8);
```

첫 번째 인수에 INSERT 문의 문자열을 지정하고, 두 번째 인수부터 파라미터 값을 지정한다. [예제 8-15]에서는 파라미터의 ? 기호가 6개이므로 2~7번째 인수에 파라미터 값을 지정했다(인수 startDateTime과 endDateTime은 로컬 변수를 나타내며, 어떤 날짜 값이 저장되어 있을 것으로 가정한다).

update 메서드의 반환 값은 INSERT 문으로 삽입된 레코드의 수가 int 타입으로 반환되는데, [예제 8-15]에서는 삽입되는 레코드가 하나라는 것을 알고 있으므로 반환 값을 사용하지 않았다. 또한 키가 중복되어 레코드 삽입을 할 수 없을 때는 예외가 발생한다.

8.8.2 UPDATE 문

UPDATE 문도 JdbcTemplate 클래스의 update 메서드를 사용한다. [예제 8-16]에서 사용법을 확인해보자.

예제 8-16 UPDATE 문 실행하기

```
int count = jdbcTemplate.update(
    "UPDATE training SET title=?, start_date_time=?, end_date_time=?, reserved=?,
    capacity=? WHERE id=?",
    "Spring 교육", startDateTime, endDateTime, 0, 8, "t03");
```

INSERT 문과 마찬가지로 UPDATE 문의 문자열을 첫 번째 인수로 지정하고, 두 번째 인수부터 파라미터 값들을 지정한다. [예제 8-16]에서는 update 메서드의 반환 값을 로컬 변수에 저장했다. update 메서드의 반환 값은 UPDATE 문으로 변경된 레코드의 개수를 반환하는데, 주의해야 할 점은 업데이트된 레코드가 0개일 때다. 0개인 경우 예외가 발생하는 것이 아니라 반환 값으로 0이 반환된다. 만약 업데이트된 레코드가 없을 때 오류 처리를 하고 싶다면 반환 값이 0인지 확인할 필요가 있다.

8.8.3 DELETE 문

마지막으로 DELETE 문을 살펴보자. DELETE 문도 JdbcTemplate 클래스의 update 메서드를 사용한다. [예제 8-17]에서 DELETE 문을 실행하는 방법을 확인해보자.

예제 8-17 DELETE 문 실행하기

```
int count = jdbcTemplate.update("DELETE FROM training WHERE id=?", "t03");
```

사용법은 UPDATE 문을 실행할 때와 같다. 반환 값은 DELETE 문으로 삭제된 레코드 개수다. 삭제된 레코드가 없는 경우에는 0이 반환된다.

8.9 JdbcTemplate 클래스의 Bean 정의

JdbcTemplate 객체는 하나의 객체를 여러 곳에서 재사용할 수 있다. 애플리케이션이 DI 컨테이너를 사용하는 경우 DI 컨테이너에 JdbcTemplate 객체를 Bean으로 등록하는 것이 좋다. 그렇게 하면 JdbcTemplate 객체를 사용하고 싶은 곳에 인젝션해서 사용할 수 있다.

참고로 〈10장 스프링 부트로 생산성 향상하기〉에서 소개하는 자동 설정을 이용하면 Jdbc Template 클래스의 Bean 정의가 자동으로 이루어지므로 수동으로 Bean을 정의할 필요가 없다.[51]

JdbcTemplate 클래스는 스프링이 제공하는 클래스, 즉 라이브러리 클래스이므로 스테레오타입 애너테이션을 붙일 수 없다. 따라서 @Bean 메서드로 Bean을 정의한다(예제 8-18).

예제 8-18 　 JdbcTemplate 클래스의 Bean 정의

```
@Configuration
public class FooConfig {
    @Bean
    public JdbcTemplate jdbcTemplate(DataSource dataSource) {
        return new JdbcTemplate(dataSource);
    }
    ...
}
```

@Bean 메서드를 정의하고 반환 값으로 JdbcTemplate 객체를 반환한다. JdbcTemplate 객체 생성은 앞서 설명한 대로 생성자를 호출하여 인수로 DataSource 객체를 넘겨준다. DataSource 객체는 다른 JavaConfig 클래스에서 Bean이 정의되어 있다고 가정하므로 @Bean 메서드의 인수로 받을 수 있다.

51　자동 설정을 사용하더라도 여러 개의 DataSource 객체를 등록한 경우에는 개별 DataSource 객체와 연결해야 하므로 Jdbc Template 클래스를 수동으로 Bean을 정의해야 한다.

나머지는 JdbcTemplate 객체를 사용하고 싶은 곳에 인젝션하면 된다. 예를 들어 Repository 객체에 인젝션하는 경우에는 [예제 8-19]와 같이 작성한다.

예제 8-19 JdbcTemplate 객체의 인젝션

```java
@Repository
public class JdbcTrainingRepository implements TrainingRepository {
    private final JdbcTemplate jdbcTemplate;
    public JdbcTrainingRepository(JdbcTemplate jdbcTemplate) {
        this.jdbcTemplate = jdbcTemplate;
    }

    public Training selectById(String id) {
        return jdbcTemplate.queryForObject(…);
    }
}
```

[예제 8-19]는 생성자 인젝션을 사용하므로 생성자 인수로 JdbcTemplate 객체를 받아 jdbcTemplate 필드에 대입하고 있다. 참고로 생성자 정의가 하나뿐이므로 @Autowired는 생략했다. JdbcTemplate 객체의 인젝션을 그림으로 표현하면 [그림 8-10]과 같다.

그림 8-10 jdbcTemplate 객체의 인젝션

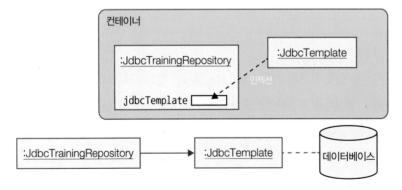

인젝션된 후에는 JdbcTrainingRepository 객체가 JdbcTemplate 객체를 참조하는 형태가 된다.

실습

0602-shopping-springjdbc에 이 장의 실습 과제가 준비되어 있으니 꼭 도전해보자.

선언적 트랜잭션

스프링이 제공하는 기능 중에서 특히 편리한 기능은 **선언적 트랜잭션**이다. 이 장에서는 트랜잭션 제어의 개념을 살펴본 후 스프링의 선언적 트랜잭션 사용법을 설명한다.

9.1 트랜잭션이란?

트랜잭션은 여러 개의 연관된 처리를 하나의 처리로 다룰 때 단위로 사용되는 용어다. 다양한 맥락에서 사용되지만[52] 이 장에서 말하는 트랜잭션은 데이터베이스 트랜잭션을 가리킨다. 데이터베이스는 트랜잭션 기능을 제공하여 여러 개의 SQL 실행을 '트랜잭션'이라는 처리 단위로 다룰 수 있다.

예를 들어 수강 신청 처리를 생각해보자. [그림 9-1]과 같이 프로그램은 수강 신청을 처리하기 위해 데이터베이스에 여러 개의 SQL을 실행한다.

그림 9-1 여러 개의 SQL 실행

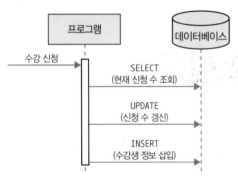

처리 과정에서 신청 수를 갱신하거나 수강생 정보를 새로 넣는 등 다양한 SQL을 실행하게 된다. 만약 신청 수를 갱신하는 SQL은 성공하고 수강생 정보를 삽입하는 SQL은 실패한다면 신청 수는 늘어났지만 수강생 정보가 없는 상태, 즉 불일치 상태가 된다.

데이터베이스의 트랜잭션을 활용하면 여러 개의 SQL 실행을 하나의 처리 단위로 다룰 수 있으므로 데이터의 불일치 상태를 방지할 수 있다.

[그림 9-2]와 같이 수강 신청 처리를 시작할 때 데이터베이스에 대해 트랜잭션을 시작한다.

---

52 [3부 부록]의 〈A.1 트랜잭션〉 참고

트랜잭션이 시작되면 여러 개의 SQL을 실행하고, 모든 SQL이 성공하면 마지막으로 확정(커밋commit)한다. 커밋하면 정식으로 데이터베이스에 데이터가 저장된다.

그림 9-2 데이터베이스의 트랜잭션

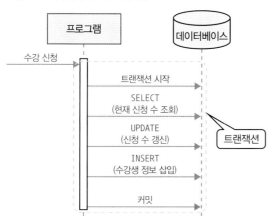

만약 중간에 SQL이 실패하면 [그림 9-3]과 같이 원래대로 되돌리도록 지시(롤백rollback)한다. [그림 9-3]에서는 수강생 정보를 삽입하는 SQL에서 실패했다.

그림 9-3 원래 상태로 되돌린다.

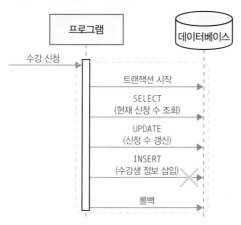

롤백을 하면 데이터가 트랜잭션을 시작하기 전의 상태로 되돌아간다. 이로써 데이터가 불일치 상태가 되는 것을 방지할 수 있다.

참고로 트랜잭션으로 갱신한 데이터를 확정하는 것을 **커밋**, 다시 원래대로 되돌리는 것을 **롤백**이라고 한다.

9.2 웹 애플리케이션의 트랜잭션

데이터베이스의 트랜잭션은 웹 애플리케이션의 처리 중 어디에서 시작하고 어디에서 끝내는 것이 좋을까? 정답이 있는 것은 아니지만 일반적으로 업무 로직 메서드가 트랜잭션 단위가 된다. 따라서 업무 로직 메서드가 호출되는 시점에 트랜잭션을 시작하고, 업무 로직 메서드가 종료되는 시점에 트랜잭션을 종료한다. 그림으로 나타내면 [그림 9-4]와 같다.

그림 9-4 웹 애플리케이션의 트랜잭션

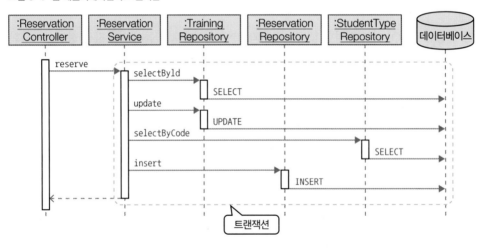

ReservationService 객체의 reserve 메서드는 업무 로직 메서드다. reserve 메서드가 호출되는 시점에 트랜잭션이 시작되고, 각종 Repository 객체의 메서드를 호출하면서 동일한 트랜잭션 내에서 여러 개의 SQL을 실행하고 있다. reserve 메서드 안의 처리가 모두 완료되면 트랜잭션을 종료한다.

9.3 트랜잭션과 커넥션

여러 Repository 객체가 동일한 트랜잭션에서 SQL을 실행할 때 데이터베이스의 연결에 대해 주의해야 한다. 데이터베이스의 트랜잭션은 하나의 커넥션에 대해 이루어지므로, 여러 Repository 객체가 하나의 커넥션을 사용해야 한다. [그림 9-5]와 같이 커넥션을 가져와 트랜잭션을 시작한 후, 동일한 커넥션을 여러 Repository 객체가 사용하여 SQL을 실행하고, 트랜잭션이 종료되면 커넥션을 닫는다.

그림 9-5 트랜잭션과 커넥션

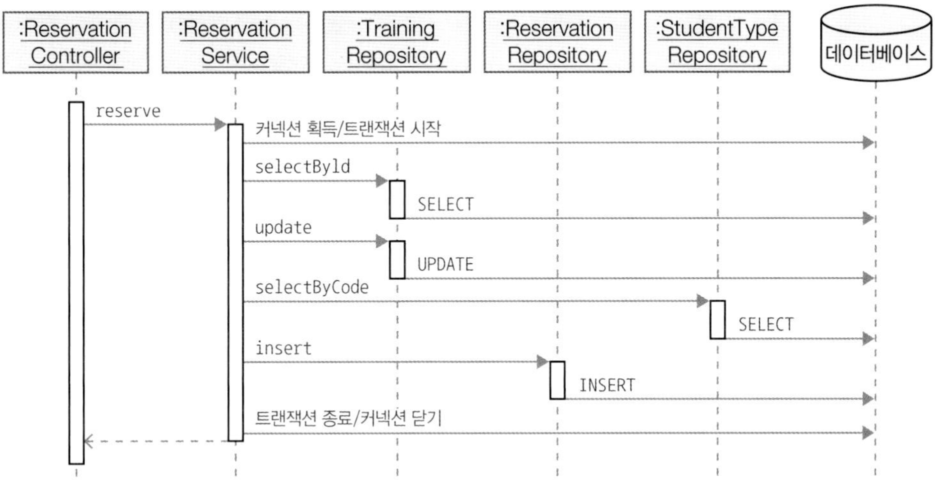

9.4 트랜잭션을 자체적으로 제어할 때의 문제점

여러 개의 Repository 객체에서 동일한 커넥션을 사용하려면 코드를 어떻게 작성해야 할까? 간편한 방법은 업무 로직 처음에 커넥션을 획득하고, 획득한 커넥션을 Repository 객체의 메서드의 인수로 넘겨주는 방법이다. [예제 9-1]의 코드를 확인해보자.

```java
public Reservation reserve(ReservationInput reservationInput) {
    try (
        Connection con = dataSource.getConnection(); ❶
    ) {
        con.setAutoCommit(false); ❷
        try {
            Training training = trainingRepository
                .selectById(con, reservationInput.getTrainingId()); ❸
            ...
            trainingRepository.update(con, training); ❹
            ...
            reservationRepository.insert(con, reservation); ❺
            con.commit(); ❻
            return reservation;
        } catch (Exception ex) {
            if (con != null) {
                con.rollback(); ❼
            }
            throw ex;
        }
    } catch (SQLException ex) {
        throw new RuntimeException("DB 오류", ex);
    }
}
```

[예제 9–1]은 업무 로직인 reserve 메서드의 예로, 자바 표준 JDBC를 사용해 트랜잭션 제어를 하고 있다.

❶에서는 DataSource 객체에서 Connection 객체를 가져오고, try-with-resources 문으로 Connection 객체가 확실히 닫히도록 한다.

그런 다음 ②에서 트랜잭션의 시작을 지시하고, ③~⑤에서 Repository 객체의 메서드를 차례로 호출한다. Repository 객체의 메서드를 호출할 때 ①에서 획득한 Connection 객체를 인수로 전달한다.

Repository 객체의 메서드에서는 전달받은 Connection 객체를 사용해서 SQL을 실행하는 것으로 가정한다. Repository 객체의 메서드 호출을 모두 끝냈으면 트랜잭션 커밋을 지시한다(⑥).

⑦은 업무 로직 처리 도중에 예외가 발생하면 예외를 잡아 롤백을 지시하는 코드다.

이렇게 직접 트랜잭션 제어를 코딩할 수도 있지만 업무 로직에 트랜잭션 제어 처리가 섞여 코드의 가독성이 낮아진다. 또한 트랜잭션 제어를 하는 코드는 뻔한 중복 코드다. 커넥션을 획득해서 트랜잭션을 시작하고, Repository 객체의 메서드를 호출할 때는 인수로 커넥션을 전달한다. 마지막에는 트랜잭션을 커밋하거나 롤백하고 커넥션을 닫는다. 이런 내용을 업무 로직 메서드 전체에 작성해야 한다. 또한 Connection 객체를 닫는 처리도 개발자가 직접 해야 하므로 실수로 닫는 처리를 빠뜨릴 위험성도 배제할 수 없다.

9.5 스프링의 선언적 트랜잭션

스프링의 선언적 트랜잭션 기능을 사용하면 앞서 언급한 문제들이 해결된다. 업무 로직 메서드에 @Transactional을 붙이기만 하면 자동으로 트랜잭션 제어가 이루어진다(예제 9-2).

예제 9-2   스프링을 사용한 선언적 트랜잭션

```
@Transactional
public Reservation reserve(ReservationInput reservationInput) {
    Training training = trainingRepository
        .selectById(reservationInput.getTrainingId());
```

```
    ...
    trainingRepository.update(training);
    ...
    reservationRepository.insert(reservation);
    return reservation;
}
```

@Transactional이 붙은 메서드는 호출된 시점에 자동으로 커넥션을 획득하고 트랜잭션이 시작되며, 메서드가 종료되면 자동으로 커밋되고 커넥션이 닫힌다. 또한 예외가 발생하면 자동으로 롤백된다(기본적으로 비검사 예외만 롤백 대상이다). 이로써 reserve 메서드 안에서 트랜잭션을 제어할 필요가 없어져 코드가 간결해진다. 또한 Repository 객체의 메서드를 호출할 때 커넥션을 인수로 전달할 필요도 없다.

개발자는 명시적으로 트랜잭션 제어를 하는 것이 아니라 트랜잭션 제어를 하고 싶다고 애너테이션으로 선언하기만 하면 되므로 선언적 트랜잭션이라고 부른다.

덧붙여 @Transactional은 [예제 9-3]과 같이 클래스에 붙일 수도 있다.

예제 9-3   클래스에 붙인 @Transactional

```
@Service
@Transactional
public class ReservationServiceImpl implements ReservationService {
    ...
    public List<StudentType> findAllStudentType() {
        ...
        return studentTypes;
    }

    public Reservation reserve(ReservationInput reservationInput) {
```

```
        ...
        return reservation;
    }
    ...
}
```

@Transactional을 클래스에 붙이면 클래스가 가진 모든 메서드에서 트랜잭션 제어가 이루어진다.

9.6 트랜잭션의 내부 구조

스프링은 어떻게 자동으로 트랜잭션 제어를 수행할까? 트랜잭션 제어의 내부 구조를 알아보자. 스프링은 DI 컨테이너를 생성할 때 @Transactional이 붙은 클래스(여기서는 ReservationServiceImpl 클래스)를 탐지하면 Proxy 객체를 자동으로 생성한다. Proxy 객체의 원본이 되는 구상 클래스는 스프링이 자동으로 생성하는데, 이 구상 클래스는 ReservationServiceImpl 클래스를 상속하거나 ReservationService 인터페이스를 구현하므로 ReservationServiceImpl 클래스와 동일한 메서드를 가진다.

그리고 Bean으로 관리되는 것은 ReservationServiceImpl 클래스의 객체가 아니라 Proxy 객체다. 따라서 ReservationService 인터페이스의 메서드를 호출하는 쪽에서 Reservation Service 객체를 인젝션할 때 ReservationServiceImpl 객체가 아닌 Proxy 객체가 인젝션된다.

DI 컨테이너를 생성한 후에는 [그림 9-6]과 같이 호출하는 쪽에서 Proxy 객체를 참조하고, Proxy 객체 내부에서 ReservationServiceImpl 객체를 참조하는 형태가 된다.

그림 9-6 트랜잭션 제어와 Proxy

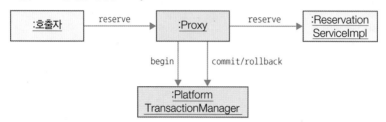

호출자가 호출한 reserve 메서드는 Proxy 객체가 가진 메서드가 되고, Proxy 객체는 내부적으로 PlatformTransactionManager라 불리는 객체에 대해 트랜잭션 시작을 지시한다. 그런 다음 Proxy는 ReservationServiceImpl 객체의 reserve 메서드를 호출한다. ReservationServiceImpl 객체의 reserve 메서드가 종료되면 Proxy는 PlatformTransactionManager에 대해 커밋(예외가 발생하면 롤백)을 지시한다. 이러한 방식으로 트랜잭션 제어를 자동화할 수 있게 되는 것이다.

또한 여러 Repository 객체에서 하나의 커넥션을 재사용하는 부분은 ThreadLocal[53]을 이

그림 9-7 커넥션과 ThreadLocal

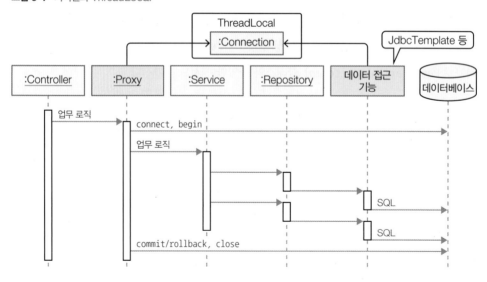

----
53 [3부 부록]의 〈A.10 ThreadLocal〉 참고

용한다. ThreadLocal은 스레드[thread]별로 임의의 데이터를 공유할 수 있는 자바 표준 기술이다(그림 9-7).

Proxy 객체의 메서드가 호출되면 Proxy 객체는 데이터베이스의 커넥션을 가져와 트랜잭션을 시작하고, 가져온 커넥션을 ThreadLocal에 저장한다. 그런 다음 Proxy 객체는 Service 객체의 메서드를 호출하고, Service 객체는 Repository 객체를 사용하면서 업무 로직을 수행한다. Repository 객체에서는 스프링의 데이터베이스 접근 기능을 사용해 SQL을 실행한다.

스프링의 데이터베이스 접근 기능은 JdbcTemplate 같은 스프링 고유의 기능뿐만 아니라 스프링과 다른 라이브러리를 연동하는 기능도 포함한다. 데이터베이스 접근 기능은 ThreadLocal 안에서 커넥션을 추출하고 그 커넥션을 이용해서 SQL을 실행하도록 해준다.

Repository 객체가 데이터베이스 접근을 마치고 Service 객체의 업무 로직을 종료하면 Proxy 객체로 처리가 되돌아가고, Proxy 객체는 트랜잭션의 커밋(또는 롤백)을 수행한 후 커넥션을 닫는다. 이런 구조 덕분에 Repository의 메서드 인수로 커넥션을 전달하지 않고도 하나의 커넥션을 여러 Repository 객체에서 돌려쓸 수 있다.

9.7 PlatformTransactionManager의 구상 클래스

앞서 Proxy 객체 내부에서 PlatformTransactionManager 객체에 트랜잭션의 시작과 종료를 지시한다고 설명했다.

PlatformTransactionManager 객체 내부에서는 데이터베이스 접근 기능이 제공하는 메서드를 호출하여 트랜잭션의 시작과 종료를 처리한다. 데이터베이스 접근 기능이 제공하는 메서드의 예를 [표 9-1]에 정리했다.

표 9-1 트랜잭션을 시작하고 종료하는 메서드

JDBC	Hibernate	JPA

con.setAutoCommit(false);
con.commit();
con.rollback();
	tx = session
	    .beginTransaction();
	tx.commit();
	tx.rollback();
		tx = entityManager
		    .getTransaction()
		    .begin();
		tx.commit();
		tx.rollback();

JDBC에서는 Connection 객체의 메서드를 사용해 트랜잭션의 시작과 종료를 수행한다. Hibernate[54]에서는 Session 객체에서 트랜잭션을 나타내는 객체를 가져와 트랜잭션이 시작되고 해당 객체에 대해 커밋과 롤백을 수행한다. JPA에서는 EntityManager 객체에서 트랜잭션을 나타내는 객체를 가져와 해당 객체의 커밋과 롤백 메서드를 호출한다. PlatformTransactionManager 객체는 애플리케이션이 사용하는 데이터베이스 접근 방식에 따라 [표 9-1]처럼 내부에서 호출하는 처리를 달리해야 한다. 이를 위해 스프링은 PlatformTransactionManager 인터페이스를 준비해 데이터베이스 접근 방식에 따라 여러 개의 구상 클래스를 제공한다(그림 9-8).

그림 9-8 PlatformTransactionManager의 구상 클래스

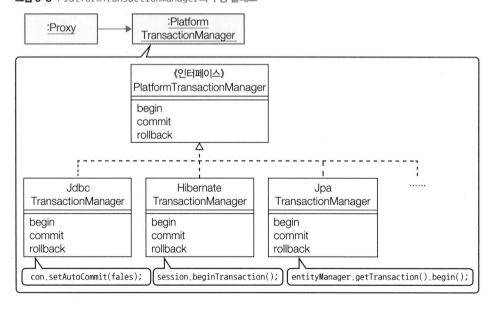

각각의 구상 클래스는 PlatformTransactionManager 인터페이스를 구현하고 있으므로 Proxy 객체는 구상 클래스의 차이를 의식하지 않고 트랜잭션의 시작과 종료 처리를 호출할 수 있다. Proxy 객체는 DI 컨테이너에서 관리되는 PlatformTransactionManager 객체를 사용하게 되어 있으므로 개발자는 애플리케이션에서 사용하는 데이터베이스 접근 방식에 따라 적절한 PlatformTransactionManager 인터페이스의 구상 클래스를 Bean에 등록하면 된다.

9.8 PlatformTransactionManager의 Bean 정의

PlatformTransactionManager 인터페이스의 구상 클래스는 스프링에서 제공하며 JavaConfig 클래스의 @Bean 메서드를 이용해 Bean으로 정의할 수 있다.

또한 〈10장 스프링 부트로 생산성 향상하기〉에서 소개하는 자동 설정을 사용할 경우 Platform TransactionManager의 Bean 정의는 자동으로 이루어지므로 수동으로 Bean을 정의할 필요가 없다.[55] 이 절에서는 자동 설정을 사용하지 않는 경우를 가정하여 수동으로 Bean을 정의한다(예제 9-4).

예제 9-4   PlatformTransactionManager의 Bean 정의

```
...
@Bean
public PlatformTransactionManager transactionManager(
      DataSource dataSource) {
   return new JdbcTransactionManager(dataSource);
}
...
```

---

54 옮긴이_ ORM(객체 관계 매핑) 프레임워크의 일종으로 데이터와 객체를 매핑하는 기술이다.

55 자동 설정을 사용하더라도 여러 개의 DataSource 객체를 등록한 경우 개별 DataSource 객체와의 연결이 필요하므로 Platform TransactionManager의 구상 클래스를 수동으로 Bean을 정의해야 한다.

데이터베이스 접근 방식으로 스프링 JDBC를 사용할 경우 PlatformTransactionManager의 구상 클래스로 JdbcTransactionManager 클래스를 사용한다. 데이터베이스에 따라 어떤 구상 클래스를 사용할 것인지는 매뉴얼이나 인터넷을 찾아보면 쉽게 알 수 있으므로 굳이 기억할 필요는 없다. JdbcTransactionManager 클래스는 내부적으로 DataSource 객체에서 연결을 가져오므로 생성자 인수로 DataSource 객체를 전달해야 한다.

DataSource 객체는 어딘가에서 Bean으로 정의되어 있다고 가정하므로 @Bean 메서드의 인수로 받는다.

9.9 @Transactional을 활성화하는 설정

PlatformTransactionManager의 Bean 정의 외에 필요한 설정이 하나 더 있다. @Transactional이 붙은 클래스를 탐지하여 Proxy 객체를 자동으로 생성하도록 지시하는 것이다. 이를 위해선 @EnableTransactionManagement를 JavaConfig 클래스에 붙이면 된다(예제 9-5).

참고로, 이 설정도 다음 장에서 소개할 자동 설정을 사용하면 자동으로 이루어지므로 불필요하다.

예제 9-5 @Transactional을 활성화하는 설정

```
@Configuration
@EnableTransactionManagement ①
public class FooConfig {
    ...
    @Bean
    public PlatformTransactionManager transactionManager(
        DataSource dataSource) {
      return new JdbcTransactionManager(dataSource);
```

```
        }
        ...
    }
```

JavaConfig 클래스에 @EnableTransactionManagement가 붙어있다(❶). 이 설정을 잊어버리면 업무 로직 메서드에 @Transactional을 붙여도 Proxy가 생성되지 않고 트랜잭션 제어가 되지 않으니 주의해야 한다.

9.10 로그 출력 방법

마지막으로 트랜잭션 제어의 로그 출력 방법을 살펴보자. 트랜잭션 제어는 스프링이 자동으로 수행하지만 정말 트랜잭션 제어가 이루어지고 있는지 확인하고 싶을 때가 있을 것이다. 트랜잭션 제어가 되고 있는지 확인하는 수단으로는 로그를 출력하는 것이 효과적이다.

스프링이 제공하는 PlatformTransactionManager의 각종 구상 클래스에서는 트랜잭션을 시작, 커밋, 롤백하는 시점에 로그를 출력한다.

로거^{logger} 이름[56]은 '구상 클래스의 패키지명 + 클래스명'을 사용하고, 로그 레벨은 DEBUG를 사용한다. 개발자는 PlatformTransactionManager의 구상 클래스의 패키지명 + 클래스명의 로거에 로그 레벨 DEBUG를 지정하면 된다.

로그 레벨을 지정하는 방법은 여러 가지가 있지만 스프링 부트를 사용하는 경우(뒤에서 설명한다) 스프링 부트가 불러오는 설정 파일 application.properties에서 설정할 수 있다. application.properties에서 설정할 때는 [예제 9-6]처럼 작성하면 된다.

---

56 [3부 부록]의 〈A.11 로그 레벨과 로거〉 참고

트랜잭션 제어의 로그 출력(application.properties)

```
logging.level.org.springframework.jdbc.support.JdbcTransactionManager=DEBUG
```

'logging.level.'은 로그 레벨 설정을 나타내는 프로퍼티 이름의 고정 시작 부분이다. 그 뒤에 로거 이름(여기서는 JdbcTransactionManager 클래스의 패키지 이름 + 클래스 이름)을 지정한다. =의 오른쪽이 로그 레벨이다.

또한 설정 파일을 사용하지 않고 프로그램상에서 로그 레벨을 설정할 수도 있다. [예제 9-7]의 코드를 살펴보자.

(프로그램상에서) 트랜잭션 제어의 로그 출력

```
((ch.qos.logback.classic.Logger) LoggerFactory.getLogger(
"org.springframework.jdbc.support.JdbcTransactionManager")).setLevel(Level.DEBUG);
```

낯선 클래스와 메서드가 등장했지만 기억할 필요는 없다. 애플리케이션이 사용하는 로그 출력용 라이브러리의 종류에 따라 사용되는 클래스나 메서드도 달라질 수 있다(여기서는 Logback 라이브러리를 사용한다고 가정한다). 로거 이름(여기서는 JdbcTransactionManager 클래스의 패키지 이름 + 클래스 이름)과 로그 레벨인 DEBUG가 지정되어 있는데, 프로그램상에서 로그 레벨을 지정하는 경우는 주로 동작 확인 등과 같이 임시로 로그 레벨을 변경하고 싶을 때다. 보통은 설정 파일로 로그 레벨을 지정하게 될 것이다.

로그 출력 설정을 하고 프로그램을 실행하면 [예제 9-8]과 같은 내용이 출력된다.

트랜잭션 제어의 로그 출력

```
2022-11-04 18:08:31.636 DEBUG 20044 --- [          main]
o.s.jdbc.support.JdbcTransactionManager : Creating new transaction with name
[com.example.training.service.ReservationServiceImpl.reserve]:
PROPAGATION_REQUIRED,ISOLATION_DEFAULT ❶
```

```
2022-11-04 18:08:31.636 DEBUG 20044 --- [            main]
o.s.jdbc.support.JdbcTransactionManager : Acquired Connection [conn1:
url=jdbc:h2:mem:testdb user=SA] for JDBC transaction
2022-11-04 18:08:31.652 DEBUG 20044 --- [            main]
o.s.jdbc.support.JdbcTransactionManager : Switching JDBC Connection [conn1:
url=jdbc:h2:mem:testdb user=SA] to manual commit
2022-11-04 18:08:31.714 DEBUG 20044 --- [            main]
o.s.jdbc.support.JdbcTransactionManager : Initiating transaction commit
2022-11-04 18:08:31.714 DEBUG 20044 --- [            main]
o.s.jdbc.support.JdbcTransactionManager : Committing JDBC transaction on
Connection [conn1: url=jdbc:h2:mem:testdb user=SA] ❷
2022-11-04 18:08:31.714 DEBUG 20044 --- [            main]
o.s.jdbc.support.JdbcTransactionManager : Releasing JDBC Connection [conn1:
url=jdbc:h2:mem:testdb user=SA] after transaction
```

❶을 보면, o.s.jdbc.support.JdbcTransactionManager라는 로거 이름이 출력된다(패키지 이름 부분은 설정에 따라 간략히 표기된다). Creating new transaction ...이라는 로그가 있으므로 트랜잭션이 시작된 것을 알 수 있다.

❷에는 Committing JDBC transaction ...이라는 로그가 있으므로 트랜잭션이 커밋된 것을 알 수 있다.

실습

0701-training-transaction에 이 장의 실습 과제가 준비되어 있으니 꼭 도전해보자.

스프링 부트로 생산성 향상하기

스프링 부트는 스프링 프레임워크가 나오고도 약 10년이 지난 2014년에 등장한 프로젝트다. 최근에는 스프링이라고 하면 스프링 부트를 떠올리는 사람도 많을 정도로 그 존재감이 상당하다. 이 장에서는 스프링 부트의 주요 기능인 라이브러리 일괄 획득, 자동 설정, 내장 AP 서버에 관해 설명한다.

10.1 라이브러리 준비하기

애플리케이션을 개발하려면 수많은 라이브러리가 필요하다. 스프링 라이브러리를 비롯해 데이터베이스 접근을 위한 라이브러리, HTML을 생성하는 템플릿 엔진 라이브러리, JUnit과 같은 테스트 라이브러리 등 다양한 라이브러리를 사용하게 된다.

Maven[57]이나 Gradle[58]을 사용하면 라이브러리 다운로드 자체는 어렵지 않지만 라이브러리를 일일이 설정 파일에 지정하고 라이브러리 간에 호환되는 버전을 조사하기란 쉽지 않다.

스프링 부트는 수많은 라이브러리를 미리 지정한 pom.xml(Maven 설정 파일)을 제공한다. pom.xml에는 프로젝트 구성에 필요한 스타터가 추가되는데, 스타터는 Maven Central Repository에 Maven의 아티팩트[artifact]로 등록되어 있다. 개발자가 할 일은 스타터의 아티팩트를 자신이 준비하는 pom.xml에 기재하는 것뿐이다. [예제 10-1]의 코드를 보며 자세히 알아보자.

예제 10-1 개발자가 준비하는 pom.xml

```
...
<parent> ❷
    <groupId>org.springframework.boot</groupId>
    <artifactId>spring-boot-starter-parent</artifactId> ❶
    <version>3.2.3</version> ❸
</parent>
...
<dependencies>
    <dependency> ❺
        <groupId>org.springframework.boot</groupId>
        <artifactId>spring-boot-starter</artifactId> ❹
    </dependency>
    ...
```

----

57 [3부 부록]의 〈A.12 Maven〉 참고
58 Maven과 동등한 기능을 하는 또 다른 도구

spring-boot-starter-parent(❶)는 스타터의 아티팩트 중 하나다. spring-boot-starter-parent의 pom.xml에는 '이 라이브러리를 사용할 경우 이 버전을 사용하라'는 정보가 잔뜩 적혀 있다. 이를 Maven의 〈parent〉 태그(❷)로 spring-boot-starter-parent를 지정하면 이러한 정보가 개발자가 준비하는 pom.xml로 넘어간다.

❸은 spring-boot-starter-parent의 버전으로, 스프링 부트의 버전을 지정하는 것이다. ❹에서는 스타터의 아티팩트 중 하나인 spring-boot-starter를 지정한다.

Maven의 〈dependency〉 태그(❺)로 spring-boot-starter를 지정하면 spring-boot-starter의 pom.xml에 기재된 많은 라이브러리를 가져온다. [그림 10-1]은 실제로 가져온 라이브러리 목록이다.

그림 10-1 가져온 라이브러리 목록(Eclipse에 표시된 것)

```
jakarta.annotation-api : 2.1.1 [compile]
jul-to-slf4j : 2.0.12 [compile]
log4j-api : 2.21.1 [compile]
log4j-to-slf4j : 2.21.1 [compile]
logback-classic : 1.4.14 [compile]
logback-core : 1.4.14 [compile]
micrometer-commons : 1.12.3 [compile]
micrometer-observation : 1.12.3 [compile]
slf4j-api : 2.0.12 [compile]
snakeyaml : 2.2 [compile]
spring-aop : 6.1.4 [compile]
spring-beans : 6.1.4 [compile]
spring-boot : 3.2.3 [compile]
spring-boot-autoconfigure : 3.2.3 [compile]
spring-boot-starter : 3.2.3 [compile]
spring-boot-starter-logging : 3.2.3 [compile]
spring-context : 6.1.4 [compile]
spring-core : 6.1.4 [compile]
spring-expression : 6.1.4 [compile]
spring-jcl : 6.1.4 [compile]
```

20개의 라이브러리를 가져왔고, spring-boot-starter-parent에 지정된 버전이 사용되고 있다. spring-boot-starter는 스프링을 사용하기 위한 최소한의 라이브러리를 가져오는 스타터다. 애플리케이션이 필요로 하는 라이브러리 종류에 따라 다양한 스타터가 제공되는데, 다음은 그 예다.

- **spring-boot-starter-jdbc**

  JDBC를 사용하여 데이터베이스에 접근하기 위한 라이브러리를 가져온다. DataSource, 트랜잭션 제어, 스프링 JDBC 등의 라이브러리가 포함된다.

- **spring-boot-starter-web**

  서블릿Servlet API, 스프링 MVC(나중에 설명한다), 내장 Tomcat 등의 라이브러리를 가져온다.

- **spring-boot-starter-test**

  JUnit을 비롯한 다양한 테스트용 라이브러리를 가져온다.

이 밖에도 'spring-boot-starter-xxx'라는 이름의 스타터가 다수 존재한다. 개발자는 애플리케이션의 요구 사항에 따라 필요한 스타터를 자신의 pom.xml에 지정한다.

10.2 자동 설정

자동 설정은 이름에서 알 수 있듯이 자동으로 설정을 해주는 기능이다. 구체적으로는 라이브러리가 제공하는 구상 클래스의 Bean 정의와 스프링이 제공하는 각종 기능의 활성화를 자동으로 설정해준다.

예를 들어 데이터베이스 접근 관련 설정을 개발자가 직접 하는 경우 [예제 10-2]와 같이 작성해야 한다(여기서는 스프링 JDBC 사용을 가정했다).

예제 10-2　데이터베이스 접근 관련 설정

```
@Configuration
@EnableTransactionManagement ❶
public class FooConfig {

    @Bean
    public DataSource dataSource() { ❷
        EmbeddedDatabase dataSource = new EmbeddedDatabaseBuilder()
```

```
            .addScripts("schema.sql", "data.sql")
            .setType(EmbeddedDatabaseType.H2).build();
        return dataSource;
    }


    @Bean
    public JdbcTemplate jdbcTemplate(DataSource dataSource) { ❸
        return new JdbcTemplate(dataSource);
    }


    @Bean
    public PlatformTransactionManager transactionManager(DataSource dataSource) {
        return new JdbcTransactionManager(dataSource); ❹
    }
}
```

@EnableTransactionManagement(❶)는 〈9장 선언적 트랜잭션〉에서 소개한 트랜잭션 제어를 활성화(@Transactional이 붙은 클래스에 대해 Proxy를 생성)하는 애너테이션이다. 이 애너테이션을 빼먹으면 트랜잭션 제어가 자동으로 이루어지지 않고 장애로 이어질 수 있다.

❷와 ❸은 내장 데이터베이스용 DataSource의 Bean 정의와 스프링 JDBC의 JdbcTemplate의 Bean 정의다. 마치 매뉴얼에서 복사한 듯 정형화된 작성 방식이다.

❹에서는 PlatformTransactionManager의 구상 클래스를 Bean으로 정의한다. 스프링 JDBC를 사용할 때는 매뉴얼 등을 통해 어떤 구상 클래스를 사용하면 되는지 조사할 필요가 있다.

자동 설정을 사용하면 [예제 10-2]와 같은 설정을 작성할 필요가 없어진다. 라이브러리 구상 클래스의 Bean 정의나 대부분의 애플리케이션에서 사용하는 스프링 기능이 자동으로 활성화된다. DI 컨테이너를 생성하면 설정이 자동으로 이루어지며 [그림 10-2]와 같이 DI 컨테이너에 Bean이 등록된다.

그림 10-2 자동 설정

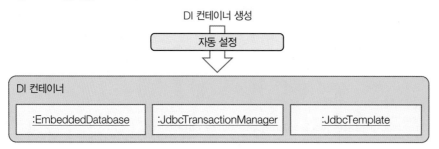

10.2.1 자동 설정의 메커니즘

자동 설정의 메커니즘은 단순하다. [그림 10-3]처럼 스프링 부트에서 제공하는 이미 생성된 JavaConfig 클래스를 불러오기만 하면 된다.

그림 10-3 JavaConfig 클래스 불러오기

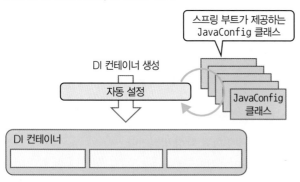

DataSource를 위한 JavaConfig 클래스, PlatformTransactionManager를 위한 Java Config 클래스 등 구성할 내용에 따라 다양한 JavaConfig 클래스가 제공된다.

제공되는 JavaConfig 클래스 안에는 애플리케이션에서 꼭 사용하지 않는 구성도 포함되어 있다. 예를 들어 Hibernate용, JPA용 등의 JavaConfig 클래스도 있지만 스프링 JDBC를 데이터베이스 접근 방식으로 사용할 경우에는 불필요한 구성이다. 불필요한 설정까지 모두 불

러오면 DI 컨테이너 안에 쓰지도 않을 Bean이 많이 등록되어 생성하는 데 시간이 걸리거나 메모리를 많이 소모하게 된다.

스프링 부트는 애플리케이션 특성에 따라 필요한 설정과 불필요한 설정을 판단하고, 불필요한 설정은 불러오지 않도록 처리한다. 필요 여부를 판단하는 방법에는 여러 가지가 있지만 주로 애플리케이션이 사용하는 라이브러리(안의 클래스)를 확인해서 어떤 JavaConfig 클래스를 불러올지 판단한다(그림 10-4).

그림 10-4 JavaConfig 클래스의 선별

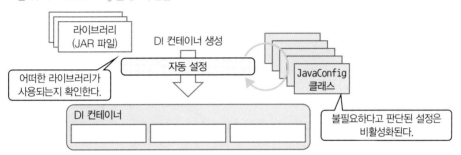

예를 들어 애플리케이션에서 사용하는 라이브러리 중에 Hibernate나 JPA를 위한 라이브러리가 없으면 Hibernate용 또는 JPA용 JavaConfig 클래스는 비활성화된다. 적절한 스타터를 지정하여 라이브러리를 가져오면 불필요한 라이브러리가 포함되지 않으므로 불필요한 설정도 이루어지지 않는다. 스타터를 효과적으로 활용해보자.

10.2.2 자동 설정의 프로퍼티

자동 설정되는 항목에 대해 커스터마이징할 수도 있다. 예를 들어 DataSource 객체의 Bean을 자동 설정할 때 데이터베이스의 경로는 애플리케이션에 따라 달라질 수 있다.

자동 설정을 커스터마이징하는 방법에는 여러 가지가 있지만, 대표적인 방법은 스프링 부트가 읽어들이는 설정 값(프로퍼티)을 application.properties 파일로 지정하는 방법이다.

application.properties는 스프링 부트가 자동으로 읽어들이는 프로퍼티 파일 형식[59]으로 작성된 파일이다. 'application.properties'라는 이름의 파일을 클래스 패스[60] 바로 아래에 배치하면 자동으로 읽어들인다.

[예제 10-3]은 데이터베이스 관련 설정을 지정한 application.properties의 예다.

예제 10-3 데이터베이스 접근 관련 설정

```
spring.datasource.url=jdbc:postgresql://db.example.com/training
spring.datasource.username=trainingApp
spring.datasource.password=r#pU=R2B
```

'spring.datasource.'로 시작하는 프로퍼티는 스프링 부트가 DataSource 관련 설정을 자동으로 구성할 때 읽어들이는 정해진 프로퍼티다(매뉴얼 등을 통해 확인할 수 있으므로 프로퍼티 이름을 외울 필요는 없다). 여기서 각각 데이터베이스의 접속 URL, 사용자 ID, 비밀번호를 지정한다.

이 외에도 스프링 부트가 읽어들이는 프로퍼티는 많다. 이러한 프로퍼티를 통해 애플리케이션에 맞춰 쉽게 커스터마이징할 수 있다.

또한 application.properties 파일은 YAML 형식[61]으로 작성할 수도 있다. [예제 10-4]는 YAML 형식으로 작성한 application.properties 파일의 예다.

예제 10-4 YAML 형식

```
spring:
    datasource:
        url: jdbc:postgresql://db.example.com/shopping
```

---

59 '프로퍼티 이름=값' 형식
60 [3부 부록]의 〈A.13 클래스 패스〉 참고
61 [3부 부록]의 〈A.18 YAML〉 참고

```
username: shoppingApp
password: r#pU=R2B
```

계층을 들여쓰기로 표현하기 때문에 다소 번거롭지만 중복되는 코드가 사라져 깔끔하게 작성할 수 있다.

10.3 내장 AP 서버

AP 서버는 자바 웹 애플리케이션(또는 웹 서비스)을 구동하기 위해 필요한 프로그램이다. 유명한 제품으로는 Tomcat이 있다. 기존 웹 애플리케이션은 서버 머신에 미리 AP 서버를 설치하고, 설치한 AP 서버에 웹 애플리케이션을 배포^{deploy}하는 절차로 이루어져있다(그림 10-5).

그림 10-5 기존 웹 애플리케이션

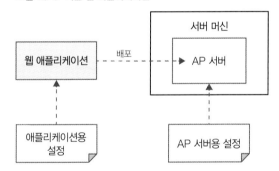

이 경우 서버 머신에 AP 서버를 설치하는 절차가 추가되거나 AP 서버용 설정(⑩ 포트 번호 등)과 애플리케이션용 설정이 분산되므로 유지 관리성이 나빠진다.

내장^{embedded} AP 서버는 애플리케이션이 AP 서버를 라이브러리로 내장한 형태로, 애플리케이션 프로그램 안에서 AP 서버를 실행한다. AP 서버는 자바로 만들어져 있으므로 [그림 10-6]처럼 애플리케이션이 AP 서버를 라이브러리로 내장하고, AP 서버를 실행하는 메서드를 애플리케이션에서 호출하는 방식을 따른다.

그림 10-6 내장 AP 서버

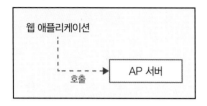

내장 AP 서버를 사용하면 [그림 10-7]처럼 서버 머신에 미리 AP 서버를 설치할 필요가 없다. 웹 애플리케이션을 서버 머신에 직접 배포하기만 하면 된다.

그림 10-7 내장 AP 서버를 사용했을 때의 배포 형태

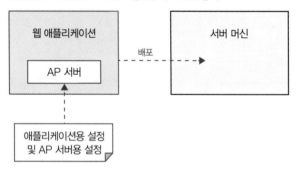

또한 애플리케이션용 설정과 AP 서버용 설정을 통합해서 관리할 수 있다. 스프링 부트가 내장 AP 서버를 시작하는 처리를 자동으로 수행하므로 개발자는 AP 서버의 라이브러리를 가져온 상태에서 DI 컨테이너를 생성하기만 하면 된다.

10.4 스프링 부트를 사용할 때 DI 컨테이너를 생성하는 방법

〈5장 스테레오타입 애너테이션〉에서 DI 컨테이너를 생성하는 방법으로 AnnotationConfig ApplicationContext 클래스를 사용하는 방법을 소개했는데, 스프링 부트를 사용할 때는 SpringApplication 클래스의 run 메서드를 사용한다.[62] [예제 10-5]의 코드를 살펴보자.

예제 10-5 SpringApplication 클래스의 run 메서드

```
public static void main(String[] args) {
    ApplicationContext context = SpringApplication.run(TrainingApplication.class,
        args);
    ...
}
```

run 메서드에서 DI 컨테이너가 생성되고, 생성된 DI 컨테이너 객체가 반환된다. 첫 번째 인수로 DI 컨테이너에 전달할 JavaConfig 클래스를 지정한다(여기서는 Training Application 클래스). 두 번째 인수인 args는 main 메서드의 인수(커맨드라인 인수[63]) args를 그대로 전달하는데, DI 컨테이너는 전달된 커맨드라인 인수 정보를 내부에 보관해두기 때문에 필요에 따라 참조할 수 있다.

이 방식은 AnnotationConfigApplicationContext 클래스와 몇 가지 차이점이 있다. 대표적인 차이점은 앞서 언급한 application.properties 파일을 읽어들인다는 점이다. AnnotationConfigApplicationContext 클래스를 사용한 경우 application.properties 파일을 읽어들이지 않는다. 따라서 스프링 부트를 사용하려면 SpringApplication 클래스의 run 메서드를 사용해야 한다.

스프링 부트의 주요 기능인 자동 설정을 활성화하려면 JavaConfig 클래스에 @EnableAuto Configuration이라는 애너테이션을 추가해야 한다. [예제 10-6]을 살펴보자.

---

62 DI 컨테이너 생성 시 세부 옵션을 설정할 수 있는 SpringApplicationBuilder 클래스를 사용하는 방법도 있다.
63 [3부 부록]의 〈A.4 커맨드라인 인수〉 참고

```
@Configuration ❶
@ComponentScan
@EnableAutoConfiguration ❷
public class TrainingApplication {
    public static void main(String[] args) {
        ApplicationContext context = SpringApplication.run(TrainingApplication.
            class, args);
        ReservationService reservationService =
            context.getBean(ReservationService.class);
        ...
        reservationService.reserve(reservationInput);
    }
}
```

TrainingApplication 클래스에 @Configuration이 붙어있으므로(❶) Training
Application은 JavaConfig 클래스다. 그리고 main 메서드를 정의하고 main 메서드 안에서
SpringApplication.run을 호출한다. 이때 인수로 TrainingApplication 클래스를 지정하
고 있다. main 메서드 안에서 main 메서드를 정의하는 클래스 자신을 DI 컨테이너에 전달한
다는 게 마음에 들지 않을지도 모르지만 DI 컨테이너는 단순히 TrainingApplication 클래
스를 JavaConfig 클래스로서 읽어들이기만 하므로 문제는 없다. main 메서드는 설정을 작성
한 것이 아니므로 DI 컨테이너는 무시한다. 참고로 스프링 부트를 사용하는 애플리케이션에
서는 관례적으로 이런 식으로 작성(main 메서드에서 main 메서드를 정의하는 클래스 자체를
DI 컨테이너에 전달하는 것)하는 경우가 많다.

그리고 @EnableAutoConfiguration이 붙어있으므로(❷) 자동 설정 기능이 활성화되어 라
이브러리의 구상 클래스 Bean 정의 등이 자동으로 이루어진다.

또한 스프링 부트는 @Configuration, @EnableAutoConfiguration, @ComponentScan 이 3가지 애너테이션을 포함한 @SpringBootApplication 애너테이션을 제공한다. 따라서 일반적으로는 [예제 10-7]처럼 작성한다.

예제 10-7 @SpringBootApplication을 사용한다.

```
package com.example.training;
...
@SpringBootApplication ①
public class TrainingApplication {
    public static void main(String[] args) {
        ApplicationContext context = SpringApplication.run(TrainingApplication.
            class, args);
        ReservationService reservationService =
            context.getBean(ReservationService.class);
        ...
        reservationService.reserve(reservationInput);
    }
}
```

@SpringBootApplication을 붙임으로써(①) TrainingApplication 클래스가 JavaConfig 클래스로 인식되어 자동 설정이 활성화된다. 또한 @SpringBootApplication에는 @ComponentScan도 포함되어 있으므로 자동으로 컴포넌트 스캔이 이루어진다.

베이스 패키지를 지정하지 않았기 때문에 @SpringBootApplication이 붙은 클래스의 패키지(여기서는 com.example.training)의 하위 패키지가 스캔된다. 스테레오타입 애너테이션을 붙인 구상 클래스를 com.example.training 패키지 아래(서브 패키지도 포함한다)에 생성하면 자동으로 Bean으로 등록된다.

10.5 스프링 부트에서 오해하기 쉬운 것들

스프링 부트를 사용하면 라이브러리 가져오기, 설정, AP 서버 준비를 쉽게 할 수 있고 즉시 실행할 수 있지만, 그렇다고 해서 애플리케이션 고유의 처리를 하는 클래스(Controller, Service, Repository 등)까지 쉽게 만들 수 있는 것은 아니다. 스프링 부트는 [그림 10-8] 과 같이 애플리케이션에서 고유하지 않은 부분, 즉 범용적인 부분을 쉽게 만들어주는 역할 만 하므로 스프링 부트를 사용하든 사용하지 않든 애플리케이션의 고유 부분인 Controller, Service, Repository 클래스 등을 만드는 방법은 동일하다. 그러므로 스프링 부트를 사용함 으로써 개발 기간이 획기적으로 줄어들 것이라는 과도한 기대는 금물이다.

그림 10-8 스프링 부트의 역할

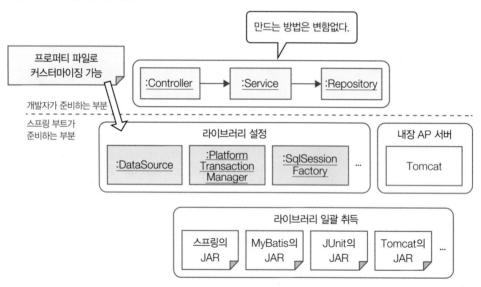

![실습]

0801-training-boot에 이 장의 실습 과제가 준비되어 있으니 꼭 도전해보자.

스프링 MVC + Thymeleaf

이 장에서는 MVC에 관해 설명하고, 스프링 MVC와 Thymeleaf를 사용하여 화면을 활용하는 프로그램을 만들어본다.

11.1 MVC란?

MVC는 사용자 인터페이스를 가진 애플리케이션을 개발할 때 적용하는 일반적인 설계 개념으로, MVC 패턴이라고도 불린다. MVC 패턴은 프로그램을 Model, View, Controller라는 3가지 역할로 나눈다.

웹 애플리케이션에 MVC 패턴을 적용할 경우 각 역할은 다음과 같은 처리를 담당한다.

- **Model**
  업무 로직(Service), 업무 데이터 보유(Entity), 데이터베이스 접근(Repository)

- **View**
  화면을 표시하기 위한 HTML 생성(JSP 등의 템플릿 파일[64])

- **Controller**
  요청[request]에서 응답[response]까지의 전체 흐름 제어

전체 처리 흐름은 [그림 11-1]과 같다.

그림 11-1 MVC 패턴

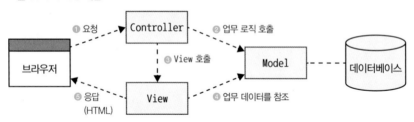

브라우저가 요청을 보내면 Controller가 처리를 수락한다(❶). Controller는 Model이 가진 업무 로직을 호출한다(❷). Model 내에서는 데이터베이스에 접근하여 데이터를 가져오거나 업데이트한다. Controller는 업무 로직을 호출한 다음 View를 호출하는데(❸), View는 Model이 가진 업무 데이터를 참조하면서 HTML을 생성한다(❹). 생성된 HTML이 브라우저에 응답으로 반환된다(❺).

---

64 [3부 부록]의 〈A.14 템플릿 파일과 템플릿 엔진〉 참고

11.2 스프링 MVC란?

스프링 MVC는 MVC 패턴의 사고방식에 따라 효율적으로 웹 애플리케이션을 만들 수 있는 스프링의 기능이다. 주로 Controller 프로그램을 만들기 위한 기능을 제공한다. 작성한 Controller는 Bean으로 관리되므로 Service 등의 의존 객체를 인젝션하여 사용할 수 있다 (그림 11-2).

그림 11-2 Bean으로 관리되는 Controller

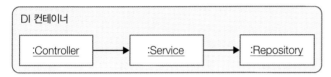

11.3 Thymeleaf란?

Thymeleaf는 오픈 소스 템플릿 엔진으로, 스프링과의 연동 기능을 제공하는 인기 있는 제품이다. Thymeleaf의 특징은 HTML 문법에 따라 템플릿 파일을 작성할 수 있다는 점이다. HTML 태그의 속성으로 Thymeleaf의 구문을 삽입하기 때문에 템플릿 파일을 브라우저에서 직접 열어도 레이아웃이 깨지지 않는다. 예를 들어 [예제 11-1]과 같은 템플릿 파일을 작성했다고 가정해보자.

예제 11-1 Thymeleaf 템플릿 파일

```
<html>
  <body>
    <h1 th:text="${fullName}">김철수</h1>
  </body>
</html>
```

th:text 속성은 Thymeleaf의 고유한 속성이다(이 속성은 나중에 설명한다). 이 템플릿 파일을 브라우저로 직접 열면 브라우저는 th:text라는 속성을 무시한다. 따라서 화면에는 '김철수'라는 문자가 표시된다. Thymeleaf의 템플릿 엔진으로 템플릿 파일을 처리하면 th:text 속성이 감지되고 '김철수'라는 문자가 fullName에 할당된 다른 문자로 바뀐다. 이 특징을 이용해서 디자인 담당자가 템플릿 파일을 편집할 때 웹 애플리케이션을 굳이 실행하지 않고도 템플릿 파일을 브라우저에서 직접 열어 화면의 모양을 확인할 수 있다. 참고로 이 책에서는 Thymeleaf의 체계적인 기능은 설명하지 않는다. 이에 관해 알고 싶다면 공식 매뉴얼[65] 등을 참고하기 바란다.

11.4 간단한 예제

그럼 지금부터 간단한 예제를 실행해보자. 필요한 작업은 다음과 같다.

- pom.xml 설정하기
- Controller 클래스 생성하기
- View 작성하기
- 스프링 부트로 실행하기
- 브라우저에서 확인하기

11.4.1 pom.xml 설정하기

먼저 스프링 MVC와 Thymeleaf를 사용하기 위한 라이브러리를 가져와야 한다. 라이브러리는 스프링 부트에서 제공하는 스타터를 통해 얻을 수 있다. [예제 11-2]는 pom.xml의 내용에서 발췌한 것이다.

---

[65] https://www.thymeleaf.org/doc/tutorials/3.1/usingthymeleaf.html

```
...
<dependency>
  <groupId>org.springframework.boot</groupId>
  <artifactId>spring-boot-starter-web</artifactId>
</dependency>
<dependency>
  <groupId>org.springframework.boot</groupId>
  <artifactId>spring-boot-starter-thymeleaf</artifactId>
</dependency>
<dependency>
  <groupId>org.springframework.boot</groupId>
  <artifactId>spring-boot-devtools</artifactId>
  <optional>true</optional>
</dependency>
...
```

스타터의 아티팩트 중 하나인 spring-boot-starter-web을 지정하면 스프링 MVC에 필요한 다양한 라이브러리를 얻을 수 있다. 이 중에는 Tomcat 라이브러리도 포함되어 있어 스프링 부트를 통해 내장 AP 서버를 사용할 수 있다. 또한 spring-boot-starter-thymeleaf라는 스타터를 통해 Thymeleaf에 필요한 라이브러리를 얻을 수 있다.

참고로 spring-boot-devtools라는 아티팩트(스타터가 아님)를 지정하면 개발 시 편리한 기능을 제공하는 라이브러리를 가져온다. 예를 들어 소스 코드를 수정하면 자동으로 내장 AP 서버가 재부팅되어 수정한 내용이 바로 반영되는 등의 기능을 이용할 수 있다. 따라서 웹 애플리케이션을 개발할 때는 spring-boot-devtools도 함께 받아두면 좋다.

11.4.2 Controller 클래스 생성하기

[예제 11-3]은 Controller 클래스의 간단한 예다.

```
@Controller
public class SampleController {
    @GetMapping("/display-sample")
    public String displaySample(Model model) {
        model.addAttribute("fullName", "한빛나");
        return "sample";
    }
}
```

임의의 이름으로 클래스를 생성한 후에 클래스에 @Controller를 추가한다. @Controller
는 스테레오타입 애너테이션 중 하나로, 컴포넌트 스캔되어 Bean으로 관리된다. 또한 스프링
MVC에 Controller 클래스로 인식되어 스프링 MVC가 제공하는 다양한 애너테이션을 사용
할 수 있게 된다.

요청에 대응하는 처리는 메서드에서 작성한다. [예제 11-3]에서는 displaySample이
라는 메서드를 정의한다. 메서드 이름은 임의로 지정할 수 있다. @GetMapping이 붙은
displaySample은 요청과 메서드를 연결하기 위한 애너테이션이다. HTTP의 GET 메서드이
며 /display-sample 경로에 대한 요청이 이 메서드에 연결되어 있다. displaySample 메서
드에 정의된 Model은 스프링 MVC가 제공하는 타입으로, View에서 참조할 수 있는 객체를
저장할 수 있다. [예제 11-3]에서는 "fullName"이라는 이름(속성명이라고 부른다)으로 "한
빛나"라는 문자열을 저장하고 있다. Model 객체의 내용은 [그림 11-3]과 같다.

그림 11-3 Model 객체의 내용

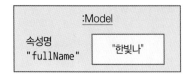

참고로 'Model'이라는 단어는 MVC 패턴을 설명할 때도 나오지만 스프링이 제공하는 'Model'

과 MVC 패턴의 'Model'은 별개로 생각하는 것이 좋다. 스프링이 제공하는 Model은 View에 전달할 데이터 상자 같은 역할이다. displaySample 메서드의 반환 값인 'sample'은 템플릿 파일을 식별하기 위한 정보로, View 이름이라고 한다. 다음 절에서 자세히 살펴보자.

11.4.3 View 작성하기

View는 템플릿 파일로 작성한다. 템플릿 파일은 src/main/resources 아래 templates 폴더 안에 둔다. 이번에는 templates 폴더 아래에 sample.html을 배치한다(그림 11-4).

그림 11-4 템플릿 파일 배치

```
∨ 🗀 src/main/resources
    ∨ 🗁 templates
        🐝 sample.html
```

템플릿 파일의 저장 위치나 확장자는 스프링 부트의 자동 설정으로 설정된다. 구체적으로는 Controller 클래스의 메서드의 반환 값인 View 이름 앞에 'templates/'를 붙이고 뒤에 '.html'을 붙인 경로에서 템플릿 파일을 불러오도록 설정되어 있다. 여기서는 View 이름이 sample이므로 templates/sample.html을 불러오게 된다. 파일을 만들었으니 이제 내용을 작성해보자. [예제 11-4]는 템플릿 파일의 예다.

예제 11-4 템플릿 파일의 내용

```
<!DOCTYPE HTML>
<html xmlns:th="http://www.thymeleaf.org">
<head>
    <title>예시</title>
    <meta http-equiv="Content-Type" content="text/html; charset=UTF-8" />
</head>
<body>
```

```
    <h1 th:text="${fullName}">김철수</h1> ❶
</body>
</html>
```

Thymeleaf 구문을 사용하는 곳은 ❶ 행으로, `th:text` 속성에 `${fullName}` 값을 설정하고 있다. 이는 `Model` 객체 내에서 속성명이 `fullName`인 데이터를 가져와서 태그 내용('김철수'라고 작성된 부분)을 대체하는 구문이다. `Model` 객체 내에는 [그림 11-3]에 나타낸 것과 같이 `fullName`이라는 속성명으로 '한빛나'가 저장되어 있다. 따라서 생성되는 HTML에는 '한빛나'가 삽입된다.

실제로 생성된 HTML은 [예제 11-5]와 같다.

예제 11-5 생성된 HTML

```
<!DOCTYPE HTML>
<html>
<head>
    <title>예제</title>
    <meta http-equiv="Content-Type" content="text/html; charset=UTF-8" />
</head>
<body>
    <h1>한빛나</h1> ❶
</body>
</html>
```

❶을 보면 '김철수'에서 '한빛나'로 바뀐 것을 알 수 있다.

11.4.4 스프링 부트로 실행하기

앞서 소개한 것처럼 스프링 부트를 사용해 애플리케이션을 시작하려면 main 메서드에서 DI

컨테이너를 생성하기만 하면 된다. DI 컨테이너에서 불러올 JavaConfig 클래스는 [예제 11-6]처럼 main 메서드를 정의한 클래스로 하는 것이 일반적이다.

스프링 부트로 실행한다.

```
@SpringBootApplication
public class SampleApplication {
    public static void main(String[] args) {
        SpringApplication.run(SampleApplication.class, args);
    }
}
```

클래스에 붙은 @SpringBootApplication에는 @Configuration이 포함되어 있기 때문에 DI 컨테이너가 JavaConfig 클래스로 인식한다. 또한 자동 설정을 활성화하는 @EnableAuto Configuration도 포함되어 있다. 이를 통해 스프링 MVC 구동하는 데 필요한 Bean과 Thymeleaf를 구동하는 데 필요한 Bean이 자동으로 등록된다. 이와 함께 AP 서버를 구동하기 위한 Bean도 등록되어 자동으로 AP 서버(기본값은 Tomcat)가 시작된다.

또한 @SpringBootApplication에는 @ComponentScan이 붙어있으므로 @Controller를 붙인 Controller 클래스도 Bean으로 등록된다. 따라서 [예제 11-6]의 main 메서드를 실행하면 웹 애플리케이션이 실행되어 요청을 받을 수 있는 상태가 된다. Tomcat이 실행되면 콘솔 화면에 [예제 11-7]과 같은 메시지가 출력된다.

Tomcat이 시작될 때 콘솔 화면

```
o.s.b.w.embedded.tomcat.TomcatWebServer : Tomcat initialized with port(s): 8080
(http)
o.apache.catalina.core.StandardService : Starting service [Tomcat]
```

11.4.5 브라우저에서 확인하기

마지막으로 브라우저에서 작동을 확인해보자. 브라우저 주소 창에 *http://localhost:8080* */display-sample*을 입력하고 Enter 키를 누르면 [그림 11-5]처럼 화면에 '한빛나'가 표시된다.

그림 11-5 작동 화면

11.5 전체 처리 흐름

앞서 실행한 예제가 어떤 흐름으로 처리되는지 [그림 11-6]을 보면서 다시 확인해보자.

그림 11-6 전체 처리 흐름

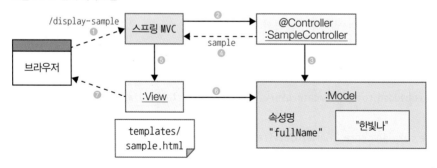

브라우저가 요청을 보내면 스프링 MVC의 내부 프로그램이 이를 받아들인다(❶). 스프링 MVC의 내부 프로그램은 요청 내용(URL이나 HTTP 메서드 등)을 확인하고, 일치하는

Controller 객체(여기서는 SampleController 객체)의 메서드(여기서는 displaySample 메서드)를 호출한다(❷). SampleController 객체는 View 객체(템플릿 파일마다 자동으로 생성됨)에 데이터를 전달하기 위해 Model 객체에 '한빛나' 데이터를 저장한다(❸). 그 후 SampleController 객체는 반환 값으로 View 이름인 'sample'을 반환한다(❹). 'sample'을 받은 스프링 MVC의 내부 프로그램은 대응하는 템플릿 파일에 연결된 View 객체를 준비하고, 그 View 객체에 처리를 부탁한다(❺). View 객체는 Model에서 데이터를 가져와(❻) HTML을 생성하고, 브라우저에 응답을 보낸다(❼).

스프링 MVC의 내부 프로그램의 내부 동작을 간단히 표현하면 [그림 11-7]과 같다.

그림 11-7 스프링 MVC의 내부 동작

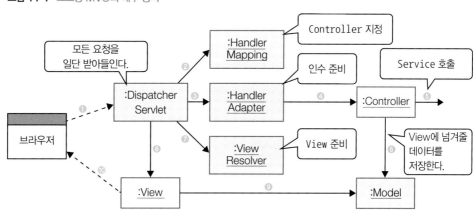

스프링 MVC의 내부에서 핵심이 되는 것은 DispatcherServlet 클래스이며, Dispatcher Servlet 클래스는 자바 표준 서블릿[66]의 메커니즘으로 작동한다. 브라우저의 요청은 일단 DispatcherServlet 객체가 모두 받아들인다(❶).

DispatcherServlet 객체는 요청에 대응하는 Controller 객체를 지정하고자 Handler Mapping으로 불리는 역할의 객체에 지정을 의뢰한다(❷). HandlerMapping 객체가 지정한 Controller 객체의 정보를 DispatcherServlet 객체가 받아 HandlerAdapter 객체에

---

66 [3부 부록]의 〈A.20 서블릿과 서블릿 필터〉 참고

Controller 객체의 호출을 의뢰한다(❸). HandlerAdapter 객체는 Controller 객체에 전달할 인수(Model 등)를 준비해서 Controller 객체의 메서드를 호출한다(❹). Controller 객체는 Service 객체의 업무 로직을 호출한 후(❺), View 객체에 전달할 데이터를 Model 객체에 저장한다(❻). 이후 Controller 객체가 View 이름을 반환하면 이를 Dispatcher Servlet 객체가 받아 View 객체를 준비하는 ViewResolver 객체를 호출한다(❼).

ViewResolver 객체는 View 이름에 대응하는 템플릿 파일에 연결된 View 객체를 준비해 DispatcherServlet 객체에 반환한다. DispatcherServlet 객체는 ViewResolver 객체가 준비한 View 객체에 처리를 요청하고(❽), View 객체는 Model 객체 안의 데이터를 이용하여 (❾) HTML을 생성한다. 생성된 HTML은 응답으로 브라우저에 전송된다(❿).

참고로 [그림 11-7]에 'Handler'라는 단어가 몇 번 나왔는데, 스프링 MVC에서는 Controller 를 가리켜 Handler라고 한다.

11.6 Service 객체 인젝션

전체적인 윤곽을 파악했으니 세부 기능을 설명할 차례지만, 그 전에 Service 객체 인젝션에 대해 짚고 넘어가도록 하자.

Controller 객체는 Service 객체의 메서드를 호출해야 하기 때문에 Service 객체가 필요하다. Controller 객체와 Service 객체는 모두 DI 컨테이너에서 관리되므로 Controller 객체는 Service 객체를 인젝션할 수 있다. 작성 방법은 Service 객체에 Repository 객체를 인젝션하는 것과 동일하다. [예제 11-8]을 통해 알아보자.

예제 11-8 Service 객체 인젝션

```
@Controller
public class TrainingController {
```

```
    private final TrainingService trainingService; ①

    public TrainingController(TrainingService trainingService) { ②
        this.trainingService = trainingService;
    }
    ...
}
```

①에서는 Service 객체(여기서는 TrainingService)를 저장할 필드를 정의한다. 그리고 ②
에서 생성자의 인수로 인젝션된 Service 객체를 ①에서 정의한 필드에 대입한다. 인젝션은
이로써 완료됐다. 이제 Controller 객체의 메서드 내에서 저장된 필드의 Service 객체의 메
서드를 호출할 수 있다.

그럼 이제 스프링 MVC의 세부 기능을 살펴보자.

11.7 핸들러 메서드와 @XxxMapping

핸들러 메서드[67]는 요청과 연결된 Controller 클래스의 메서드를 가리킨다. 핸들러 메서드
를 만들기 위해서는 먼저 Controller 클래스 안에 적절한 메서드를 만든 후 '@XxxMapping'
형태의 애너테이션을 붙이면 된다. [예제 11-9]에서 핸들러 메서드를 만드는 예를 살펴보자.

예제 11-9   핸들러 메서드

```
@Controller
public class CatalogController {
    @RequestMapping(path = "/foo/abc", method=RequestMethod.GET)
```

---

67 컨트롤러 메서드라고 불리기도 한다.

```
    public String abc() { ❶

        ...
    }

    @GetMapping("/foo/xyz")
    public String xyz() { ❷

        ...
    }

    @PostMapping("/foo/xyz")
    public String postXyz() { ❸

        ...
    }
}
```

예로 든 세 개의 메서드는 모두 핸들러 메서드다. ❶의 핸들러 메서드에는 @RequestMapping
이 붙어있다. @RequestMapping 애너테이션은 속성으로 요청을 받을 경로와 HTTP 메서드
를 지정하면 둘을 연결해준다. ❶은 "/foo/abc"라는 경로에서 GET 방식으로 요청을 받는다
는 의미다.

@RequestMapping은 연결할 HTTP 메서드를 속성으로 지정해야 한다. 이를 생략할 수 있는
것이 ❷와 ❸에서 사용한 @GetMapping과 @PostMapping이다. 애너테이션 자체가 HTTP 메
서드의 종류를 나타내므로 따로 지정할 필요가 없다.

@GetMapping과 @PostMapping은 스프링 프레임워크 4.3 버전부터 등장했는데, @Request
Mapping보다 간결하게 작성할 수 있어 가독성이 높다. ❷에서는 "/foo/xyz" 경로에서
HTTP 메서드가 GET 요청과 연결된다. ❸에서는 경로 "/foo/xyz"가 ❷와 동일하지만
@PostMapping이 사용되어 HTTP 메서드가 POST 요청과 연결된다.

또한 @RequestMapping은 [예제 11-10]처럼 클래스에 붙일 수 있다.

```
@Controller
@RequestMapping("/foo")
public class CatalogController {
    @GetMapping("/abc")
    public String abc() {
        ...
    }

    @GetMapping("/xyz")
    public String xyz() {
        ...
    }

    @PostMapping("/xyz")
    public String postXyz() {
        ...
    }
}
```

클래스에 @RequestMapping을 붙인 경우 클래스 내 모든 핸들러 메서드에 공통되는 경로의 시작 부분을 지정할 수 있다. [예제 11-10]의 경우 핸들러 메서드가 3가지로 선언되어 있다. 각각 경로가 /abc, /xyz, /xyz로 되어 있지만 클래스에 붙인 @RequestMapping에 /foo가 지정되어 있으므로 실제로 연결하는 경로는 /foo/abc, /foo/xyz, /foo/xyz가 된다.

11.8 요청 파라미터 가져오기

핸들러 메서드에서는 요청 파라미터[68]의 값을 인수로 받을 수 있다. 예를 들어 [예제 11-11]

---

68 [3부 부록]의 〈A.16 요청 파라미터〉 참고

과 같은 요청 파라미터가 전송되었다고 가정해보자. GET인지 POST인지는 상관없다.

요청 파라미터의 예

```
pageNo=1&maxCount=10
```

[예제 11-11]의 요청 파라미터 값을 받는 핸들러 메서드를 [예제 11-12]에 나타냈다.

요청 파라미터를 받는 핸들러 메서드

```
@XxxMapping("/display-list")
public String displayList(
    @RequestParam("pageNo") int pNo, @RequestParam("maxCount") int max) {
    ...
}
```

@XxxMapping의 'Xxx' 부분은 Get이든 Post이든 상관없다. 인수가 두 개 선언되어 있고, 각각 @RequestParam이 붙어있다. @RequestParam은 이름에서 알 수 있듯이 요청 파라미터의 값을 가져오기 위한 애너테이션이다. ( ) 괄호 안에 파라미터명을 지정하면 인수의 변수에 파라미터의 값이 전달된다. [예제 11-11]의 요청 파라미터가 전송된 경우 인수 pNo에는 1, 인수 max에는 10이 전달된다. 또한 인수의 타입을 String으로 설정해 문자열로 받을 수도 있지만 [예제 11-12]처럼 int로 설정하면 문자열이 아닌 숫자 값으로 받는다.

또한 인수명과 파라미터명을 일치시키면 @RequestParam의 ( ) 괄호를 생략할 수 있다. [예제 11-13]에서는 파라미터명을 생략했다.

파라미터명 지정을 생략한다.

```
@XxxMapping("/display-list")
public String displayList(
    @RequestParam int pageNo, @RequestParam int maxCount) {
    ...
}
```

동작은 [예제 11-12]와 동일하지만 코드가 간결해지므로 더 낫다. 요청 파라미터가 전송되지 않았을 때의 기본값을 지정할 수도 있다. 기본값을 지정하려면 [예제 11-14]와 같이 작성한다.

예제 11-14 요청 파라미터의 기본값

```
@XxxMapping("/display-list")
public String displayList(
    @RequestParam(defaultValue = "1") int pageNo,
    @RequestParam(defaultValue = "10") int maxCount) {
    ...
}
```

@RequestParam의 defaultValue 속성에서 임의의 기본값을 지정한다. 또한 @RequestParam과는 다른 방법으로 요청 파라미터를 가져올 수도 있다. 먼저 임의의 클래스를 생성하고 프로퍼티명[69]을 요청 파라미터명에 맞춘다(예제 11-15).

예제 11-15 요청 파라미터 값을 저장하는 클래스

```
public class PageInput {
    private Integer pageNo;
    private Integer maxCount;
    ... Getter · Setter 메서드
}
```

작성한 클래스의 타입을 핸들러 메서드의 인수로 정의한다(예제 11-16).

---

69 getXxx(Getter 메서드)로 취득하거나 setXxx(Setter 메서드)로 갱신할 수 있는 데이터를 프로퍼티라고 부른다. xxx(첫 글자는 소문자)는 프로퍼티 이름이 된다.

```
@XxxMapping("/display-list")
public String displayList(PageInput pageInput) {

    ...

}
```

[예제 11-11]의 요청 파라미터가 전송되면 핸들러 메서드가 호출되기 전에 PageInput 클래스의 객체가 자동으로 생성되고, 파라미터의 값이 프로퍼티에 설정된다. 파라미터 값이 프로퍼티에 설정된 PageInput 객체가 displayList 메서드의 인수로 전달된다(그림 11-8).

그림 11-8 PageInput 객체의 내용

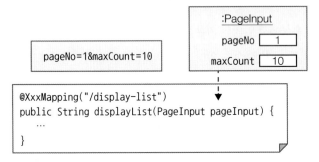

요청 파라미터가 수가 많은 경우 깔끔하게 코드를 작성할 수 있다.

11.9 View에 데이터 전달하기

View 객체에 데이터를 전달하기 위해서는 앞서 설명한 대로 Model 객체 안에 데이터를 저장해야 한다. [예제 11-17]에서 확인해보자.

```
@GetMapping("/display-details")
public String displayDetails(@RequestParam String trainingId, Model model) {
    Training training = trainingService.findById(trainingId);
    model.addAttribute("training", training);
    return "training/trainingDetails";
}
```

핸들러 메서드에 Model의 인자를 지정하면 스프링 MVC가 Model 객체를 인자로 전달해준다. [예제 11-17]에서는 인젝션된 Service 객체(여기서는 trainingService 변수에 저장된 것으로 가정)에 대해 ID 지정 검색 처리를 호출하고, 얻은 Entity 객체를 Model 객체 내에 저장한다. 저장할 때는 Model 객체가 가진 addAttribute 메서드를 사용한다. Model 객체 내에 데이터를 저장할 때는 임의의 이름(속성명)을 지정할 수 있다. [예제 11-17]에서는 'training'이라는 속성명으로, Training 객체를 Model 객체에 저장한다(그림 11-9).

그림 11-9 Model 안의 Training 객체

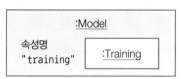

또한 Model 객체 안에 데이터를 저장할 때 [예제 11-18]과 같이 속성명 지정을 생략할 수도 있다.

예제 11-18　속성명 지정을 생략한다.

```
@GetMapping("/display-details")
public String displayDetails(@RequestParam String trainingId, Model model) {
    Training training = trainingService.findById(trainingId);
    model.addAttribute(training); ❶
    return "training/trainingDetails";
}
```

[예제 11-17]과 다른 부분은 ❶ 행이다. 속성명 지정을 생략했는데 이 경우 자동으로 속성명이 할당된다. 속성명은 저장한 객체의 클래스 이름의 시작 부분을 소문자로 바꾼 문자열이다. [예제 11-18]의 경우 Training 클래스의 객체를 Model 객체에 저장하므로 속성명은 training이 된다. [그림 11-9]와 같은 상태가 된다. 참고로 이 책에서는 속성명을 명시적으로 지정하도록 했다.

11.10 Thymeleaf로 데이터 참조하기

Thymeleaf 템플릿 파일에서 Model 객체의 데이터를 참조할 수 있다. Model 객체 안에 [그림 11-10]과 같이 데이터가 저장되어 있다고 가정해보자.

그림 11-10 Model 객체 안의 Training 객체

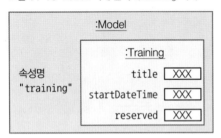

Training 객체가 title, startDateTime, reserved 프로퍼티를 가지고 있다. 이러한 프로퍼티를 HTML에 삽입한 템플릿 파일이 [예제 11-19]다.

예제 11-19 Model 객체의 데이터를 참조한다.

```
<table>
    <tr>
        <th>강의명</th>
        <td><span th:text="${training.title}"></span></td> ❶
    </tr>
```

```
    <tr>
      <th>시작일자</th>
      <td><span th:text="${#temporals.format(training.startDateTime, 'yyyy/MM/dd
HH:mm')}"></span> ❷
      </td>
    </tr>
    <tr>
      <th>신청인원</th>
      <td><span th:text="${training.reserved}"></span></td> ❸
    </tr>
```

Model 객체의 데이터를 참조할 때는 ${ } 안에서 Model 객체의 데이터 속성명을 지정한다. 이번에는 'training'이라는 이름으로 데이터가 저장되어 있으므로 ${training}이라고 작성하지만 프로퍼티 값을 참조하고 싶으므로 ❶ 행과 같이 .으로 연결하여 프로퍼티 이름을 지정한다. 이로써 참조한 프로퍼티 값이 <span> 태그 안에 삽입된다.

❷를 보면 #temporals.format이라고 적혀 있다. #은 Thymeleaf가 가진 범용 객체에 접근하기 위한 기호다. 그리고 temporals는 날짜 및 시간 데이터를 편리하게 다룰 수 있는 객체다. 여기서는 날짜 및 시간 형식을 지정하기 위한 메서드를 사용하는데, 이때 temporals 객체의 format 메서드를 호출하여 첫 번째 인수로 날짜 데이터, 두 번째 인수로 날짜 형식을 지정한다. 그러면 날짜와 시간이 지정한 형식으로 <span> 태그 안에 삽입된다.

❸에서는 Training 객체의 reserved 프로퍼티를 참조하고, 참조한 값을 <span> 태그 안에 삽입하고 있다.

참고로 [예제 11-19]처럼 하나의 객체(Training)의 프로퍼티(title, startDateTime 등)을 여러 곳에서 참조하는 경우 매번 객체 이름(training)을 지정해야 하므로 번거롭다. 이럴 때는 th:object 속성이 편리하다.

th:object 속성은 지정한 객체를 내부적으로 선택된 상태로 만들기 때문에 th:object 속성을 지정한 태그 내에서 프로퍼티를 참조할 때는 프로퍼티 이름만 쓰면 된다. [예제 11-20]에서 사용법을 살펴보자.

예제 11-20　th:object 속성을 사용한다.

```
<table th:object="${training}"> ❶
  <tr>
    <th>강의명</th>
    <td><span th:text="*{title}"></span></td> ❷
  </tr>
  <tr>
    <th>시작일자</th>
    <td><span th:text="*{#temporals.format(startDateTime, 'yyyy/MM/dd HH:mm')}">
</span> ❷
    </td>
  </tr>
  <tr>
    <th>신청인원</th>
    <td><span th:text="*{reserved}"></span></td> ❷
  </tr>
```

❶에서 th:object 속성을 사용하여 Model 객체의 데이터(Training)를 지정하고 있다. 이렇게 하면 내부적으로 Training 객체가 선택된 상태가 되므로 <table> 태그 안에서 객체의 프로퍼티를 참조할 때는 프로퍼티 이름만 작성하면 된다.

❷가 프로퍼티를 참조하는 부분이며, *{ } 안에 프로퍼티 이름을 적는다(${ }가 아니므로 주의해야 한다). *{ }는 th:object에 의해 선택된 상태가 된 객체를 참조하기 위한 구문이다. 매번 객체의 이름을 지정할 필요가 없으므로 깔끔하게 작성할 수 있다.

11.11 List 객체 참조하기

다음으로 List 객체를 View 객체로 전달하여 표시하는 방법을 알아보자. 먼저 Model 객체 안에 List 객체를 저장한다(예제 11-21).

예제 11-21 List 객체를 Model 객체에 저장한다.

```
@GetMapping("/display-list")
public String displayList(Model model) {
    List<Training> trainings = trainingService.findAll();
    model.addAttribute("trainingList", trainings);
    return "training/trainingList";
}
```

[예제 11-17]과 마찬가지로 addAttribute 메서드를 사용해 데이터를 저장한다. 여기서는 'trainingList'라는 이름으로 Training 객체가 여러 개 저장된 List 객체를 저장하고 있다. 저장 후 Model 객체의 내용은 [그림 11-11]과 같다.

그림 11-11 Model 객체 안의 List 객체

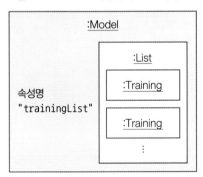

또한 [예제 11-22]처럼 속성명 지정을 생략할 수도 있다.

```
@GetMapping("/display-list")
public String displayList(Model model) {
    List<Training> trainings = trainingService.findAll();
    model.addAttribute(trainings); ①
    return "training/trainingList";
}
```

①에서 Model 객체에 데이터를 저장하고 있지만 속성명 지정을 생략했다. 이 경우도 자동으로 이름이 할당된다. List 객체의 경우 List 요소의 객체(여기서는 Training)의 클래스 이름을 소문자로 쓴 문자열에 'List'를 붙인 문자열이 되므로 'trainingList'라는 속성명이 자동으로 할당된다. Model 객체의 내용은 [그림 11-11]과 같다.

다음으로 List 객체를 템플릿 파일에서 참조하는 방법을 살펴보자. Model 객체에 [그림 11-12]와 같은 데이터가 저장되어 있다고 가정한다.

그림 11-12 Model 객체 안의 List 객체

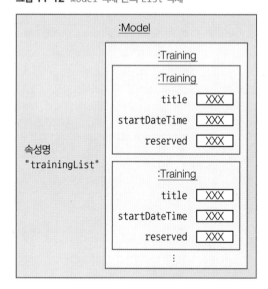

[예제 11-23]은 List 객체를 참조하는 템플릿 파일의 예다.

예제 11-23 List 객체를 참조한다.

```
<table border="1">
  <tr>
    <th>강의명</th>
    <th>시작일자</th>
    <th>신청인원</th>
  </tr>
  <tr th:each="training:${trainingList}"> ❶
    <td>
      <a th:href="@{/training/display-details(trainingId=${training.id})}"> ❷
        <span th:text="${training.title}"></span>
      </a>
    </td>
    <td><span th:text="${#temporals.format(training.startDateTime, 'yyyy/MM/dd
HH:mm')}"></span>
    </td>
    <td><span th:text="${training.reserved}"></span></td>
  </tr>
</table>
```

중요한 것은 ❶의 th:each 속성이다. Thymeleaf의 고유 속성인 th:each는 지정한 HTML 태그(여기서는 <tr> 태그)를 List의 요소 수만큼 반복해서 출력한다. th:each에 지정한 값 training:${trainingList}의 의미는 Model 객체에서 trainingList라는 속성명의 데이터를 가져와 List 객체의 요소 하나하나를 training 변수에 저장한다는 뜻이 된다(training 이라는 변수명은 임의로 붙일 수 있다). <tr> 태그 안에는 training 변수의 프로퍼티를 참조해서 값을 삽입하고 있다.

❷는 Thymeleaf에서 URL 경로를 삽입할 때 쓰는 방법으로, 지금까지 나오지 않았던 작성

방법이다. <a> 태그의 href 속성이나 <form> 태그의 action 속성 등에서 URL 경로를 지정할 때 사용된다.

URL 경로를 삽입하는 경우 속성 값을 '@{경로}' 형식으로 작성한다. 요청 파라미터를 끝에 붙이고 싶으면 '@{경로(파라미터명=값)}' 형식으로 작성한다. 예를 들어 [예제 11-24]처럼 작성했다고 가정해보자.

> **예제 11-24**   요청 파라미터가 붙은 경로

```
<a th:href="@{/training/display-details(trainingId=${training.id})}">연결</a>
```

출력되는 HTML은 [예제 11-25]와 같다.

> **예제 11-25**   요청 파라미터가 붙은 경로(출력 결과)

```
<a href="/training/display-details?trainingId=p01">연결</a>
```

참고로 요청 파라미터를 여러 개 지정하려면 '@{경로(파라미터명=값, 파라미터명=값, ...)}' 형식으로 쉼표로 구분해서 지정할 수 있다. 또한 '@{경로}' 형식으로 경로를 지정하는 경우에는 자동으로 컨텍스트 패스[70]를 작성해준다. 예를 들어 웹 애플리케이션 실행 시 컨텍스트 패스로 /myapp이 지정된 경우 [예제 11-24]의 출력 결과로 [예제 11-26]이 나온다.

> **예제 11-26**   컨텍스트 경로가 자동으로 작성된다.

```
<a href="/myapp/training/display-details?trainingId=p01">연결</a>
```

그러므로 요청 파라미터를 지정할 필요가 없어도 URL 경로를 작성하는 경우에는 '@{경로}' 형식을 사용하는 편이 좋다.

---

70 [3부 부록]의 〈A.17 컨텍스트 패스〉 참고

11.12 입력 화면과 입력 검사

이제부터는 입력 화면과 입력 검사 처리를 설명한다. 만들어볼 화면은 [그림 11−13]과 같다.

처음에는 왼쪽 상단의 입력 화면을 표시한다. 이때 입력한 상태로 두고 싶은 기본값을 설정한다. 여기서는 '수강생 유형'의 기본값을 '직장인'으로 설정했다. 입력 화면이 표시되면 사용자가 각 입력 항목에 입력한 후 [신청 내용 확인] 버튼을 클릭한다. 버튼을 눌러 요청이 전송되면 사용자가 입력한 데이터가 서버로 전송되므로 전송된 데이터에 대해 입력 검사를 수행한다.

그림 11-13 입력 화면과 입력 검사

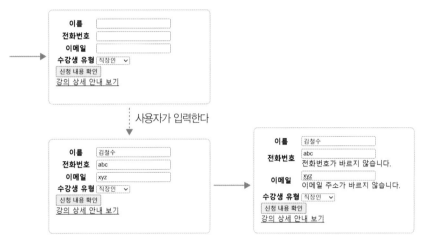

입력 검사에서 오류가 발생한 경우 [그림 11−13]의 오른쪽 하단 화면과 같이 원래 입력 화면을 표시한다. 이때 사용자가 입력한 정보는 그대로 두고, 입력 검사 오류가 발생한 항목 아래에 오류 문구를 표시한다.

이어서 구체적인 프로그램 작성 방법을 알아보자.

11.13 Bean Validation을 이용한 입력 검사

입력 검사 기술로는 자바 표준 기술인 Bean Validation을 이용하는 것이 편리하다. 스프링 MVC는 Bean Validation과 원활하게 연동할 수 있다. 참고로 Bean Validation의 'Bean'과 스프링의 'Bean'은 별개이므로 혼동하지 말자.

Bean Validation의 가장 큰 특징은 입력 검사 규칙을 애너테이션으로 지정할 수 있다는 점이다. 입력 항목에 해당하는 프로퍼티를 클래스에 준비하고 필드 위에 입력 검사 애너테이션을 붙인다. [예제 11-27]을 살펴보자.

예제 11-27 Input 클래스

```
public class ReservationInput {
    private String trainingId;
    @NotBlank
    private String name;
    @NotBlank
    @Pattern(regexp = "0\\d{1,4}-\\d{1,4}-\\d{4}")
    private String phone;
    @NotBlank
    @Email
    private String emailAddress;
    @NotBlank
    private String studentTypeCode;
    ... Getter · Setter 메서드
}
```

사용자가 입력하는 항목에 대응하는 필드를 정의하고, Getter·Setter 메서드를 생성한다. 입력 항목의 정보를 보유하는 역할을 하는 클래스를 이 책에서는 Input 클래스라고 하고, 그 객체를 Input 객체라고 한다. (trainingId를 제외한) 각 필드에 붙어있는 애너테이션은 Bean Validation이 제공하는 애너테이션이다. [예제 11-27]에서는 입력된 값이 비어 있는지 검사하는 @NotBlank, 정규표현식[71]으로 문자열 형식을 검사하는 @Pattern, 메일 주소 형식을 검사하는 @Email이 사용되고 있다. 덧붙여 phone 필드에 붙인 @Pattern에서 지정한 정규표현식은 전화번호의 형식을 나타낸다(정규표현식 작성 방법은 설명하지 않는다). Bean Validation에서 제공하는 주요 애너테이션을 [표 11-1]에 정리했다.

표 11-1 Bean Validation의 주요 애너테이션

애너테이션	용도
@NotNull	값이 null이 아닌지 확인한다.
@NotBlank	문자열이 null, 빈 문자(""), 공백 문자(" ")가 아닌지 확인한다.
@NotEmpty	문자열이 null, 빈 문자("")가 아닌지 확인한다. 공백 문자(" ")는 허용한다. List나 Map이 null이거나 크기가 0이 아닌지 확인한다.
@Max	지정한 값 이하의 수치인지 확인한다. 예를 들어 @Max(10)은 10 이하인지 확인한다.
@Min	지정한 값 이상의 수치인지 확인한다. 예를 들어 @Min(10)은 10 이상인지 확인한다.
@Size	문자열 길이나 List, Map의 요소 수가 최소 및 최대 범위인지 확인한다. 예를 들어 @Size(min=5, max=10)은 5 이상이고 10 이하인지 확인한다.
@Email	이메일 주소 형식인지 확인한다.
@Pattern	지정한 정규표현에 맞는지 확인한다.
@AssertTrue	Boolean 타입인 필드 혹은 메서드의 반환 값이 True인지 확인한다. 여러 필드에 걸친 입력 검사 시에 편리하다. 예를 들어 날짜형 필드인 endDate가 startDate보다 이후인지 확인할 경우 [예제 11-28]처럼 작성할 수 있다.

예제 11-28 필드의 endDate가 startDate보다 이후인지 확인한다.

```
@AssertTrue
public Boolean isEndDateAfterStartDate() {
    return this.endDate.isAfter(this.startDate);
}
```

---

71 문자열의 패턴 매칭을 수행하는 업계 표준 형식

11.14 입력 화면 표시 방법

입력 화면을 표시하는 핸들러 메서드를 만들어보자. 입력 화면을 표시할 때는 [그림 11-14]와 같이 핸들러 메서드 안에서 Input 객체를 준비해 Model 객체에 저장하고, Model 객체 안의 Input 객체를 템플릿 파일에서 참조하면서 입력 화면을 표시한다.

그림 11-14 입력 화면 표시

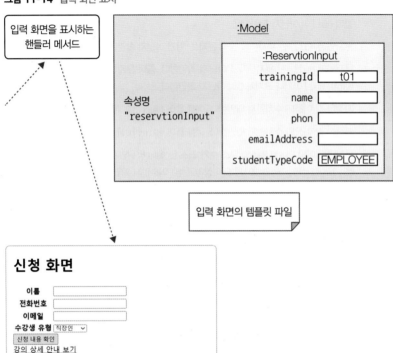

입력 화면을 표시했을 때 기본적으로 입력되어 있어야 할 항목이 있다면 해당 Input 객체의 속성에 값을 설정해놓는다. [그림 11-14]에서는 studentTypeCode 속성에 직장인을 나타내는 EMPLOYEE를 설정했다.

입력 화면을 표시하는 핸들러 메서드를 [예제 11-29]에서 살펴보자.

```
@GetMapping("/reservation/display-form")
public String displayForm(@RequestParam String trainingId, Model model) {
    ReservationInput reservationInput = new ReservationInput(); ❶
    reservationInput.setTrainingId(trainingId); ❶
    reservationInput.setStudentTypeCode("EMPLOYEE"); ❶
    model.addAttribute("reservationInput", reservationInput); ❷
    List<StudentType> studentTypes = reservationService.findAllStudentType(); ❸
    model.addAttribute("studentTypeList", studentTypes); ❸
    return "reservation/reservationForm"; ❹
}
```

❶에서는 [예제 11-27]에서 작성한 ReservationInput 클래스의 객체를 생성한 다음 training Id, studentTypeCode 프로퍼티에 값을 설정한다. trainingId는 사용자가 입력하는 항목이 아닌 화면 안에 숨겨진 요소라 가정한다.

❷에서는 준비한 Input 객체를 Model 객체에 저장한다. Model 객체 내부는 [그림 11-15] 와 같다.

그림 11-15 입력 화면을 표시할 때의 Model 객체의 내부

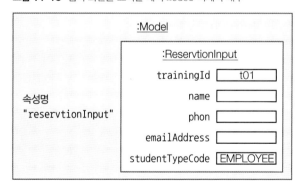

❸에서는 수강생 유형의 풀다운 메뉴 선택지 데이터를 Service 객체에서 가져와 Model 객체에 저장한다. 나중에 설명하겠지만 템플릿 파일 안에서 풀다운 메뉴를 생성할 때 참조한다.

❹에서는 입력 화면의 View 이름을 반환한다. `templates/reservation/reservation Form.html` 템플릿 파일을 사용하여 입력 화면의 HTML이 생성된다.

11.15 입력 화면 템플릿 파일

입력 화면을 표시하는 템플릿 파일 작성 방법을 알아보자(예제 11-30).

예제 11-30 입력 화면을 표시하는 템플릿 파일

```
<form th:action="@{/reservation/validate-input}" method="post"
th:object="${reservationInput}"> ❶
  <table>
    <tr>
      <th>이름</th>
      <td><input type="text" th:field="*{name}"/> ❷
        <div th:errors="*{name}"></div> ❸
      </td>
    </tr>
    <tr>
      <th>전화번호</th>
      <td><input type="text" th:field="*{phone}"/> ❹
        <div th:errors="*{phone}"></div>
      </td>
    </tr>
    <tr>
      <th>이메일</th>
      <td><input type="text" th:field="*{emailAddress}"/> ❺
        <div th:errors="*{emailAddress}"></div>
      </td>
    </tr>
    ...
```

❶의 th:action 속성은 〈form〉 태그의 action 속성을 출력하는 속성이다. @{ } 안에 입력 데이터를 전송할 경로를 작성한다. th:object는 앞서 설명한 것처럼 지정한 객체를 내부적으로 선택 상태로 만드는 속성이다. th:object를 지정한 태그(여기서는 〈form〉) 내에서 지정한 객체의 프로퍼티를 '*{프로퍼티명}' 형식으로 지정한 객체의 속성을 참조할 수 있게 해준다. ${객체명.프로퍼티명}을 작성하는 방법과 같지만 더 간결하게 작성할 수 있다. ❶에서는 Input 객체를 지정했으므로 〈form〉 태그 내부에서 Input 객체의 프로퍼티를 '*{프로퍼티명}' 형식으로 참조할 수 있다.

❷에서는 입력 항목의 〈input〉 태그에 th:field 속성을 지정했는데, 이렇게 하면 〈input〉 태그의 id, name, value 속성을 자동으로 출력해준다. ❷처럼 속성 값에 *{name}을 지정한 경우 id와 name 속성 값에 "name"이 설정되고, value 속성에는 Input 객체의 name 프로퍼티 값이 설정된다. 출력되는 HTML은 [예제 11-31]과 같다.

> **예제 11-31**　입력 항목의 출력 내용
>
> ```
> <th>이름</th>
> <td><input type="text" id="name" name="name" value="">
> ```

입력 화면을 처음 표시할 때 Input 객체의 name 프로퍼티는 null이므로 출력되는 value 속성 값은 비어 있다.

또한 name 속성의 값이 "name"이므로 입력된 데이터가 전송될 때는 요청 파라미터명 "name"으로 전송된다.

[예제 11-30]의 ❸에서는 th:errors 속성을 지정하고 name 프로퍼티를 지정했는데, th:errors 속성을 지정한 태그(여기서는 〈div〉)는 지정한 프로퍼티에서 입력 검사 오류가 있을 때만 표시된다. 입력 검사 오류가 발생하면 태그(여기서는 〈div〉) 안에 오류 문구가 삽입된다. 입력 화면을 처음 표시했을 때는 아직 입력 검사를 하지 않았기 때문에 ❸은 표시되지 않는다.

④, ⑤에서도 마찬가지로 전화번호와 이메일 주소 입력 항목을 각각 phone 프로퍼티와 emailAddress 프로퍼티에 대응시키고 있다.

템플릿 파일의 나머지 내용은 [예제11-32]와 같다.

예제 11-32　입력 화면을 표시하는 템플릿 파일(계속)

```
    ...
    <tr>
      <th>수강생 유형</th>
      <td>
        <select th:field="*{studentTypeCode}"> ①
          <option ②
            th:each="type : ${studentTypeList}" ②
            th:value="${type.typeCode}" ②
            th:text="${type.typeName}" ②
          />
        </select>
      </td>
    </tr>
  </table>
  <input type="hidden" th:field="*{trainingId}"/>
  <input type="submit" value="신청 내용 확인"/>
</form>
```

①의 <select> 태그는 풀다운 메뉴를 표시하는 HTML 태그다. th:field 속성에 student TypeCode 프로퍼티를 지정하고 있다. th:field 속성을 지정함으로써 <select> 태그의 name 속성 값에 studentTypeCode가 삽입된다.

②의 <option> 태그는 풀다운 메뉴의 선택지를 표시하는 태그다. <option> 태그에 th:each 속성을 지정하고 Model 객체 안의 studentTypeList를 참조한다. studentTypeList는 [예제 11-29]에서 Model 객체에 저장한 List 객체다. [그림 11-16]과 같은 데이터로 되어 있다고 가정한다.

그림 11-16 studentTypeList의 데이터

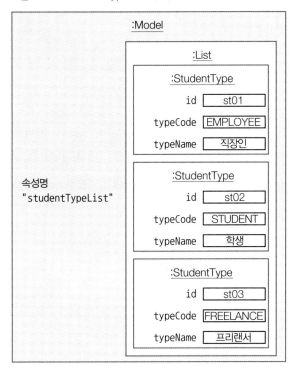

th:each에서 지정한 〈option〉 태그가 List 객체의 요소 수(여기서는 3개)만큼 반복적으로 표시된다. 반복되는 동안 각 요소를 type 변수에 저장하고, th:value 속성과 th:text 속성의 값으로 typeCode 속성과 typeName 속성(모두 StudentType 객체의 속성)을 참조한다. th:value 속성은 선택지 값(요청 파라미터로 전송되는 값)을 설정하고, th:text 속성은 화면에 표시할 문구를 설정한다. 실제로 출력되는 HTML은 [예제 11−33]과 같다.

예제 11-33 풀다운 메뉴의 출력 내용

```
<th>수강생 유형</th>
<td>
<select id="studentTypeCode" name="studentTypeCode">
    <option value="EMPLOYEE" selected="selected">직장인</option> ❶
```

```
        <option value="STUDENT">학생</option>
        <option value="FREELANCE">프리랜서</option>
    </select>
    </td>
```

❶의 〈option〉 태그에는 선택 상태를 나타내는 selected 속성이 포함되어 있으므로 브라우
저에서 표시할 때 '직장인'이 선택된 상태가 된다. 〈select〉 태그의 th:field 속성에서 지정
한 studentTypeCode 프로퍼티 값과 〈option〉 태그의 th:value 속성에서 지정한 typeCode
프로퍼티 값이 일치할 때 selected 속성이 삽입된다.

11.16 입력 검사 방법

입력 화면이 어느 정도 완성되었으니 이제 입력 검사를 수행하는 방법을 살펴보자. 입력 검
사는 핸들러 메서드로 실시한다. 그림으로 나타내면 [그림 11-17]과 같다.

사용자가 입력 항목을 입력하고 [신청 내용 확인] 버튼을 클릭하면 입력 검사를 수행하는 핸
들러 메서드가 요청을 받아들인다. 핸들러 메서드는 입력 검사를 하고, 오류가 있으면 원래
입력 화면을 표시한다. 사용자가 입력한 값을 보관하는 Input 객체를 Model 객체에 저장하
기 때문에 입력 화면을 표시할 때 사용자가 입력한 값을 그대로 화면에 넣을 수 있다.

또한 입력 검사 오류가 발생하면 자동으로 Model 객체에 오류 정보를 가진 객체가 저장된다.
[그림 11-17]에서는 전화번호(phone 프로퍼티)와 이메일 주소(emailAddress 프로퍼티)
에서 입력 검사 오류가 발생했다고 가정한다. 이 오류 정보는 템플릿 파일 내 th:errors 속
성에서 지정한 프로퍼티명을 통해 참조된다.

그림 11-17 입력 검사 처리

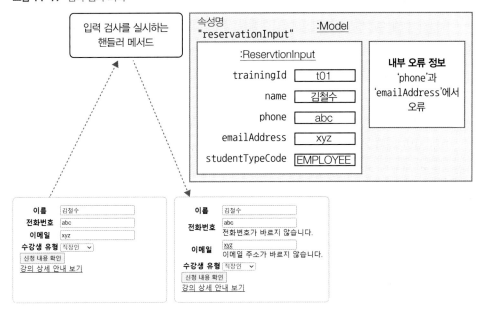

이제 입력 검사를 하는 핸들러 메서드를 살펴보자(예제 11-34).

예제 11-34 입력 검사를 하는 핸들러 메서드

```
@PostMapping("/reservation/validate-input")
public String validateInput(
        @Validated ReservationInput reservationInput, ❶
        BindingResult bindingResult, ❷
        Model model) {
    if (bindingResult.hasErrors()) { ❸
        List<StudentType> studentTypeList = reservationService.
            findAllStudentType();
        model.addAttribute("studentTypeList", studentTypeList);
        return "reservation/reservationForm";
    }
    ...
    return "reservation/reservationConfirmation";
}
```

❶에서는 메서드의 인수로 Input 클래스의 인수를 정의한다. 이 정의에 따라 핸들러 메서드가 호출되기 전에 스프링 MVC가 Input 객체를 생성하고, 요청 파라미터명과 Input 객체의 프로퍼티명을 연결하여 요청 파라미터의 값을 프로퍼티에 저장한다. 또한 @Validated를 붙이면 핸들러 메서드가 호출되기 전에 입력 검사가 실시된다.

입력 검사 결과는 ❷에서 정의한 BindingResult 타입 인수로 넘겨주는데, BindingResult 는 스프링 MVC에서 제공하는 타입이다. 참고로 BindingResult의 인수는 Input 클래스의 인수 오른쪽 옆에 지정해야 한다는 규칙이 있는데, Input 클래스 왼쪽에 정의하거나 Input 클래스와 BindingResult 사이에 다른 인수를 끼워 넣으면 제대로 동작하지 않으니 주의해야 한다.

BindingResult 객체는 입력 검사에 오류가 있을 경우 hasErrors 메서드의 반환 값이 true 가 된다. ❸에서는 hasErrors 메서드를 호출하여 입력 검사 오류가 있었는지 확인한다. 입력 검사 오류가 있으면 입력 화면의 View 이름을 반환하고 원래 입력 화면을 표시한다.

원래 입력 화면을 표시할 때는 사용자가 입력한 데이터가 저장된 Input 객체(인수로 받은 Input 객체)를 Model 객체에 저장해야 한다. Model 객체의 addAttribute 메서드를 명시적으로 호출하여 저장해도 되지만 핸들러 메서드의 인수로 Input 객체(엄밀하게는 Input 클래스와 같은 개발자가 만든 클래스의 객체)를 받은 경우 자동으로 Model 객체에 저장되므로 명시적으로 Model 객체에 저장할 필요가 없다. 참고로 자동으로 Model 객체에 저장될 때 속성 명은 기본적으로 클래스명의 첫 글자를 소문자로 바꾼 문자열이 된다. [예제 11-34]의 경우 ReservationInput 클래스의 인수이므로 속성명이 reservationInput이 된다.

11.17 오류 문구 설정

입력 오류 시 화면에 표시되는 문구는 기본으로 제공되지만 임의의 문구로 지정할 수 있다. 오류 문구는 프로퍼티 파일 형식으로 작성한다. 스프링 부트를 사용하는 경우 불러올 프로퍼티 파일의 이름과 위치를 정해준다. 클래스 패스 바로 아래에 messages.properties라는 파일을 배치하면 자동으로 불러온다. [그림 11-18]과 같이 src/main/resources 바로 아래에 배치하면 된다.

그림 11-18 messages.properties 파일의 위치

```
∨ 📁 src/main/resources
   › 📂 templates
        📄 messages.properties
```

[예제 11-35]는 messages.properties 파일의 내용이다.

예제 11-35 messages.properties 파일의 내용

```
NotBlank.reservationInput.name=이름은 필수입니다.
NotBlank.reservationInput.phone=전화번호는 필수입니다.
Pattern.reservationInput.phone=전화번호가 바르지 않습니다.
NotBlank.reservationInput.emailAddress=이메일 주소는 필수입니다.
Email.reservationInput.emailAddress=이메일 주소가 바르지 않습니다.
NotBlank=항목은 필수입니다.
```

키 부분의 형식은 다음 4가지 패턴을 사용할 수 있다.

1. 애너테이션명 . Input객체의 속성명 . 필드명

예를 들어 NotBlank.reservationInput.name이라는 키는 Model 객체의 속성명이 reservationInput인 객체의 name 프로퍼티에서 @NotBlank 입력 검사 오류가 발생했을 때 사용할 경우의 문구를 지정하는 키가 된다.

2. 애너테이션명 . 필드명

예를 들어 NotBlank.name이라는 키는 Model 객체 내의 속성명과 상관없이 name 프로퍼티에서 @NotBlank 입력 검사 오류가 발생했을 때 사용할 문구를 지정하는 키가 된다.

3. 애너테이션명 . 필드 타입

예를 들어 NotBlank.java.lang.String이라는 키는 Model 객체 내의 속성명이나 프로퍼티명에 상관없이 String 타입 프로퍼티에서 @NotBlank 입력 검사 오류가 발생했을 때 사용할 문구를 지정하는 키가 된다.

4. 애너테이션명

예를 들어 NotBlank라는 키는 Model 객체 내의 속성명, 프로퍼티명, 프로퍼티 타입에 관계없이 @Not Blank 입력 검사 오류가 발생했을 때 사용할 문구를 지정하는 키가 된다.

이 4가지 패턴은 우선순위가 높은 순서로 나열한 것이다. 예를 들어 [예제 11-35]의 경우 Model 객체 중 속성명이 reservationInput인 객체의 name 프로퍼티에서 @NotBlank 오류가 발생하면 '이름은 필수입니다.'가 표시되지만 속성명이 reservationInput이 아닌 객체의 임의의 프로퍼티에서 @NotBlank 오류가 발생하면 '항목은 필수입니다.'가 표시된다.

11.18 요청 파라미터를 사용한 핸들러 메서드 호출

<form> 태그에서 요청을 보낼 때 action 속성에 보낼 경로를 하나 지정하게 되는데, 그 하나의 경로로 처리할 작업이 여러 개인 경우가 있다. 예를 들어 [그림 11-19]의 신청 확인 화면에서 '신청 내용 확정', '신청 내용 변경' 이렇게 두 가지 작업이 필요한 경우다.

그림 11-19 신청 확인 화면

HTML은 [예제 11-36]과 같다고 가정한다.

```
<form th:action="@{/reservation/reserve}" method="post">

    ...

    <input type="submit" value="신청 내용 확정"/>
    <input type="submit" value="신청 내용 변경"/>
</form>
```

[예제 11-36]처럼 작성하면 어떤 버튼을 눌러도 동일한 경로(/reservation/reserve)로 동일한 HTTP 메서드(POST) 요청이 전송되므로 핸들러 메서드를 나눌 수 없다.

이 문제를 해결하는 방법으로 버튼별로 요청 파라미터를 할당하는 방법이 있다. [예제 11-37]과 같이 버튼의 〈input〉 태그에 name 속성을 추가하는 방법이다.

예제 11-37 요청 파라미터 할당

```
<form th:action="@{/reservation/reserve}" method="post">

    ...

    <input name="reserve" type="submit" value="신청 내용 확정"/>
    <input name="correct" type="submit" value="신청 내용 변경"/>
</form>
```

'신청 내용 확정'에는 reserve, '신청 내용 변경'에는 correct 파라미터명을 할당한다. 그러면 HTML 사양에 의해 [신청 내용 확정]을 클릭하면 'reserve=신청 내용 확정' 요청 파라미터가 전송되고, [신청 내용 변경]을 클릭하면 'correct=신청 내용 변경' 요청 파라미터가 전송된다. 이 사양을 이용해서 핸들러 메서드를 나눌 수 있다. [예제 11-38]은 핸들러 메서드를 사용하는 예다.

```java
@PostMapping(value = "/reserve", params = "correct") ①
public String correctInput(@Validated ReservationInput reservationInput, Model
model) {
    List<StudentType> studentTypeList = reservationService.
        findAllStudentType();
    model.addAttribute("studentTypeList", studentTypeList);
    return "reservation/reservationForm";
}

@PostMapping(value = "/reserve", params = "reserve") ②
public String reserve(@Validated ReservationInput reservationInput, Model model) {
    Reservation reservation = reservationService.reserve(reservationInput);
    model.addAttribute("reservation", reservation);
    return "reservation/reservationCompletion";
}
```

①과 ②의 @PostMapping에 params 속성이 지정되어 있다. params 속성은 요청과 핸들러 메
서드를 연결하는 조건으로 요청 파라미터를 사용하는 속성이다. ①의 경우 POST 요청으로 경
로가 /reserve이고 요청 파라미터 correct(값은 임의)가 전송된 경우에만 correctInput
메서드가 호출된다. ②의 경우는 요청 파라미터로 reserve가 전송되었을 때만 reserve 메
서드가 호출된다.

11.19 예외 핸들링

핸들러 메서드 내에서 예외가 던져지면 스프링 부트에서 제공하는 기본 오류 화면이 표시된
다. 예를 들어 [예제 11-39]의 ①에서 reservationService의 reserve 메서드를 호출해 수

강 신청을 진행하는데, reservationService의 reserve 메서드는 신청 수가 정원을 초과할 경우 CapacityOverException이라는 예외를 던지도록 만들어져 있다고 가정한다.

예제 11-39 신청 인원이 정원을 초과한 경우에는 예외를 던진다고 가정한다.

```
...
@PostMapping(value = "/reserve", params = "reserve")
public String reserve(@Validated ReservationInput reservationInput,
Model model) {
    // 신청 인원이 정원을 초과한 경우 CapacityOverException을 던진다.
    Reservation reservation = reservationService.reserve(reservationInput); ❶
    model.addAttribute("reservation", reservation);
    return "reservation/reservationCompletion";
}
...
```

CapacityOverException 객체가 던져진 경우 [예제 11–39]의 핸들러 메서드에서는 따로 예외를 잡아주지 않았기 때문에 호출자(스프링 MVC 내부 프로그램)로 예외가 전파된다. 이 경우 [그림 11–20]과 같은 기본 오류 화면이 표시된다.

그림 11-20 기본 오류 화면

Whitelabel Error Page

This application has no explicit mapping for /error, so you are seeing this as a fallback.

Wed Jan 31 02:32:54 KST 2024
There was an unexpected error (type=Internal Server Error, status=500).

기본 오류 화면은 사용자에게 표시하기에 부적절하다. 예외를 처리해서 적절한 오류 화면을 표시할 필요가 있다.

예외를 처리하는 방법은 여러 가지다. 여기서는 예외를 던질 가능성이 있는 Controller 클래스 안에서 @ExceptionHandler를 사용하는 방법을 설명한다. [예제 11–40]을 보자.

```
...
@PostMapping(value = "/reservation/reserve", params = "order")
public String reserve(@Validated ReservationInput reservationInput, Model model)
{
    ...
}
...
@ExceptionHandler(CapacityOverException.class) ❶
public String displayCapacityOverPage() {
    return "reservation/capacityOver";
}
...
```

Controller 클래스 안에 ❶처럼 @ExceptionHandler를 붙인 메서드(여기서는 display CapacityOverPage, 이름은 임의)를 만든다. @ExceptionHandler의 ( ) 괄호 안에 처리하고 싶은 예외 클래스(여기서는 CapacityOverException)를 지정하면 Controller 클래스의 핸들러 메서드가 CapacityOverException을 던질 때 displayCapacityOverPage 메서드를 호출한다.

displayCapacityOverPage 메서드의 반환 값은 View 이름이다. 정원 초과를 나타내는 화면 템플릿 파일을 준비하고(예제 11-41), 준비한 템플릿 파일(reservation 폴더 아래에 capacityOver.html이라는 파일명으로 작성했다고 가정한다)에 해당하는 View 이름을 반환하면 [그림 11-21]과 같은 오류 화면을 표시할 수 있다.

예제 11-41 정원 초과 화면 템플릿 파일

```
<!DOCTYPE HTML>
<html xmlns:th="http://www.thymeleaf.org">
    <head>
        <title>정원 초과</title>
```

```
        <meta http-equiv="Content-Type" content="text/html; charset=UTF-8" />
    </head>
    <body>
        <h1>정원 초과</h1>
        <h2>정원이 초과되었습니다.</h2>
        <a th:href="@{/training/display-list}">강의 목록으로 돌아가기</a>
    </body>
</html>
```

그림 11-21 정원 초과 화면

정원 초과

정원이 초과되었습니다.

강의 목록으로 돌아가기

실습

0902-shopping-mvc에 이 장의 실습 과제가 준비되어 있으니 꼭 도전해보자.

RESTful 웹 서비스 만들기

11장에서는 서버 측에서 HTML을 생성하는 웹 애플리케이션 작성 방법을 설명했다. 이 장에서는 서버 측에서 HTML을 생성하지 않는, 이른바 **웹 서비스** 작성 방법을 알아본다. 웹 서비스의 의미와 웹 서비스를 만들 때의 가이드라인이 되는 REST에 관해 소개하고, 스프링 MVC를 사용해 REST 가이드라인에 따라 웹 서비스를 만드는 방법을 설명한다.

12.1 웹 서비스란?

이 책에서 웹 서비스는 클라이언트에 대한 응답으로 HTML이 아닌 데이터 자체를 반환하는 애플리케이션을 말한다. 여기서 말하는 '데이터 자체'란 상품 데이터나 주문 데이터 등을 가리킨다. HTML에 삽입하지 않고 데이터를 그대로 반환하는 것이다. [그림 12-1]에 나타낸 웹 서비스의 구조를 살펴보자.

그림 12-1 웹 서비스의 구조

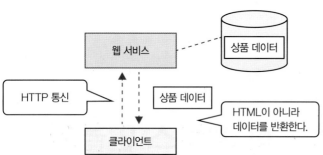

웹 서비스와 클라이언트는 HTTP로 통신한다. 웹 서비스는 HTML이 아닌 데이터를 반환하므로 반환된 데이터를 어떻게 사용할지는 클라이언트에 달려 있다. 클라이언트에 따라 반환된 데이터를 화면에 표시할 수도 있고, 어떤 처리에 대한 입력으로 사용할 수도 있다. 또한 클라이언트 프로그램은 브라우저에서 실행되는 자바스크립트 프로그램이거나 다른 서버에서 실행되는 자바 프로그램 또는 다른 언어로 작성된 프로그램일 수도 있다.

웹 서비스를 공개하는 기업도 있다. 예를 들어 페이스북이나 트위터 같은 SNS 서비스에서는 웹 서비스를 이용해 메시지를 게시하거나 게시된 데이터를 가져올 수 있다. 이처럼 공개된 웹 서비스는 개발자가 만든 애플리케이션에서 호출할 수 있다.

12.2 최근의 개발 프로젝트와 웹 서비스

요즘 개발 프로젝트는 웹 서비스 개발인 경우가 많다. 주된 이유로는 SPA와 마이크로서비스를 들 수 있다.

12.2.1 SPA와 웹 서비스

SPA는 'Single Page Application'의 머리글자를 딴 용어다. 〈2장 웹 애플리케이션 개요〉에서도 설명한 것처럼 브라우저에서 첫 페이지를 불러오면 그 다음은 페이지에 함께 삽입된 자바스크립트 애플리케이션이 화면을 갱신한다. 이때 필요한 데이터를 웹 서비스로부터 가져와서 화면을 갱신해간다(그림 12-2).

그림 12-2 SPA의 구조

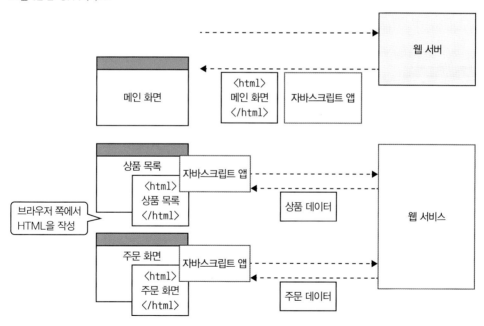

SPA는 화면 전체를 새로 고침하지 않고 표시 내용을 바꾸기 때문에 화면 조작이 원활해진다. 이러한 사용성 향상 때문에 SPA를 채택하는 개발 프로젝트가 많아지고 있다.

12.2.2 마이크로서비스와 웹 서비스

마이크로서비스는 하나의 큰 애플리케이션을 만드는 것이 아니라 여러 개의 작은 애플리케이션으로 분할해 개발하는 개념이다. 이렇게 하면 각각의 애플리케이션을 독립적으로 보수할 수 있고, 개별 애플리케이션에 적합한 기술(프로그래밍 언어, 프레임워크, 데이터베이스 등)을 사용할 수 있다는 장점이 있다.

소규모 애플리케이션은 웹 서비스로 개발하는 경우가 많으며 [그림 12-3]과 같이 웹 서비스가 다른 웹 서비스를 호출하면서 연동된다.

그림 12-3 마이크로서비스의 구조

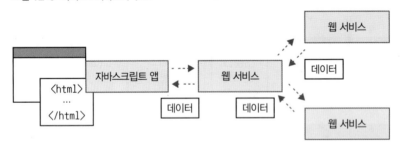

비즈니스 수요와 기술 변화에 발빠르게 대응하기 위해 마이크로서비스를 채택하는 개발 프로젝트가 많아지고 있다.

12.3 REST란?

REST란 'REpresentational State Transfer'의 줄임말로, 웹 서비스를 만들 때 적용하는 가

이드라인이다. 웹 서비스가 공개하는 URL은 어떤 것이 좋은가, 송수신하는 데이터 형식은 어떤 것이 좋은가와 같은 내용을 담고 있다. 이 가이드라인을 따르면 이해하기 쉽고 효율적인 웹 서비스를 개발할 수 있다.

REST 가이드라인은 표준화된 것은 아니며 공통적인 인식으로서 REST 규칙이 존재하는 상태다.[72] 그러므로 REST 가이드라인을 엄격하게 따를 필요는 없다. 규칙을 어디까지 따를지는 각 개발 프로젝트에서 판단하면 된다.

REST를 적용한 웹 서비스를 'RESTful 웹 서비스'라고 부르기도 한다. 웹 서비스가 제공하는 HTTP 통신의 창구를 웹 API라고 하는데(그림 12-4), RESTful 웹 서비스의 경우에는 REST API라고도 한다. URL, HTTP 메서드, 요청 파라미터, 응답 내용 등과 같은 API 사양을 명시하므로 클라이언트 측은 사양을 참조하면서 프로그램을 작성할 수 있다.

그림 12-4 웹 API

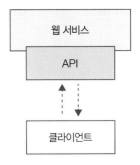

12.4 REST의 규칙

REST 가이드라인의 대표적인 규칙을 다음 순서로 살펴보자.

---

72 원래는 로이 필딩(Roy Fielding)이 2000년에 제창한 분산 시스템 설계 개념으로, 이를 웹 서비스에 적용한 것이 현재의 REST다.

- URL로 리소스 식별하기

- HTTP 메서드로 리소스 조작하기

- 응답 바디 respose body 의 데이터 형식

- 요청 바디 request body 의 데이터 형식

- 상태 코드 활용하기

- 헤더 활용하기

- 서버 측을 무상태로 만들기

12.4.1 URL로 리소스 식별하기

처리할 리소스를 URL로 식별한다. 여기서 말하는 리소스는 웹 서비스가 관리하는 업무와 관련된 데이터다. [그림 12-5]는 URL로 식별하는 웹 서비스 리소스의 예를 나타낸다.

그림 12-5 URL로 리소스를 식별한다.

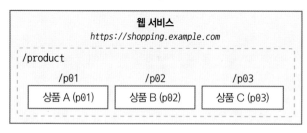

여기서는 상품 데이터를 관리하는 웹 서비스를 가정한다(데이터베이스 등으로 관리한다). ID가 p01, p02, p03인 상품 데이터가 있으며 상품 전체를 식별하는 URL은 [예제 12-1]과 같다.

예제 12-1 상품 전체를 나타내는 URL

```
https://shopping.example.com/products
```

도메인명 뒤에 붙은 /products 경로가 상품 데이터 전체를 나타낸다. 경로 안에 들어가는 단어(여기서는 products)는 복수형인 경우가 많다.

p01 상품 데이터를 식별하는 URL은 [예제 12-2]와 같다.

예제 12-2 상품 p01을 나타내는 URL

```
https://shopping.example.com/products/p01
```

/products 뒤에 붙은 /p01이 ID를 나타낸다. 또한 [예제 12-3]과 같이 리소스를 계층적으로 나타낼 수도 있다.

예제 12-3 매장 s01의 상품 p01을 나타내는 URL

```
https://shopping.example.com/shops/s01/products/p01
```

/shops가 매장을 나타내고 /products가 매장에서 취급하는 상품을 나타낸다. s01이라는 ID를 가진 매장에서 취급하는 p01 상품을 식별하는 URL이 되었다.

12.4.2 HTTP 메서드로 리소스 조작하기

URL로 리소스를 식별한 것만으로는 리소스에 대해 무엇을 하고 싶은지(데이터를 가져오고 싶은가, 데이터를 갱신하고 싶은가)를 알 수가 없다. REST에서는 리소스에 대한 조작을 HTTP 메서드로 표현한다. REST에서 자주 사용되는 HTTP 메서드를 [표 12-1]에 정리했다.

표 12-1 자주 사용되는 주요 HTTP 메서드

HTTP 메서드	용도	HTTP 메서드	용도
GET	리소스를 가져온다.	PUT	리소스를 갱신한다.
POST	리소스를 새로 등록한다.	DELETE	리소스를 삭제한다.

예를 들어 URL이 *https://shopping.example.com/products/p01*이고 HTTP 메서드가
PUT인 경우는 p01 상품을 갱신하는 요청을 나타낸다.

12.4.3 응답 바디의 데이터 형식

서버에서 가져오는 데이터는 응답 바디에 작성된다. 응답 바디의 데이터 형식은 클라이
언트 측에서 선택할 수 있도록 한다. 클라이언트는 HTTP의 요청 헤더 중 하나인 Accept
헤더를 사용해 가져올 데이터의 형식을 지정한다. [그림 12-6]과 같이 Accept 헤더에
application/json[73]이 지정된 경우 웹 서비스는 응답 바디의 데이터를 JSON 형식[74]으로
작성한다. 참고로 HTTP 요청 및 응답의 데이터 구조는 [3부 부록]의 〈A.15 HTTP 요청과
HTTP 응답의 데이터 구조〉에서 설명하고 있으니 필요에 따라 참고하기 바란다.

그림 12-6 Accept 헤더와 응답

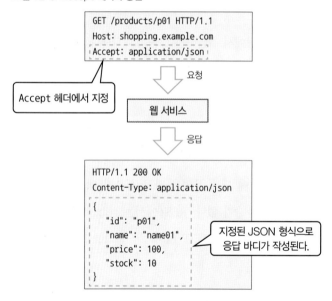

----

73 MIME라 불리는 규격으로 데이터 형식을 나타내는 문자열이 규정되어 있다.

74 [3부 부록]의 〈A.19 JSON〉 참고

만약 요청의 Accept 헤더 값이 application/xml인 경우에는 [그림 12-7]처럼 웹 서비스가
XML 형식으로 응답을 반환한다.

그림 12-7 XML 형식의 응답

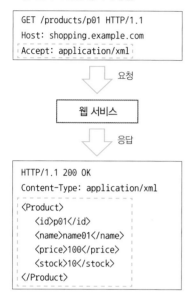

12.4.4 요청 바디의 데이터 형식

요청 데이터 형식도 클라이언트 측에서 결정할 수 있다. 요청 데이터를 요청 바디에 작성하
고, 작성한 데이터의 형식을 Content-Type 헤더에 기재하면 웹 서비스 측은 Content-Type
헤더의 값을 확인해 지정된 형식으로 데이터를 읽어온다. [그림 12-8]은 요청 데이터의 형식
이다.

그림 12-8 요청 데이터의 형식

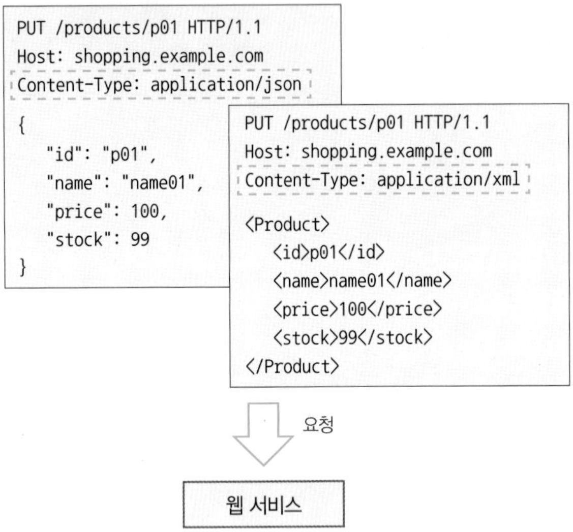

```
PUT /products/p01 HTTP/1.1
Host: shopping.example.com
Content-Type: application/json

{
    "id": "p01",
    "name": "name01",
    "price": 100,
    "stock": 99
}
```

```
PUT /products/p01 HTTP/1.1
Host: shopping.example.com
Content-Type: application/xml

<Product>
    <id>p01</id>
    <name>name01</name>
    <price>100</price>
    <stock>99</stock>
</Product>
```

요청

웹 서비스

12.4.5 상태 코드 활용하기

HTTP 사양에는 요청에 대한 처리 결과를 나타내는 상태 코드status code가 규정되어 있다. REST에서는 상태 코드를 적극적으로 활용한다. 상태 코드는 3자리 숫자로 이루어져 있으며, 70여 가지가 있다. 상태 코드의 첫째 자리는 숫자 1~5로 시작되며 이를 통해 처리 결과의 대략적인 내용을 알 수 있다. [표 12-2]에 상태코드별 의미를 나타냈다.

표 12-2 상태 코드의 첫째 자리와 의미

첫째 자리	의미
1XX	처리 중이다.
2XX	정상적으로 처리가 종료되었다.
3XX	다른 처리의 호출이 필요하다.
4XX	클라이언트 측이 원인인 오류(요청에 문제가 있는 등)
5XX	서버 측이 원인인 오류(데이터베이스 접근에 오류가 발생하는 등)

상태 코드 종류는 70가지 이상이지만 모든 상태 코드를 사용할 필요는 없다. 어떤 상태 코드를 사용할 것인지는 프로젝트별로 결정한다. RESTful 웹 서비스를 만들 때 일반적으로 사용되는 상태 코드 목록은 [표 12-3]과 같다.

표 12-3 주요 상태 코드

상태 코드(이유를 나타내는 문구)	의미
200(OK)	요청이 정상적으로 처리되었다.
201(Created)	리소스가 정상적으로 추가되었다.
204(No Content)	정상 처리되어 응답 바디의 데이터가 비어 있다. 갱신이나 삭제 시 사용된다.
400(Bad Request)	요청에 문제가 있어 처리할 수 없었다.
401(Unauthorized)	인증이 필요하다.
403(Forbidden)	권한 부족 등으로 접근이 금지되었다.
404(Not Found)	리소스를 찾을 수 없다.
405(Method Not Allowed)	요청된 HTTP 메서드를 웹 서비스가 지원하지 않는다.
409(Conflict)	다른 처리와 충돌(다른 클라이언트가 동시에 갱신하는 등)해서 처리할 수 없었다.
500(Internal Server Error)	서버 측 처리에서 뭔가 오류가 발생했다.
503(Service Unavailable)	점검 등으로 서버를 이용할 수 없다.

12.4.6 헤더 활용하기

HTTP 요청과 응답에서는 헤더를 이용해 부가 정보를 지정할 수 있는데 REST에서는 헤더 활용을 권장하고 있다. 헤더의 종류는 HTTP 사양으로 정해져 있는데, 위키피디아[75]를 보면 그 종류가 100가지 이상이라는 것을 알 수 있다. 모든 헤더를 다 사용할 필요는 없다. RESTful 웹 서비스에서 사용되는 대표적인 요청 헤더 목록은 [표 12-4]에, 응답 헤더 목록은 [표 12-5]에 정리했다.

---

75 https://en.wikipedia.org/wiki/List_of_HTTP_header_fields

표 12-4 주요 요청 헤더

요청 헤더	용도
Accept	응답으로 받고 싶은 데이터 형식을 지정한다.
Authorization	인증하기 위한 정보(ID나 비밀번호 등)를 지정한다.
Content-Type	요청 바디의 데이터 형식을 지정한다.

표 12-5 주요 응답 헤더

응답 헤더	용도
Content-Type	응답 바디의 데이터 형식을 지정한다.
Location	새로 등록한 리소스의 URL을 지정한다.

12.4.7 서버 측을 무상태로 만들기

REST에서는 서버 측을 무상태stateless로 만들 것을 권장한다. 여기서 상태state란 장바구니와 같이 여러 요청에 걸쳐 관리되는 클라이언트 고유의 데이터를 가리키며, 세션 데이터라고도 한다. HTML을 서버 측에서 생성하는 기존 웹 애플리케이션에서는 서버의 메모리상에 상태를 보관하는 것이 일반적이다. 그림으로 나타내면 [그림 12-9]와 같다.

그림 12-9 서버 측에서 상태를 보관한다.

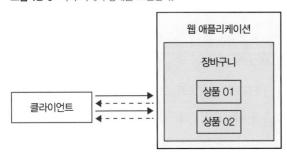

서버 측에서 상태를 보관하는 경우 [그림 12-10]과 같이 스케일아웃^{scale-out76}이 어려워진다.

그림 12-10 스케일아웃의 문제

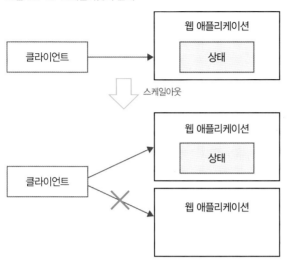

서버가 한 대라면 클라이언트가 접속하는 서버가 동일하므로 항상 상태가 존재해서 문제가 없다. 하지만 서버를 증설한 경우 새로 증설한 서버에는 상태가 존재하지 않기 때문에 클라이언트가 새로 증설한 서버로 접속되면 제대로 처리할 수가 없다. 따라서 서버끼리 상태를 복사하거나 상태가 존재하는 서버로 요청을 할당하는 기능을 도입해야 하기 때문에 스케일아웃 시 장벽이 된다.

REST에서는 서버 측을 무상태로 만들 것을 권장한다. 다시 말해, 서버 측을 무상태로 만들고 클라이언트 측에서 상태를 보관하는 것이다(그림 12-11).

76 컴퓨터 대수를 늘려 처리 성능을 높이는 것

그림 12-11 클라이언트 쪽에서 상태를 보관한다.

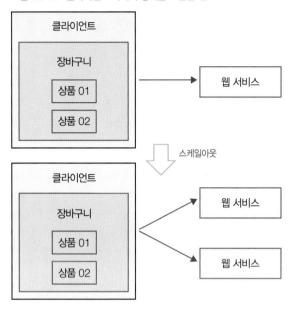

클라이언트 측에서 상태를 보관하면 서버를 쉽게 추가할 수 있다. 클라이언트가 어떤 서버에 접속해도 상관없기 때문이다. 서버 측을 무상태로 만들면 스케일아웃이 쉬운 웹 서비스를 만들 수 있다.

12.5 스프링 MVC의 REST 지원

스프링 MVC는 RESTful 웹 서비스를 만들 때 편리할 기능을 제공한다. 주요 기능은 다음과 같다.

- HTTP 메서드별로 핸들러 메서드 전환
- 송수신하는 데이터를 적절한 형식으로 자동 변환
- 헤더 참조 및 지정
- 상태 코드 지정

12.6 HTTP 메서드와 @XxxMapping

REST에서는 리소스에 대한 조작을 HTTP 메서드로 표현한다. 핸들러 메서드를 생성할 때 어떤 HTTP 메서드에 대응시킬 것인지 지정함으로써 작업별로 핸들러 메서드를 구분할 수 있는데, @XxxMapping('Xxx' 부분은 HTTP 메서드의 종류에 따라 달라짐)으로 HTTP 메서드를 지정한다. [표 12-6]에 대표적인 @XxxMapping의 종류를 나타냈다.

표 12-6 대표적인 @XxxMapping

HTTP 메서드	애너테이션
GET	@GetMapping
POST	@PostMapping
PUT	@PutMapping
DELETE	@DeleteMapping

HTTP 메서드마다 애너테이션이 준비되어 있다. 예를 들어 PUT 메서드를 받는 핸들러 메서드는 [예제 12-4]처럼 작성한다.

예제 12-4 PUT 메서드에 대응하는 핸들러 메서드

```
@PutMapping("/products/...")
public void update(...) {
    ...
}
```

12.7 HttpMessageConverter로 요청/응답 데이터 변환하기

REST에서는 요청 바디와 응답 바디의 데이터 형식을 클라이언트가 결정할 수 있다. 하지만 클라이언트가 지정한 데이터 형식을 확인하고 해당 형식으로 데이터를 변환하는 처리를 직

접 작성하려면 프로그램이 복잡해진다.

스프링 MVC는 클라이언트가 지정한 데이터 형식에 따라 자동으로 데이터를 변환해준다. 예를 들어 [그림 12-12]와 같이 요청 바디의 데이터가 JSON 형식으로 전송된 경우 자동으로 Product 클래스의 객체로 변환해준다. 이때 JSON의 멤버명과 객체의 프로퍼티명을 연결하여 프로퍼티에 값을 저장한다.[77]

그림 12-12 JSON에서 객체로 변환

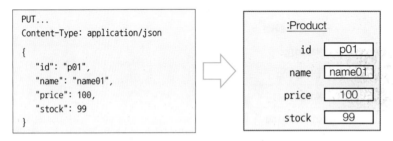

그림 12-13 요청 시 `HttpMessageConverter`

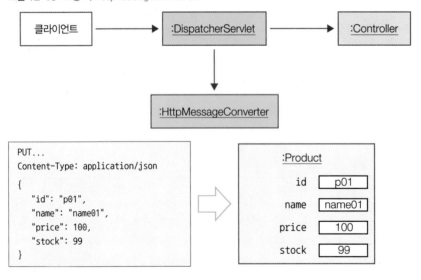

---

77 실제 변환은 스프링 MVC가 아닌 Jackson이라는 라이브러리가 수행한다.

변환을 하는 것은 HttpMessageConverter 객체다. 변환하는 데이터 형식(JSON 형식, XML 형식 등)에 따라 HttpMessageConverter 인터페이스를 구현한 구상 클래스가 여러 개 제공된다. [그림 12-13]처럼 내부에서는 DispatcherServlet 객체가 HttpMessageConverter 객체를 사용하여 JSON 형식의 데이터를 객체로 변환하고 있다. 그 후 변환된 객체가 Controller 객체의 핸들러 메서드에 전달된다.

응답 바디도 같은 방식으로 작동하는데, 스프링 MVC는 HttpMessageConverter 객체를 사용하여 자바 객체를 JSON 형식이나 XML 형식 등으로 자동으로 변환해준다. 예를 들어 [그림 12-14]처럼 Accept 헤더에서 JSON 형식을 지정하면 Product 객체를 JSON 형식으로 변환하여 응답 바디에 작성해준다.

그림 12-14 응답 시 HttpMessageConverter

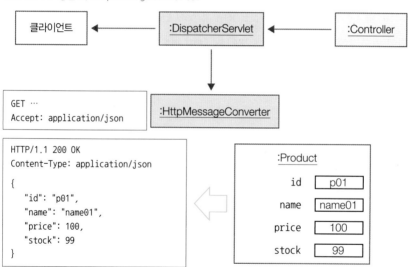

Controller 객체의 핸들러 메서드는 Product 객체를 반환 값으로 반환하기만하면 된다. DispatcherServlet 객체는 핸들러 메서드가 반환한 반환 값의 객체를 받아 HttpMessage Converter 객체에 전달하고 JSON이나 XML 등의 형식으로 변환한다. 변환된 데이터는 응답 바디에 작성되어 클라이언트에게 전송된다.

12.8 상태 코드 지정하기

상태 코드를 별도로 지정하지 않는 경우 핸들러 메서드는 200(OK)를 반환한다. 명시적으로 지정하려면 @ResponseStatus에서 지정할 수 있다(예제 12-5).

예제 12-5　상태 코드 지정

```
@PutMapping("/products/...")
@ResponseStatus(HttpStatus.NO_CONTENT)
public void update(...) {
    ...
}
```

@ResponseStatus의 ( ) 괄호 안에 지정하는 상태 코드 값은 HttpStatus라고 하는 enum 타입으로 정의되어 있다. [예제 12-5]에서는 204(No Content)를 나타내는 enum 값을 지정하고 있다.

12.9 요청 헤더 참조하기

@RequestHeader를 사용하여 핸들러 메서드 인수에서 요청 헤더 값을 얻을 수 있다. [예제 12-6]은 요청 헤더를 참조하는 예제다.

예제 12-6　요청 헤더 참조

```
@GetMapping("/foo")
public Foo getFoo(
    @RequestHeader(HttpHeaders.USER_AGENT) String userAgent) {
    ...
}
```

@RequestHeader의 ( ) 괄호 안에 지정하는 헤더명은 HttpHeaders라는 클래스 상수(문자열 타입)를 사용할 수 있다. [예제 12-6]에서는 User-Agent 헤더[78]를 지정하고 있다.

12.10 응답 헤더 지정하기

응답 헤더를 지정하는 경우 핸들러 메서드는 ResponseEntity 객체를 반환해야 한다. ResponseEntity는 HTTP의 응답을 나타내는 타입으로 [그림 12-15]처럼 상태 코드, 응답 헤더, 응답 바디를 포함할 수 있다.

그림 12-15 ResponseEntity의 내용

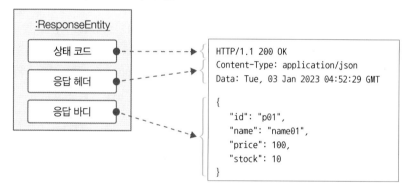

스프링 MVC는 핸들러 메서드의 반환 값으로 ResponseEntity 객체가 반환되면 Response Entity 객체의 내용에 따라 응답 데이터를 생성한다. ResponseEntity를 사용하는 소스 코드는 [예제 12-7]과 같다.

---

78 클라이언트 프로그램 종류(브라우저의 제품 등)가 저장되어 있는 헤더

```
@GetMapping("/foo")
public ResponseEntity<Foo> getFoo() {
    Foo foo = ...
    return ResponseEntity.ok() ❶
        .eTag(foo.getVersion()) ❷
        .header(HttpHeaders.DATE, ...) ❸
        .header("abc", "def") ❹
        .body(foo); ❺
}
```

핸들러 메서드의 반환 값 타입을 ResponseEntity로 설정한다. < > 괄호 안의 type 파라미터는 응답 바디에 작성할 객체의 타입을 지정한다. [예제 12-7]에서는 Foo 객체의 내용을 응답 바디에 작성한다고 가정하므로 ResponseEntity<Foo>라는 반환 값 타입으로 되어 있다.

ResponseEntity 객체를 생성하기 위해 상태 코드마다 제공되는 ResponseEntity 클래스의 static 메서드를 사용할 수 있다. ❶에서는 200(OK)에 해당하는 ok 메서드를 사용하고 있다. ❷에서는 응답 헤더의 ETag 헤더[79]를 지정하고 있으며, ETag처럼 별도의 메서드가 제공되지 않는다면 ❸처럼 header 메서드로 임의의 헤더를 지정할 수 있다. 첫 번째 인수에 헤더명을 지정하고, 두 번째 인수에 값을 지정한다. 헤더명은 HttpHeaders 클래스가 가지고 있는 상수(문자열 타입)를 사용할 수도 있고 ❹처럼 임의의 헤더명을 지정할 수도 있다. ❺에서는 응답 바디에 작성할 객체를 지정하고 있다. 지정한 객체는 HttpMessageConverter 객체에 의해 JSON이나 XML 등의 형식으로 자동 변환된다.

---

[79] 리소스 버전을 지정하는 헤더로, 클라이언트 측에서 데이터를 캐시할 때 등에 사용한다.

12.11 참조 계열 REST API 만들기

그럼 실제로 핸들러 메서드를 작성해보자. [예제 12-8]은 예상되는 요청의 내용이다.

예제 12-8 GET 요청

```
GET /api/trainings/t01
Host: localhost:8080
Accept: application/json
```

GET 요청이므로 데이터를 가져오는 것인데, 여기서는 ID가 t01인 교육 데이터를 가져오고자한다. 가져올 데이터의 형식은 Accept 헤더를 통해 JSON으로 지정하고 있다. 이 요청을 핸들러 메서드가 받아서 [예제 12-9]와 같은 응답을 반환한다.

예제 12-9 GET 응답

```
HTTP/1.1 200 OK
Content-Type: application/json
{
    "id": "t01",
    "title": "비즈니스 예절 교육",
    "startDateTime": "2021-08-01T09:30:00",
    "endDateTime": "2021-08-03T17:00:00",
    "reserved": 1,
    "capacity": 10
}
```

응답 바디에 강의 데이터가 JSON 형식으로 작성되어 있다. 참고로 GET 메서드로 데이터를 가져올 때의 상태 코드는 REST에서는 200(OK)를 사용한다. 날짜와 시간 형식은 스프링 부트의 기본 형식으로 되어 있지만 임의의 형식으로 변경할 수도 있다(설명은 생략한다). 핸들러 메서드의 소스 코드는 [예제 12-10]과 같다.

```java
@Controller
public class TrainingAdminRestController {

    ...

    @GetMapping("/api/trainings/{id}") ❶

    @ResponseBody ❸

    public Training getTraining(@PathVariable String id) { ❷
        return trainingAdminService.findById(id);
    }

    ...

}
```

핸들러 메서드인 getTraining에는 GET 메서드를 받기 위해 @GetMapping이 붙어있다(❶).
경로는 /api/trainings/{id}로 지정되어 있는데, {} 괄호 부분은 가변적임을 나타내는 표
현이다. 실제 요청에서는 {id} 부분에 ID 값이 들어가며 ID 값은 핸들러 메서드의 인수로 받
을 수 있다. ❷처럼 핸들러 메서드의 인수를 정의하고 @PathVariable을 붙인다. 이때 인수
이름을 {} 괄호 안에 작성한 문자열과 동일하게 한다. ❶에서 {id}를 지정했으므로 인수 이
름도 id로 지정한다. 이렇게 하면 실제 ID 값이 인수로 전달된다. 예를 들어 실제 요청에서
/api/trainings/t01을 지정한 경우 인수 id에는 t01이 저장된다.

또한 핸들러 메서드 위에 @ResponseBody가 붙어있다(❸). @ResponseBody는 반환한 객체
를 HttpMessageConverter를 사용해 JSON, XML 등의 형식으로 변환하라는 지시 사항을
나타내는 애너테이션이다. @ResponseBody를 붙이면 뒤에서 HttpMessageConverter 객체
가 작동하여 자동으로 JSON이나 XML 등의 형식으로 변환해준다.

참고로 REST API를 만들 때 핸들러 메서드에 @ResponseBody를 붙이는 경우가 많다. 매번
@ResponseBody를 붙이는 것은 번거롭기 때문에 스프링 MVC는 @RestController라는 애
너테이션을 제공한다.

@RestController는 @Controller와 @ResponseBody를 포함하는 애너테이션이다.

@RestController를 Controller 클래스에 붙이면 핸들러 메서드에 @ResponseBody를 붙이지 않아도 붙인 것처럼 처리된다. 소스 코드는 [예제 12-11]과 같다.

@RestController를 붙인다.

```
@RestController
public class TrainingAdminRestController {
    ...
    @GetMapping("/api/trainings")
    public List<Training> getTrainings() {
        return trainingAdminService.findAll();
    }

    @GetMapping("/api/trainings/{id}")
    public Training getTraining(@PathVariable String id) {
        return trainingAdminService.findById(id);
    }
    ...
}
```

GET 요청을 받는 핸들러 메서드가 두 개 있지만 모두 @ResponseBody가 붙어있지 않다. 그 대신에 클래스에 @RestController가 붙어있기 때문에 생략할 수 있는 것이다. RESTful 웹 서비스를 만들 경우 @RestController를 사용하는 것이 좋다.

실습

1002-shopping-rest에 이 장의 실습 과제가 준비되어 있으니 꼭 도전해보자.

갱신 계열 REST API 만들기

12장에서는 참조 계열 REST API 작성 방법을 설명했다. 이 장에서는 갱신 계열 REST API 작성 방법을 설명한다.

13.1 갱신 계열 HTTP 메서드

갱신 계열 REST API는 HTTP 메서드로 POST, PUT, DELETE[80]를 사용한다. 각 메서드의 용도를 [표 13-1]에 정리했다.

표 13-1 주요 HTTP 메서드

HTTP 메서드	용도
POST	리소스를 새로 등록한다.
PUT	리소스를 갱신한다.
DELETE	리소스를 삭제한다.

13.2 PUT의 요청과 응답

먼저 PUT 메서드를 받아들이는 핸들러 메서드를 살펴보자. PUT으로 리소스를 변경할 때의 요청 데이터를 [예제 13-1]에 나타냈다. 참고로 HTTP 요청과 응답의 데이터 구조에 대해서는 [3부 부록]의 〈A.15 HTTP 요청과 HTTP 응답의 데이터 구조〉에서 설명하므로 필요에 따라 참고하기 바란다.

예제 13-1 PUT 요청

```
PUT /api/trainings/t01 HTTP/1.1
Host: localhost:8080
Content-Type: application/json

{
    "title": "비즈니스 예절 교육(개정)",
    "startDateTime": "2021-08-01T09:30:00",
```

---

80 일부 갱신을 나타내는 PATCH 메서드도 있지만 이 책에서는 다루지 않는다.

```
    "endDateTime": "2021-08-03T17:00:00",
    "reserved": 1,
    "capacity": 10
  }
```

PUT의 경우 갱신하고 싶은 내용을 요청 바디에 작성한다. [예제 13-1]에서는 갱신하고자 하는 강의 데이터의 내용을 JSON 형식으로 작성했다. 또한 웹 서비스에 JSON 형식이라는 것을 알리기 위해 Content-Type 헤더 값에 application/json이라고 명시했다. 웹 서비스는 이 요청을 받아들여 강의 리소스를 갱신하고 응답을 반환한다. 응답 데이터는 [예제 13-2]와 같다.

예제 13-2 PUT 응답

```
HTTP/1.1 204 No Content
Content-Length: 0
```

상태 코드는 204(No Content)를 사용했다. No Content는 응답 바디가 비어 있음을 나타내는 상태 코드다. 응답 바디가 비어 있으므로 응답 바디의 바이트 수를 나타내는 Content-Length 헤더의 값이 0이다.

13.3 요청 바디 변환

요청 바디에 기재된 데이터를 핸들러 메서드에서 사용하지만 JSON 형식 그대로는 내용을 분석하기 어렵다.

스프링 MVC는 JSON, XML 등 데이터를 [그림 13-1]처럼 자동으로 자바 객체로 변환해준다.

그림 13-1 JSON에서 객체로 변환한다.

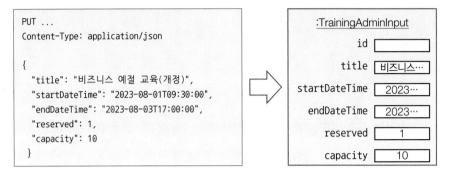

13.4 PUT에 대응하는 핸들러 메서드

PUT 메서드에 대응하는 핸들러 메서드를 살펴보자(예제 13-3).

PUT에 대응하는 핸들러 메서드

```java
@PutMapping("/api/trainings/{id}")
@ResponseStatus(HttpStatus.NO_CONTENT)
public void updateTraining(@PathVariable String id,
        @Validated @RequestBody TrainingAdminInput trainingAdminInput) {
    trainingAdminInput.setId(id);
    trainingAdminService.update(trainingAdminInput);
}
```

우선 PUT 메서드에 대응하고자 @PutMapping을 붙인다. 또한 상태 코드로 204(No Content)를 반환하고 싶으므로 @ResponseStatus에 지정한다. 그리고 반환 값 타입을 void로 지정하여 응답 바디를 비워둘 수 있게 한다.

갱신 대상 리소스 ID가 경로에 포함되어 있으므로 @PathVariable로 ID 부분을 첫 번째 인수로 정의하고 요청 바디의 데이터를 보관할 TrainingAdminInput 클래스를 두 번째 인수로 정의한다. TrainingAdminInput에 붙은 @RequestBody는 요청 바디의 데이터를 객체로 변환하기 위한 애너테이션이다(앞서 @ResponseBody 애너테이션이 언급됐는데, 이번에는 @RequestBody이므로 다른 애너테이션이다). 이 애너테이션을 붙이면 내부에서 Http MessageConverter 객체가 작동하여 요청 바디의 데이터를 TrainingAdminInput 객체로 변환하고 핸들러 메서드의 인수로 전달할 수 있다. 또한 @Validated를 붙여서 입력 검사를 할 수 있다. TrainingAdminInput 클래스의 필드에 Bean Validation(〈11장 스프링 MVC + Thymeleaf〉 참고) 애너테이션을 붙이면 애너테이션에 따라 입력 검사가 이루어진다. BindingResult 타입 인수를 정의하면 입력 검사 결과를 전달받을 수도 있지만 [예제 13-3]에서는 BindingResult 타입 인수를 정의하지 않았다. 이 경우 입력 검사에서 오류가 발생하면 내부적으로 예외가 던져지고 자동으로 400(Bad Request) 응답이 클라이언트에 반환된다. 참고로 TrainingAdminInput 클래스의 소스 코드는 [예제 13-4]와 같다.

예제 13-4 TrainingAdminInput 클래스

```java
public class TrainingAdminInput {
    private String id;
    @NotBlank
    private String title;
    @NotNull
    private LocalDateTime startDateTime;
    @NotNull
    private LocalDateTime endDateTime;
    @NotNull
    @Min(0)
    private Integer reserved;
    @NotNull
    @Min(1)
    private Integer capacity;
    ...Getter · Setter 메서드
}
```

요청 바디의 데이터를 담을 필드가 정의되어 있고, Getter·Setter 메서드가 함께 정의되어 있다. 필드에는 Bean Validation 애너테이션이 붙어있다.

13.5 POST의 요청과 응답

다음으로 POST 메서드에 대응하는 핸들러 메서드를 살펴보자. 우선은 예상하는 요청 데이터를 살펴보자(예제 13-5).

예제 13-5   POST 요청

```
POST /api/trainings HTTP/1.1
Host: localhost:8080
Content-Type: application/json

{
    "title": "SQL 입문",
    "startDateTime": "2021-12-01T09:30:00",
    "endDateTime": "2021-12-03T17:00:00",
    "reserved": 0,
    "capacity": 8
}
```

URL 경로 끝에 ID를 붙이지 않고 리소스 전체를 나타내는 /trainings로 설정한다. 요청 바디에는 등록할 강의 데이터가 적혀 있다. 데이터 형식이 JSON이므로 Content-Type 헤더에 application/json이 지정되어 있다. 응답 데이터는 [예제 13-6]과 같다.

예제 13-6   POST 응답

```
HTTP/1.1 201 Created
Location: http://localhost:8080/api/trainings/t99
```

상태 코드는 201(Created)를 사용한다. 또한 새로 등록한 리소스의 URL을 Location 헤더에 기재한다. 보통은 POST된 요청의 URL(여기서는 *http://localhost:8080/api/trainings*) 끝에 ID가 추가된 URL(여기서는 *http://localhost:8080/api/trainings/t99*)이 기재된다. 이로써 응답을 받은 클라이언트는 필요에 따라 새로 등록한 리소스에 대해 요청을 보낼 수 있게 된다.

13.6 POST에 대응하는 핸들러 메서드

POST에 대응하는 핸들러 메서드를 살펴보자(예제 13-7).

예제 13-7 POST에 대응하는 핸들러 메서드

```java
@PostMapping("/api/trainings")
public ResponseEntity<Void> registerTraining(
        @Validated @RequestBody TrainingAdminInput trainingAdminInput) {
    Training training = trainingAdminService.register(trainingAdminInput);

    URI location = ServletUriComponentsBuilder ❶
        .fromCurrentRequestUri() ❷
        .path("/{id}") ❸
        .buildAndExpand(training.getId()) ❹
        .toUri(); ❺

    return ResponseEntity.created(location).build(); ❻
}
```

POST 메서드에 대응하기 위해 @PostMapping을 붙인다. 메서드의 반환 값 타입은 Response Entity로 되어 있다. POST의 경우는 응답 헤더에 Location 헤더를 지정하기 때문에 Response Entity를 반환 값 타입으로 지정할 필요가 있다. ResponseEntity의 타입 파라미터(〈〉

부분)에는 응답 바디에 해당하는 객체의 타입을 지정한다. 응답 바디가 비어있는 경우는 ⟨Void⟩라고 작성한다. 인수로는 TrainingAdminInput을 정의하고 있다. @RequestBody 가 붙어있으므로 HttpMessageConverter 객체에 의해 요청 바디의 JSON 형식 데이터가 TrainingAdminInput 객체로 변환된다. @Validated도 같이 붙어있어 입력 확인도 이루어 진다.

핸들러 메서드 안에서 등록 처리를 한 후 반환 값인 ResponseEntity 객체에 Location 헤더 를 지정한다. Location 헤더에는 새로 등록한 리소스를 식별하는 URL을 설정해야 하므로 우선 URL 값을 준비한다.

❶은 스프링 MVC에서 제공하는 ServletUriComponentsBuilder 클래스로, Location 헤더 에 지정할 URL을 만들 때 사용하면 편리하다. 이 클래스로 핸들러 메서드가 호출되었을 때 URL을 동적으로 가져올 수 있다.

예를 들어 핸들러 메서드가 호출되었을 때 URL이 *https://foo.example.com/api/trainings* 라면 그 URL을 가져온다. *https://foo.example.com* 부분은 실행 환경(예를 들어 프로덕 션 환경이나 스테이징 환경 등)에 따라 달라지는 부분이라서 하드 코딩할 수 없다.

fromCurrentRequestUri 메서드를 호출하면(❷) 핸들러 메서드가 호출되었을 때의 URL 이 내부에 저장된다. 해당 URL 끝에 ID 정보를 추가하므로 ❸에서 path 메서드로 /{id}를 추가한다. { } 괄호는 가변적임을 나타내며, ❹의 buildAndExpand 메서드는 괄호 안에 값 을 삽입한다. 여기서는 등록한 Training 객체의 ID를 삽입하게 된다. ❺에서 toUri 메서 드는 완성된 URL을 자바 표준 타입 URI 객체로 가져온다. 참고로 메서드를 호출한 후 반 환 값 객체에 .을 연결하여 계속해서 메서드를 호출하는 작성법을 메서드 체인이라고 한다. ServletUriComponentsBuilder 클래스는 메서드 체인을 사용할 수 있도록 만들어져 있으 므로 URL을 생성하는 처리를 깔끔하게 작성할 수 있다.

반환되는 ResponseEntity 객체는 ResponseEntity 클래스의 static 메서드를 사용하여 준 비한다. 201(Created) 상태 코드를 지정하는 경우 ❻과 같이 created 메서드를 사용한다.

created 메서드의 인수로 URI 객체를 지정하며 지정한 URL 값이 자동으로 Location 헤더에 작성된다.

13.7 DELETE의 요청과 응답

마지막으로 DELETE 메서드에 대응하는 핸들러 메서드를 살펴보자. 요청 내용은 [예제 13-8] 과 같다.

예제 13-8 DELETE 요청

```
DELETE /api/trainings/t03 HTTP/1.1
Host: localhost:8080
```

삭제 대상 URL을 지정하고 있다. 다음으로 [예제 13-9]에서 응답 내용을 살펴보자.

예제 13-9 DELETE 응답

```
HTTP/1.1 204 No Content
Content-Length: 0
```

상태 코드는 PUT일 때와 같이 204(No Content)다. 응답 바디가 비어 있으므로 Content-Length 헤더의 값이 0이 된다.

13.8 DELETE에 대응하는 핸들러 메서드

DELETE에 대응하는 핸들러 메서드는 [예제 13-10]과 같다.

```
@DeleteMapping("/api/trainings/{id}")
@ResponseStatus(HttpStatus.NO_CONTENT)
public void deleteTraining(@PathVariable String id) {
    trainingAdminService.delete(id);
}
```

DELETE 메서드에 대응하기 위해 @DeleteMapping을 붙인다. 상태 코드로 204(No Content)가 반환되도록 @ResponseStatus를 붙인다. 응답 바디는 비어 있으므로 반환 값의 타입은 void다. 삭제할 리소스의 ID가 경로에 포함되어 있기 때문에 @PathVariable에서 ID 부분을 첫 번째 인수로 받는다.

13.9 예외 발생 시 상태 코드 지정하기

핸들러 메서드가 예외를 발생시키면 기본적으로 상태 코드 500(Internal Server Error)를 반환한다(핸들러 메서드에 붙인 @ResponseStatus는 예외 발생 시 무시된다). 이 절에서는 던져진 예외 클래스에 따라 상태 코드를 명시적으로 지정하는 방법을 설명한다. 예외를 던지는 핸들러 메서드는 [예제 13-11]과 같다.

예제 13-11　예외를 던지는 핸들러 메서드

```
@GetMapping("/api/trainings/{id}")
public Training getTraining(@PathVariable String id) {
    Training training = trainingAdminService.findById(id);
    if (training == null) {
        throw new DataNotFoundException("데이터를 찾을 수 없습니다 id=" + id);
    }
    return training;
}
```

지정된 ID로 Training 객체를 검색하고, 찾지 못하면 DataNotFoundException 객체를 던지고 있다. DataNotFoundException 객체가 던져졌을 때 상태 코드 404(Not Found)를 반환하고 싶다면 컨트롤러 안에 [예제 13-12]와 같은 메서드를 작성한다.

예외를 핸들링하는 메서드

```
@ExceptionHandler(DataNotFoundException.class)
@ResponseStatus(HttpStatus.NOT_FOUND)
public MyErrorData handleNotFound() {
    ...
    return myErrorData;
}
```

적당한 메서드를 만들어 @ExceptionHandler를 붙이고, ( ) 괄호 안에 처리하고 싶은 예외 클래스를 지정한다. 이와 함께 @ResponseStatus를 붙여서 반환하고 싶은 상태 코드를 지정한다. 메서드 안에는 로그를 출력하는 등 임의의 처리를 작성할 수 있다. 또한 반환된 객체는 HttpMessageConverter 객체에 의해 JSON 형식 등으로 변환되어 응답 바디에 작성된다. [예제 13-12]에 기재된 반환 값의 타입 MyErrorData는 개발자가 만든 클래스로, 필드에 오류 상세 정보를 담을 예정이다.

또한 상태 코드를 지정하는 다른 방법으로 스프링 MVC에서 제공하는 ResponseStatus Exception 클래스를 사용할 수도 있다. [예제 13-13]에서 사용법을 확인해보자.

예외를 던지는 핸들러 메서드

```
@GetMapping("/{id}")
public Product getProduct(@PathVariable String id) {
    Product product = productMaintenanceService.findById(id);
    if (product == null) {
        throw new ResponseStatusException(HttpStatus.NOT_FOUND); ①
    }
```

```
    return product;
  }
```

①에서 ResponseStatusException 객체를 생성해서 던지고 있다. ResponseStatus
Exception 클래스의 생성자 인수로 임의의 상태 코드를 지정할 수 있다. ResponseStatus
Exception 클래스를 사용하는 경우에는 @ExceptionHandler를 붙인 메서드를 만들 필요
가 없다.

실습

1802-shopping-rest-update에 이 장의 실습 과제가 준비되어 있으니 꼭 도전해보자.

스프링 시큐리티

스프링 시큐리티는 인증과 인가를 중심으로 하는 보안 기능이다. 이 장에서는 스프링 시큐리티의 개요를 살펴본 뒤 로그인 화면을 이용한 인증과 3종류의 인가(요청 접근, 메서드 호출, 화면 표시) 방법에 대해 구체적으로 설명한다.

14.1 인증과 인가

인증과 인가라는 말은 비슷해 보이지만 의미가 다르다. 각각의 의미에 대해 알아보자.

14.1.1 인증이란?

인증^{authentication}은 애플리케이션을 사용하는 상대를 식별하는 행위다. 여기서 말하는 상대는 사용자나 외부 시스템을 의미한다. 확인하는 수단으로는 비밀번호, 생체 인증 등 여러 가지가 있다. 또한 상대방을 가리켜 Principal(본인)이라고도 한다. 자주 나오는 단어이므로 기억해두면 좋다.

14.1.2 인가란?

인가^{authorization}(권한 부여)는 인증한 상대가 접근하는 리소스(여기서는 데이터나 작업을 가리킨다)에 대해 접근을 허용할지 여부를 제어하는 행위다. 상대가 가진 권한과 리소스에 설정된 조건을 비교해 접근 가능 여부를 판단한다. 권한을 Authority라고 부르며 Role(역할)이라는 단어를 사용하기도 한다.

14.2 스프링 시큐리티 인증의 개요

스프링 시큐리티[81]는 다양한 인증 수단을 지원한다. 로그인 화면에서 인증하는 Form 인증, HTTP 표준인 Basic 인증, 싱글 사인온$^{Single\ Sign-On}$이 가능한 OAuth 2.0 등 주요 인증 수단을 지원한다.

---

81 *https://spring.io/projects/spring-security*

또한 인증 시 필요한 ID나 비밀번호 같은 데이터를 서버 측에서 저장할 때도 다양한 위치를 지원한다. 데이터베이스, 메모리, LDAP 등 유연하게 대응하고 있다.

14.3 스프링 시큐리티 인가의 개요

스프링 시큐리티를 사용할 때는 대표적으로 3가지 인가가 있다.

- 요청 인가
- 메서드 인가[82]
- 화면 표시 인가[83]

3가지 인가를 [그림 14-1]에 그림으로 나타냈다.

그림 14-1 3가지 인가

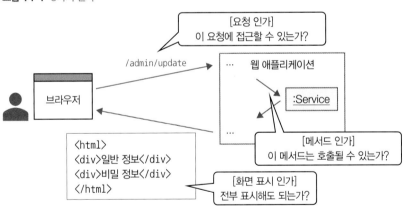

요청 인가는 브라우저의 요청에 대해 접근 가능 여부를 판단한다. 예를 들어 브라우저가 접근하려는 admin/update에 대해 로그인한 사용자에게 관리자 권한이 있으면 접근할 수 있게 하고, 없으면 접근하지 못하게 처리한다.

82, 83 공식 용어는 아니며 이 책에서 편의상 사용하는 용어다.

메서드 인가는 호출되는 메서드에 대해 호출 가능 여부를 판단한다. 예를 들어 어떤 업무 로직이 호출되는 시점에 로그인 중인 사용자에게 관리자 권한이 없으면 접근할 수 없게 하는 것이다.

화면 표시 인가는 로그인 중인 사용자 권한에 따라 화면의 특정 부분을 표시할지 여부를 판단한다. 관리자만 봐야 하는 정보는 관리자로 로그인했을 때만 표시하는 것과 같다.

참고로 스프링 시큐리티는 인가 처리와 인증 처리가 잘 분리되어 있기 때문에 가령 인증 체계을 바꾸더라도(예를 들어 Form 인증에서 Basic 인증으로 바꿔도) 인가 부분 설정에는 영향을 미치지 않는다.

14.4 스프링 시큐리티의 필터

스프링 시큐리티는 서블릿 필터^{Servlet Filter[84]} 기능을 이용해 다양한 처리를 끼워 넣는다. 앞서 설명한 것처럼 스프링 MVC 내부에서는 DispatcherServlet이라는 서블릿이 작동하고 있는데, 이 DispatcherServlet 객체에 처리가 도달하기 전에 서블릿 필터를 통해 처리를 끼워 넣는 것이다(그림 14-2).

그림 14-2 스프링 시큐리티 필터

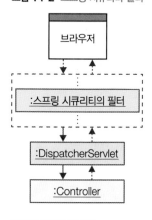

---

84 [3부 부록]의 〈A.20 서블릿과 서블릿 필터〉 참고

또한 스프링 시큐리티는 [그림 14-3]과 같이 역할별로 여러 개의 필터로 구성되어 있다. 여러 개의 필터가 연결되어 차례대로 처리한다. 이 필터의 연결을 시큐리티 필터 체인Security Filter Chain이라고 한다.

그림 14-3 시큐리티 필터 체인

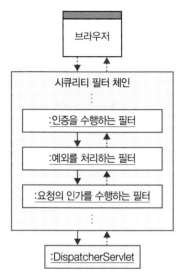

시큐리티 필터 체인의 필터는 보통 10개 이상이지만 대표적으로 다음과 같은 역할을 하는 필터가 있다.

- **인증을 수행하는 필터**
  ID, 비밀번호가 전송되면 서버 측에서 가지고 있는 인증 정보와 비교한다.

- **예외를 처리하는 필터**
  미인증이나 권한 오류를 나타내는 예외가 발생하면 로그인 화면이나 권한 오류 화면으로 전환한다.

- **요청의 인가를 수행하는 필터**
  요청에 대해 사용자의 권한이 충족되는지 검사한다. 권한이 충족되지 않으면 예외를 발생시킨다.

14.5 시큐리티 필터 체인 설정하기

스프링 시큐리티를 사용하려면 시큐리티 필터 체인을 설정해야 하는데 시큐리티 필터 체인
설정은 JavaConfig 클래스에서 할 수 있다. [예제 14-1]에서 설정 방법을 살펴보자.

예제 14-1 시큐리티 필터 체인 설정

```
@Configuration
@EnableWebSecurity
public class SecurityConfig {

}
```

임의의 이름으로 클래스를 만든 다음 JavaConfig 클래스로 만들기 위해 @Configuration을
붙인다. 아울러 @EnableWebSecurity도 붙여둔다.[85] 이렇게 하면 기본 시큐리티 필터 체인
이 준비되며 [그림 14-4]와 같은 로그인 화면도 제공된다.

그림 14-4 기본 로그인 화면

그러나 실제 개발 프로젝트에서는 애플리케이션의 요구 사항에 따라 독자적으로 설정해야
하는 경우가 있다. 이런 경우 @Bean 메서드를 정의해서 스프링 필터 체인의 객체로 만들고,

---

85 스프링 부트의 자동 설정 기능을 이용하면 자동으로 설정되므로 @EnableWebSecurity를 생략할 수 있지만 자동 설정을 사용하지 않
았을 경우에도 대처할 수 있도록 이 책에서는 생략하지 않고 기재했다.

SecurityFilterChain 객체를 Bean으로 정의할 필요가 있다. 구체적인 정의 방법을 살펴보기에 앞서 애플리케이션 고유 설정에는 어떤 것들이 있는지 살펴보자.

- **요청 인가**

  예를 들어 /admin으로 시작하는 경로는 ADMIN 권한이 있는 사용자만 접근할 수 있도록 설정한다.

- **로그인 화면**

  로그인 화면(개발자가 만든 화면)을 스프링 시큐리티에서 표시하게 위해 로그인 화면 경로 설정 등을 한다.

- **인가 실패 시 화면**

  사용자의 권한이 충족되지 않을 때 전환되는 화면 경로 등을 설정한다.

- **인증 시 사용하는 데이터(ID, 비밀번호 등) 저장 위치**

  데이터베이스, 메모리 등 다양한 저장 위치 중에서 선택하여 설정한다.

이제부터 각각의 구체적인 설정에 대해 알아보자.

14.6 요청 인가

요청 인가 설정은 SecurityFilterChain의 Bean 정의에서 할 수 있다. [예제 14-2]의 소스 코드를 보자.[86]

예제 14-2   요청 인가 설정

```
@Configuration
@EnableWebSecurity
public class SecurityConfig {
    @Bean
    public SecurityFilterChain securityFilterChain(HttpSecurity http) throws
Exception { ①
```

---

[86] 스프링 시큐리티 공식 매뉴얼에서는 람다 식으로 설명하지만 람다 식에 익숙하지 않은 독자를 고려하여 이 책에서는 람다 식을 사용하지 않고 설명한다.

```
        http
            .authorizeHttpRequests()
            .requestMatchers(HttpMethod.POST, "/admin/**").hasRole("ADMIN") ❷
            .requestMatchers("/admin/**").hasAnyRole("ADMIN", "STAFF") ❸
            .anyRequest().permitAll(); ❹
        return http.build();
    }
}
```

[예제 14-2]에서는 [예제 14-1]에 @Bean 메서드를 추가했다. ❶에서 @Bean 메서드를 정의하고 있으며, 반환 값의 타입은 Bean으로 정의하고 싶은 SecurityFilterChain이다. 인수로 받는 것은 SecurityFilterChain 객체를 생성해주는 HttpSecurity 객체이며, Http Security 객체는 자동으로 DI 컨테이너에 등록되므로 @Bean 메서드의 인수로 사용할 수 있다. HttpSecurity 객체는 SecurityFilterChain 객체를 생성할 때 다양한 설정을 메서드 체인으로 깔끔하게 지정할 수 있도록 되어 있다.

요청 인가 설정에서는 HttpSecurity 객체의 authorizeHttpRequests 메서드로 가져온 반환 값에 대해 requestMatchers 메서드로 경로와 HTTP 메서드를 지정한다. 또한 request Matchers 메서드로 가져온 객체에 대해 hasRole 메서드를 호출해 접근 가능한 권한을 지정한다.

requestMatchers 메서드는 요청의 경로와 함께 HTTP 메서드 종류를 지정할 수 있다. ❷에서는 POST 메서드 요청 중 경로가 /admin으로 시작하는 요청에 대한 권한을 설정하고 있다. ** 부분은 와일드카드로, 여러 개의 하위 경로를 포함하는 임의의 경로를 나타낸다. 예를 들어 클라이언트의 요청 경로가 /admin/abc 또는 /admin/abc/def, /admin일 때 일치한다. ** 에 대해 *를 쓰는 방법도 있다. *의 경우 하나의 하위 경로로 제한된다. 예를 들어 /admin/*로 지정하면 /admin/abc는 일치하지만 /admin/abc/def나 /admin은 일치하지 않는다.

requestMatchers 메서드 뒤에 호출하는 hasRole은 requestMatchers 메서드에서 지정한

경로에 대해 접근 가능한 조건을 지정하는 메서드다. ❷에서는 사용자가 ADMIN이라는 권한을 가지고 있는 경우에만 접근을 허용한다.

❸에서는 requestMatchers 메서드에서 HTTP 메서드를 지정하지 않고 /admin/**을 지정한다. ❷에서 POST를 지정했기 때문에 POST가 아닌 /admin/**에 대한 요청의 설정이며, hasAnyRole 메서드를 사용하여 ADMIN 혹은 STAFF 권한이 있으면 접근을 허용한다.

❹의 anyRequest 메서드는 모든 요청을 나타낸다. permitAll 메서드는 무조건 접근을 허용하는 것으로, ❷나 ❸에서 지정한 요청 외의 모든 요청을 지정하는 형태가 된다. 따라서 클라이언트가 로그인하지 않아도 접근이 허용된다.

hasRole, hasAnyRole, permitAll 메서드 외에도 접근 가능한 조건을 지정하는 메서드가 있다. 대표적인 것들을 [표 14-1]에 정리했다.

표 14-1 접근 가능한 조건을 지정하는 주요 메서드

메서드명	접근 가능 조건	사용법
hasRole	지정한 권한(역할)을 사용자가 갖고 있다.	hasRole("ADMIN")
hasAnyRole	지정한 권한(역할) 중 하나를 사용자가 갖고 있다.	hasAnyRole("ADMIN","STAFF")
hasAuthority	사용자가 지정한 권한을 갖고 있다. hasRole과 사용법은 비슷하지만 권한 이름이 역할이 아닌 경우(예 특정 작업 등) 사용하면 좋다.	has Authority("READ")
hasAnyAuthority	지정한 권한 중 하나를 사용자가 갖고 있다.	hasAnyAuthority("READ","WRITE")
permitAll	무조건 접근 가능	permitAll()
denyAll	무조건 접근 불가	denyAll()
isAuthenticated	인증되었다(권한은 묻지 않는다).	isAuthenticated()
isAnonymous	인증되지 않았다(인증되어 있으면 접근 불가).	isAnonymous()

requestMatchers 메서드를 여러 개 작성하는 경우에는 순서가 중요하다. 왜냐하면 위에서부터 순서대로 확인이 이루어지기 때문이다. 위에서부터 순서대로 확인해서 요청이 일치한 시점에 접근 가능 여부를 판단하고, 나머지 조건은 확인하지 않는다. 예를 들어 [예제 14-3]과 같이 설정했다고 가정해보자.

예제 14-3　잘못된 요청 인가 설정

```
@Bean
public SecurityFilterChain securityFilterChain(HttpSecurity http) throws
Exception {
  http
    .authorizeHttpRequests()
    .requestMatchers("/admin/**").hasAnyRole("ADMIN", "STAFF")
    .requestMatchers(HttpMethod.POST, "/admin/**").hasRole("ADMIN")
    .anyRequest().permitAll();
  return http.build();
}
```

첫 번째 requestMatchers 메서드에서 모든 HTTP 메서드의 /admin/**에서 ADMIN 또는 STAFF 권한이면 허가하도록 지정했다. 이렇게 하면 STAFF 권한을 가진 클라이언트가 POST 요청으로 /admin으로 시작되는 경로로 요청을 보낸 경우에도 요청이 허가된다. 원래는 두 번째 requestMatchers 메서드에서 지정한 것처럼 POST 요청의 경우 ADMIN 권한만 허가해야 한다. 따라서 requestMatchers 메서드를 여러 개 작성할 때 요청 조건이 좀 더 세분화된 쪽을 상위에 작성해야 한다.

14.7 로그인 화면

많은 애플리케이션에서 로그인 화면을 자체적으로 준비할 것이다. 자체적으로 준비한 로그인 화면을 스프링 시큐리티에 알려주면 인증되지 않은 사용자가 접속했을 때 자동으로 로그인 화면으로 전환할 수 있다. [예제 14-4]는 로그인 화면 설정의 예다.

예제 14-4　로그인 화면 설정

```
@Bean
public SecurityFilterChain securityFilterChain(HttpSecurity http) throws
Exception {
    http
        .authorizeHttpRequests()
        .requestMatchers(HttpMethod.POST, "/admin/**").hasRole("ADMIN")
        .requestMatchers("/admin/**").hasAnyRole("ADMIN", "STAFF")
        .anyRequest().permitAll()
    .and()
        .formLogin() ❶
        .loginPage("/login") ❷
        .failureUrl("/login?failure") ❸
        .defaultSuccessUrl("/admin/training/display-list"); ❹
    return http.build();
}
```

[예제 14-4]는 [예제 14-3]에 설정을 추가한 것이다. ❶의 formLogin 메서드는 로그인 화면을 설정하는 메서드이고, ❷에서 로그인 화면을 표시하는 경로 /login을 지정하고 있다. 이렇게 하면 인증되지 않은 사용자의 요청이 들어오면 GET 메서드에서 자동으로 /login으로 전환해준다. 로그인 화면을 표시하는 핸들러 메서드는 자체적으로 작성한다(뒤에서 설명한다). 기본적으로 로그인 화면을 표시할 경로(여기서는 /login)로 POST 메서드로 요청을 보내면 스프링 시큐리티는 로그인 요청으로 인식하여 인증 처리를 수행한다.

❸에서는 로그인 실패 시 전환할 화면의 경로를 지정하고 있다. /login을 지정하여 다시 로그인 화면을 표시하도록 했지만 요청 파라미터에 failure를 추가하여 오류 메시지를 표시할지 여부를 핸들러 메서드에서 판단할 수 있도록 했다. ❹에서는 로그인이 성공했을 때 전환할

기본 화면 경로를 지정하고 있다. 여기서는 강의 목록 화면을 표시하는 경로를 지성하고 있다.

로그인 화면을 표시하는 핸들러 메서드는 [예제 14-5]처럼 작성한다.

예제 14-5   로그인 화면을 표시하는 핸들러 메서드

```java
@Controller
public class AuthPageController {
    @GetMapping("/login")
    public String loginForm() { ❶
        return "auth/loginForm";
    }

    @GetMapping(value="/login", params = "failure")
    public String loginFail(Model model) { ❷
        model.addAttribute("failureMessage", "로그인에 실패했습니다.");
        return "auth/loginForm";
    }
}
```

Controller 클래스를 생성하고 ❶에서 @GetMapping으로 /login 경로를 받아 로그인 화면 템플릿의 View 이름을 반환한다. ❷에서 메서드는 요청 파라미터에 failure가 붙어있을 때 호출된다. 로그인 실패 시 처리하기 때문에 Model 객체 안에 오류 메시지를 저장하고 로그인 화면 템플릿 파일에서 메시지를 표시하도록 가정했다.

[예제 14-6]은 로그인 화면 템플릿 파일의 예다.

예제 14-6   로그인 화면의 템플릿 파일

```html
<body>
  <div th:if="${failureMessage != null}" th:text="${failureMessage}"></div> ❶
  <form th:action="@{/login}" method="post"> ❷
    <table>
```

```
      <tr>
        <th>ID</th>
        <td><input type="text" name="username"/></td>  ❸
      </tr>
      <tr>
        <th>PASSWORD</th>
        <td><input type="password" name="password"/></td>  ❹
      </tr>
    </table>
    <input type="submit" value="로그인" />
  </form>
</body>
```

❶에서 Model 안에 failureMessage라는 데이터가 저장되어 있는 경우에만 failureMessage
의 내용을 화면에 표시한다. failureMessage는 로그인 실패 시에만 Model 객체에 저장되어
있다고 가정한다.

❷에서 <form> 태그는 로그인 버튼을 누를 때 /login에 POST 메서드로 요청을 보내도록 지
정되어 있다. 스프링 시큐리티는 기본적으로 로그인 화면을 표시한 경로(여기서는 /login)
로 POST 메서드를 통해 요청을 보내면 로그인 요청으로 인식하여 인증 처리를 실시한다. ❸
과 ❹는 로그인 ID와 비밀번호를 입력하는 입력 항목이다. 기본적으로 요청 파라미터 이름
으로 각각 username과 password를 사용하면 스프링 시큐리티가 요청 파라미터의 값을 가져
와 인증 처리의 입력으로 사용한다.

14.8 인가 실패 시 오류 화면

인가에 실패했을 때의 오류 화면도 개발자가 제공할 수 있다. [예제 14-7]은 오류 화면 설정
의 예다.

```
@Bean
public SecurityFilterChain securityFilterChain(HttpSecurity http) throws
Exception {
    ...
            .failureUrl("/login?failure")
            .defaultSuccessUrl("/admin/training/display-list")
        .and()
            .exceptionHandling() ❶
            .accessDeniedPage("/display-access-denied"); ❷
        return http.build();
}
```

@Bean 메서드에 몇 줄을 추가했다. exceptionHandling 메서드(❶)는 인증이나 인가 시 예
외가 발생했을 때의 처리를 설정하는 메서드다. accessDeniedPage 메서드(❷)는 인증에
실패하여 예외가 발생했을 때 지정한 경로로 이동시키는 설정을 하는 메서드다. 여기서는
/display-access-denied라는 경로를 지정했다. /display-access-denied 경로에 대응하
는 핸들러 메서드는 자체적으로 준비한다. [예제 14-8]은 핸들러 메서드의 예다.

```
@Controller
public class AuthPageController {
    ...
    @RequestMapping("/display-access-denied")
    public String accessDenied() {
        return "auth/accessDenial";
    }
}
```

[예제 14-5]의 Controller 클래스에 핸들러 메서드를 추가했다. 핸들러 메서드에서 하는
처리는 단순히 인가 오류 화면의 View 이름을 반환하는 것뿐이다. 단, 핸들러 메서드에 붙인

애너테이션이 @RequestMapping으로 되어 있다. 로그인 화면을 표시할 때는 @GetMapping이었는데 인가 오류 화면은 @RequestMapping을 사용한다. 그 이유는 인가 오류 화면으로 전환할 때 GET 요청인 경우와 POST 요청인 경우를 모두 가정하기 때문이다.

스프링 시큐리티는 로그인 화면으로 전환시킬 때는 리다이렉트redirect[87]를 사용한다. 리다이렉트할 곳에 대한 요청은 반드시 GET 요청이 되므로 로그인 화면을 표시하는 핸들러 메서드는 @GetMapping을 사용한다. 반면 인가에 실패해서 오류 화면으로 넘어갈 때는 포워드forward를 사용한다. 포워드는 서버 내부에서 다른 경로로 전환시키는 처리이므로 원래 요청이 GET 방식인 경우라면 전환 대상의 핸들러 메서드는 GET으로 받아야 하고, 원래 요청이 POST 방식이라면 전환 대상의 핸들러 메서드는 POST로 받아야 한다. GET과 POST 둘 다 받을 수 있게 하려면 @RequestMapping을 사용해야 한다.

인가에 실패했을 때 사용하는 오류 화면 템플릿 파일의 예는 [예제 14-9]와 같다.

예제 14-9 접근 오류 화면 템플릿 파일

```
<body>
    <h1>접근 불가</h1>
    <span>접근할 수 없습니다</span>
    <a href="javascript:history.back()">돌아가기</a>
</body>
```

사용자에게 접근할 수 없다고 알려주는 간단한 화면으로 구성되어 있다.

14.9 인증용 데이터 가져오기

ID와 비밀번호로 인증하는 경우 서버 측은 ID와 비밀번호, 그리고 로그인한 사용자에게 부

---

87 [3부 부록]의 〈A.21 리다이렉트와 포워드〉 참고

여할 권한 정보를 보관해야 한다. 스프링 시큐리티 내부에서는 UserDetailsService 인터페이스를 구현한 객체에서 서버 측에서 보관한 데이터를 가져온다. 이러한 구조를 [그림 14-5]에 나타냈다.

그림 14-5 인증용 데이터 가져오기

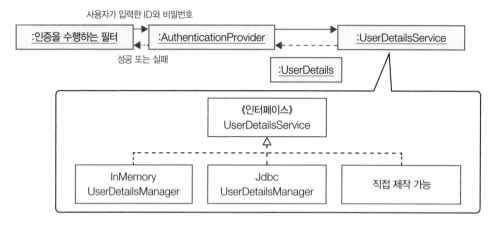

인증을 수행하는 필터는 사용자가 입력한 ID와 비밀번호 정보를 AuthenticationProvider 인터페이스를 구현한 객체에 전달한다.[88] 그리고 인증할 때 서버에 보관된 ID, 비밀번호, 권한 데이터를 UserDetailsService 객체에서 가져온다.

AuthenticationProvider 객체는 UserDetails 객체가 가진 ID, 비밀번호와 사용자가 입력한 ID, 비밀번호를 비교하여 성공 또는 실패를 판단한다.

UserDetailsService 객체는 개발자가 Bean으로 정의할 수 있다. 스프링 시큐리티에서 제공하는 대표적인 구상 클래스로는 InMemoryUserDetailsManager와 JdbcUserDetails Manager가 있다.

InMemoryUserDetailsManager 클래스는 ID, 비밀번호, 권한을 메모리상에 보관할 수 있는

---

88 실제로 AuthenticationManager 객체를 중개하지만 간략하게 나타내기 위해 생략했다.

구상 클래스다. 메모리상에 보관하기 때문에 자바 프로그램이 종료되면 사라진다. 따라서 프로덕션 환경에서 사용하기 위한 용도가 아니라 기본적으로 테스트나 동작 확인에 사용된다.

JdbcUserDetailsManager 클래스는 데이터베이스에 데이터를 보관할 수 있는 구상 클래스다. ID, 비밀번호, 권한 데이터를 가져오는 SQL을 지정하면 지정한 SQL을 자동으로 실행해서 데이터를 가져온다.

또한 UserDetailsService 인터페이스를 구현한 구상 클래스를 개발자가 직접 만들 수도 있다.

여기서는 InMemoryUserDetailsManager 클래스를 구상 클래스로 사용해 Bean으로 정의한다. [예제 14-10]에서 그 내용을 살펴보자.

예제 14-10 InMemoryUserDetailsManager 클래스의 Bean 정의

```
@Configuration
@EnableWebSecurity
public class SecurityConfig {

    ...
    @Bean
    public UserDetailsService userDetailsService() { ①
        UserDetails taro = User.builder()
            .username("taro").password("{noop}taro123").roles("MANAGER").build(); ②
        UserDetails jiro = User.builder()
            .username("jiro").password("{noop}jiro123").roles("EMPLOYEE").build(); ③
        UserDetails saburo = User.builder()
            .username("saburo").password("
{noop}saburo123").roles("GUEST").build(); ④
        return new InMemoryUserDetailsManager(taro, jiro, saburo); ⑤
    }
```

앞서 설명한 JavaConfig 클래스에 @Bean 메서드를 추가했다. ①에서 @Bean 메서드의 정의를 하고 있으며 반환 값의 타입은 UserDetailsService다. 메서드 내에서는 3명

의 UserDetails 객체를 생성하고 있다(❷, ❸, ❹) UserDetails 객체는 User 클래스의 builder 메서드를 호출한 후 메서드 체인 스타일로 생성할 수 있다.

username 메서드로 사용자 ID, password 메서드로 비밀번호, roles 메서드로 권한을 설정한다. 비밀번호 값 앞의 {noop}은 비밀번호를 암호화할 때 사용되는 알고리즘의 ID를 나타낸다. 스프링 시큐리티는 사용자가 입력한 비밀번호와 서버 측에 보관된 암호화된 비밀번호를 비교할 때 { } 괄호 안에 기재된 알고리즘을 사용해서 비교한다. 따라서 비밀번호를 암호화할 때 여러 개의 알고리즘이 섞여도 있어도 상관없다. 알고리즘 ID는 여러 가지가 있지만 noop 알고리즘의 ID는 'no operation'이라는 뜻으로 암호화되지 않은 평문을 나타낸다.

❺에서는 InMemoryUserDetailsManager 객체를 생성해 반환하는데, 생성자 인수로 3명의 UserDetails 객체를 지정한다. 생성자 인수는 가변 인수로 되어 있어 원하는 수의 UserDetails 객체를 지정할 수 있다.

14.10 화면 표시 인가

화면 표시 인가란 사용자의 권한에 따라 화면을 부분적으로 표시 또는 비표시하는 것이다. [예제 14-11]의 코드를 살펴보자.

예제 14-11 화면 표시 인가

```
<!DOCTYPE HTML>
<html xmlns:th="http://www.thymeleaf.org"
xmlns:sec="http://www.thymeleaf.org/extras/spring-security">
    ...
    <div sec:authorize="hasRole('ADMIN')">
        <input type="submit" name="update" value="갱신"/>
        <input type="submit" name="delete" value="삭제"/>
```

```
    </div>
    <a th:href="@{/maintenance/product/display-list}">상품 목록으로 돌아가기</a>
    ...
```

스프링 시큐리티용 Thymeleaf 확장 기능을 사용하기 위해 `<html>` 태그의 `xmlns` 속성으로 `xmlns:sec="http://www.thymeleaf.org/extras/spring-security"`를 지정한다. 이로써 스프링 시큐리티용 확장 속성을 'sec:xxx'라는 속성명('xxx' 부분은 속성 종류에 따라 달라진다)으로 사용할 수 있게 된다.

`<div>` 태그의 속성으로 지정된 `sec:authorize`는 스프링 시큐리티용 확장 속성이다. 속성 값으로는 SpEL Spring Expression Language 을 사용한 수식을 작성할 수 있다. SpEL은 스프링 프레임워크가 제공하는 독자적인 표현 언어(표현식 단독으로 작성하는 데 특화된 프로그래밍 언어)다. 식의 평가 결과가 true일 때만 태그(여기서는 `<div>`)가 표시된다. 스프링 시큐리티는 SpEL에 true/false를 반환하는 함수를 추가하여 접근 가능한 조건을 지정할 수 있게 했다. [예제 14-11]에서는 `hasRole('ADMIN')`(hasRole 함수 사용)이 지정되어 있으므로 사용자에게 ADMIN 권한이 있을 때만 `<div>` 태그가 표시된다(예제에서는 `<div>` 태그를 사용했지만 `<div>` 태그가 아니어도 상관없다).

hasRole 함수와 기타 대표적인 함수는 [표 14-2]와 같다.

표 14-2 접근 가능한 조건을 지정하는 주요 함수

함수명	접근 가능 조건	사용법
hasRole	지정한 권한(역할)을 사용자가 갖고 있다.	hasRole('ADMIN')
hasAnyRole	지정한 권한(역할) 중 하나를 사용자가 갖고 있다.	hasAnyRole('ADMIN', 'STAFF')
hasAuthority	사용자가 지정한 권한을 갖고 있다. hasRole과 사용법은 비슷하지만 권한 이름이 역할이 아닌 경우(예 특정 작업 등) 사용하면 좋다.	has Authority('READ')

hasAnyAuthority	지정한 권한 중 하나를 사용자가 갖고 있다.	hasAnyAuthority('READ','WRITE')
permitAll	무조건 접근 가능	permitAll()
denyAll	무조건 접근 불가	denyAll()
isAuthenticated	인증되었다(권한은 묻지 않는다).	isAuthenticated()
isAnonymous	인증되지 않았다(인증되어 있으면 접근 불가).	isAnonymous()

14.11 인증한 사용자 정보를 화면에 표시하기

인증한 사용자 정보는 Authentication 인터페이스를 구현한 객체가 보유하고 있다. Authen -tication 객체는 세션 스코프에 저장된다. 스프링 시큐리티는 사용자의 요청을 받을 때 세션 스코프에 Authentication 객체가 존재하는지 보고 인증 여부를 판단한다. [그림 14-6] 에 세션 스코프의 상태를 나타냈다.

그림 14-6 세션 스코프의 상태

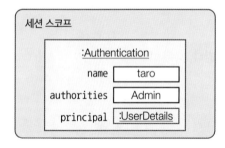

Authentication 객체의 대표적인 속성으로는 name, authorities, principal이 있다. 각각 사용자 ID, 권한, UserDetails 객체(인증 수단에 따라서는 다른 타입의 객체가 될 수도 있다)가 저장된다.

Thymeleaf의 템플릿 파일로 authentication 객체의 데이터를 화면에 표시하려면 sec:

authentication 속성을 이용한다. [예제 14-12]에서 어떻게 사용하는지 확인해보자.

예제 14-12　인증한 사용자 정보를 화면에 표시한다.

```
...
<div sec:authorize="isAuthenticated()"> ❶
    안녕하세요 : <span sec:authentication="name">X/span>님 ❷
    <form th:action="@{/logout}" method="post"> ❸
        <input type="submit" value="로그아웃"/>
    </form>
</div>
...
```

앞서 소개한 sec:authorize 속성을 이용해 화면의 표시/비표시를 전환한다(❶). 속성 값으로 지정된 isAuthenticated()는 인증이 되었는지 판단하는 SpEL 함수를 호출한다. 인증에 성공하면 <div> 태그가 표시된다.

❷에서 이 절의 주제인 인증된 사용자 정보를 표시한다. sec:authentication 속성을 이용해서 Authentication 객체의 프로퍼티명을 지정하고 있다. 프로퍼티명으로 name을 지정했으므로 화면에는 사용자 ID 값이 표시된다. 참고로 이 부분은 SpEL이 아니다.

❸에서는 (이 절의 주제에서 벗어나지만) 로그아웃 버튼을 표시하고 있다. 스프링 시큐리티는 로그아웃 기본 경로로 /logout을 제공한다. /logout으로 POST 요청을 보내면 로그아웃용 필터 객체가 이를 탐지하고 세션 스코프를 파기하는 등의 처리를 한다.

14.12 메서드 인가

메서드 인가 기능을 사용함으로써 메서드가 호출되는 시점에 인가할 수 있다. 메서드 인가를 활성화하기 위해서는 [예제 14-13]과 같이 작성한다.

```
@Configuration
@EnableWebSecurity
@EnableMethodSecurity
public class SecurityConfig {
    ...
}
```

JavaConfig 클래스에 @EnableMethodSecurity를 붙인다. 그리고 인가하려는 메서드에
@PreAuthorize를 붙인다. [예제 14-14]에서 확인해보자.

```
@Service
@Transactional
public class TrainingServiceImpl implements TrainingService {
    ...
    @Override
    @PreAuthorize("hasRole('ADMIN')")
    public void delete(String trainingId) {
        trainingRepository.delete(trainingId);
    }
    ...
}
```

delete 메서드를 보면 @PreAuthorize가 붙어있고, ( ) 괄호 안에는 hasRole('ADMIN')이
지정되어 있다. hasRole('ADMIN')은 SpEL의 함수 호출 구문이며, delete 메서드가 호출
되기 직전에 스프링 시큐리티가 ( ) 괄호 안에 적힌 내용에 따라서 자동으로 인가를 수행한
다. [예제 14-14]에서는 사용자에게 ADMIN 권한이 없으면 예외를 발생시켜 delete 메서드
안의 처리를 호출하지 않고, ADMIN 권한이 있으면 그대로 delete 메서드를 호출한다.

메서드 인가 처리의 이면에서는 [그림 14-7]과 같이 Proxy라는 객체가 자동으로 생성되고, Proxy 객체가 인가 처리를 끼워넣는다.

그림 14-7 메서드 인가의 내부 동작

Proxy 객체는 TrainingService 타입(TrainingServiceImpl이 구현하는 인터페이스를 가정) 객체로 되어 있기 때문에 호출자가 TrainingService 객체를 인젝션하려고 하면 Proxy 객체가 인젝션된다. 호출자가 delete 메서드를 호출하면 Proxy 객체의 delete 메서드가 호출되어 인가 처리(AuthorizationManager 객체의 메서드 호출)를 끼워넣는다. 인가에 성공하면 TrainingServiceImpl 객체의 delete 메서드가 호출되고 실패하면 예외가 발생한다.

14.13 CSRF 대응

CSRF는 웹 사이트에 대한 대표적인 공격 중 하나이며, 스프링 시큐리티는 CSRF에 대응할 수 있는 기능을 갖추고 있다. 우선 CSRF에 대해 간단히 알아보자.

CSRF는 'Cross Site Request Forgery'의 머리글자로, 공격자가 피해자에 대해 CSRF를 수행하면 피해자는 웹 사이트에서 의도하지 않은 조작을 하게 된다. [그림 14-8]을 보면서 자세히 알아보자.

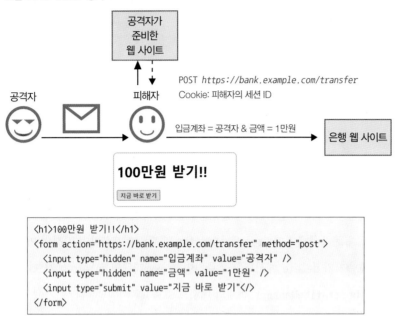

그림 14-8 CSRF 공격

```
<h1>100만원 받기!!</h1>
<form action="https://bank.example.com/transfer" method="post">
  <input type="hidden" name="입금계좌" value="공격자" />
  <input type="hidden" name="금액" value="1만원" />
  <input type="submit" value="지금 바로 받기"</>
</form>
```

먼저 공격자는 악성 웹 사이트를 준비한다. 그런 다음 이메일 등을 통해 피해자가 이 웹 사이트의 페이지에 접속하도록 유도한다. 준비된 페이지에는 피해자가 누르고 싶어할 만한 버튼(**예** '100만원 받기' 버튼 등)이 있으며 그 버튼을 누르면 피해자가 평소 사용하는 웹 사이트(여기서는 은행 웹 사이트)에 업데이트 계열 요청(여기서는 계좌 이체)이 전송된다. 피해자의 브라우저에는 은행 웹 사이트의 세션 ID가 Cookie로 저장되어 있기 때문에 전송된 이체 요청에 세션 ID가 포함된다. 은행 웹 사이트는 요청에 포함된 세션 ID가 유효하면 로그인한 것으로 간주하고 계좌 이체 요청을 처리한다. 이렇게 피해자는 의도치 않게 공격자에게 1만원을 송금하게 된다. 피해자가 버튼을 누르지 않아도 자바스크립트를 사용하여 페이지 로딩과 동시에 자동으로 요청이 전송되게 할 수도 있다.

[그림 14-8]의 은행 웹 사이트는 CSRF 공격을 막기 위한 조치를 해야 한다. CSRF에 대한 일반적인 대처 방법은 [그림 14-9]와 같다.

그림 14-9 CSRF 대처 방법

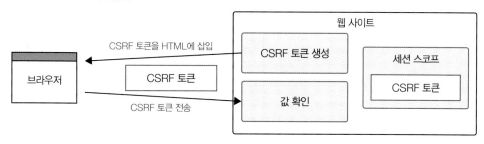

일반적으로 CSRF 토큰으로 불리는 값을 사용하는데, CSRF 토큰은 웹 사이트 측에서 생성하는 임의의 값이다. 생성한 CSRF 토큰을 웹 사이트가 응답으로 반환하는 HTML에 삽입한다. 이와 함께 CSRF 토큰을 세션 스코프로 관리한다. 브라우저에서 요청을 보낼 때 HTML에 삽입된 CSRF 토큰이 포함된다. 요청에 포함된 CSRF 토큰과 세션 스코프에 있는 CSRF 토큰을 비교하여 일치하면 처리를 계속한다. 일치하지 않거나 애초에 요청에 CSRF 토큰이 포함되어 있지 않으면 오류로 처리한다.

CSRF 토큰 값은 공격자가 알 수 없으므로 공격자가 준비한 웹 사이트의 페이지에서는 올바른 CSRF 토큰이 포함된 요청을 보낼 수 없다. 따라서 이 방법을 이용하면 CSRF 공격을 방지할 수 있게 된다.

14.14 스프링 시큐리티를 통한 CSRF 대응

스프링 시큐리티는 기본으로 CSRF 토큰을 자동으로 생성해서 세션 스코프에서 보관한다. 스프링 시큐리티와 CSRF 토큰의 작동 방식을 [그림 14-10]에 나타냈다.

그림 14-10 스프링 시큐리티와 CSRF 토큰

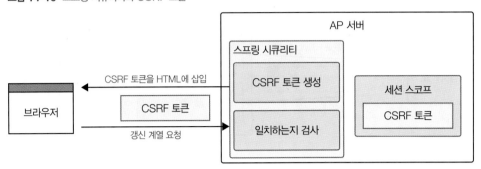

생성한 CSRF 토큰은 View가 생성한 HTML에 자동으로 삽입된다. 브라우저는 POST 요청을 보낼 때 HTML에 삽입된 CSRF 토큰의 데이터를 요청에 포함시킨다. 스프링 시큐리티는 요청에 포함된 CSRF 토큰과 세션 스코프에서 보관하고 있는 CSRF 토큰을 비교하여 일치하면 정상적인 요청으로 간주한다. 참고로 GET 요청의 경우 CSRF를 확인하지 않는데, 이는 GET은 참조 관련 처리를 전제로 하므로 사용자에게 아무런 피해가 없기 때문이다(자신의 데이터가 화면에 표시될 뿐이다). 반대로 말하면 GET의 처리를 작성할 때 갱신 관련 처리를 해서는 안된다.

CSRF 토큰을 HTML에 삽입하기 위해 〈form〉 태그의 th:action 속성을 사용한다. th:action 속성은 〈11장 스프링 MVC + Thymeleaf〉에서도 사용한 Thymeleaf의 속성이다. Thymeleaf는 스프링 시큐리티와 연동해서 CSRF 토큰을 HTML에 삽입해준다. 사용법은 [예제 14-15]와 같다.

예제 14-15 th:action 속성을 사용한 경우

```
<h1>강의 갱신</h1>
<form th:action="@{/admin/training/validate-update-form}"
    method="post" th:object="${trainingAdminInput}">
```

th:action 속성에서 폼이 전송될 URL을 지정한다. 출력된 HTML은 [예제 14-16]과 같다.

출력된 HTML

```
<h1>강의 갱신</h1>
<form action="/admin/training/validate-update-form" method="post">
    <input type="hidden" name="_csrf" value="1ac926dd-dd7e-4a29-957c-
180f50d34e57"/>
```

type 속성에 hidden이 설정된 〈input〉 태그가 출력되었다. value 속성의 값이 CSRF 토큰이다. name 속성에 _csrf가 지정되어 있으므로 폼을 제출할 때 _csrf가 요청 파라미터명이되어 CSRF 토큰이 전송된다. 스프링 시큐리티는 _csrf라는 이름의 요청 파라미터를 가져와서 CSRF를 검사한다.

실습

1102-shopping-security에 이 장의 실습 과제가 준비되어 있으니 꼭 도전해보자.

실무편

[1부 기본편]에서 간단한 웹 애플리케이션을 만들 수 있는 기술을 익혔다. 하지만 실제 개발 프로젝트에서는 좀 더 세밀하고 어려운 것들을 다뤄야 한다. 따라서 1부에서 학습한 지식을 바탕으로 실제 개발 프로젝트에서 필요한 지식을 추가로 학습할 것이다. 특히 후반부에 많은 페이지를 할애한 **테스트 클래스 생성**과 관련된 주제는 초보자들이 개발 프로젝트에서 어려움을 겪기 쉬운 부분이다. 실무편을 제대로 학습하면 개발 프로젝트에 참여할 때 큰 자신감을 얻게 될 것이다.

PART

2부

실무편

싱글톤과 스레드 세이프

DI 컨테이너가 관리하는 Bean은 기본적으로 싱글톤^{singleton}[89]이므로 하나의 객체가 재사용된다.[90] 이 사실을 모르고 프로그램을 작성하면 치명적인 버그가 발생할 수 있다. 이 장에서는 싱글톤 처리의 개념과 문제가 있는 소스 코드를 설명한 후에 해당 코드를 개선하는 방법을 설명한다.

---

[89] 하나의 객체를 사용하는 프로그램을 만드는 것을 말한다. 싱글톤 패턴이라고도 한다.
[90] 싱글톤이 아닌 Bean도 사용할 수 있지만 사용 사례가 많지 않다.

15.1 싱글톤과 Bean

스프링을 사용한 웹 애플리케이션에서 여러 요청을 동일한 Controller 클래스가 동시에 처리할 때 Controller, Service, Repository 객체는 각각 하나의 동일한 객체가 처리한다(그림 15-1).

그림 15-1 동시에 요청되었을 때의 객체

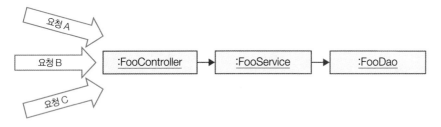

[그림 15-2]처럼 요청마다 다른 객체를 사용하는 것으로 잘못 이해해서는 안 된다.

그림 15-2 잘못 이해한 경우

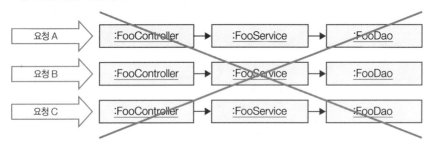

[그림 15-2]처럼 잘못 이해하면 다음 절에서 설명할 스레드 세이프[thread-safety]하지 않은 프로그램을 만들어 치명적인 버그를 유발할 수 있다.

15.2 싱글톤과 스레드 세이프

자바에서는 AP 서버에 요청이 전송되면 요청마다 스레드[91]가 할당되는데, 스프링의 Bean은 싱글톤이기 때문에 여러 개의 요청이 동시에 전송되면 [그림 15-3]과 같이 여러 개의 스레드가 하나의 객체의 메서드를 호출하게 된다.

그림 15-3 싱글톤과 동시 요청

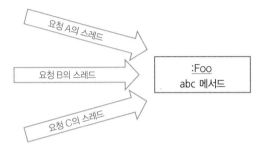

여러 개의 스레드가 동시에 작동하는 것을 멀티 스레드multi-thread라고 한다. 멀티 스레드에서도 안전하게 프로그램이 작동하는 것을 스레드 세이프thread-safety라고 한다. 싱글톤 객체를 사용할 때는 스레드 세이프를 유지하는 것이 중요하다.

15.3 스레드 세이프하지 않은 코드

우선 스레드 세이프하지 않은 코드를 살펴보자(예제 15-1).

예제 15-1 스레드 세이프하지 않은 코드

```
private int totalPrice;

public int calculateOrderPrice(int orderNo) {
```

91 처리 실행 단위를 나타내는 자바 용어. 두 개의 처리가 동시에 작동한다면 두 개의 스레드가 작동하고 있는 것이다.

```
    List<OrderItem> items = ...
    for (OrderItem item : items) {
        totalPrice += item.getPrice();
    }
    return (int)(totalPrice * 1.1);
}
```

[예제 15-1]에서는 totalPrice 필드[92]가 정의되어 있고, 필드 영역은 객체에 제공된다. 여러
개의 스레드가 이 클래스 객체의 메서드를 호출하면 [그림 15-4]와 같이 동일한 totalPrice
필드의 영역을 사용하게 된다.

그림 15-4 필드와 멀티 스레드

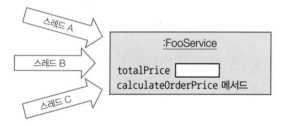

만약 동시에 메서드가 호출된다면 [그림 15-5]와 같은 위험한 상황이 발생한다.

그림 15-5 동시에 호출된 경우의 위험한 상황

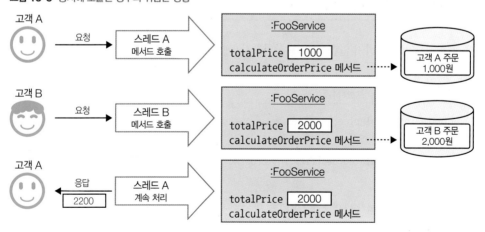

A의 요청이 전송되어 스레드 A에서 calculateOrderPrice 메서드가 호출하면 totalPrice 필드의 내용이 A가 주문한 합계 금액으로 변경된다. 이때 A의 요청과 동시에 B의 요청이 전송되어 스레드 B가 calculateOrderPrice 메서드를 호출하면 totalPrice의 내용이 B가 주문한 합계 금액으로 변경된다. 그 후에 스레드 A의 처리가 이어져 부가세를 계산하고 반환하면 A 주문에 대한 부가세 포함 금액이 아닌 B 주문에 대한 부가세 포함 금액이 반환된다. 그 결과로 A의 화면에 B의 부가세 포함 금액이 표시되는 등의 버그가 발생하게 된다.

15.4 스레드 세이프한 코드

스레드 세이프한 코드로 만들려면 스레드마다 달라지는 값을 필드가 아닌 로컬 변수[93]로 보관하면 된다. [예제 15-2]는 스레드 세이프한 코드의 예다.

예제 15-2 스레드 세이프한 코드

```java
public int calculateOrderPrice(int orderNo) {
    List<OrderItem> items = null;
    int totalPrice = 0;
    for (OrderItem item : items) {
        totalPrice += item.getPrice();
    }
    return (int)(totalPrice * 1.1);
}
```

totalPrice 변수가 필드가 아닌 로컬 변수로 선언되어 있다. 로컬 변수 영역은 [그림 15-6]과 같이 객체가 아닌 스레드에 대해 준비된다.

---

92 메서드 밖에서 선언한 변수. 클래스 내의 모든 메서드에서 참조할 수 있다.
93 메서드 안에 선언한 변수. 선언한 메서드 안에서만 참조할 수 있다.

그림 15-6 로컬 변수와 멀티 스레드

로컬 변수 영역은 스레드별로 제공되므로 멀티 스레드로 작동하는 경우에도 값이 공유되지 않고 안전하게 처리된다.

필자가 참여한 실제 개발 프로젝트에서도 부주의하게 필드를 사용해서 스레드 세이프하지 않은 경우가 종종 발생했다. 개발자 본인이 주의하는 것도 중요하지만 본의 아니게 실수를 할 수도 있기 때문에 제3자가 소스를 검토할 수 있는 체계를 만드는 것이 좋다.

15.5 Bean으로 관리하지 않는 객체

객체의 역할에 따라 스레드마다 달라질 수 있는 값을 필드로 보관하는 것이 있다. 대표적인 것이 Entity 객체인데, Entity 객체는 [예제 15-3]과 같이 데이터베이스에서 가져온 레코드의 컬럼을 필드로 보관한다.

예제 15-3 Entity 객체와 필드

```
@Override
public Product selectById(String id) {
    ...
    ResultSet rs = stmt.executeQuery();
    ...
    Product product = new Product();
```

```
    product.setId(rs.getString("id"));
    product.setName(rs.getString("name"));
    product.setPrice(rs.getInt("price"));
    product.setStock(rs.getInt("stock"));
    return product;
    ...
}
```

selectById 메서드에서 생성되는 Product 객체는 데이터베이스에서 가져온 레코드에 의해서 [그림 15-7]과 같이 필드 값이 달라진다.

그림 15-7 필드 값이 달라지는 객체

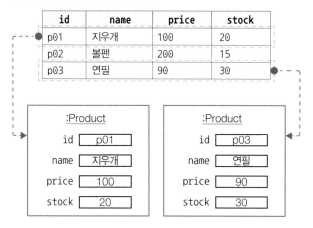

Product 객체의 필드 값은 메서드를 실행하는 스레드에 따라 달라진다. 이러한 객체는 싱글톤으로 사용하면 스레드 세이프하지 않게 되므로 일반적으로 Bean으로 관리하지 않는다.[94]

스프링을 사용할 때 애플리케이션의 모든 객체를 Bean으로 관리해야 한다고 생각하는 사람이 많지만 애플리케이션 중에는 Bean으로 관리하지 않는 객체도 흔하다는 점을 알아두자.

----

94 스프링의 Bean은 싱글톤 이외의 사용법도 가능하기 때문에 Bean으로 관리할 수 없는 것은 아니다.

1200-calculate-singleton에 이 장의 실습 과제가 준비되어 있으니 꼭 도전해보자.

스프링 JDBC
: JOIN 결과 가져오기

〈8장 스프링 JDBC: 데이터베이스 접근〉에서는 스프링 JDBC를 사용해 한 테이블에서 데이터를 가져오는 방법을 설명했다. 하지만 실제 개발 프로젝트에서는 여러 테이블을 JOIN해서 데이터를 가져오는 경우가 훨씬 많다. 이 장에서는 2개 이상의 테이블을 JOIN 하여 데이터를 가져오는 방법을 설명한다.

16.1 테이블 JOIN 예제

SQL로 테이블을 JOIN하면 두 개 이상의 테이블의 컬럼을 하나의 레코드로 묶어서 가져올 수 있다. [그림 16-1]은 JOIN의 동작을 그림으로 나타낸 것이다.

그림 16-1 JOIN의 동작 이해하기

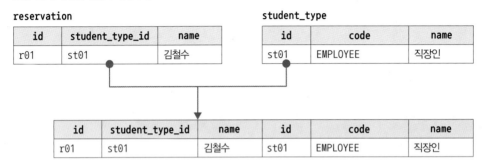

[그림 16-1]에서는 reservation 테이블과 student_type 테이블을 JOIN하고 있다. JOIN할 때 한 테이블의 외래 키(여기서는 reservation 테이블의 student_type_id 컬럼)를 다른 테이블의 기본 키(student_type 테이블의 id 컬럼)에 연결한다. JOIN해서 가져온 레코드는 reservation 테이블과 student_type 테이블의 컬럼을 포함하고 있다.

JOIN을 위한 SQL 구문은 [예제 16-1]과 같다.

예제 16-1 JOIN을 위한 SQL 구문

```
SELECT
    r.id,
    r.student_type_id,
    r.name,
    st.id,
    st.code,
    st.name
FROM
    reservation r
```

```
    LEFT OUTER JOIN student_type st
    ON r.student_type_id = st.id
WHERE
    r.id = 'r01'
```

[예제 16-1]은 reservation 테이블과 student_type 테이블을 JOIN한 SQL이다. 언뜻 보기에는 문제가 없는 것 같지만 컬럼명이 일부 중복되어 있어 자바 프로그램에서 제대로 값을 가져올 수 없다. 다음 절에서 자세히 알아보자.

16.2 컬럼명 중복 문제

[예제 16-1]의 SELECT 구문에서는 조회할 컬럼명을 '테이블의 별명.컬럼명' 형식으로 지정했으며, SQL을 실행해서 가져온 레코드의 컬럼명은 [그림 16-2]와 같다.

그림 16-2 JOIN한 레코드의 컬럼명이 중복된다.

id	student_type_id	name	id	code	name
r01	st01	김철수	st01	EMPLOYEE	직장인

id 컬럼과 name 컬럼이 각각 중복되어 있는 것을 볼 수 있다. 이 상태로는 id와 name 컬럼이 어느 테이블의 컬럼인지 구분할 수 없다. 이 문제를 해결하기 위해서는 [예제 16-2]와 같이 SELECT 구문으로 컬럼을 지정할 때 컬럼에 별명을 붙여야 한다.

예제 16-2   컬럼명에 별명을 붙인 SELECT 구문

```
SELECT
    r.id AS r_id,
    r.student_type_id AS r_student_type_id,
```

```
    r.name AS r_name,
    st.id AS st_id,
    st.code AS st_code,
    st.name AS st_name
    ...
```

각 컬럼을 지정할 때 'AS 별명' 형식으로 서로 다른 이름을 지정하고 있다. 별명으로 사용할 문자열은 임의로 지정할 수 있지만 [예제 16-2]에서는 '테이블 별명_컬럼명' 형식으로 별명을 붙였다. 가져온 레코드의 컬럼명은 [그림 16-3]과 같이 사용된다.

그림 16-3 별명을 붙인 컬럼 조회 결과

r_id	r_student_type_id	r_name	st_id	st_code	st_name
r01	st01	김철수	st01	EMPLOYEE	직장인

컬럼명이 중복되지 않게 레코드를 가져왔다는 것을 알 수 있다.

16.3 JOIN한 레코드 매핑하기

JOIN한 레코드는 두 테이블의 컬럼을 포함하고 있으므로 [그림 16-4]와 같이 각각의 컬럼을 별개의 Entity 객체에 매핑하고자 한다.

그림 16-4 다른 Entity 객체에 매핑하기

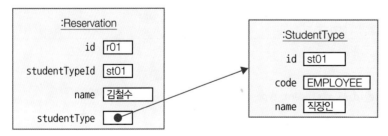

reservation 테이블의 컬럼을 Reservation 객체에 매핑하고, student_type 테이블의 컬럼을 StudentType 객체에 매핑한다. 또한 Reservation 객체의 필드가 StudentType 객체를 참조하도록 한다.

각각의 Entity 클래스는 [예제 16-3], [예제 16-4]와 같다.

예제 16-3   Reservation 클래스

```
public class Reservation {
    private String id;
    private String studentTypeId;
    private String name;
    private StudentType studentType;
    ... Getter · Setter 메서드
}
```

예제 16-4   StudentType 클래스

```
public class StudentType {
    private String id;
    private String code;
    private String name;
    ... Getter · Setter 메서드
}
```

각 Entity 클래스에서는 테이블의 컬럼과 해당 필드가 정의되어 있고, Getter·Setter 메서드가 정의되어 있다. 또한 Reservation 클래스에는 StudentType 객체를 참조하기 위한 필드가 정의되어 있다.

16.4 DataClassRowMapper의 단점

앞서 DataClassRowMapper 클래스를 사용하면 [예제 16-5]처럼 작성하기만 해도 가져온 레코드를 Entity 객체로 변환할 수 있다고 소개했다.

DataClassRowMapper 클래스를 사용한 검색

```
Reservation reservation = jdbcTemplate.queryForObject(
    "SELECT * FROM reservation WHERE id=?", new DataClassRowMapper◇
(Reservation.class), id)
```

JdbcTemplate 클래스의 queryForObject 메서드의 두 번째 인수로 DataClassRowMapper 객체를 전달함으로써 레코드의 데이터를 Entity 객체로 변환했다. 하지만 JOIN해서 가져온 레코드에 대해서는 다음 두 가지 이유로 Entity 객체로 변환할 수 없다.

- **필드명과 컬럼명이 다른 경우 매핑되지 않는다**
  JOIN한 레코드의 컬럼명은 중복을 피하기 위해 별명을 붙인다고 설명했지만 컬럼에 별명을 붙이면 Entity 의 필드명과 달라지기 때문에 DataClassRowMapper 클래스는 연결이 불가능하다.

- **여러 개의 Entity 객체로 변환할 수 없다**
  DataClassRowMapper 클래스는 하나의 Entity 객체로 변환할 수 있지만 [그림 16-4]처럼 여러 개의 Entity 객체로는 변환할 수 없다.

16.5 RowMapper 인터페이스로 해결하기

DataClassRowMapper 클래스는 RowMapper 인터페이스를 구현하며, 구현된 메서드 내에서 레코드의 컬럼과 Entity의 필드를 연결하여 Entity 객체를 생성한다. 개발자가 RowMapper 인터페이스를 구현하면 레코드와 Entity 객체를 자유롭게 연결할 수 있으므로 이름이 다른 컬럼과 필드를 연결하거나 여러 Entity 객체로 변환할 수 있다. RowMapper 인터페이스를 구현한 코드를 살펴보자(예제 16-6).

```
public Reservation selectById(String id) { ❶
    return jdbcTemplate.queryForObject("SELECT ...", new ReservationRowMapper(),
id);
}


static class ReservationRowMapper implements RowMapper<Reservation> { ❷
    @Override
    public Reservation mapRow(ResultSet rs, int rowNum) throws SQLException {
        Reservation reservation = new Reservation(); ❸
        reservation.setId(rs.getString("r_id"));
        reservation.setStudentTypeId(rs.getString("r_student_type_id"));
        reservation.setName(rs.getString("r_name"));
        StudentType studentType = new StudentType(); ❹
        studentType.setId(rs.getString("st_id"));
        studentType.setCode(rs.getString("st_code"));
        studentType.setName(rs.getString("st_name"));
        reservation.setStudentType(studentType); ❺
        return reservation;
    }
}
```

❶은 Repository 클래스에서 정의한 selectById 메서드를 구현한다고 가정한다. Jdbc Template 클래스의 queryForObject 메서드의 첫 번째 인수로는 [예제 16-2]에서 소개한 SQL을 지정하고, 두 번째 인수로는 직접 만든 ReservationRowMapper 클래스의 객체를 전달한다. ReservationRowMapper 클래스는 ❷에 정의되어 있다. [예제 16-6]에서는 내부 클래스[95]로 정의했지만 파일을 분리해서 일반 클래스로 정의하거나 익명 클래스로 정의해도 상관없다. RowMapper 인터페이스에는 mapRow 메서드가 정의되어 있으며 ReservationRowMapper 클래스에서 mapRow 메서드를 구현하고 있다. mapRow 메서드는

----

95 클래스 안에서 정의된 클래스

JDBC 표준 API인 ResultSet 객체를 인수로 받아 하나의 레코드를 Entity 객체로 변환하는 처리를 작성한다. ❸에서는 Reservation 객체를 생성하고, 별명인 컬럼명을 사용하여 ResultSet 객체에서 컬럼의 값을 가져와 필드에 설정한다. ❹에서는 StudentType 객체를 생성하여 필드를 설정하고, ❺에서 StudentType 객체를 Reservation 객체에 설정한다. 이러한 처리에 의해 [그림 16-4]의 객체 구조를 실현할 수 있다.

16.6 일대다 변환

상황에 따라서는 하나의 Entity 객체가 List 타입 필드 등으로 여러 개의 Entity 객체를 참조하는 경우가 있을 것이다. 예를 들어 [그림 16-5]처럼 하나의 Training 객체가 List 타입 필드로 여러 개의 Reservation 객체를 보유하는 경우다.

그림 16-5 일대다 관계의 객체

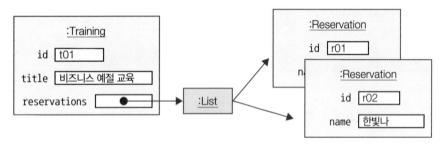

Training 클래스는 [예제 16-7]과 같다.

예제 16-7   Training 클래스

```
public class Training implements Serializable {
    private String id;
    private String title;
    private LocalDateTime startDateTime;
```

```
    private List<Reservation> reservations; ❶
    ... Getter · Setter 메서드
```

❶에서는 여러 개의 Reservation 객체를 보유하는 List 타입 필드를 정의한다. 덧붙여 Reservation 클래스는 [예제 16-3]과 같으며, 원본 데이터가 되는 레코드는 [그림 16-6] 과 같다.

그림 16-6 일대다의 레코드

training

id	title	start_date_time
t01	비즈니스 예절 교육	2021/1/20

reservation

id	training_id	name
r01	t01	김철수
r02	t01	한빛나

training 테이블의 기본 키 id와 reservation 테이블의 외래 키 training_id로 JOIN한 SQL로 레코드를 가져온다. SQL 구문은 [예제 16-8]과 같다.

예제 16-8 일대다 레코드를 가져오는 SQL

```
SELECT
    t.id AS t_id,
    t.title AS t_title,
    t.start_date_time AS t_start_date_time,
    r.id AS r_id,
    r.training_id AS r_training_id,
    r.name AS r_name
FROM
    training t
    LEFT OUTER JOIN reservation r
    ON t.id = r.training_id
where
    t.id = 't01'
```

컬럼명이 중복되지 않도록 별명을 붙였다. 가져온 레코드는 [그림 16-7]과 같다.

그림 16-7 JOIN한 일대다 레코드

training

id	title	start_date_time
t01	비즈니스 예절 교육	2021/1/20

reservation

id	training_id	name
r01	t01	김철수
r02	t01	한빛나

t_id	t_title	t_start_date_time	r_id	r_training_id	r_name
t01	비즈니스 예절 교육	2021/1/20	r01	t01	김철수
t01	비즈니스 예절 교육	2021/1/20	r02	t01	한빛나

일대다 JOIN의 경우 가져오는 레코드 수는 '다' 쪽 테이블(여기서는 reservation 테이블)의 레코드 수와 같다. '일' 쪽 테이블(여기서는 training 테이블)이 가진 칼럼에 대해서는 데이터가 중복되는 형태가 된다. [그림 16-7]에서는 reservation 테이블의 레코드 2개가 연결되어 있어 가져온 레코드가 2개가 되었다. training 테이블의 칼럼 부분에 대해서는 값이 중복되어 있다.

16.7 ResultSetExtractor 인터페이스

[그림 16-7]에서 가져온 레코드를 객체로 변환하는 경우 앞서 설명한 RowMapper 인터페이스를 사용할 수 없다. RowMapper 인터페이스로는 레코드 한 개에 대한 처리만 작성할 수 있다. 일대다 객체로 변환할 때는 여러 개의 레코드를 한꺼번에 변환하여 [그림 16-5]와 같은 일대다 객체를 생성해야 한다.

일대다 객체로 변환할 때는 ResultSetExtractor 인터페이스를 사용하는데, ResultSetExtractor 인터페이스에는 가져온 모든 레코드를 일괄적으로 변환하기 위한 메서드가 정의되어 있다. 이 메서드를 구현하여 일대다 객체를 생성하는 형태가 된다. [예제 16-9]를 살펴보자.

예제 16-9 일대다 객체의 변환

```java
public Training selectById(String id) { ❶
    return jdbcTemplate.query("SELECT ...", new TrainingResultSetExtractor(), id);
}
static class TrainingResultSetExtractor implements ResultSetExtractor<Training>
{ ❷
    @Override
    public Training extractData(ResultSet rs) throws SQLException,
DataAccessException {
        Training training = null;
        while(rs.next()) { ❸
            if (training == null) {
            training = new Training(); ❹
            training.setReservations(new ArrayList<>());
            training.setId(rs.getString("t_id"));
            training.setTitle(rs.getString( "t_title"));
            training.setStartDateTime(rs.getTimestamp("t_start_date_time").
toLocalDateTime());
            }
        Reservation reservation = new Reservation(); ❺
        reservation.setId(rs.getString("r_id"));
        reservation.setTrainingId(rs.getString("r_training_id"));
        reservation.setName(rs.getString("r_name"));
        training.getReservations().add(reservation); ❻
        }
    return training;
    }
}
```

❶은 Repository 클래스의 selectById 메서드를 구현한 것이다. JdbcTemplate 클래스의 query 메서드의 첫 번째 인수로는 [예제 16-8]의 SQL을 전달하고, 두 번째 인수로는 ResultSetExtractor 인터페이스를 구현한 TrainingResultSetExtractor 객체를 전달한다. TrainingResultSetExtractor 클래스는 ❷에 정의되어 있으며, extractData 메서드를 구현한다. extractData 메서드의 인수로는 ResultSet 객체가 전달된다. 이 메서드 안에서는 ❸과 같이 ResultSet의 커서(레코드의 위치)를 이동시키면서 객체를 생성해간다. 일대다에서 '일'에 해당하는 Training 객체는 첫 번째 레코드를 사용해 객체를 하나 생성한다(❹). '다'에 해당하는 Reservation 객체는 가져온 레코드의 수만큼 객체를 생성하고(❺), Reservation 객체가 가진 List 객체에 추가한다(❻).

16.8 실제 개발 프로젝트에 적용하기

스프링 JDBC는 사용법이 간편해서 쉽게 익힐 수 있지만 계획 없이 사용하면 반복되는 코드가 많아져 유지 보수성이 저하될 수 있다. 예를 들어 여러 SELECT 문에서 동일한 Entity 객체로 변환해야 하는 경우에는 RowMapper 인터페이스나 ResultSetExtractor 인터페이스의 구현 클래스를 잘 활용하지 않으면 비슷한 클래스를 반복적으로 양산하게 된다. 이러한 처리를 효율적으로 공통화하여 계획적으로 사용하는 것이 좋다.

실습

1302-shopping-join에 이 장의 실습 과제가 준비되어 있으니 꼭 도전해보자.

데이터베이스 접근 시 예외 처리

데이터베이스 접근 시 발생하는 예외는 사용하는 데이터베이스 접근 방식에 따라 달라진다. 스프링은 이러한 예외들을 범용 예외 클래스의 예외로 변환해준다. 그러면 예외를 처리하는 쪽에서는 데이터베이스 접근 방식에 신경 쓸 필요가 없어진다. 이 장에서는 스프링이 제공하는 데이터베이스 접근과 관련된 예외를 설명하고 장점과 처리 지침을 소개한다.

17.1 데이터베이스 접근 방식과 예외 문제

데이터베이스 접근 오류가 발생했을 때 던져지는 예외 클래스는 사용하는 접근 방식에 따라 다르다. 예를 들어 자바 표준 JDBC의 API를 직접 사용하는 경우에는 SQLException 클래스의 예외가 발생하며, MyBatis[96]를 사용하는 경우에는 PersistenceException 클래스의 예외가 발생한다. 이 외에도 다양한 데이터베이스 접근 방식이 있는데, 각각 예외 클래스가 다르다(그림 17-1).

그림 17-1 데이터베이스 접근 방식에 따른 예외

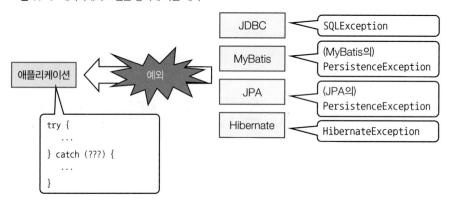

이 경우 예외를 처리하는 애플리케이션은 데이터베이스 접근 방식에서 제공하는 예외 클래스를 잡아야 하므로 데이터베이스 접근 방식에 의존적인 프로그램이 되어 버린다. 여기서 만약 데이터베이스 접근 방식을 바꾼다면 예외 처리 부분을 다시 수정해야만 한다.

17.2 범용 예외 클래스로 해결하기

스프링은 데이터베이스 접근 방식에 의존하지 않는 범용 예외 클래스를 제공한다. 스프링

---

96 옮긴이_ 자바 객체와 SQL의 자동 매핑을 지원하는 오픈 소스 지속성 프레임워크(Persistence Framework)다. *https://mybatis. org/mybatis-3/index.html*

의 기능(예 스프링 JDBC나 MyBatis 등 다른 라이브러리와의 연동 기능)을 사용하면 발생한 예외를 범용 예외로 변환해준다. 이 경우 데이터베이스 접근 방식을 변경해도 애플리케이션의 예외 처리는 스프링의 범용 예외 클래스만 잡아서 처리하면 되므로 영향을 받지 않는다 (그림 17-2).

그림 17-2 범용적인 예외

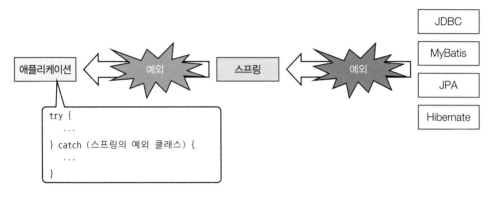

17.3 DataAccessException 클래스의 대표적인 서브 클래스

스프링에서 제공하는 데이터베이스 접근 관련 범용 예외 클래스는 DataAccessException 클래스를 상속하는데, DataAccessException 클래스를 상속한 예외 서브 클래스가 오류 원인별로 제공된다.

예를 들어 SQL의 문법 오류를 나타내는 BadSqlGrammarException 클래스, 키의 중복을 나타내는 DuplicateKeyException 클래스, 데이터베이스 접근 실패를 나타내는 DataAccessResourceFailureException 클래스 등이 있다(그림 17-3).

그림 17-3 스프링이 제공하는 데이터베이스 관련 예외

그림 17-3 스프링이 제공하는 데이터베이스 관련 예외

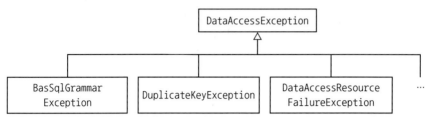

예외를 처리하는 애플리케이션은 처리하고 싶은 오류의 원인에 따라 해당 예외 클래스를 잡으면 된다.

17.4 DataAccessException 클래스의 처리 흐름

DataAccessException 클래스는 비검사 예외[unchecked exception][97]로 제공된다. 따라서 예외를 처리할 수 없다면 try~catch 문으로 예외를 잡을 필요는 없다. 처리할 수 있는 예외를 처리하고 싶은 곳에서 잡으면 된다. [그림 17-4]에 예외 처리의 흐름을 나타냈다.

그림 17-4 예외를 처리하는 흐름

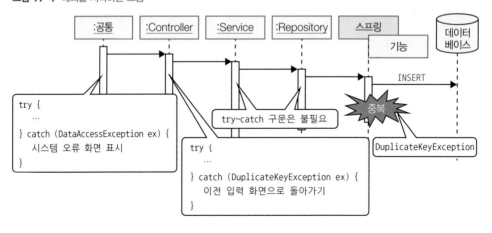

---

97 [3부 부록]의 〈A.8 검사 예외와 비검사 예외〉 참고

[그림 17-4]는 일반적인 웹 애플리케이션의 처리 흐름을 나타낸 것으로, Controller, Service, Repository 객체의 순서로 처리되며, Repository 객체는 스프링의 기능(다른 라이브러리와의 연동 기능을 포함)을 사용하여 데이터베이스에 접근한다.

가령 INSERT 문으로 데이터를 등록하고자 할 때 사용자가 입력한 키가 중복되어 오류가 발생했다면 스프링은 데이터베이스 접근 기능에서 던지는 예외를 DuplicateKeyException 객체로 변환해준다. 사용자가 입력한 키가 중복되었을 때 이전 입력 화면으로 돌아가서 중복되었다고 메시지를 표시하고 싶다고 해보자. 이전 입력 화면으로 되돌리는 처리는 Repository 클래스나 Service 클래스에서 할 수 없으므로 Repository 클래스나 Service 클래스에는 try~catch 문을 작성하지 않는다. 반면에 Controller 클래스에서는 이전 입력 화면으로 되돌리는 처리를 할 수 있으므로 Controller 클래스에 try~catch 문을 작성하고 DuplicateKeyException 객체를 잡아 이전 입력 화면으로 되돌리는 처리를 한다.

물론 Controller 클래스가 데이터베이스 접근과 관련된 모든 예외를 처리할 수 있는 것은 아니다. 예를 들어 애초에 데이터베이스에 접속할 수 없는 경우 DataAccessResourceFailureException 클래스는 Controller 클래스에서 잡아도 해결할 수 없다. 이러한 예외는 공통 처리로 잡아서 관리자에게 연락을 유도하는 시스템 오류 화면을 표시하는 등의 방식으로 해결하는 것이 좋다. 공통 처리에서 데이터베이스 접근과 관련된 모든 예외의 상위 클래스인 DataAccessException 클래스를 잡을 수 있게 한다면 개별 처리(Controller, Service, Repository 클래스의 처리)에서 핸들링되지 않은 모든 데이터베이스 접근 예외를 잡아낼 수 있다. 이 책에서는 공통 처리 작성 방법은 생략하지만 관심이 있다면 꼭 찾아보기 바란다 (@ControllerAdvice를 키워드로 검색해보자).

또한 이 장의 예제에서는 Controller 클래스에서 데이터베이스 접근 예외를 잡고 있지만 데이터베이스 접근은 Controller 클래스의 책임과는 관련이 적으므로 Controller 클래스에서 데이터베이스 접근 예외를 잡아서는 안 된다고 생각할 수도 있다.

이 경우는 데이터베이스 접근 예외를 Service 클래스에서 잡고, Service 클래스가 입무적인 자체 예외로 변환하여 던져주면 이를 Controller 클래스가 잡아서 처리하는 형태가 된다.

실습

1401-training-data-exception에 이 장의 실습 과제가 준비되어 있으니 꼭 도전해보자.

트랜잭션 전파

스프링이 제공하는 트랜잭션 제어 기능에는 **전파**propagation 라는 개념이 있으며, 애플리케이션의 요구 사항에 따라 전파 설정이 필요한 경우가 있다. 이 장에서는 전파의 개념을 설명하고, 주요 설정의 종류와 사용 사례를 소개한다.

18.1 트랜잭션 전파란?

[그림 18-1]을 보며 트랜잭션 전파[98]의 의미를 알아보자.

그림 18-1 트랜잭션의 전파

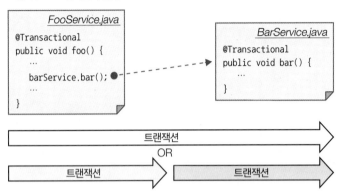

[그림 18-1]에서는 @Transactional을 붙인 foo 메서드(FooService 클래스) 안에서 @Transactional을 붙인 bar 메서드(BarService 클래스)를 호출하고 있다. foo 메서드에 @Transactional이 붙어있으므로 foo 메서드가 호출된 시점에 스프링은 자동으로 트랜잭션을 시작한다. foo 메서드 안에서 호출되는 bar 메서드에도 @Transactional이 붙어있다. bar 메서드가 호출됐을 때 foo 메서드에서 시작된 트랜잭션 안에서 bar 메서드의 처리를 하는 것을 트랜잭션 전파라고 한다(foo 메서드에서 시작된 트랜잭션을 bar 메서드에 전파한다는 느낌이다).

개발자는 트랜잭션을 전파시킬 것인지, 전파하지 않고 새롭게 다른 트랜잭션을 시작할지 선택할 수 있다.

---

98 https://docs.spring.io/spring-framework/reference/data-access/transaction/declarative/tx-propagation.html

18.2 트랜잭션 전파 설정하기

트랜잭션 전파는 [그림 18-2]처럼 @Transactional의 propagation 속성으로 설정할 수 있다.

그림 18-2 트랜잭션 전파 설정

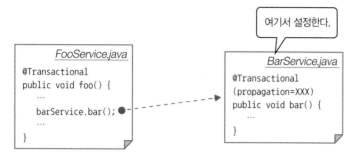

호출되는 쪽인 bar 메서드의 @Transactional에서 설정한다. 트랜잭션 전파의 설정 값은 모두 7가지이지만 실제 개발 프로젝트에서 모두 사용되지는 않는다. 여기서는 일반적으로 많이 사용되는 설정 값인 REQUIRED와 REQUIRES_NEW 두 가지를 설명한다.

18.3 REQUIRED의 동작

REQUIRED는 기본 설정이며, propagation 속성을 지정하지 않으면 자동으로 REQUIRED로 동작한다.

REQUIRED 설정을 한 경우 호출자에서 이미 트랜잭션이 시작되었다면 호출된 메서드도 같은 트랜잭션 안에서 처리된다. 새로운 트랜잭션은 시작되지 않는다. [그림 18-3]에서는 호출자인 foo 메서드에서 트랜잭션이 시작되었기 때문에 호출된 bar 메서드도 같은 트랜잭션에서 처리가 이루어진다.

그림 18-3 REQUIRED의 동작(전파되는 패턴)

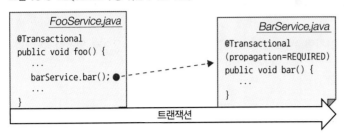

bar 메서드가 정상적으로 종료된 후에 foo 메서드의 계속된 처리 과정에서 예외가 발생하여 롤백된 경우 bar 메서드 안에서 업데이트한 내용도 롤백된다. 또한 [그림 18-3]의 bar 메서드에 @Transactional을 명시적으로 "propagation=REQUIRED"로 지정했지만 REQUIRED는 기본값이므로 실제로는 명시적으로 지정할 필요가 없다.

반대로 호출 측에서 트랜잭션이 시작되지 않은 경우에는 새로 트랜잭션이 시작된다. [그림 18-4]에서는 호출자의 abc 메서드에서 트랜잭션이 시작되지 않았기 때문에 bar 메서드가 호출된 시점에 새로 트랜잭션이 시작된다.

그림 18-4 REQUIRED의 작동(트랜잭션이 시작되는 패턴)

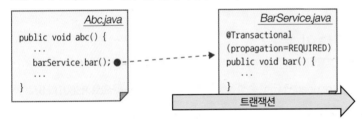

REQUIRED의 의미는 트랜잭션이 전파되었는지 여부에 관계없이 트랜잭션 제어가 필요하다는 뜻이다.

18.4 REQUIRES_NEW의 동작

REQUIRES_NEW는 실제 개발 프로젝트에서 자주 사용되는 설정 값이다. REQUIRES_NEW를 지정하면 호출한 곳에서 이미 트랜잭션이 시작되었는지 여부에 관계없이 항상 새로운 트랜잭션이 시작된다. [그림 18-5]에서는 호출자인 foo 메서드에서 트랜잭션이 시작되었지만 bar 메서드로 트랜잭션이 전파되지 않고 새로운 트랜잭션이 시작된다.

그림 18-5 REQUIRES_NEW의 동작(호출한 곳에서 이미 트랜잭션이 시작된 상황)

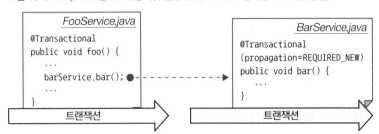

bar 메서드가 정상적으로 종료된 시점에 bar 메서드의 트랜잭션이 커밋되므로 foo 메서드의 후속 처리에서 예외가 발생하여 롤백되더라도 bar 메서드 내에서 갱신한 내용은 롤백되지 않는다.

또한 [그림 18-6]과 같이 호출자인 abc 메서드에서 트랜잭션이 시작되지 않은 경우 bar 메서드가 호출된 시점에 트랜잭션이 시작된다.

그림 18-6 REQUIRES_NEW의 동작(호출한 곳에서 트랜잭션이 시작되지 않은 경우)

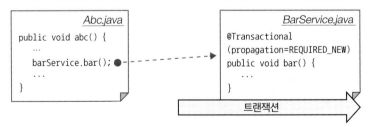

18.5 REQUIRES_NEW가 필요한 상황

기본값인 REQUIRED를 사용하면 대부분 문제가 없지만 REQUIRES_NEW 설정이 필요한 상황도 있다. 예를 들어 감사 로그를 데이터베이스에 등록하는 경우를 생각해보자. 감사 로그는 언제, 어떤 사용자가, 어떤 기능을 사용했는지 기록해두었다가 시스템이 제대로 사용되고 있는지 평가할 때 정보가 되는 로그를 의미한다.

[그림 18-7]과 같이 업무 로직인 Service 객체가 감사 로그를 등록하는 감사 Service 객체의 처리를 호출한다고 가정해보자.

그림 18-7 감사 로그 처리의 호출

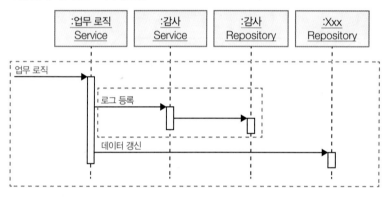

가령 감사 Service 객체의 '로그 등록' 메서드에 기본값인 REQUIRED가 설정된 경우 로그 등록 처리가 끝난 후 업무 로직의 후속 처리('데이터 갱신' 부분)에서 예외가 발생하면 로그 등록 처리도 롤백된다. 원래는 업무 로직이 오류로 종료되더라도 감사 로그는 기록해두어야 한다.

이에 대한 대응책으로 감사 Service 객체의 로그 등록 메서드 처리가 롤백되지 않도록 로그 등록 메서드에 REQUIRES_NEW를 지정한다. REQUIRES_NEW를 지정하면 로그 등록 메서드가 종료된 시점에 데이터베이스에 커밋되므로 업무 로직의 후속 처리에서 예외가 발생하더라도 감사 로그는 기록된 상태로 유지된다.

18.6 주의 사항

REQUIRES_NEW를 사용할 때 무심코 잘못된 방식으로 사용하는 경우가 있다. [예제 18-1]의
코드를 살펴보자.

REQUIRES_NEW의 잘못된 사용법

```
@Service
public class FooService {
    @Transactional ❶
    abc메서드 {
        ...
        def메서드();
        ...
    }

    @Transactional(propagation = REQUIRES_NEW)
    def메서드{
        ...
    }
}
```

FooService 클래스에는 @Transactional이 지정된 메서드가 두 개 있다. ❶에서는 abc 메
서드에서 def 메서드를 호출하고 있다. abc 메서드가 호출되는 시점에 트랜잭션이 시작되지
만 def 메서드에는 REQUIRES_NEW가 지정되어 있으므로 def 메서드가 호출될 때 새로운 트
랜잭션이 시작될 것으로 보인다. 하지만 실제로는 abc 메서드에서 def 메서드를 호출해도 새
로운 트랜잭션이 시작되지 않는다. 그 이유는 [그림 18-8]에서 설명한다.

그림 18-8 트랜잭션이 시작되지 않는 이유

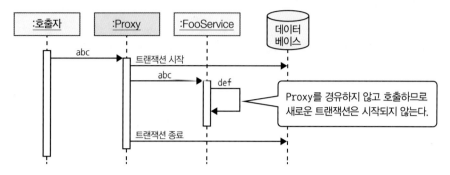

⟨9장 선언적 트랜잭션⟩에서 트랜잭션 제어는 Proxy 객체가 수행한다고 설명했다. Foo Service 객체가 호출될 때 Proxy 객체가 FooService 객체의 호출자에 인젝션되고, Foo Service 객체의 메서드가 호출될 때 Proxy 객체가 중개하여 트랜잭션 제어를 수행한다.

하지만 [그림 18-8]과 같이 FooService 객체가 자체적으로 가지고 있는 다른 메서드 (def 메서드)를 호출할 경우 Proxy 객체가 처리를 중개할 수 없다. 따라서 def 메서드에 REQUIRES_NEW가 지정되어 있더라도 Proxy 객체가 중개하지 않기 때문에 새로운 트랜잭션이 시작되지 않는다.

만약 def 메서드의 처리에서 새로운 트랜잭션을 시작하고 싶다면 [예제 18-2]와 같이 def 메서드를 포함한 별도의 클래스(BarService 클래스)를 만들어 FooService 객체에 인젝션 하는 것이 좋다.

예제 18-2 REQUIRES_NEW의 올바른 사용법

```java
@Service
public class FooService {
    private final BarService barService;
    public FooService(BarService barService) {
        this.barService = barService;
    }

    @Transactional
```

```
    abc메서드 {

        ...

        barService.def메서드();

        ...

    }

}
```

```
@Service
public class BarService {

    @Transactional(propagation = REQUIRES_NEW)

    def메서드{

        ...

    }

}
```

그러면 생성된 BarService 객체에 대해 Proxy 객체가 생성되며 FooService 객체에 인젝션된다. 이제 FooService 객체에서 def 메서드를 호출했을 때 [그림 18-9]와 같이 Proxy 객체가 처리를 중개하므로 새로운 트랜잭션을 시작할 수 있다.

그림 18-9 클래스 분할

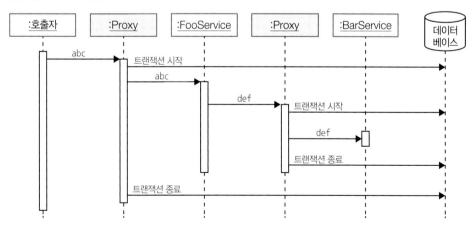

1501-training-propagation에 이 장의 실습 과제가 준비되어 있으니 꼭 도전해보자.

세션 스코프

세션 스코프는 접속한 브라우저별 고유 정보를 여러 요청에 걸쳐 서버 측에서 관리하기 위한 자바 표준 메커니즘이다. 예를 들어 장바구니의 데이터는 세션 스코프로 관리하기에 적합하다. 이 장에서는 스프링 MVC를 사용하여 세션 스코프를 다루는 방법을 설명한다.

19.1 세션 스코프란?

세션 스코프session scope를 사용하면 접속한 브라우저별 고유 정보를 서버 측에서 관리할 수 있다. [그림 19-1]과 같이 A와 B의 브라우저가 접속한 경우 애플리케이션 안에서 A와 B의 세션 스코프가 각각 준비된다.

그림 19-1 세션 스코프

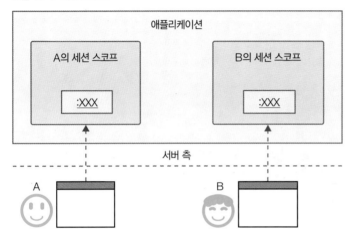

또한 세션 스코프는 여러 요청에 걸쳐 데이터가 유지된다. [그림 19-2]로 세션 스코프와 요청의 관계를 확인해보자.

그림 19-2 세션 스코프와 여러 개의 요청

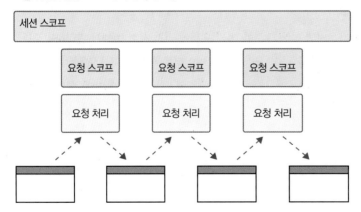

[그림 19-2]에서는 세 개의 요청이 전송되고 있다. 세션 스코프는 세 개의 요청 모두에 걸쳐 데이터를 유지할 수 있다. 또한 요청마다 데이터를 저장하는 요청 스코프^{request scope}라는 자바 표준 메커니즘도 있다.

〈11장 스프링 MVC + Thymeleaf〉에서 학습한 Model도 데이터를 저장하는 역할을 하지만 Model 객체는 요청마다 새로 생성되고 응답을 반환하면 소멸되므로 요청 간에 데이터를 공유할 수 없다.

19.2 세션 스코프 활용 사례

세션 스코프는 장바구니를 통한 주문과 같이 여러 화면에 걸쳐서 완료되는 기능에 많이 사용된다. [그림 19-3]은 장바구니에서 사용하는 세션 스코프를 나타낸 것이다.

그림 19-3 장바구니에서 사용하는 세션 스코프

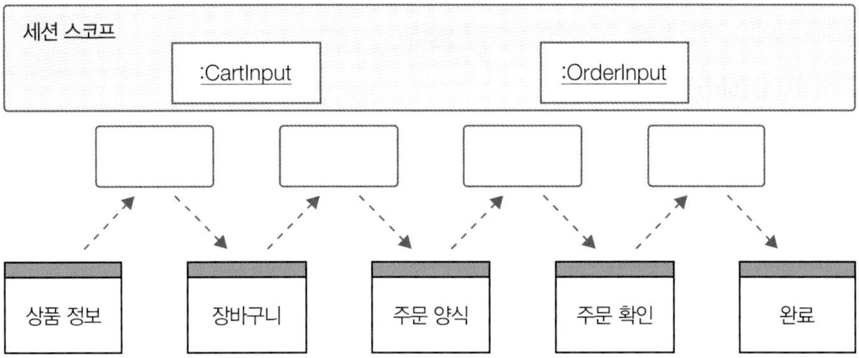

[그림 19-3]은 온라인 쇼핑 웹 애플리케이션의 동작을 예로 든 것이다. 왼쪽 하단의 상품 정보 화면에서 상품을 장바구니에 담는 요청을 보내면 다음 화면에서 장바구니에 담긴 상품이 표시된다. 이때 서버 측에서는 장바구니에 담긴 상품 정보를 세션 스코프에 저장한다. 여기서는 CartInput이라는 Input 객체가 장바구니에 담긴 상품 정보를 가지고 있다고 가정

한다. 주문 절차를 진행하면 주문 양식이 표시되고, 사용자는 이름, 주소 등의 정보를 입력한다. 입력 후 제출하면 주문 확인 화면이 나온다. 이때 서버에서는 사용자가 입력한 정보를 OrderInput 객체에서 저장하고, OrderInput 객체를 세션 스코프로 관리한다. 주문 확인 화면에서 주문 확정 버튼을 누르면 서버에서는 세션 스코프에 있는 CartInput 객체와 OrderInput 객체를 이용해 확정 처리를 하고 데이터베이스 갱신 등을 수행한다. 그런 다음 완료화면을 표시한다. 이제 CartInput 객체와 OrderInput 객체는 더 필요하지 않으므로 세션 스코프에서 삭제해 메모리를 확보한다(삭제하지 않으면 계속 남아서 메모리를 낭비한다).

19.3 스프링 MVC와 세션 스코프

이제부터는 스프링 MVC에 대한 이야기로 들어간다. 스프링 MVC에서 세션 스코프를 다루는 방법은 다음과 같다.

- **세션 스코프의 Bean을 사용하는 방법**
  각 세션 스코프마다 개별 객체를 관리해주는 Bean을 사용한다.

- **@SessionAttributes를 사용하는 방법**
  Model 객체에 저장된 데이터를 자동으로 세션 스코프에도 저장할 수 있다.

- **자바 표준 HttpSession 인터페이스를 사용하는 방법**
  자바에서 제공하는 HttpSession 인터페이스를 사용하여 세션 스코프를 조작한다(앞의 두 가지 방법에도 내부적으로는 HttpSession 인터페이스가 사용된다).

이 책에서는 첫 번째 방법인 세션 스코프의 Bean을 사용하는 방법에 관해 설명한다.

19.4 세션 스코프의 Bean

세션 스코프의 Bean은 세션 스코프마다 개별 객체를 관리해주는 Bean이다. [예제 19-1]처럼 클래스에 @SessionScope를 붙여 Bean으로 정의하면 된다.

예제 19-1　세션 스코프의 Bean 정의

```
@Component
@SessionScope
public class ReservationSession {
    private ReservationInput reservationInput;
    ... Getter · Setter 메서드
}
```

Bean 정의 방법은 관계없지만 [예제 19-1]에서는 스테레오타입 애너테이션인 @Component 로 Bean을 정의하고 있다. 또한 @SessionScope를 붙였으므로 ReservationSession 객체가 세션 스코프별로 생성된다.

[예제 19-1]을 정의하면 DI 컨테이너를 생성할 때 내부에서 스프링이 자동으로 생성한 Proxy라는 클래스의 객체가 Bean으로 등록된다. Proxy 객체의 동작에 관해서는 다음 절에서 설명한다.

19.5 세션 스코프의 Proxy

자동 생성된 Proxy 클래스는 개발자가 Bean으로 정의한 클래스([예제 19-1]의 Reservation Session 클래스)를 상속한다. 따라서 ReservationSession 클래스와 동일한 메서드를 가지고 있다. [그림 19-4]에서 Proxy 객체의 동작을 살펴보자.

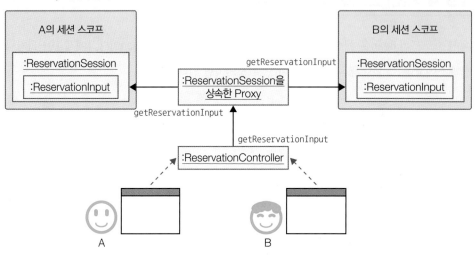

[그림 19-4]의 한가운데 있는 것이 ReservationSession 클래스를 상속한 Proxy 클래스의 객체다. DI 컨테이너에는 Proxy 객체가 Bean으로 등록되므로 ReservationSession 객체를 인젝션하는 쪽([그림 19-4]에서는 ReservationController 객체)에는 Proxy 객체가 인젝션된다. A의 브라우저에서 요청을 보내면 ReservationController 객체가 Proxy 객체의 getReservationInput 메서드를 호출하는데, 이때 Proxy 객체는 A의 브라우저용 세션 스코프 내의 ReservationSession 객체를 참조하여(존재하지 않으면 생성하여) getReservationInput 메서드를 호출한다. B의 요청인 경우 Proxy 객체는 B의 세션 스코프 내의 ReservationSession 객체를 참조한다. Proxy 객체의 활약으로 세션 스코프마다 다른 ReservationSession 객체를 사용할 수 있게 된 것이다.

19.6 세션 스코프의 Bean 정의

세션 스코프의 Bean을 정의하는 구체적인 코드는 [예제 19-2]와 같다.

```
@Component
@SessionScope ①
@SuppressWarnings("serial") ②
public class ReservationSession implements Serializable { ③
    private ReservationInput reservationInput; ④
    public ReservationInput getReservationInput() {
        return reservationInput;
    }
    public void setReservationInput(ReservationInput reservationInput) {
        this.reservationInput = reservationInput;
    }
    public void clearData() { ⑤
        reservationInput = null;
    }
}
```

①은 앞서 설명한 @SessionScope다. ②, ③은 세션 스코프의 Bean과는 별개의 이야기지만 자바가 제공하는 직렬화[99]를 사용하기 위한 기술이다. 세션 스코프에 저장할 객체는 직렬화 할 필요가 있다.

④에서 ReservationInput 클래스의 필드를 정의하고 있다. ReservationInput 클래스는 수강 신청 시 사용자가 입력한 정보(이름, 전화번호 등)를 저장한다고 가정한다.

⑤에서 정의한 clearData 메서드는 필드에 null을 대입하는 메서드다. 세션 스코프의 데이터는 서버의 메모리를 소비하므로 필요가 없어지면 폐기해야 한다. 원래는 세션 스코프에 있는 ReservationSession 객체를 폐기하고 싶지만 세션 스코프의 Bean을 사용하는 경우에는 세션 스코프에 있는 ReservationSession 객체를 삭제할 수 없다. 따라서

---

99 [3부 부록]의 〈A.22 Serializable〉 참고

ReservationSession 객체가 필드로 가진 ReservationInput 객체를 폐기(null을 대입)하는 것으로 대응한다. clearData 메서드는 적절한 타이밍에 개발자가 호출하는 메서드이므로 메서드 이름을 임의로 부여할 수 있다.

19.7 세션 스코프의 Bean 인젝션

세션 스코프의 Bean을 정의했다면 세션 스코프의 Bean을 임의의 Bean에 인젝션할 수 있다. [예제 19-3]에서 확인해보자.

예제 19-3 　세션 스코프의 Bean 인젝션

```
@Controller
public class ReservationController {
    private final ReservationService reservationService;
    private final ReservationSession reservationSession; ①

    public ReservationController(
ReservationService reservationService, ReservationSession reservationSession) { ②
    this.reservationService = reservationService;
    this.reservationSession = reservationSession;
    }
    ...
}
```

[예제 19-3]에서는 세션 스코프의 Bean을 Controller 객체에 인젝션한다. ①에서 Reservation Session 타입 필드를 정의하고, ②에서 생성자의 인수로 인젝션하고 있다. 실제로 주입되는 객체는 ReservationSession 클래스를 상속한 Proxy의 객체가 된다.

19.8 세션 스코프의 Bean 조작

인젝션한 세션 스코프의 Bean은 원하는 타이밍에 사용하면 된다. 여기서는 다음 3가지 타이밍에 사용한다.

- 사용자가 신청 정보를 입력한 시점에 ReservationInput 객체를 저장한다.

- 신청 확정 시 ReservationInput 객체를 가져온다.

- 신청 완료 시 ReservationInput 객체를 삭제한다.

19.8.1 사용자 입력 시 ReservationInput 객체를 저장한다

사용자가 입력한 신청 내용은 요청 파라미터로 전송되며, 스프링에 의해 ReservationInput 객체로 변환되어 핸들러 메서드 인수로 받을 수 있다. [예제 19-4]를 살펴보자.

예제 19-4 신청 내용을 저장한다.

```
@PostMapping("/reservation/validate-input")
public String validateInput(@Validated ReservationInput reservationInput, ❶
    BindingResult bindingResult, Model model) {
  if (bindingResult.hasErrors()) {
    List<StudentType> studentTypeList =
        reservationService.findAllStudentType();
    model.addAttribute("studentTypeList", studentTypeList);
    return "reservation/reservationForm";
  }
  ...
  reservationSession.setReservationInput(reservationInput); ❷
  return "reservation/reservationConfirmation";
}
```

[예제 19-4]는 사용자가 입력한 수강 신청 정보를 받는 핸들러 메서드다. ①에서 Reserva-tionInput 객체를 인수로 받고 있다. 입력 검사에서 오류가 없으면 ②로 넘어간다.

②에서는 세션 스코프의 Bean이 가진 Setter 메서드(setReservationInput)를 호출하고 있다. 배후에서는 [그림 19-5]처럼 Proxy 객체의 setReservationInput 메서드가 호출되고, 이어서 세션 스코프 내 ReservationSession 객체의 setReservationInput 메서드가 호출된다.

그림 19-5 ReservationInput 객체의 저장

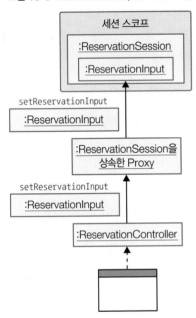

이로써 세션 스코프의 ReservationSession 객체 필드에 ReservationInput 객체가 저장된다.

19.8.2 신청 확정 시 ReservationInput 객체를 가져온다

신청을 확정할 때 수강 신청 정보를 가진 ResevationInput 객체를 가져온다. [예제 19-5]를 살펴보자.

세션 스코프의 Bean에서 수강 신청 정보를 가져온다.

```
@PostMapping(value = "/reservation/reserve", params = "reserve")
public String reserve(Model model) {
    ReservationInput reservationInput = reservationSession.getReservationInput(); ①
    Reservation reservation = reservationService.reserve(reservationInput);
    model.addAttribute("reservation", reservation);
    reservationSession.clearData();
    return "reservation/reservationCompletion";
}
```

[예제 19-5]는 신청 확정 시 호출되는 핸들러 메서드다. ①에서 세션 스코프의 Bean이 가진 Getter 메서드(getReservationInput)를 호출한다.

배후에서는 [그림 19-6]과 같이 Proxy 객체의 getReservationInput 메서드가 호출되고, Proxy 객체가 세션 스코프에 있는 ReservationSession 객체를 참조하여 Reservation Session 객체의 getReservationInput 메서드를 호출한다. 이를 통해 세션 스코프 내의 ReservationSession 객체가 가진 ReservationInput 객체를 가져올 수 있다.

그림 19-6 ReservationInput 객체 가져오기

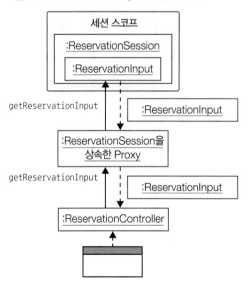

19.8.3 신청 완료 시 ReservationInput 객체를 삭제한다

신청이 완료되면 신청 내용이 저장된 ReservationInput 객체는 필요가 없어지므로 메모리에서 해제해야 한다. [예제 19-6]을 살펴보자.

예제 19-6 세션 스코프에서 신청 내용을 삭제한다.

```java
@PostMapping(value = "/reservation/reserve", params = "reserve")
public String reserve(Model model) {
    ReservationInput reservationInput = reservationSession.getReservationInput();
    Reservation reservation = reservationService.reserve(reservationInput);
    model.addAttribute("reservation", reservation);
    reservationSession.clearData(); ❶
    return "reservation/reservationCompletion";
}
```

[예제 19-6]은 [예제 19-5]를 다시 게시한 것이다. ❶에서 세션 스코프의 Bean에 준비해둔 clearData 메서드를 호출하고 있다. 배후에서는 [그림 19-7]과 같이 Proxy가 세션 스코프 안의 ReservationSession 객체를 가져와서 clearData 메서드가 호출된다.

그림 19-7 ReservationInput 객체 삭제

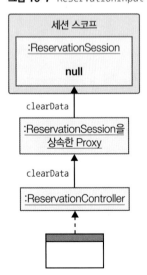

이제 세션 스코프 안의 ReservationSession 객체가 가진 ReservationInput 객체가 null
로 설정되어 메모리를 해제할 수 있다.

19.9 여러 개의 Controller에서 세션 스코프 Bean 공유하기

세션 스코프의 Bean은 여러 개의 Controller 객체에 인젝션하여 사용할 수도 있다. 예를 들
어 장바구니를 관리하는 Controller 클래스와 주문을 처리하는 Controller 클래스를 분
리해 양쪽에서 장바구니의 정보를 사용하는 경우에 효과적이다. [그림 19-8]에 여러 개의
Controller에서 세션 스코프를 공유하는 모습을 나타냈다.

그림 19-8 여러 개의 Controller에서 세션 스코프를 공유한다.

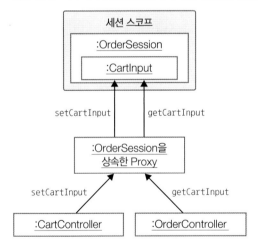

CartController 객체와 OrderController 객체가 세션 스코프의 Bean(OrderSession 클
래스에서 Bean을 정의했다고 가정한다)을 인젝션하고 있다. CartController 객체는 장바구
니 정보를 가진 CartInput 객체를 세션 스코프 내의 OrderSession 객체에 저장한다. Order
Controller 객체는 세션 스코프 내의 OrderSession 객체에서 CartInput 객체를 가져와 주

문을 처리한다. Proxy 객체가 참조하는 OrderSession 객체가 동일하므로 같은 CartInput 객체를 사용할 수 있다.

1601-training-mvc-session-scope에 이 장의 실습 과제가 준비되어 있으니 꼭 도전해보자.

플래시 스코프

플래시 스코프는 서버에서 여러 HTTP 요청에 걸쳐 데이터를 공유하기 위한 스프링의 독자적인 메커니즘이다. 세션 스코프와 비슷하게 HTTP 요청을 가로질러 데이터를 공유하는 측면이 있지만 사용하는 상황이 다르다. 이 장에서는 플래시 스코프를 사용하는 시나리오와 사용법을 설명한다. 먼저 플래시 스코프가 왜 필요한지부터 알아보자.

20.1 갱신 처리 후 화면 표시

갱신 관련 요청을 처리한 후에 완료 화면 등 다음 화면을 표시하는 경우 [그림 20-1]과 같은
흐름으로 화면을 표시할 수 있다.

그림 20-1 갱신 처리 후 화면 표시

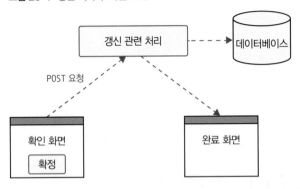

확인 화면에서 [확정] 버튼을 클릭하면 POST 요청이 전송된다. 서버 프로그램은 요청을 받아
들여 데이터베이스를 갱신한 후 완료 화면을 표시한다. 이때 완료 화면을 표시한 상태에서
사용자가 어떤 이유로 브라우저를 다시 불러오게 되면 동일한 POST 요청이 다시 전송된다.
이렇게 되면 이중으로 등록될 위험성이 있다(⑩ 같은 주문을 두 번 하는 등). 따라서 [그림
20-1]의 처리는 좋은 방법이 아니다.

20.2 리다이렉트로 해결하기(PRG 패턴)

앞에서 설명한 문제를 해결하는 일반적인 방법은 리다이렉트를 사용하는 것이다. HTTP의
기능 중 하나인 리다이렉트를 사용하면 일단 브라우저에 응답을 반환하고, 즉시 다른 요청을
브라우저가 보내게 할 수 있다. [그림 20-2]를 통해 자세히 알아보자.

그림 20-2 리다이렉트를 사용한 해결

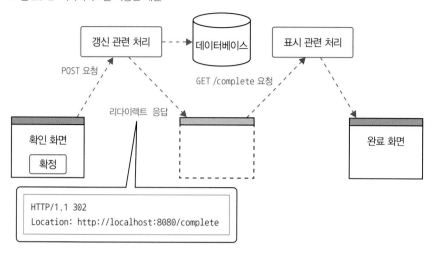

확인 화면의 [확정] 버튼을 클릭해 POST 요청이 전송되면 서버 측은 요청을 받아들여 데이터베이스를 갱신한다. 그 후 응답으로 완료 화면을 표시하는 게 아니라 리다이렉트(바로 다른 요청을 보내라)를 지시하는 응답을 반환한다. 리다이렉트 응답은 상태 코드 302(Found)의 응답으로 Location 헤더에 리다이렉트할 URL이 지정된다. 브라우저는 지정된 URL로 즉시 요청을 전송하는데, 이때 GET 요청을 보내는 것이 규칙이다. 이 요청을 서버 측에서 받아들여 완료 화면의 응답을 반환한다.

[그림 20-2]의 경우 완료 화면이 표시된 상태에서 새로고침이 되더라도 이중으로 갱신될 염려가 없다. 새로 불러올 때 전송되는 요청은 리다이렉트할 URL에 대한 GET 요청이기 때문이다. 완료 화면이 표시될 뿐 데이터베이스가 갱신되진 않는다.

[그림 20-2]처럼 리다이렉트를 이용해서 중복 갱신을 방지하는 방식을 PRG 패턴이라고 부른다. PRG는 'Post Redirect Get'의 머리글자로, 갱신 관련 POST 요청 후 리다이렉트해서 GET 요청을 전송하기 때문에 붙여진 이름이다.

20.3 리다이렉트 출발지와 목적지의 데이터 공유

여기서부터가 이 장의 본론이다. 리다이렉트 기능을 사용할 때 리다이렉트 출발지에서 준비한 데이터를 리다이렉트 목적지의 처리에서 사용하고 싶은 경우가 있다. 예를 들면 [그림 20-3]처럼 리다이렉트 출발지의 주문 확정 처리에서 발급한 주문 ID를 리다이렉트 목적지 화면에 표시하는 경우다.

그림 20-3 리다이렉트 출발지와 목적지에서 데이터를 공유한다.

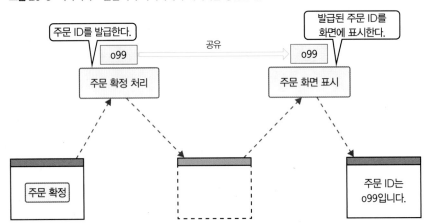

언뜻 보면 〈11장 스프링 MVC + Thymeleaf〉에서 학습한 Model을 사용하면 될 것 같다. Model은 핸들러 메서드에서 View로 데이터를 전달하는 상자 역할을 하지만 실제로는 리다이렉트 출발지와 목적지에서 Model을 사용해 데이터 공유를 할 수 없다. Model 객체는 요청할 때마다 새로 생성되고 응답을 반환하면 소멸하기 때문이다. 따라서 Model 객체를 이용해서는 리다이렉트 출발지와 리다이렉트 목적지에서 데이터를 공유할 수 없다.

〈19장 세션 스코프〉에서 설명한 세션 스코프를 사용하는 방법도 생각해볼 수 있지만 세션 스코프에 저장한 데이터는 명시적으로 삭제하지 않으면 서버 메모리에 계속 남아있게 된다. 삭제 누락을 없애기 위해 리다이렉트 목적지에서 처리가 끝났을 때 자동으로 폐기할 수 있으면 편리할 것이다.

20.4 플래시 스코프로 해결하기

이 문제를 해결하는 것이 스프링이 독자적으로 제공하는 플래시 스코프^{flash scope}라는 구조다. 플래시 스코프는 리다이렉트 시에 데이터를 공유하기 위한 상자와 같다. 플래시 스코프는 리다이렉트 출발지 페이지의 요청과 리다이렉트 목적지 페이지의 요청에서 공유하는 상자를 제공한다(그림 20-4).

그림 20-4 플래시 스코프

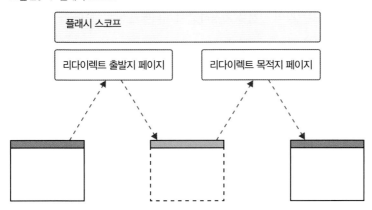

리다이렉트에 성공하여 요청이 종료되면 플래시 스코프는 자동으로 삭제된다.

20.5 PRG 패턴과 플래시 스코프 적용하기

우선 플래시 스코프 사용 전의 코드를 [예제 20-1]에서 살펴보자.

예제 20-1 플래시 스코프 사용 전

```
...
@PostMapping(value = "/reservation/reserve", params = "reserve")
public String reserve(Model model) {
```

```
    ReservationInput reservationInput = reservationSession.getReservationInput();
    Reservation reservation = reservationService.reserve(reservationInput);
    model.addAttribute("reservation", reservation);
    reservationSession.clearData();
    return "reservation/reservationCompletion";
}
...
```

핸들러 메서드의 reserve 메서드는 강의 신청을 확정하고 데이터베이스에 데이터를 등록하는 메서드다. 세션 스코프(〈19장 세션 스코프〉 참고)의 Bean(reservationSession 변수에 저장되어 있다고 가정한다)을 사용해 신청 정보를 꺼내고, Service 객체(reservationService 변수에 저장되어 있다고 가정한다)의 메서드 인수로 전달한다. Service 객체의 메서드 안에서는 데이터베이스에 신청 정보를 등록한다고 가정한다. 그런 다음 Model 객체에 Reservation 객체를 저장하여 세션 스코프의 데이터를 지우고, 완료 화면의 View 이름을 반환한다. 완료 화면 템플릿 파일에서는 [예제 20-2]처럼 Model 객체 중의 Reservation 객체를 참조하여 신청 ID를 삽입한다.

예제 20-2 완료 화면의 템플릿 파일(reservationCompletion.html)

```
...
신청 완료
신청 ID<span th:text="${reservation.id}"〉〈/span〉
...
```

이 코드는 [그림 20-5]처럼 PRG 패턴을 적용하지 않는 상태다.

그림 20-5 PRG 패턴이 적용되지 않은 상태

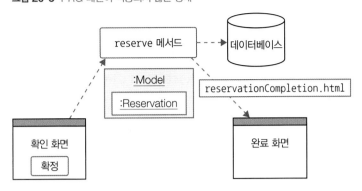

[예제 20-3]은 플래시 스코프를 사용해 PRG 패턴을 적용한 예다.

예제 20-3 플래시 스코프 사용 후

```
...
@PostMapping(value = "/reserve", params = "reserve")
public String reserve(RedirectAttributes redirectAttributes) { ❶
    ReservationInput reservationInput = reservationSession.getReservationInput();
    Reservation reservation = reservationService.reserve(reservationInput);
    redirectAttributes.addFlashAttribute("reservation", reservation); ❸
    reservationSession.clearData();
    return "redirect:/reservation/display-completion"; ❹
}

@GetMapping("/display-completion")
public String displayCompletion() { ❷
    return "reservation/reservationCompletion";
}
...
```

핸들러 메서드가 두 가지로 나뉘어져 있다. ❶의 reserve 메서드는 리다이렉트 출발지의 핸들러 메서드로, 강의 신청을 확정한다. ❷의 displayCompletion 메서드는 리다이렉트 목적지의 핸들러 메서드로, 완료 화면의 View 이름을 반환한다. ❶의 핸들러 메서드의 인수에는 RedirectAttributes 타입 인수가 정의되어 있는데, RedirectAttributes 객체는 플래시 스코프 상자를 관리하는 객체다.

❸에서 RedirectAttributes 객체의 addFlashAttribute 메서드에 데이터를 전달하면 전달한 데이터가 플래시 스코프에 보관된다. 데이터를 전달할 때 첫 번째 인수로 임의의 이름을 지정할 수 있다. ❸에서는 "reservation"이라는 이름을 지정했다(이름을 지정하지 않으면 클래스 이름의 소문자 문자열이 자동으로 이름으로 부여된다). 두 번째 인수로 플래시 스코프에 저장할 객체를 지정한다. 여기서는 Reservation 객체를 지정했다. ❹의 반환 값인 View 이름은 앞에 redirect:가 붙어있다. redirect:는 리다이렉트 응답을 반환하기 위한 스프링 MVC의 특수한 View 이름 표기법이다. redirect: 뒤에 리다이렉트 목적지의 경로(템플릿 파일 이름이 아니다)를 지정한다.

❷의 핸들러 메서드는 ❹에서 지정한 리다이렉트 목적지 경로에 대응한다. ❷의 핸들러 메서드가 호출된 타이밍에서는 플래시 스코프의 데이터가 Model 객체 안에 저장되어 있다. ❷의 핸들러 메서드에서는 특별히 Model 객체의 데이터를 다루지 않고, 완료 화면을 표시하는 View 이름을 반환한다. 완료 화면의 템플릿 파일에서는 [예제 20-2]와 같이 Model 객체 안의 Reservation 객체를 참조하여 신청 ID를 삽입한다. 이 Reservation 객체는 리다이렉트 출발지 핸들러 메서드가 RedirectAttribute 객체에 넣은 것이다. 플래시 스코프에 의해 리다이렉트 목적지에 전달되고 자동으로 Model 객체에 저장되므로 템플릿 파일에서 참조할 수 있게 된다(그림 20-6).

그림 20-6 PRG 패턴을 적용한 상태

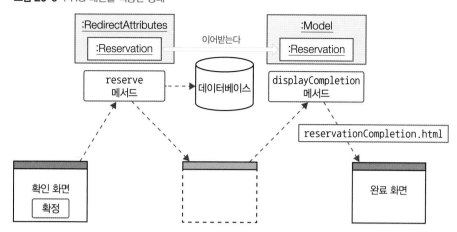

템플릿 파일에 의해서 HTML이 생성되고, 클라이언트에 응답이 반환되면 플래시 스코프는 자동적으로 폐기된다.

실습

1601-training-mvc-flash-scope에 이 장의 실습 과제가 준비되어 있으니 꼭 도전해보자.

Security Context 활용

스프링 시큐리티는 인증한 사용자의 정보를 Security Context라는 곳에 저장한다. 따라서 Security Context에 관해 알고 있으면 스프링 시큐리티를 사용하기 쉬워진다. 이 장에서는 Security Context의 개념과 Security Context에서 인증한 사용자의 정보를 가져오는 방법을 설명한다.

21.1 스프링 시큐리티의 필터

〈14장 스프링 시큐리티〉에서 설명한 것처럼 [그림 21-1]과 같이 스프링 시큐리티는 자바 표준 스펙인 서블릿 필터 기능으로 다양한 처리를 삽입한다.

그림 21-1 스프링 시큐리티의 필터

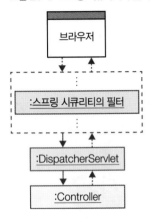

이 기능을 이용해 스프링 MVC가 제공하는 DispatcherServlet 객체 전후로 다양한 처리를 삽입한다.

21.2 인증한 사용자의 정보와 Security Context

스프링 시큐리티의 필터가 삽입하는 처리 중에는 인증 요청을 감지하고 인증하는 처리가 포함된다. 인증 처리에서 인증에 성공한 경우 사용자 정보(사용자 ID, 권한 등)가 Security Context라는 영역에 저장된다(그림 21-2).

Security Context 영역은 SecurityContext 인터페이스 타입의 객체로 제공되고, Security Context 객체는 세션 스코프에 저장된다. 인증된 사용자로부터 요청을 받으면 세션 스코프 내의 SecurityContext 객체를 확인해서 인증되었는지 판단한다.

그림 21-2 인증된 사용자의 정보와 SecurityContext 객체

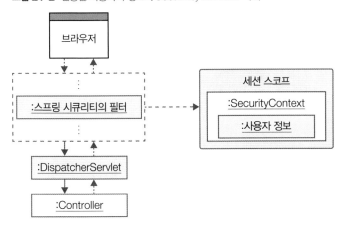

SecurityContext 객체 안의 사용자 정보는 Authentication 객체다(그림 21-3). Authentication의 대표적인 프로퍼티로는 사용자 ID가 저장된 name, 사용자 권한이 저장된 Authorities, 사용자 상세 정보가 저장된 principal이 있다.

그림 21-3 Authentication 객체

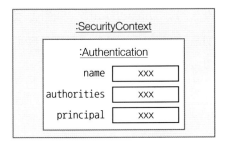

21.3 ThreadLocal과 Security Context

Security Context는 ThreadLocal[100]에도 저장된다. 따라서 요청을 처리하는 임의의 장소에서 SecurityContext 객체 안의 사용자 정보에 접근할 수 있다(그림 21-4).

---

100 [3부 부록]의 〈A.10 ThreadLocal〉 참고

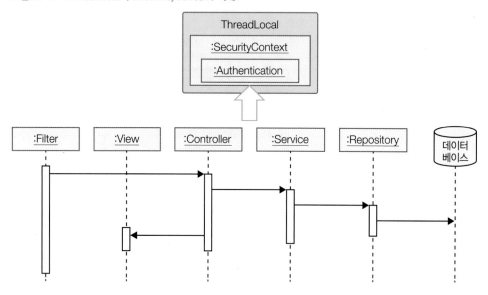

그림 21-4 ThreadLocal과 SecurityContext 객체

스프링 시큐리티의 필터에서 시작해서 Controller, Service, Repository, View 객체의 흐름으로 처리되는데, 인증된 사용자 정보(Authentication 객체)는 ThreadLocal을 사용해서 임의의 위치에서 가져올 수 있다. 다만 개발자가 직접 ThreadLocal을 사용하는 것이 아니라 스프링 시큐리티의 기능으로 간접적으로 ThreadLocal을 사용하는 형태가 된다. ThreadLocal 내의 Authentication 객체를 가져오는 주요 사례는 다음과 같다.

- Controller의 핸들러 메서드의 인수로 받는다.
- HTML에 사용자 정보를 삽입한다.
- SecurityContextHolder.getContext 메서드로 프로그램의 임의의 장소에서 가져온다.

21.4 Controller의 핸들러 메서드 인수로 받기

Controller 클래스의 핸들러 메서드 인수에서 Authentication 타입 인수를 정의하면

SecurityContext 객체 중 Authentication 객체가 인수로 전달된다. 코드는 [예제 21-1]
과 같다.

예제 21-1 Controller의 핸들러 메서드의 인수로 받는다.

```
@PostMapping(value = "/update", params = "update")
public String update(
        @Validated TrainingAdminInput trainingAdminInput,
        Authentication authentication) { ❶
    trainingAdminService.update(trainingAdminInput, authentication.getName()); ❷
    return "admin/training/updateCompletion";
}
```

❶에서 핸들러 메서드의 인수로서 Authentication 타입 인수를 정의한다. ❷에서
Authentication 객체가 가진 getName 메서드를 호출하여 사용자 ID를 가져온다. getName
메서드 외에도 인증한 사용자의 권한을 취득하는 getAuthorities 메서드, Principal 객체
를 가져오는 getPrincipal 메서드 등이 있다.

또한 Principal 객체를 직접 핸들러 메서드 인수로 받을 수도 있다. 코드는 [예제 21-2]와
같다.

예제 21-2 핸들러 메서드의 인수로 Principal 객체를 받는다.

```
@PostMapping(value = "/update", params = "update")
public String update(
        @Validated TrainingAdminInput trainingAdminInput,
        @AuthenticationPrincipal UserDetails userDetails) { ❶
    trainingAdminService.update(trainingAdminInput, userDetails.getUsername()); ❷
    return "admin/training/updateCompletion";
}
```

❶에서 Principal 객체를 받기 위한 인수를 정의하고 인수 앞에 @AuthenticationPrincipal

을 붙인다. Principal 객체의 타입은 인증 수단에 따라 달라질 수 있는데, 여기서는 ID, 비밀번호로 인증했을 때 일반적인 UserDetails 타입 인수로 되어 있다. ❷에서는 UserDetails 객체의 getUsername 메서드를 사용해서 사용자 ID를 가져온다.

21.5 HTML에 사용자 정보 삽입하기

템플릿 파일에서 인증 중인 사용자 정보를 참조할 수 있다. Thymeleaf에는 스프링 시큐리티 용으로 확장된 sec:authentication 속성이 준비되어 있다. [예제 21-3]은 사용자 정보를 삽입한 예다.

예제 21-3   사용자 정보를 삽입한다.

```
<div>안녕하세요 <span sec:authentication="name"></span>님</div>
```

sec:authentication 속성을 사용하면 Authentication 객체의 프로퍼티를 참조할 수 있다. 속성 값으로 프로퍼티명을 지정한다. [예제 21-3]에서는 name 프로퍼티를 지정했으므로 사용자 ID가 HTML에 삽입된다. 표시된 화면은 [그림 21-5]와 같다.

그림 21-5 사용자 정보가 표시된 화면

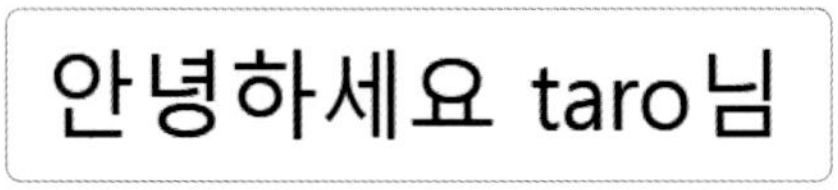

안녕하세요 taro님

또한 sec:authentication 속성을 사용하여 Principal 객체를 참조하는 경우는 [예제 21-4]와 같다.

예제 21-4   Principal 객체를 참조한다.

```
<div>안녕하세요 <span sec:authentication="principal.username"></span>님</div>
```

Authentication 객체의 principal 프로퍼티를 참조해 Principal 객체(UserDetails 타입으로 가정한다)의 username 프로퍼티에 접근하고 있다.

21.6 SecurityContextHolder.getContext로 가져오기

스프링 시큐리티에서 제공하는 SecurityContextHolder 클래스에는 static 메서드인 getContext 메서드가 준비되어 있다. getContext 메서드의 반환 값은 SecurityContext 객체다. SecurityContext 객체의 getAuthentication 메서드로 Authentication 객체를 가져올 수 있다. 코드는 [예제 21-5]와 같다.

예제 21-5 SecurityContextHolder.getContext 메서드

```
public void registerLog(String functionName) {
    Authentication authentication =
        SecurityContextHolder.getContext().getAuthentication();
    ...
}
```

SecurityContextHolder.getContext 메서드는 static 메서드이므로 어디서든 쉽게 호출할 수 있다. 하지만 이 메서드를 개발자가 임의의 위치에서 자유롭게 호출하는 것은 피해야 한다. 이 메서드를 직접 호출하면 테스트가 어려워지는(스프링 시큐리티에서 사전 인증을 하지 않으면 프로그램이 작동하지 않는) 등의 폐해가 발생한다. 사용자 정보를 취득하기 위한 공통 컴포넌트를 Bean으로 만들고 그 안에서 사용하는 것이 좋다(테스트 시에는 공통 컴포넌트를 Mock으로 전환하는 식으로 조치할 수 있기 때문이다).

1701-training-securitycontext에 이 장의 실습 과제가 준비되어 있으니 꼭 도전해보자.

RESTful 웹 서비스 호출

〈12장 RESTful 웹 서비스 만들기〉와 〈13장 갱신 계열 REST API 만들기〉에서 RESTful 웹 서비스를 제공하는 프로그램 작성 방법을 알아봤다. 이 장에서는 RESTful 웹 서비스를 호출하는 프로그램 작성 방법을 설명한다.

22.1 RestTemplate 클래스

최근에는 애플리케이션 개발 시 개발자가 작성하는 자바의 프로그램에서 다른 시스템의 웹 서비스를 호출하는 경우가 많아지고 있다. 스프링은 편리하게 웹 서비스를 호출할 수 있도록 RestTemplate 클래스를 제공한다. 자바 프로그램이 RestTemplate 클래스 메서드를 호출하면 웹 서비스에 대해 HTTP 요청이 전송되고, 웹 서비스로부터 수신한 HTTP 응답의 내용을 메서드의 반환 값으로 받을 수 있다(그림 22-1).

그림 22-1 RestTemplate 클래스

참고로 RestTemplate 클래스 이름에 'Rest'라는 글자가 포함되어 있지만 호출하는 웹 서비스가 REST 가이드라인을 따르지 않아도 상관없다. HTTP의 클라이언트로서 범용적으로 RestTemplate 클래스를 사용할 수 있다.

22.2 RestTemplate과 HttpMessageConverter

RestTemplate 객체는 HttpMessageConverter 객체를 사용해 송수신하는 데이터와 자바 객체를 자동으로 변환해준다(그림 22-2). HttpMessageConverter는 〈12장 RESTful 웹 서비스 만들기〉와 〈13장 갱신 계열 REST API 만들기〉에서도 등장했다. RestTemplate 클래스에서도 같은 구조가 사용된다.

RestTemplate 객체를 호출하는 프로그램은 요청 바디에 기술할 데이터로 자바 객체를 지정할 수 있다. RestTemplate 객체는 내부에서 HttpMessageConverter 객체를 사용해 자바 객체를 JSON이나 XML 등의 데이터로 변환한다.

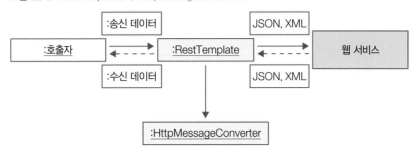

그림 22-2 RestTemplate과 HttpMessageConverter

변환 후 데이터를 요청 바디에 기술해 요청을 전송해준다. 또한 응답 바디에 기재된 JSON이나 XML 등의 데이터도 HttpMessageConverter 객체를 사용해 자바 객체로 변환한 후 객체를 반환해준다. 개발자는 JSON이나 XML과 같은 데이터 형식 변환을 의식하지 않고 프로그램을 작성할 수 있다.

22.3 RestTemplate 클래스의 주요 메서드

RestTemplate 클래스는 HTTP 메서드에 대응하는 자바 메서드를 제공한다. [표 22-1]에 대표적인 메서드를 정리했다.

표 22-1 대표적인 RestTemplate 클래스의 메서드

HTTP 메서드	RestTemplate 클래스의 메서드
GET	getForObject getForEntity
PUT	put
POST	postForLocation postForObject postForEntity
DELETE	delete
모두	exchange

[표 22-1]에서 RestTemplate 클래스의 메서드를 몇 개 골라 구체적인 사용법을 설명한다.

22.4 GET을 위한 메서드

HTTP의 GET 메서드는 리소스를 취득하는 메서드다. 여기서는 [예제 22-1], [예제 22-2]와 같은 요청과 응답을 가정한다. 참고로 [3부 부록]의 〈A.15 HTTP 요청과 HTTP 응답의 데이터 구조〉에서 HTTP 요청/응답의 데이터 구조를 설명하니 필요하다면 참고하기 바란다.

예제 22-1 GET 요청

```
GET /api/trainings/t01 HTTP/1.1
Host: localhost:8080
Accept: application/json
```

예제 22-2 GET 응답

```
HTTP/1.1 200 OK
Content-Type: application/json
{
  "id": "t01",
  "title": "비즈니스 예절 교육",
  "startDateTime": "2021-08-01T09:30:00",
  "endDateTime": "2021-08-03T17:00:00",
  "reserved": 1,
  "capacity": 10
}
```

GET 요청을 보내는 RestTemplate 클래스의 메서드로 getForObject 메서드가 있다. 메서드의 시그니처와 설명은 [표 22-2]와 같다.

표 22-2 getForObject 메서드

시그니처	설명
T getForObject(String url, Class⟨T⟩ responseType, Object uriVariables…)	GET 메서드로 요청을 보낸다. 첫 번째 인수로 URL을 지정하고, 두 번째 인수로 응답 바디를 어느 타입으로 변환할지 지정한다. 세 번째 인수부터는 URL 내 가변 부분의 값을 지정한다.

코드는 [예제 22-3]과 같다.

예제 22-3   getForObject 메서드

```
Training training = restTemplate.getForObject(
    "http://localhost:8080/api/trainings/{id}", Training.class, "t01");
```

getForObject 메서드의 첫 번째 인수는 요청이 전송될 URL을 지정하며, URL의 { } 괄호는 가변적임을 나타낸다. 세 번째 인수부터 가변 부분의 값을 지정할 수 있다. 두 번째 인수는 응답 바디를 어떤 타입으로 변환할 것인지 지정한다. [예제 22-3]에서는 Training 클래스를 지정했다. 응답 바디에서 반환되는 JSON이나 XML 등의 데이터를 HttpMessageConverter 객체가 Training 객체로 변환해서 반환한다.

여러 개의 데이터를 가져오는 경우에도 getForObject 메서드를 사용할 수 있다. 여기서는 [예제 22-4], [예제 22-5]와 같은 요청과 응답을 가정한다.

예제 22-4   GET 요청(여러 개 취득)

```
GET /api/trainings HTTP/1.1
Host: localhost:8080
Accept: application/json
```

```
HTTP/1.1 200 OK
Content-Type: application/json

[
  {
    "id": "t01",
    "title": "비즈니스 예절 교육",
    "startDateTime": "2021-08-01T09:30:00",
    "endDateTime": "2021-08-03T17:00:00",
    "reserved": 1,
    "capacity": 10
  },
  {
    "id": "t02",
    "title": "자바 교육",
    "startDateTime": "2021-10-01T09:30:00",
    "endDateTime": "2021-10-03T17:00:00",
    "reserved": 5,
    "capacity": 8
  }
]
```

[예제 22-6]는 프로그램의 예제 코드다.

예제 22-6 getForObject 메서드로 여러 개를 취득한다.

```
Training[] trainings = restTemplate.getForObject(
  "http://localhost:8080/api/trainings", Training[].class);
```

첫 번째 인수로 URL을 지정하고, URL에 가변 부분이 없으므로 세 번째 인수 이후로는 지정
하지 않았다. 두 번째 인수는 Training 클래스의 배열 타입을 지정했고, 응답 바디의 여러
건의 강의 데이터를 Training 객체의 배열로 받고 있다.

여러 건의 데이터를 배열이 아니라 List 객체로 받는 것이 자연스러워 보일 수도 있지만 [예제 22-7]과 같이 작성하면 두 번째 인수로 List 타입을 지정하는 부분에서 컴파일 오류가 발생한다.

예제 22-7 List〈Training〉.class 부분에서 컴파일 오류가 발생한다.

```
List<Training> trainings = restTemplate.getForObject(
    "http://localhost:8080/api/trainings", List<Training>.class);
```

자바의 사양상 타입 파라미터를 지정한 List 타입에 대해 .class로 Class 객체를 가져올 수 없다. List 객체로 반환 값을 받을 수 없는 것은 아니지만 작성 방법이 조금 불편하므로 List 객체로 처리하고 싶다면 [예제 22-8]처럼 일단 배열로 받아서 List 객체로 변환하는 것이 좋다.

예제 22-8 List 객체로 변환한다.

```
Training[] trainingArray = restTemplate.getForObject(
    "http://localhost:8080/api/trainings", Training[].class);
List<Training> trainings = Arrays.asList(trainingArray);
```

22.5 POST를 위한 메서드

HTTP의 POST 메서드는 리소스의 신규 등록을 나타내는 메서드다. 여기서는 [예제 22-9], [예제 22-10]과 같은 요청과 응답을 가정한다.

예제 22-9 POST 요청

```
POST /api/trainings HTTP/1.1
Host: localhost:8080
```

```
Content-Type: application/json

{
  "title": "SQL 입문",
  "startDateTime": "2021-12-01T09:30:00",
  "endDateTime": "2021-12-03T17:00:00",
  "reserved": 0,
  "capacity": 8
}
```

예제 22-10 POST 응답

```
HTTP/1.1 201 Created
Location: http://localhost:8080/api/trainings/t99
```

대응하는 RestTemplate 클래스의 메서드로 postForLocation 메서드가 있다. 메서드의 시그니처와 설명은 [표 22-3]과 같다.

표 22-3 postForLocation 메서드

시그니처	설명
URI postForLocation(String url, Object request, Object uriVariables…)	POST 메서드로 요청을 보낸다. 첫 번째 인수로 URL을 지정하고, 두 번째 인수로 요청 바디를 기술할 객체를 지정한다. 세 번째 인수부터는 URL 내 가변 부분의 값을 지정한다. 반환 값으로는 응답 내의 Location 헤더에 기술된 URL을 가져온다.

코드는 [예제 22-11]과 같다.

예제 22-11 postForLocation 메서드

```
URI location = restTemplate.postForLocation(
    "http://localhost:8080/api/trainings", training);
```

첫 번째 인수로 URL을 지정하고, 두 번째 인수로 Training 객체를 전달한다. Training 객체를 전달하면 배후에서 HttpMessageConverter 객체가 JSON, XML 등의 데이터로 변환해준다. 반환 값 객체는 자바 표준인 URI 타입이다. 호출한 웹 서비스가 REST 가이드라인을 준수하는 경우 POST의 응답에는 Location 헤더가 기술되며 Location 헤더 값으로는 새로 등록한 리소스의 URL(여기서는 *http://localhost:8080/api/trainings/t99*)가 기재된다.

postForLocation 메서드는 Location 헤더의 값을 자동으로 URI 객체로 변환해 반환한다. 이로써 후속 처리에서 이 URL을 사용해 새로 등록한 리소스를 조작할 수 있게 됐다.

22.6 PUT을 위한 메서드

HTTP의 PUT 메서드는 리소스 갱신을 나타내는 메서드다. 여기서는 [예제 22-12], [예제 22-13]과 같은 요청과 응답을 가정한다.

예제 22-12 PUT 요청

```
PUT /api/trainings/t01 HTTP/1.1
Host: localhost:8080
Content-Type: application/json

{
  "title": "비즈니스 예절 교육(개정)",
  "startDateTime": "2021-08-01T09:30:00",
  "endDateTime": "2021-08-03T17:00:00",
  "reserved": 1,
  "capacity": 10
}
```

PUT 응답

```
HTTP/1.1 204 No Content
Content-Length: 0
```

대응하는 RestTemplate 클래스의 메서드로 put 메서드가 있다. 메서드의 시그니처와 설명은 [표 22-4]와 같다.

표 22-4 put 메서드

시그니처	설명
void put(String url, Object request, Object uriVariables…)	PUT 메서드로 요청을 보낸다. 첫 번째 인수로 URL을 지정하고, 두 번째 인수로 요청 바디를 기술할 객체를 지정한다. 세 번째 인수부터는 URL 내 가변 부분의 값을 지정한다.

코드는 [예제 22-14]와 같다.

put 메서드

```
restTemplate.put("http://localhost:8080/api/trainings/{id}", training, "t01");
```

첫 번째 인수로 URL을 지정한다. 가변적인 {id} 부분의 값은 세 번째 인수로 지정한다. 두 번째 인수는 Training 객체를 전달하는데, HttpMessageConverter 객체에 의해 자동으로 JSON, XML 등의 데이터로 변환되며, 웹 서비스가 REST 가이드라인을 준수하는 경우 응답 바디가 비어있으므로 put 메서드의 반환 값은 void가 된다.

22.7 DELETE를 위한 메서드

HTTP의 DELETE 메서드는 리소스 삭제를 나타내는 메서드다. 여기서는 [예제 22-15], [예제 22-16]과 같은 요청과 응답을 가정한다.

예제 22-15 DELETE 요청

```
DELETE /api/trainings/t03 HTTP/1.1
Host: localhost:8080
```

예제 22-16 DELETE 응답

```
HTTP/1.1 204 No Content
Content-Length: 0
```

대응하는 RestTemplate 클래스의 메서드로 delete 메서드가 있다. 메서드의 시그니처와 설명은 [표 22-5]와 같다.

표 22-5 delete 메서드

시그니처	설명
void delete(String url, Object uriVariables…)	DELETE 메서드로 요청을 보낸다. 첫 번째 인수로 URL을 지정하고, 두 번째 인수부터는 URL 내 가변 부분의 값을 지정한다.

코드는 [예제 22-17]과 같다.

예제 22-17 delete 메서드

```
restTemplate.delete("http://localhost:8080/api/trainings/{id}", "t01");
```

첫 번째 인수로 URL을 지정하고, 가변적인 {id} 부분의 값은 두 번째 인수로 지정한다. 웹 서비스가 REST의 가이드라인을 준수하는 경우 응답 바디가 비어 있으므로 delete 메서드의 반환 값은 void가 된다.

22.8 RestTemplate 객체 준비하기

RestTemplate 클래스의 메서드를 호출하기 위해서는 RestTemplate 객체를 준비해야 한다. DI 컨테이너를 사용하는 경우와 사용하지 않는 경우 각각에 대한 준비 방법을 알아보자.

22.8.1 DI 컨테이너를 사용하지 않는 경우

RestTemplate 클래스는 DI 컨테이너를 사용하지 않아도 이용할 수 있다. RestTemplate 객체를 [예제 22-18]과 같이 new 연산자로 생성자를 호출하여 생성할 수 있다.

예제 22-18 new 연산자로 객체를 생성한다.

```
RestTemplate restTemplate = new RestTemplate();
```

RestTemplate 클래스의 기본 설정을 변경하려면 RestTemplateBuilder 클래스를 사용하여 객체를 생성하는 것이 좋다. 예를 들어 URL 시작 부분을 미리 설정한 경우 [예제 22-19]와 같이 작성할 수 있다.

예제 22-19 RestTemplateBuilder 클래스를 사용한다.

```
RestTemplate restTemplate =
    new RestTemplateBuilder()
    .rootUri("http://localhost:8080").build(); ①
```

①에서 rootUri 메서드로 URL 시작 부분을 지정했다. 이렇게 하면 RestTemplate 클래스의 메서드를 호출할 때 *http://localhost:8080*에서 나머지 경로만 URL로 지정하면 된다.

22.8.2 DI 컨테이너를 사용하는 경우

애플리케이션이 DI 컨테이너를 사용하는 경우 RestTemplate 객체를 DI 컨테이너에 등록하는 것이 좋다. @Bean으로 RestTemplate 객체를 Bean으로 정의한다. 스프링 부트를 사용하는 경우 자동 설정에 의해 RestTemplateBuilder 객체가 DI 컨테이너에 등록되어 있으므로 @Bean을 작성할 때 [예제 22-20]처럼 인수로 RestTemplateBuilder 객체를 전달받고, RestTemplateBuilder 객체를 이용해 RestTemplate 객체를 생성하면 된다.

예제 22-20 @Bean으로 RestTemplate 객체를 등록한다.

```java
@Bean
public RestTemplate restTemplate(RestTemplateBuilder builder) {
    return builder
        .rootUri("http://localhost:8080").build();
}
```

이렇게 하면 application.properties에 지정한 프로퍼티 중 RestTemplate 객체의 동작에 영향을 주는 부분(예 JSON 변환에 관한 설정 등)이 있는 경우 RestTemplateBuilder 객체에 반영되기 때문에 RestTemplate 객체에도 반영된다.

DI 컨테이너에 RestTemplate 객체가 등록되면 [예제 22-21]과 같이 필요한 곳에서 인젝션하여 사용할 수 있다.

예제 22-21 RestTemplate 객체를 인젝션한다.

```java
@Component
public class FooClient {
    private final RestTemplate restTemplate;
    public FooClient(RestTemplate restTemplate) {
        this.restTemplate = restTemplate;
    }
    ...
}
```

22.9 RestTemplate 클래스

RestTemplate 클래스를 사용하여 GET, POST, PUT, DELETE 작업을 수행하는 코드를 살펴보자(예제 22-22).

예제 22-22 일련의 작업을 처리하는 코드

```
RestTemplate restTemplate ①
    = new RestTemplateBuilder()
    .rootUri("http://localhost:8080")
    .build();

TrainingAdminInput trainingAdminInput = new TrainingAdminInput(); ②
trainingAdminInput.setTitle("SQL 입문");
trainingAdminInput.setStartDateTime(LocalDateTime.of(2021, 12, 1, 9, 30));
trainingAdminInput.setEndDateTime(LocalDateTime.of(2021, 12, 3, 17, 0));
trainingAdminInput.setReserved(0);
trainingAdminInput.setCapacity(8);

URI location = restTemplate ③
    .postForLocation("/api/trainings", trainingAdminInput);

Training training = restTemplate.getForObject(location, Training.class); ④
trainingAdminInput.setTitle("SQL 입문(개정)");
restTemplate.put(location, trainingAdminInput); ⑤

restTemplate.delete(location); ⑥
```

①에서는 RestTemplateBuilder 클래스를 사용하여 RestTemplate 객체를 생성한다. 이번에는 DI 컨테이너를 사용하지 않는다.

②에서는 신규 등록할 강의 데이터를 TrainingAdminInput 객체로 준비한다.

❸에서는 postForLocation 메서드를 호출해 POST 요청을 전송한다. 요청할 URL은 Rest TemplateBuilder 클래스의 rootUri 메서드로 시작 부분("*http://localhost:8080*")을 미리 지정했으므로 나머지 경로 부분("/api/training")만 지정한다. 요청이 전송되면 웹 서비스 측에서 리소스가 등록되고, 등록된 리소스의 URL이 Location 헤더로 반환된다. Location 헤더의 값은 postForLocation 메서드의 반환 값으로 받을 수 있다. 따라서 ❸에서 location 변수에는 새로 등록된 강의 데이터에 접근하기 위한 URL 값이 들어간다.

❹에서는 getForObject 메서드를 호출해 리소스의 데이터를 가져온다. 이때 첫 번째 인수로 location 변수를 지정했으므로 ❸에서 새로 등록된 강의 데이터를 가져오게 된다. ❺에서는 put 메서드를 호출하여 방금 등록한 강의 데이터의 이름을 업데이트한다. ❻에서는 delete 메서드를 호출해서 방금 전에 등록/변경한 강의 데이터를 삭제한다.

이처럼 RestTemplate 클래스를 이용하면 알기 쉽고 간편한 방식으로 RESTful 웹 서비스를 호출할 수 있다.

22.10 응답의 상세 데이터를 참조하는 경우

상황에 따라 애플리케이션 안에서 응답의 상태 코드나 응답 헤더 값을 참조하고 싶을 수 있다. 이런 경우 GET과 POST 요청에 대해 각각 getForEntity 메서드와 postForEntity 메서드를 사용하는 것이 좋다.

getForEntity와 postForEntity 메서드의 반환 값 타입은 모두 ResponseEntity 객체이며, ResponseEntity 객체는 HTTP 응답의 데이터를 나타낸다. 〈12장 RESTful 웹 서비스 만들기〉에서도 언급된 적이 있다. [그림 22-3]과 같이 상태 코드, 응답 헤더, 응답 바디에 대한 정보를 담고 있다.

그림 22-3 ResponseEntity의 구조

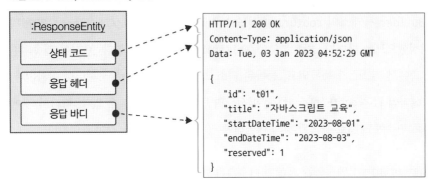

getForEntity 메서드 사용법을 알아보자. 메서드의 시그니처와 설명은 [표 22-6]과 같다.

표 22-6 getForEntity 메서드

시그니처	설명
ResponseEntity<T> getForEntity(String url, Class<T> responseType, Object uriVariables…)	GET 메서드로 요청을 보낸다. 첫 번째 인수로 URL을 지정하고, 두 번째 인수로 응답 바디를 어느 타입으로 변환할지 지정한다. 세 번째 인수부터는 URL 내 가변 부분의 값을 지정한다. 반환 값은 ResponseEntity 객체다. 타입 파라미터 <T>는 응답 바디 변환 후의 객체 타입이다.

코드는 [예제 22-23]과 같다.

예제 22-23 getForEntity 메서드

```
ResponseEntity<Training> responseEntity ❷
     = restTemplate.getForEntity(
        "http://localhost:8080/api/trainings/{id}", Training.class, "t01"); ❶
  int statusCode = responseEntity.getStatusCode().value(); ❸
  String etag = responseEntity.getHeaders().getETag(); ❹
  Training body = responseEntity.getBody(); ❺
  ...
```

❶에서 getForEntity 메서드의 인수 지정 방법은 앞서 설명한 getForObject 메서드와 같다. 첫 번째 인수로 URL을 지정하고, 두 번째 인수로 응답 바디를 어떤 타입으로 변환할지 지정한다. 세 번째 인수부터는 URL의 가변 부분 값을 지정한다. 반환 값은 ResponseEntity 객체다. ❷에서는 ResponseEntity〈Training〉타입 변수에 반환 값을 대입한다. 타입 파라미터〈Training〉은 두 번째 인수에서 지정한 타입과 같다. 응답 바디에서 변환할 객체의 타입을 지정한다.

❸에서는 ResponseEntity 객체가 가진 상태 코드를 가져온다. ❹에서는 응답 헤더의 ETag 값을 가져오는데, ETag 외에도 다양한 응답 헤더의 값을 가져올 수 있다. ❺에서는 응답 바디의 데이터를 가져온다. 두 번째 인수로 Training 클래스를 지정했으므로 Training 객체로 변환되어 있다.

22.11 요청의 상세 데이터를 설정하는 경우

지금까지 응답의 상세 데이터를 참조하는 방법을 설명했다. 이번에는 요청의 상세 데이터를 설정하는 방법을 설명한다. 애플리케이션의 요구 사항에 따라 요청을 보낼 때 요청 헤더를 명시적으로 지정해야 하는 경우도 있다. 이런 경우에는 exchange 메서드를 사용하여 지정할 수 있다. exchange 메서드의 인수로는 RequestEntity 객체를 전달할 수 있는데, Request Entity는 HTTP 요청의 데이터를 나타내는 타입이다. [그림 22-4]와 같이 HTTP 메서드, URL 경로, 요청 헤더, 요청 바디 등의 정보를 가질 수 있다.

그림 22-4 RequestEntity의 구조

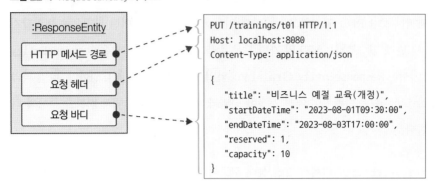

exchange 메서드의 시그니처와 설명은 [표 22-7]과 같다.

표 22-7 exchange 메서드

시그니처	설명
ResponseEntity<T> exchange(RequestEntity<?> entity, Class<T> responseType)	임의의 HTTP 메서드로 요청을 보낸다. 첫 번째 인수로 Request Entity 객체를 지정하고, 두 번째 인수로 응답 바디를 어떤 타입으로 변환할지 지정한다. 세 번째 인수부터는 URL 내 가변 부분의 값을 지정한다. 반환 값은 ResponseEntity 객체를 받는다. 타입 파라미터 <T>는 응답 바디 변환 후의 객체 타입이다. 타입 파라미터 ?는 요청 바디 변환 전의 객체 타입이다.

코드는 [예제 22-24]와 같다.

예제 22-24 exchange 메서드

```
RequestEntity<Void> requestEntity = RequestEntity ❶
    .get("http://localhost:8080/api/trainings/{id}", "t01") ❷
    .accept(MediaType.APPLICATION_JSON) ❸
    .build(); ❹

ResponseEntity<Training> responseEntity
    = restTemplate.exchange(requestEntity, Training.class); ❺
Training training = responseEntity.getBody(); ❻
```

①~④에서 RequestEntity 객체를 준비한다. RequestEntity 클래스에는 HTTP 메서드별로 static 메서드가 제공된다. ②에서 get 메서드를 호출하므로 생성되는 RequestEntity 객체에는 HTTP의 GET 메서드가 설정된다. get 메서드의 인수로는 URL과 가변적인 {id} 값을 함께 지정한다. ③에서는 요청 헤더의 Accept 헤더 값을 지정하고 있는데, 이 외에도 다양한 요청 헤더를 지정할 수 있다. ④의 build 메서드로 RequestEntity 객체가 생성된다. 덧붙여 요청 바디는 비어있는 상태이므로 ①에서 RequestEntity의 타입 파라미터에 〈Void〉를 지정했다.

⑤에서는 exchange 메서드를 호출한다. 첫 번째 인수로 RequestEntity 객체를 지정하고, 두 번째 인수로 응답 바디를 어떤 타입으로 변환할 것인지 지정한다. 반환 값은 Response Entity 객체이며, ResponseEntity 객체의 메서드를 호출하여 응답 데이터의 상세 정보를 참조할 수 있다. ⑥에서 응답 바디의 데이터를 Training 객체로 가져온다.

22.12 WebClient 클래스

스프링은 RestTemplate 클래스와 유사한 역할을 하는 WebClient라는 클래스를 제공한다.[101] WebClient 클래스는 RestTemplate 클래스보다 늦게 등장했고, 더 고급 기능을 제공한다. 또한 RestTemplate 클래스의 Javadoc에는 RestTemplate 클래스가 향후 유지 보수 모드(버그 수정이나 작은 기능 추가만 지원)로 전환될 것이라는 내용이 적혀 있다(추천하지 않는다는 의미는 아니다). 그렇다면 '앞으로는 WebClient 클래스를 사용하는 것이 더 낫지 않을까'하고 생각할 수도 있지만 여기에는 단점도 있다. WebClient 클래스는 리액티브 프로그래밍Reactive Programming[102]을 기반으로 만들어져 있어서, 리액티브 프로그래밍에 관해 어느 정도 알고 있어야 한다. 또한 리액티브 프로그래밍을 하려면 필요한 라이브러리를 애플리케

---

101 *https://docs.spring.io/spring-framework/reference/web/webflux-webclient.html*
102 옮긴이_ 비동기 메시지 통신을 기반으로 리액티브 시스템을 구축하는 프로그래밍 모델이다.

이션에 도입해야 하므로 WebClient 클래스 도입을 검토할 때는 장단점을 신중하게 고려하는 것이 좋다.

실습

1902-shopping-resttemplate에 이 장의 실습 과제가 준비되어 있으니 꼭 도전해보자.

프로퍼티 외부화

일반적인 애플리케이션의 경우 프로덕션 환경이나 스테이징 환경 등 실행 환경에 따라 설정 값을 변경해야 한다. 데이터베이스 서버나 메일 서버의 연결 정보를 환경에 따라 변경하는 것을 예로 들 수 있는데, 이처럼 애플리케이션이 불러오는 설정 값을 일반적으로 **프로퍼티**[103]라고 한다. 프로퍼티의 값을 소스 코드에 직접 넣어두면 값이 변경될 때마다 소스 코드를 수정해야 한다. 그러므로 프로퍼티의 값은 프로퍼티 파일이나 환경 변수 등 프로그램 외부에서 설정하는 것이 일반적이다. 프로퍼티를 프로그램 외부에서 설정하는 것을 이 책에서는 **프로퍼티 외부화**라고 부른다. 이 장에서는 프로퍼티 외부화 방법을 설명한다.

....

103 Getter, Setter 메서드로 액세스하는 데이터를 가리켜 프로퍼티라고 부르지만, 이 장에서의 프로퍼티는 다른 의미다.

23.1 외부화한 프로퍼티를 설정하는 곳

프로퍼티를 외부화할 때 프로퍼티 값을 설정할 수 있는 장소는 다양하다. 대표적인 장소로 프로퍼티 파일, 환경 변수, 시스템 프로퍼티가 있다(그림 23-1).

그림 23-1 외부화한 프로퍼티를 설정하는 대표적인 장소

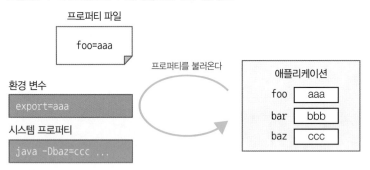

프로퍼티 파일은 프로퍼티 파일 형식('프로퍼티명=값')으로 작성된 파일이며 확장자로 .properties를 사용한다. 애플리케이션은 프로퍼티 파일을 불러와서 프로퍼티를 가져온다.

환경 변수는 운영체제(OS)에 설정할 수 있는 데이터로, 임의의 변수명과 값을 설정할 수 있다. 환경 변수를 설정하는 방법은 OS의 종류에 따라 다르다. 리눅스 계열 OS의 경우 [그림 23-1]과 같이 export 명령으로 설정한다('export 변수명=값' 형식). 환경 변수로 설정된 정보는 OS상에서 작동하는 애플리케이션에서 참조할 수 있다.

시스템 프로퍼티는 자바 명령의 -D 옵션으로 지정할 수 있는 프로퍼티다. 지정하는 형식은 '-D속성명=값'이다. 이 옵션으로 실행된 애플리케이션 내에서 시스템 프로퍼티를 참조할 수 있다.

23.2 프로퍼티 불러오기

스프링은 불러온 프로퍼티를 Environment 타입의 객체로 단일화해서 관리한다([그림 23-2]의 오른쪽 아래).

그림 23-2 프로퍼티 불러오기

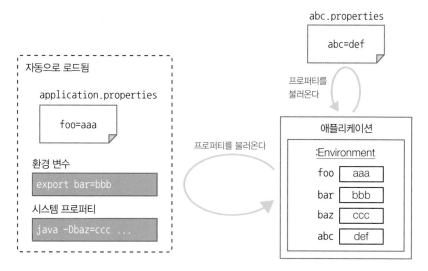

DI 컨테이너를 생성하면 환경 변수와 시스템 프로퍼티를 자동으로 불러와 Environment 객체로 관리한다. 스프링 부트를 사용하는 경우에는 application.properties도 자동으로 불러오고, 그 안에 기재된 속성들은 Environment 객체로 관리된다.

개발자가 자체적으로 준비한 프로퍼티 파일은 나중에 소개할 @PropertySource로 파일 위치를 지정할 필요가 있다. 애플리케이션 안에서는 필요에 따라 Environment 객체에 접근해 프로퍼티 값을 참조할 수 있다. 이때 프로퍼티를 어디에서 불러왔는지는 의식하지 않아도 된다.

[그림 23-2]의 오른쪽 상단의 abc.properties는 개발자가 자체적으로 준비한 속성 파일이다. 자체 속성 파일을 불러올 때는 JavaConfig 클래스에 @PropertySource를 붙여 속성 파일의 위치를 지정한다. [예제 23-1]의 예를 살펴보자.

JavaConfig 클래스에 @PropertySource를 붙인다.

```
@Configuration
@PropertySource("abc.properties")
public class FooConfig {

    ...

}
```

클래스 패스 바로 아래에 있는 "abc.properties"를 지정했다(클래스 패스뿐만 아니라 파일 시스템의 파일을 지정할 수도 있다).

프로덕션 환경과 스테이징 환경 등 실행 환경에 따라 프로퍼티 파일을 전환하고 싶은 경우가 있다. 예를 들면 [예제 23-2], [예제 23-3]과 같이 데이터베이스 연결 대상을 각각 다른 프로퍼티 파일에 작성하는 경우다.

프로덕션 환경용 프로퍼티 파일(prod.properties)

```
db.url=jdbc:postgresql://prod.example.com/training
```

스테이징 환경용 프로퍼티 파일(stg.properties)

```
db.url=jdbc:postgresql://stg.example.com/training
```

프로파일을 활용해서 프로퍼티 파일을 전환할 수 있다(프로파일은 〈6장 프로파일로 설정 전환하기〉에서 설명했다). [예제 23-4]에서 사용법을 확인해보자.

프로파일과 @PropertySource의 조합

```
@Configuration
@Profile("stg")
@PropertySource("stg.properties")
public class StgConfig {
```

```
    ...
}
```

```
@Configuration
@Profile("prod")
@PropertySource("prod.properties")
public class ProdConfig {
    ...
}
```

[예제 23-4]에는 두 개의 JavaConfig 클래스가 있다. StgConfig 클래스는 스테이징 환경
용 구성이고, ProdConfig 클래스는 프로덕션 환경용 구성이다. @Profile에 따라 각각 프로
파일 "stg"와 "prod"에 속하며, @PropertySource에 지정한 각각 다른 프로퍼티 파일을 불
러온다. 이로써 stg 프로파일이 유효하면 stg.properties 파일이 로드되고, prod 프로파일
이 유효하면 prod.properties 파일이 로드된다.

23.3 application.properties와 프로파일

@Profile과 @PropertySource를 함께 사용하면 실행 시에 프로퍼티 파일을 전환할 수 있지
만 전환할 파일마다 JavaConfig 클래스를 만들어야 해서 조금 귀찮다.

스프링 부트가 자동으로 불러오는 application.properties라면 JavaConfig 클래스
를 만들지 않아도 실행할 때 프로퍼티 파일을 쉽게 전환할 수 있다. 파일명 뒤에 '-프로파
일명'을 붙이면 활성화된 프로파일 이름과 일치할 때만 파일을 불러온다. [그림 23-3]에
application.properties와 프로파일의 구조를 나타냈다.

[그림 23-3]을 보면 파일명이 'application-'으로 시작하는 세 개의 프로퍼티 파일이 있고, 두 번째와 세 번째는 파일명 뒤에 각각 'prod'와 'stg'라는 프로파일명이 붙어있다.

그림 23-3 application.properties와 프로파일

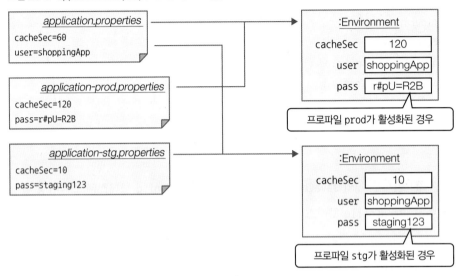

prod 프로파일을 활성화하고 프로그램을 실행하면 application-prod.properties 파일과 프로파일명이 없는 application.properties를 불러온다. 프로파일명이 없는 application .properties는 활성화된 프로파일과 상관없이 항상 불러오며, Environment 객체에는 두 프로퍼티 파일의 내용이 모두 포함된다. 프로퍼티명이 중복되는 경우 프로파일명이 지정된 프로퍼티 파일의 값이 우선한다. [그림 23-3]에서 cacheSec이라는 프로퍼티명이 중복되지만 Environment 객체에서 관리되는 것은 application-prod.properties에서 지정한 120이라는 값이다.

stg 프로파일을 활성화하고 프로그램을 실행하면 마찬가지로 application-stg.properties 와 application.properties를 불러오고 Environment 객체에서 값이 관리된다. 중복된 cacheSec 프로퍼티는 application-stg.properties에서 지정한 10이 사용된다.

활성화할 프로파일을 지정하지 않고 DI 컨테이너를 생성하면 자동으로 default라는 프로파일이 활성화된다. [그림 23-4]와 같이 application-default.properties라는 파일을 준비해두면 활성화할 프로파일을 지정하지 않았을 때 불러오게 된다. 일반적으로 로컬 PC에서 실행할 때는 활성화할 프로파일을 지정하지 않고 애플리케이션을 실행하고, application-default.properties에 로컬 PC에서 실행할 때 사용할 설정을 작성하는 경우가 많다.

그림 23-4 default 프로파일

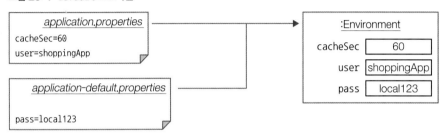

23.4 프로퍼티를 가져오는 방법

Environment 객체가 관리하는 프로퍼티를 애플리케이션이 가져오는 대표적인 방법이 두 가지 있다. @Value를 사용하는 방법과 @ConfigurationProperties를 사용하는 방법이다. 각각에 대해 알아보자.

23.4.1 @Value 사용법

@Value라는 애너테이션의 ( ) 괄호 안에 프로퍼티명을 지정해서 프로퍼티의 값을 변수에 대입할 수 있다. ( ) 괄호 안에 '${프로퍼티명}' 형식의 문자열을 지정한다. @Value를 붙일 수 있는 위치는 크게 4가지가 있다. 각각 살펴보자.

- **@Bean 메서드의 인수**

```
@Bean
public FooService fooService(@Value("${foo}") String foo) {
    ...
}
```

- **생성자의 인수**

```
@Autowired
public FooService(@Value("${foo}") String foo) {
    ...
}
```

- **Setter 메서드의 인수**

```
@Autowired
public void setFoo(@Value("${foo}") String foo) {
    ...
}
```

- **필드**

```
@Value("${foo}")
private String foo;
```

모두 'foo'라는 프로퍼티명을 지정했으므로 Environment 객체가 가진 foo 프로퍼티의 값이 자동으로 변수에 대입된다.

23.4.2 @ConfigurationProperties 사용법

@Value는 간편하고 편리하지만 상황에 따라 유지 보수하기 어려워진다. 예를 들어 프로퍼티 파일에 [예제 23-5]와 같은 설정이 있다고 해보자.

예제 23-5 프로퍼티 파일 설정

```
mail.smtp.host=smtp.example.com
mail.smtp.user=abc
mail.smtp.pass=abc123
```

이 3가지 프로퍼티는 서로 연관된 설정(메일 서버 연결 설정)이므로 관례적으로 프로퍼티명 앞부분을 동일하게 하는 경우가 많다. [예제 23-5]에서는 `mail.smtp.`를 맨 앞에 붙였다. 이 3가지 속성을 @Value로 가져오려면 [예제 23-6]처럼 작성한다.

예제 23-6 @Value로 가져오기

```
@Service
public class MailService {
    @Value("${mail.smtp.host}")
    private String host,

    @Value("${mail.smtp.user}")
    private String user,

    @Value("${mail.smtp.pass}")
    private String pass;
    ...
}
```

세 개의 @Value가 모두 `mail.smtp`로 시작한다. 만약 프로퍼티 파일에서 프로퍼티명 시작 부분이 변경될 경우(⑩ `mail.smtp`에서 `mail.for-alert.smtp`로 변경), 이 세 군데의 @Value 를 수정해야 한다.

@ConfigurationProperties를 사용하면 이 문제를 해결할 수 있다. @Configuration Properties를 사용하려면 우선 프로퍼티 값을 저장할 클래스를 생성해야 한다. [예제 23-7]을 확인해보자.

예제 23-7 프로퍼티를 저장할 클래스

```
@ConfigurationProperties(prefix = "mail.smtp") ❶
@Component ❷
public class MailProperties {
    private String host;
    private String user;
    private String pass;
    … Getter · Setter 메서드
}
```

❶에서는 클래스에 @ConfigurationProperties를 붙이고, prefix 속성에는 프로퍼티명의 시작 부분을 지정했다. 또한 이 클래스를 Bean으로 정의하기 위해 스테레오타입 애너테이션인 @Component가 붙어있다(❷). 클래스 안에는 프로퍼티 값을 저장하는 필드가 세 개 정의되어 있으며, 각각 Getter · Setter 메서드가 작성되어 있다. 필드명은 프로퍼티명에서 prefix 속성으로 지정된 값(mail.smtp)을 제외한 부분과 동일하게 한다. DI 컨테이너를 생성하면 이 클래스의 객체가 생성되고, 프로퍼티 값이 자동으로 필드에 할당된다. 이때 프로퍼티명에서 prefix 속성으로 지정된 값(mail.smtp)을 제외한 부분과 필드 이름이 일치하는 경우 자동으로 매핑해준다. 생성된 객체는 [그림 23-5]와 같다.

그림 23-5 프로퍼티 값이 저장된 객체

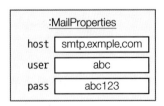

MailProperties 객체는 Bean으로 DI 컨테이너에 등록되므로 프로퍼티의 값을 이용하고 싶은 곳에 MailProperties 객체를 인젝션하고 Getter 메서드로 값을 가져올 수 있다. [예제 23-8]의 코드를 확인해보자.

예제 23-8 MailProperties 객체 인젝션

```
@Service
public class MailService {
    private final MailProperties mailProperties;
    public MailService(MailProperties mailProperties) { ①
        this.mailProperties = mailProperties;
    }
    ...
    public void sendMail() {
        String host = mailProperties.getHost(); ②
        ...
    }
}
```

①에서 MailProperties 객체를 인젝션하고 ②에서 Getter 메서드를 호출해 프로퍼티 값을 가져온다. @Value를 사용하는 것이 문제인 것은 아니지만 @ConfigurationProperties를 사용하는 편이 [예제 23-6]과 같은 중복 작성을 피할 수 있다. 또 프로퍼티 값을 사용하는 클래스([예제 23-8]의 MailService 클래스)는 메서드 호출로 프로퍼티의 값을 얻을 수 있으므로 타입 세이프type-safety하게 작성할 수 있다. 가급적 @ConfigurationProperties를 사용하는 편이 좋다.

실습

0850-sample-props에 이 장의 실습 과제가 준비되어 있으니 꼭 도전해보자.

자동 테스트와 스프링의 테스트 지원

요즘 대부분의 개발 프로젝트는 애플리케이션 프로그램(프로덕션 코드)뿐만 아니라 해당 코드를 테스트하는 프로그램(테스트 코드)을 작성해야만 한다. 테스트 코드를 사용한 테스트는 실행 및 결과 확인을 자동화할 수 있기 때문에 자동 테스트라고도 한다. 이 장에서는 **자동 테스트**의 대표적인 종류를 소개하고, 스프링의 테스트 지원 기능 중 기본적인 사용법에 대해 설명한다.

24.1 수동 테스트와 자동 테스트

테스트에는 수동 테스트와 자동 테스트가 있다. 수동 테스트는 일반적으로 사람이 직접 프로그램을 실행하여 화면을 조작하고 결과를 눈으로 확인하는 것이다. 반면, 자동 테스트는 테스트 코드가 프로그램을 실행하고 결과를 확인한다. 테스트 코드가 프로덕션 코드의 메서드를 호출하고, 반환 값이 예상과 같은지 또는 데이터베이스 값이 제대로 변경되었는지 등을 프로그램으로 확인한다. 자동 테스트의 종류에 따라서는 테스트 코드가 자동으로 브라우저를 조작하여 화면 표시 내용을 확인하기도 한다.

자동 테스트의 큰 장점은 회귀regression 테스트를 쉽게 수행할 수 있다는 점이다. 회귀 테스트는 이전에 작동했던 기능이 프로그램에 변경을 적용한 후에도 여전히 잘 작동하는지 확인하는 테스트다. 애플리케이션 개발에서는 테스트가 한 번으로 끝나지 않는다. 기능 추가나 장애 대응 등으로 프로덕션 코드가 수정되면 동일한 테스트를 다시 수행해야 한다. 변경한 코드가 기존에 잘 작동하던 기능에 영향을 미쳐 작동하지 않을 수도 있기 때문이다. 수동 테스트로 회귀 테스트를 진행할 경우 테스트하는 데 많은 시간이 소요되기 때문에 회귀 테스트가 소홀해지기 쉽다. 그러나 자동 테스트의 경우 테스트 코드만 준비되면 회귀 테스트를 쉽게 시행할 수 있다.

24.2 대표적인 자동 테스트

대표적인 자동 테스트의 종류는 다음과 같다.

- **단위 테스트** unit test
  하나의 처리를 독립적으로 테스트한다.

- **통합 테스트** integration test
  여러 처리를 연결하여 테스트한다.

- **E2E 테스트** end-to-end test

  애플리케이션 전체(끝에서 끝까지end-to-end)를 연결하여 테스트한다.

개발 프로젝트에 따라 각 테스트의 이름이나 의미가 달라질 수 있다. 예를 들어 어떤 개발 프로젝트에서는 한 가지 기능을 수동 테스트하는 것을 단위 테스트라고 부를 수도 있다.

24.3 웹 애플리케이션과 자동 테스트 패턴

웹 애플리케이션 자동 테스트는 어느 부분을 테스트하는지에 따라 다양한 패턴이 있다. [그림 24-1]에는 대표적인 자동 테스트 패턴을 나타냈다.

그림 24-1 웹 애플리케이션과 자동 테스트 패턴

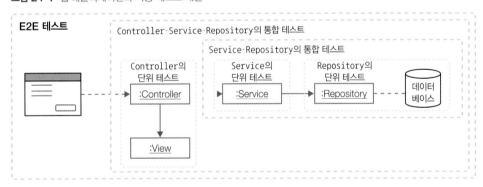

다음은 각 패턴에 대한 개요다.

- **E2E 테스트**

  Controller·View·Service·Repository 처리를 연결하여 테스트한다. View가 생성한 HTML은 실제로 브라우저에 표시하고, 브라우저 조작은 테스트 코드가 자동으로 수행한다. UI 테스트라고 부르기도 한다. 〈32장 Selenide를 사용한 E2E 테스트〉에서 자세히 설명한다.

- **Controller·Service·Repository 통합 테스트**

  Controller·Service·Repository 처리를 연결하여 테스트한다. 테스트 코드는 Controller

에 직접 요청을 보내는 형태로 프로그램을 작동시키며, View가 생성한 HTML을 브라우저에서 표시하지 않고 테스트 클래스가 내용을 확인한다. 이 책에서는 HTML의 내용을 세밀하게 확인하지 않기 때문에 'Controller·Service·Repository 통합 테스트'(View 제외)라고 부를 것이다. 〈29장 Controller·Service·Repository 통합 테스트〉에서 자세히 설명한다.

- **Service·Repository 통합 테스트**

  Service·Repository 처리를 연결하여 테스트한다. 테스트 코드는 Service 객체의 메서드를 직접 호출하여 프로그램을 실행한다. 〈27장 Service·Repository 통합 테스트〉에서 자세히 설명한다.

- **Controller 단위 테스트**

  Controller·View 처리를 독립적으로 테스트한다. 의존 객체인 Service는 Mock[104] 객체로 전환한다. 이 책에서는 HTML 콘텐츠의 세부적인 확인을 하지 않기 때문에 'Controller 단위 테스트'(View 제외)로 지칭한다. 〈28장 Controller 단위 테스트〉에서 자세히 설명한다.

- **Service 단위 테스트**

  Service 처리를 독립적으로 테스트한다. 의존 객체인 Repository는 Mock 객체로 전환한다. 〈26장 Service 단위 테스트〉에서 자세히 설명한다.

- **Repository 단위 테스트**

  Repository 처리를 독립적으로 테스트한다. 실제로 데이터베이스에 접근한다. 〈25장 Repository 단위 테스트〉에서 자세히 설명한다.

이러한 패턴을 모두 수행해야 하는 것은 아니다. 개발 프로젝트마다 효율이나 시간 등을 고려해서 어떤 패턴을 얼마나 포괄적으로 할 것인지를 검토한다.

24.4 단위 테스트와 Mock

단위 테스트를 할 때 의존 객체를 기본적으로 Mock 객체로 전환한다. Mock 객체를 이용한 테스트는 [그림 24-2]와 같다.

---

104 진짜 프로그램을 본뜬 테스트용 가짜 프로그램

그림 24-2 Mock을 사용한 테스트

[그림 24-2]는 Service의 단위 테스트를 가정한 것이다. 테스트 클래스를 생성해 Service 객체의 메서드를 직접 호출하고, 의존 객체인 Repository를 Mock 객체로 전환하고 있다. Mock 객체는 실제 데이터베이스에 접근할 필요 없이 Service 객체의 동작을 확인하기 쉽게 미리 정해둔 데이터만 반환하면 된다. Service 객체는 Mock 객체에서 반환된 데이터로 업무 로직을 수행한다.

Mock 객체는 테스트 클래스를 작성하는 개발자가 만든다. 이후에 소개할 Mock용 라이브러리 를 사용하면 간편하게 Mock 객체를 만들 수 있다.

24.5 스프링의 테스트 지원 기능

스프링은 JUnit[105]이나 TestNG와 같은 소위 테스트 프레임워크로 불리는 라이브러리와 연동하여 다양한 기능을 제공한다. 이 책에서는 가장 대중적인 테스트 프레임워크인 JUnit을 사용한다. 또한 테스트 지원 기능에는 스프링 프레임워크에서 제공하는 것과 스프링 부트에서 제공하는 것이 있는데, 이 책에서는 특별한 언급이 없는 한 구분하지 않고 설명한다.

스프링의 대표적인 테스트 지원 기능은 다음과 같다.

- **DI 컨테이너 자동 생성**
  JUnit 테스트를 수행하면 자동으로 DI 컨테이너가 생성된다.

---

105 [3부 부록]의 〈A.23 JUnit〉 참고

- **테스트 클래스에 임의의 Bean 인젝션**

  테스트 클래스에 임의의 Bean을 인젝션할 수 있다. 테스트 대상 메서드를 가진 Bean을 인젝션하여 테스트 메서드 안에서 호출할 수 있다.

- **지정한 SQL 파일을 테스트 시 불러와 실행**

  임의의 SQL 파일에 SQL을 작성하고 테스트 시 자동으로 불러와 실행할 수 있다. 주로 테스트 데이터를 준비할 목적으로 사용한다.

- **데이터베이스 자동 롤백**

  테스트 메서드가 종료되는 타이밍에 데이터베이스 트랜잭션의 롤백을 자동으로 수행한다. 테스트로 갱신된 데이터를 테스트 전 상태로 되돌려 다음 테스트에 영향을 주지 않도록 하기 위해서다.

이어서 각 기능을 자세히 설명한다.

24.6 DI 컨테이너를 생성하기 위한 애너테이션

스프링의 테스트 지원 기능은 다양한 애너테이션을 제공한다. 대표적인 애너테이션은 DI 컨테이너를 자동으로 생성하는 애너테이션으로, DI 컨테이너를 자동으로 생성하기 위해 다음과 같은 애너테이션을 사용할 수 있다.

- **@SpringBootTest**

  일반 DI 컨테이너와 기본적으로 동일하게 동작하는 DI 컨테이너를 생성한다. E2E 테스트 및 통합 테스트에 사용된다.

- **@WebMvcTest**

  웹 관련 설정만 하도록 자동 설정이나 컴포넌트 스캔을 제한한 DI 컨테이너를 생성한다. Controller 단위 테스트를 수행할 때 사용된다.

- **@JdbcTest, @DataJpaTest, @MybatisTest 등**

  데이터베이스 접근 관련 설정만 하도록 자동 설정 및 컴포넌트 스캔을 제한한 DI 컨테이너를 생성한다. 데이터베이스 접근 방식(JDBC, JPA, MyBatis 등)마다 별도의 애너테이션이 준비되어 있으며, Repository 단위 테스트를 수행할 때 사용된다.

각 애너테이션 모두 JUnit의 확장 기능을 사용하여 테스트 실행 시 DI 컨테이너 생성 처리를 끼워넣는다. 스프링의 테스트 지원 기능을 사용하여 JUnit의 테스트 클래스를 생성할 때 이 중 하나의 애너테이션을 테스트 클래스에 붙이는 형태다. 자동 테스트 패턴과 사용하는 애너테이션의 대응 관계를 [그림 24-3]에서 확인해보자.

그림 24-3 자동 테스트의 패턴과 애너테이션

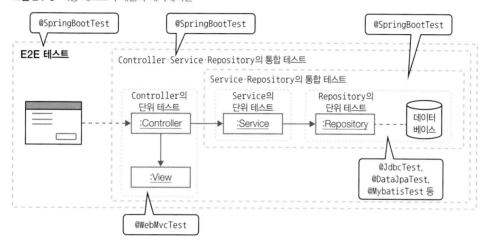

참고로, Service의 단위 테스트에 대한 전용 애너테이션은 제공되지 않는다. 일반적으로는 DI 컨테이너를 생성하지 않고 테스트하는 형태다.

또한 테스트용으로 DI 컨테이너를 생성하는 애너테이션에는 스프링 프레임워크에서 제공하는 것과 스프링 부트에서 제공하는 것이 있는데, 이 책에서는 스프링 부트에서 제공하는 애너테이션을 사용한다. 스프링 부트가 제공하는 애너테이션을 사용하는 경우 DI 컨테이너 생성뿐만 아니라 application.properties 파일을 읽어오는 등의 처리도 수행한다. 스프링 부트를 사용하는 애플리케이션을 테스트할 때는 특별한 이유가 없다면 스프링 부트에서 제공하는 애너테이션을 DI 컨테이너를 생성하는 애너테이션으로 사용한다.

24.7 테스트 클래스

구체적인 테스트 클래스 작성 방법은 뒤로 미루고, 여기서는 테스트 클래스의 형태를 간단히
소개한다. [예제 24-1]은 테스트 클래스의 예다(SomeBean이라는 클래스는 개발자가 만든
어떤 클래스를 가정한 것이다).

예제 24-1 테스트 클래스

```
@SpringBootTest ❶
class SampleTest {
    @Autowired
    SomeBean someBean; ❷

    @Test
    void test() {
        someBean.foo(); ❸
        ...
    }
}
```

❶은 DI 컨테이너를 생성하기 위한 애너테이션을 붙인 것이다. SpringBootTest를 붙였지
만 앞 절에서 소개한 다른 애너테이션을 붙인 경우에도 형태는 같다.

불러올 JavaConfig 클래스를 명시적으로 지정할 수도 있지만 [예제 24-1]에서는 생략했다.
생략하면 스프링이 자동으로 찾아준다. 어떻게 찾는지는 다음 절에서 설명한다.

테스트를 실행하면 DI 컨테이너가 자동으로 생성되고 불러온 설정에 따라 Bean이 생성된다.
생성된 Bean은 테스트 클래스에 주입할 수 있다. ❷에서는 테스트 대상인 SomeBean 객체를
주입하고 있다. 테스트 메서드에서는 ❸과 같이 인젝션한 객체의 메서드를 호출하여 테스트
를 수행한다.

참고로, 이 책에서는 테스트 클래스 내에서 접근 제한자(private, public 등)를 사용하지 않는다. 접근 제한자에 대한 설명을 없애고 최대한 외형을 단순화하기 위해서다.

24.8 JavaConfig 클래스를 자동으로 찾게 하기

앞서 언급했듯이 [예제 24-2]처럼 불러올 JavaConfig 클래스를 지정하지 않으면 스프링의 테스트 지원 기능이 자동으로 찾아준다.

예제 24-2 JavaConfig 클래스를 지정하지 않는 방법

```
@SpringBootTest
class SampleTest {
    ...
}
```

스프링의 테스트 지원 기능이 자동으로 찾도록 하려면 찾아주기를 원하는 JavaConfig 클래스에 @SpringBootConfiguration 애너테이션을 붙여야 한다. @SpringBootConfiguration은 지금까지 main 메서드를 가진 클래스에 붙이던 @SpringBootApplication에 포함되어 있다. @SpringBootConfiguration은 @Configuration을 포함하고 있어 @SpringBootConfiguration을 붙인 클래스는 JavaConfig 클래스로 인식된다.

@SpringBootConfiguration이 붙은 JavaConfig 클래스를 찾는 순서는 먼저 테스트 클래스와 동일한 패키지 안에서 찾는다. 찾지 못하면 그 상위 패키지에서 찾고, 거기서도 찾지 못하면 더 상위 패키지를 찾는다(그림 24-4).

그림 24-4 JavaConfig를 자동으로 찾는다.

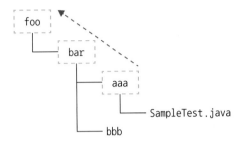

[그림 24-4]의 경우 테스트 클래스가 aaa 패키지에 있으므로 먼저 aaa 패키지에서 찾고, 찾지 못하면 bar 패키지, 거기서도 찾지 못하면 foo 패키지 순으로 찾는다.

@SpringBootConfiguration을 붙인 JavaConfig 클래스를 테스트용으로 만들 수도 있지만 보통은 [예제 24-3]과 같이 main 메서드가 있는 클래스를 불러오는 것이 좋다. 프로덕션에서 구동할 때와 동일한 구성이므로 테스트에서는 작동하는데 프로덕션에서는 작동하지 않는 현상을 줄일 수 있다.

예제 24-3 main 메서드를 가진 클래스

```
@SpringBootApplication
public class TrainingApplication {
    public static void main(String[] args) {
        SpringApplication.run(TrainingApplication.class, args);
    }
}
```

지금까지 main 메서드를 가진 클래스에 @SpringBootApplication을 붙이고, main 메서드 안에 자신의 클래스를 지정하여 DI 컨테이너를 생성했다.

@SpringBootApplication 안에는 자동 구성을 활성화하는 @EnableAutoConfiguration, 컴포넌트 스캔을 지시하는 @ComponentScan, 그리고 @SpringBootConfiguration이 포함되어 있다. 따라서 스프링의 테스트 지원 기능이 찾는 JavaConfig 클래스의 대상이 된다.

[예제 24-3]을 스프링에 불러오기 위해서는 테스트 클래스를 [예제 24-3]이 포함된 패키지보다 하위 패키지에 배치해야 한다. [그림 24-5]를 보면서 알아보자.

그림 24-5 테스트 클래스의 배치

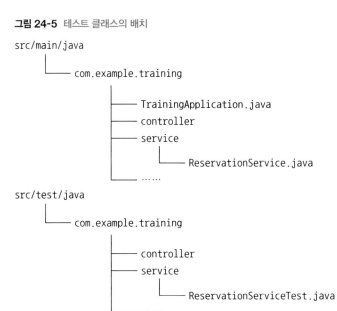

```
src/main/java
         └── com.example.training
                        ├── TrainingApplication.java
                        ├── controller
                        ├── service
                        │         └── ReservationService.java
                        └── ......
src/test/java
         └── com.example.training
                        ├── controller
                        ├── service
                        │         └── ReservationServiceTest.java
                        └── ......
```

일반적으로 프로덕션 코드는 src/main/java 아래에, 테스트 코드는 src/test/java 아래에 배치한다. 또한 테스트 클래스는 테스트 대상 클래스와 동일한 패키지에 생성한다. [그림 24-5]처럼 테스트 대상인 ReservationService.java가 com.example.training.service 패키지에 있다면 src/test/java 아래의 동일한 패키지에 테스트 클래스(Reservation ServiceTest.java)를 배치한다. [그림 24-5]에서는 Service 클래스의 테스트를 예로 들었지만 Controller나 Repository 클래스를 테스트할 때도 마찬가지로 controller 패키지나 repository 패키지 아래에 테스트 클래스를 배치하게 된다.

찾고자 하는 JavaConfig 클래스(TrainingApplication.java)는 controller, service, repository 등의 패키지보다 상위 패키지에 배치한다. [그림 24-5]에서는 com.example. training 패키지 아래에 TrainingApplication.java를 배치했다.

ReservationServiceTest 클래스를 실행하면 먼저 service 패키지 안에서 JavaConfig 클래스를 찾고, 찾지 못하면 상위 패키지를 찾는다. 그러면 TrainingApplication 클래스가 JavaConfig 클래스로 발견되어 DI 컨테이너에 불러온다.

24.9 테스트를 실행할 때만 불러오는 application.properties

자동 테스트를 실행할 때만 스프링 설정을 변경하고 싶은 경우가 종종 발생한다. 예를 들어 테스트를 실행할 때만 상세 로그를 출력하도록 로그 레벨을 변경하는 경우다. 이때 src/main/resources 아래의 application.properties에 설정을 작성하게 되면 테스트뿐만 아니라 main 메서드로 애플리케이션을 실행했을 때도 설정이 반영된다. main 메서드로 실행했을 때 설정을 반영하지 않도록 하기 위해서는 application.properties를 [그림 24-6]과 같이 src/test/resources에 배치해야 한다.

그림 24-6 application.properties를 src/test/resources에 배치한다.

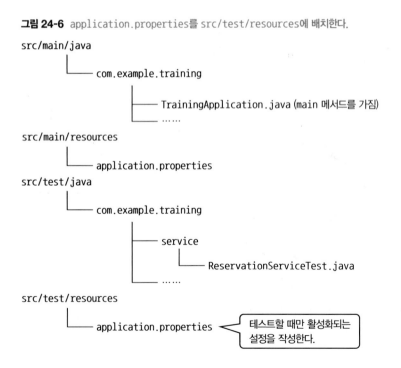

src/test/resources에 배치한 파일은 테스트 클래스가 실행될 때만 로드된다. 테스트 클래스를 실행한 경우 스프링 부트는 src/test/resources 아래의 application.properties를 불러오고, src/main/java 아래 클래스의 main 메서드를 실행한 경우는 src/main/resources 아래의 application.properties를 불러온다. 반대로 말하면 테스트 실행 시에는 src/main/resources 아래에 있는 application.properties가 로드되지 않는다.

여기서 또 문제가 발생한다. 만약 src/main/resources 아래의 application.properties 파일에 main 메서드를 실행할 때뿐만 아니라 테스트 클래스를 실행할 때도 적용되길 원하는 일반적인 설정(⑨ JSON 변환 설정 등)을 작성했다면 원하지 않는 상황이 생길 수도 있다.

이런 상황에선 [그림 24-7]과 같이 src/test/resources 아래에 application.properties가 아닌 application-default.properties를 배치한다.

그림 24-7 application-default.properties를 src/test/resources에 배치한다.

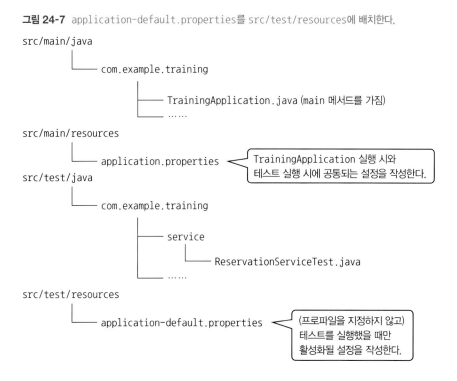

하이픈(-) 뒤의 default는 프로파일 이름을 나타낸다. DI 컨테이너 생성 시 활성화할 프로파일을 지정하지 않으면 자동으로 default 프로파일이 활성화되고 application-default.properties 파일이 로드된다. application-default.properties를 src/test/resources 디렉터리 아래에 배치함으로써 테스트 클래스를 실행할 때만 application-default.properties가 로드되게 할 수 있다(프로파일을 지정하지 않았다고 가정한다). 또한 프로파일 이름이 없는 application.properties는 항상 로드된다. 테스트 클래스를 실행할 때도 src/main/resources 디렉터리의 application.properties가 로드되므로 main 메서드 실행 및 테스트 클래스 실행 시 공통되는 설정을 가져올 수 있다. 이 절에서 소개한 노하우가 일반적인 것은 아니다. 하나의 아이디어 정도로 참고하기 바란다.

실습

1931-training-test-overview에 이 장의 실습 과제가 준비되어 있으니 꼭 도전해보자.

Repository 단위 테스트

이 장에서는 Repository의 단위 테스트에 대해 설명한다. 테스트 방식을 설명한 후에는 구체적인 테스트 코드 작성법을 설명한다.

25.1 Repository 단위 테스트의 개요

Repository의 역할은 데이터베이스에 접근하는 것이므로 Repository의 단위 테스트에서는 [그림 25-1]처럼 실제로 데이터베이스에 접근하여 예상대로 처리되는지 확인한다.

그림 25-1 Repository의 단위 테스트 개요

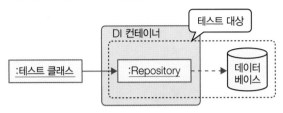

25.2 DI 컨테이너를 생성하기 위한 애너테이션

Repository의 단위 테스트의 경우 Controller나 Service 등의 테스트에 사용하지 않는 Bean이나 데이터베이스 접근과 관련이 없는 스프링 부트의 자동 설정(**예** 웹 관련 설정)이 필요하지 않다. 스프링의 테스트 지원 기능은 자동 설정과 컴포넌트 스캔을 제한하여 데이터베이스 접근과 관련된 설정만 활성화하여 DI 컨테이너를 생성해준다. 따라서 불필요한 설정이 발생하지 않으므로 테스트 실행 속도가 빨라진다.

DI 컨테이너를 생성하기 위한 애너테이션은 데이터베이스 접근 방식에 따라 여러 가지 종류가 제공된다. 이 책과 같이 스프링 JDBC를 사용하는 경우에는 @JdbcTest 애너테이션을 사용한다. @JdbcTest는 DataSource, JdbcTemplate 등 스프링 JDBC를 이용할 때 필요한 설정만 해준다. @JdbcTest 외에도 JPA를 사용하는 경우에는 @DataJpaTest, MyBatis를 사용하는 경우에는 @MybatisTest를 사용한다.

@JdbcTest를 사용하는 코드를 살펴보자(예제 25-1).

```
@JdbcTest ①
class JdbcTrainingRepositoryTest {
    @Autowired
    JdbcTemplate jdbcTemplate; ②

    TrainingRepository trainingRepository;

    @BeforeEach
    void setUp() {
        trainingRepository = new JdbcTrainingRepository(jdbcTemplate); ③
    }

    @Test
    void test_selectById() {
        Training training = trainingRepository.selectById("t01"); ④
        assertThat(training.getTitle()).isEqualTo("비즈니스 예절 교육"); ⑤
    }

    ...
```

① 에서는 클래스에 @JdbcTest를 붙였기 때문에 테스트를 실행하면 자동으로 DI 컨테이너가 생성된다. 그리고 JavaConfig 클래스를 명시하지 않았으므로 스프링의 테스트 지원 기능이 JavaConfig 클래스를 찾게 되고, 일반적으로 main 메서드를 가진 JavaConfig 클래스가 로드된다. 프로덕션 환경과 동일한 설정이 로드되지만 @JdbcTest의 경우 데이터베이스 접근과 관련 없는 설정은 이루어지지 않는다. 또한 @JdbcTest는 컴포넌트 스캔을 제한하므로 @Repository가 지정된 Repository 클래스의 Bean을 등록해주지 않는다. 따라서 ② 에서 먼저 자동 설정으로 등록된 JdbcTemplate 객체를 @Autowired로 주입하고, ③ 에서는 @BeforeEach[106]가 달린 메서드 내에서 수동으로 Repository 객체를 생성한다. 여기서

---

106 테스트 메서드가 실행되기 전에 처리를 하기 위한 JUnit 5의 애너테이션. 자세한 내용은 [3부 부록]의 〈A.23 JUnit〉을 참고하자.

Repository 클래스(여기서는 JdbcTrainingRepository 클래스)는 JdbcTemplate을 생성자로 받을 수 있도록 구성되어 있으므로 주입해둔 JdbcTemplate 객체를 생성자 인수로 지정한다. ❹에서는 테스트 대상인 Repository 객체의 메서드를 테스트 메서드 내에서 호출한다. ❺에서는 호출한 메서드의 반환 값이 예상과 같은지 어설션assertion[107]하고 있다. 덧붙여 어설션하는 assertThat 메서드는 AssertJ라는 라이브러리의 static 메서드를 사용한다 (static 임포트를 한다고 가정하기 때문에 클래스명은 생략했다).

또한 [예제 25-1]의 테스트 클래스를 [예제 25-2]와 같이 작성할 수도 있다.

예제 25-2   @JdbcTest를 붙인 테스트 클래스(@Import 사용)

```
@JdbcTest
@Import(JdbcTrainingRepository.class) ❶
class JdbcTrainingRepositoryTest {

    @Autowired ❷
    TrainingRepository trainingRepository;

    @Test
    void test_selectById() {
        Training training = trainingRepository.selectById("t01");
        assertThat(training.getTitle()).isEqualTo("비즈니스 예절 교육");
    }
    ...
```

테스트 대상인 Repository의 구상 클래스를 ❶과 같이 @Import로 불러오는 형태다. @Import는 스테레오타입 애너테이션이 붙은 클래스를 불러오기 위한 애너테이션이다. 용도상 @Configuration이 붙은 JavaConfig 클래스를 지정하는 경우가 많지만 여기서는 @Repository가 붙은 Repository 클래스를 지정했다. 이렇게 하면 JdbcTrainingRepository 클래스의

---

107 원하는 대로 되어 있다는 것을 확인하는 일

객체가 Bean으로 등록되어 ❷와 같이 @Autowired로 인젝션할 수 있다. [예제 25-1]보다 소스 코드가 깔끔해졌지만 이 방식으로는 DI 컨테이너의 캐시 메커니즘을 사용할 수 없다는 단점이 있다.

25.3 DI 컨테이너 캐싱

지속적 통합Continuous Integration(CI)[108] 등에서 회귀 테스트를 수행할 때는 여러 테스트 클래스를 동시에 실행하게 된다. 테스트 클래스가 많아져 각각의 테스트 클래스에서 DI 컨테이너를 생성하게 되면 테스트 실행 시간이 길어진다.

스프링의 테스트 지원 기능은 테스트 실행 시간을 단축하기 위해 DI 컨테이너를 캐싱해준다. 어떤 테스트 클래스에서 생성한 DI 컨테이너를 다른 테스트 클래스에서 재사용함으로써 다른 테스트 클래스가 실행될 때 DI 컨테이너를 생성하는 시간을 단축할 수 있다.

단, 테스트 클래스 간에 DI 컨테이너를 재사용하려면 조건이 있다. 각 테스트 클래스가 동일한 설정 클래스를 사용해야 한다는 것이다. 스프링의 테스트 지원 기능은 DI 컨테이너에 로드된 설정 내용별로 DI 컨테이너를 생성하고 캐싱한다. 예를 들어 [예제 25-3]과 같이 두 개의 테스트 클래스를 만들고 한 번에 실행하면 @Import로 지정한 설정 클래스가 다르므로 두 개의 DI 컨테이너가 생성된다.

예제 25-3 @Import를 지정해서 테스트 클래스를 만든다.

```
@JdbcTest
@Import(JdbcTrainingRepository.class)
class JdbcTrainingRepositoryTest {
    ...
}
```

---

108 각 개발자가 개별적으로 작성한 소스 코드를 공유 소스 코드에 빈번하게 통합하는 활동

```
@JdbcTest
@Import(JdbcReservationRepository.class)
class JdbcReservationRepositoryTest {
    ...
}
```

반면에 [예제 25-4]와 같이 두 개의 테스트 클래스를 작성하고 실행해보자.

예제 25-4 @Import를 지정하지 않고 테스트 클래스를 만든다.

```
@JdbcTest
class JdbcReservationRepositoryTest {
    ...
}
```

```
@JdbcTest
class JdbcTrainingRepositoryTest {
    ...
}
```

이 두 개의 클래스를 한 번에 실행한 경우에는 DI 컨테이너에 로드되는 설정이 같으므로 하나의 DI 컨테이너만 생성된다. 따라서 DI 컨테이너의 캐시를 고려하면 [예제 25-2]처럼 작성하는 것보다 [예제 25-1]처럼 작성하는 것이 더 효율적이다. 테스트 클래스를 작성할 때는 DI 컨테이너의 캐싱에도 신경 써야 한다.

25.4 데이터베이스에 데이터 준비하기

데이터베이스에 대한 접근을 포함해 테스트하므로 테스트용 데이터를 데이터베이스에 등록해야 한다. 테스트용 데이터를 수작업으로 준비하면 테스트할 때마다 손을 대야 하므로 자동 테스트가 될 수 없다. 따라서 테스트용 데이터 준비도 테스트 코드에서 해야 한다. 테스트 데이터를 준비하는 과정을 [그림 25-2]에 나타냈다.

그림 25-2 데이터베이스의 데이터를 준비한다.

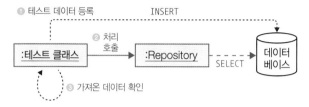

[그림 25-2]는 데이터를 검색하는 Repository 클래스의 메서드를 테스트한다고 가정한다. 테스트 클래스는 INSERT 문을 실행하여 테스트 데이터를 데이터베이스에 등록하고(❶), Repository 객체의 메서드를 호출한다(❷). Repository 객체의 메서드에서 데이터베이스에 대해 SELECT 문을 실행해 데이터를 가져온다. Repository 객체는 가져온 데이터를 반환값으로 반환하고, 반환된 데이터를 테스트 클래스가 확인한다(❸).

참고로 자동 테스트 시 사용하는 데이터베이스 제품으로는 사전 설치나 구동이 필요 없는 내장 데이터베이스[109]를 사용하는 것이 바람직하다. @JdbcTest는 기본적으로 내장 데이터베이스용 DataSource 객체를 구성해준다.

25.5 @Sql 애너테이션

스프링의 테스트 지원 기능은 테스트 데이터를 준비할 때 편리한 @Sql 애너테이션을 제공한다. @Sql을 테스트 메서드에 붙여 ( ) 괄호 안에 SQL이 작성된 파일의 경로를 지정하면 테스

---

109 [3부 부록]의 〈A.7 내장 DB〉 참고

트 메서드 실행 직전에 지정한 SQL 파일을 읽어와서 실행한다. [예제 25-5]의 예제 코드를
확인해보자.

@Sql을 붙인다.

```
@Test
@Sql("JdbcTrainingRepositoryTest.sql")
void test_selectById() {
    Training training = trainingRepository.selectById("t01");
    assertThat(training.getTitle()).isEqualTo("비즈니스 예절 교육");
}
```

테스트 메서드 위에 @Sql이 붙어있고, ( ) 괄호 안에 파일 경로가 지정되어 있다. 파일 경로
로 상대 경로를 지정할 수 있으므로 [예제 25-5]처럼 JdbcTrainingRepositoryTest.sql이
라는 파일명만 지정한 경우 클래스 패스에 있는 동일한 패키지의 JdbcTrainingRepository
Test.sql이 로드된다. 예를 들어 [예제 25-5]의 테스트 클래스(JdbcTrainingRepository
Test)가 com.example.training.repository 패키지에 속한 경우 JdbcTraining
RepositoryTest.sql의 위치는 [그림 25-3]과 같다(src/test/java와 src/test/resources
에 대한 설명은 [3부 부록]의 〈A.13 클래스 패스〉를 참고하자).

그림 25-3 JdbcTrainingRepositoryTest.sql의 위치

```
src/test/java
        └── com.example.training.repository
                    └── JdbcTrainingRepositoryTest.java
src/test/resources
        └── com.example.training.repository
                    └── JdbcTrainingRepositoryTest.sql
```

JdbcTrainingRepositoryTest.sql의 내용은 [예제 25-6]과 같다.

```
INSERT INTO training
(id, title, start_date_time, end_date_time, reserved, capacity) VALUES
('t01', '비즈니스 예절 교육', '2023-08-01 09:30', '2023-08-03 17:00', 1, 10)
,('t02', '자바 교육', '2023-09-01 09:30', '2023-09-03 17:00', 1, 5)
,('t03', '마케팅 교육', '2023-10-01 09:30', '2023-10-03 17:00', 5, 5)
;
```

자유롭게 SQL을 작성할 수 있지만 기본적으로는 데이터를 등록하는 INSERT 문을 작성한다. [예제 25-6]의 경우 3개의 레코드를 삽입하고 있다. 테스트 메서드가 호출되기 전에 [예제 25-6]의 SQL이 실행되므로 이미 데이터가 등록되어 있다는 전제하에 테스트 메서드를 작성할 수 있다. 또한 SQL 파일을 [예제 25-7]처럼 여러 개 지정할 수도 있다.

예제 25-7 @Sql 애너테이션으로 SQL 파일 여러 개를 지정할 수 있다.

```
@Test
@Sql({"JdbcTrainingRepositoryTest_1.sql", "JdbcTrainingRepositoryTest_2.sql"})
void test_selectById() {
    ...
}
```

지정된 순서대로 SQL 파일에 기재된 SQL이 실행된다. @Sql은 메서드뿐만 아니라 클래스에도 적용할 수 있다. 클래스에 적용한 경우 테스트 클래스에 속한 모든 테스트 메서드에서 지정된 SQL 파일이 실행된다. [예제 25-8]은 클래스에 @Sql을 지정한 예다.

예제 25-8 @Sql을 클래스에 붙인다.

```
@JdbcTest
@Sql("JdbcTrainingRepositoryTest.sql") ❶
class JdbcTrainingRepositoryTest {
    @Autowired
```

```
    JdbcTemplate jdbcTemplate;

    TrainingRepository trainingRepository;

    @BeforeEach
    void setUp() {
        trainingRepository = new JdbcTrainingRepository(jdbcTemplate);
    }

    @Test
    void test_selectById() { ❷
        Training training = trainingRepository.selectById("t01");
        assertThat(training.getTitle()).isEqualTo("비즈니스 예절 교육");
    }

    @Test
    @Sql("JdbcTrainingRepositoryTest_2.sql")
    void test_selectAll() { ❸
        List<Training> trainings = trainingRepository.selectAll();
        assertThat(trainings.size()).isEqualTo(3);
    }
}
```

❶에서 클래스에 @Sql이 붙어있으므로 @Sql이 붙어있지 않은 ❷의 테스트 메서드를 호출할 때도 ❶에서 지정한 JdbcTrainingRepositoryTest.sql의 SQL이 실행된 후에 테스트 메서드 처리가 이루어진다. ❸의 테스트 메서드에는 @Sql이 붙어있지만 ❶과는 다른 SQL 파일이 지정되어 있다. 이 경우 테스트 메서드에 직접 지정한 @Sql이 우선하므로 JdbcTrainingRepositoryTest_2.sql의 SQL이 실행된다.

25.6 데이터 정리

테스트 메서드가 실행되면 해당 테스트 메서드에 필요한 데이터가 등록되는데, 다음 테스트 메서드를 실행할 때 필요한 데이터를 다시 등록하기 위해선 일단 기존 데이터를 정리(삭제)해야 한다. 그렇지 않으면 다음 테스트 메서드용 데이터를 등록할 때 키가 중복되어 오류가 발생하거나 불필요한 데이터가 남아서 제대로 테스트가 작동하지 않을 수 있다.

@JdbcTest를 사용하면 테스트 메서드를 실행할 때 자동으로 트랜잭션이 시작되고, 테스트 메서드가 종료되면 자동으로 롤백된다. 트랜잭션을 시작하는 시점은 @Sql에서 지정한 SQL 파일을 실행하기 전이므로 @Sql에서 등록한 데이터도 롤백된다. 롤백되면서 데이터가 삭제되고 정리된 상태에서 다음 테스트 메서드가 작동한다.

롤백 기능은 @JdbcTest에 포함된 @Transactional에 의해 활성화된다. @Transactional은 〈9장 선언적 트랜잭션〉에서도 등장한 애너테이션이다. 9장에서는 업무 로직을 트랜잭션으로 제어하는 것이 목적이라서 처리가 정상적으로 종료되면 커밋되었지만 테스트 클래스에서 @Transactional을 붙인 경우에는 테스트 메서드가 종료되면 롤백된다.

25.7 갱신 계열 처리 테스트

지금까지 소개한 테스트는 Repository 클래스의 메서드를 호출하여 예상대로 데이터를 가져올 수 있는지 확인하는 참조 계열 테스트였다. 그러나 이제부터는 Repository 클래스의 메서드를 호출하여 예상대로 데이터가 업데이트되었는지를 테스트하는 갱신 계열 테스트를 살펴볼 것이다. 갱신 계열 테스트의 개요를 그림으로 나타내면 [그림 25-4]와 같다.

그림 25-4 갱신 계열 처리 테스트

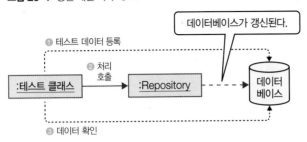

테스트 데이터를 등록하고 Repository 객체 처리를 호출하는 부분까지는 참조 계열 테스트와 동일하다(❶, ❷). 그런데 이번에는 Repository 객체의 처리 과정에서 업데이트 처리가이루어져 데이터베이스의 데이터가 갱신된다. 여기서 업데이트는 등록, 변경, 삭제를 포함하며, Repository 객체의 처리가 끝나면 테스트 클래스에서 데이터베이스의 내용을 확인한다(❸).

25.8 JdbcTemplate으로 데이터 확인하기

데이터베이스의 내용을 쉽게 확인할 수 있는 방법으로 JdbcTemplate 클래스를 사용하는 방법을 소개한다. 테스트 클래스에 JdbcTemplate 객체를 인젝션하고, 임의의 SQL로 데이터를가져와서 예상한 대로 데이터가 나오는지 확인한다. [예제 25-9]의 코드를 확인해보자.

예제 25-9 ㅤ JdbcTemplate 객체를 사용한 데이터 확인

```
...
@Autowired
JdbcTemplate jdbcTemplate; ❶
...

@Test
void test_update() {
```

```
    Training training = new Training();
    training.setId("t01");
    training.setTitle("SQL 입문");
    ...
    boolean result = trainingRepository.update(training); ❷
    assertThat(result).isEqualTo(true);
    Map<String, Object> trainingMap = jdbcTemplate.queryForMap( ❸
        "SELECT * FROM training WHERE id=?", "t01");
    assertThat(trainingMap.get("title")).isEqualTo("SQL 입문"); ❹
    ...
  }
...
```

❶에서는 JdbcTemplate 객체를 인젝션하고 있다. ❷에서 강의 데이터를 업데이트하는 메서드를 호출하면 training 테이블의 데이터가 갱신된다. ❸에서는 JdbcTemplate 객체를 사용하여 갱신된 레코드를 SELECT 문으로 가져온다. ❹에서는 가져온 레코드의 컬럼 값을 어설션한다.

실습

1952-shopping-test-repository에 이 장의 실습 과제가 준비되어 있으니 꼭 도전해보자.

Service 단위 테스트

이 장에서는 Service의 단위 테스트에 대해 설명한다. 테스트 방식을 설명한 후에는 구체적인 테스트 코드 작성법을 설명한다.

26.1 Service 단위 테스트의 개요

Service의 역할은 업무 로직이므로 업무 로직이 원하는 대로 작동하는지 확인한다. 이때 의존 객체인 Repository 객체는 [그림 26-1]처럼 Mock 객체로 전환된다.

그림 26-1 Service 단위 테스트의 개요

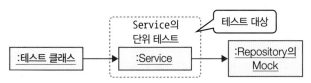

Mock의 Repository 객체는 데이터베이스에 접근하지 않고 적절하게 정해진 값을 반환하는 등의 처리를 수행한다. 데이터베이스에 접근할 필요가 없으므로 업무 로직의 처리 패턴을 포괄할 수 있는 다양한 값을 쉽게 제공할 수 있다. 참고로 Mock 객체는 Mock용 라이브러리를 사용하여 쉽게 준비할 수 있다. 이 책에서는 Mockito 라이브러리를 사용한다.

또 Service의 단위 테스트의 경우에는 웹이나 데이터베이스에 관련된 라이브러리를 사용하는 구성이 필요 없기 때문에 DI 컨테이너를 생성하지 않고 테스트하는 경우가 많다.

26.2 Mockito란?

Mockito는 Mock 객체를 쉽게 만들 수 있는 오픈 소스 라이브러리로, 스프링 부트의 테스트용 스타터(〈10장 스프링 부트로 생산성 향상하기〉 참고)에 포함되어 있다. 〈28장 Controller 단위 테스트〉에서 소개하겠지만 Mockito와 연동되는 기능을 스프링 부트가 제공한다. Mockito 외에도 Mock용 라이브러리가 있지만 스프링 부트를 이용해서 애플리케이션을 개발할 때는 특별한 이유가 없다면 Mockito를 사용하는 것이 좋다.

26.3 Mockito를 사용한 Service 단위 테스트

Mockito를 사용한 Service의 단위 테스트 예제는 [예제 26-1]과 같다.

예제 26-1 Service 단위 테스트

```
@ExtendWith(MockitoExtension.class) ①
class TrainingAdminServiceImplTest {

    @InjectMocks ②
    TrainingAdminServiceImpl trainingAdminService;

    @Mock ③
    TrainingRepository trainingRepository;

    @Test
    void test_findById() {
        Training training = new Training();
        training.setTitle("비즈니스 예절 교육");
        doReturn(training).when(trainingRepository).selectById("t01"); ④

        Training actual = trainingAdminService.findById("t01"); ⑤
        assertThat(actual.getTitle()).isEqualTo("비즈니스 예절 교육"); ⑥
    }
}
```

① 에서는 JUnit에서 제공하는 @ExtendWith를 붙였다. JUnit에는 테스트 실행 시 임의의 처리를 삽입하는 메커니즘이 준비되어 있어 @ExtendWith에 지정된 클래스의 처리를 호출해준다.[110] ① 에서는 Mockito가 제공하는 MockitoExtension 클래스를 지정했으므로 테스트 실행 시 MockitoExtension 클래스의 처리가 호출된다. MockitoExtension 클래스는 ② 나 ③

---

110 〈24장 자동 테스트와 스프링의 테스트 지원〉에서 소개한 DI 컨테이너를 생성하기 위한 애너테이션에서도 내부에서는 @ExtendWith를 사용해 DI컨테이너를 생성하는 처리 등을 테스트 실행 시 끼워넣는다.

과 같은 Mockito가 제공하는 애너테이션을 탐지하여 애너테이션에 따른 처리를 수행한다.

❷의 @InjectMocks는 애너테이션이 달린 필드 클래스의 생성자를 Mockito가 호출하여 자동으로 객체를 생성하고 필드에 할당해준다. 이때 Mock 객체로서 준비된 의존 객체를 인젝션한다. 여기서 인젝션은 스프링이 아닌 Mockito가 수행한다.

Mock 객체는 ❸과 같이 @Mock을 사용하여 준비할 수 있다. TrainingRepository 타입 필드에 애너테이션을 달았기 때문에 TrainingRepository 타입 Mock 객체가 생성되고 필드에 할당된다. Mock 객체의 구상 클래스는 Mockito가 테스트 실행 시 자동으로 생성한다.

테스트 메서드가 실행되면 [그림 26-2]와 유사한 상태가 된다.

그림 26-2 테스트 실행 시 상태

테스트 클래스의 필드에서 TrainingAdminServiceImpl 객체를 참조하고, TrainingAdmin ServiceImpl 객체의 필드에서 Mock의 TrainingRepository 객체를 참조하는 상태가 된다.

테스트 메서드 안의 ❹에서는 Mock 객체의 메서드가 호출되었을 때의 동작(⑩ 무엇을 반환할 것인가)을 지정한다. selectById라는 메서드가 호출되면 제목으로 '비즈니스 예절 교육'이 설정된 Training 객체를 반환하는 동작을 지정하고 있다.

Mock 객체에 동작을 지정했으면 ❺와 같이 테스트 대상인 Service 객체의 메서드를 호출한다. findById 메서드 내에서 Mock 객체의 selectById 메서드가 호출될 것이므로 '비즈니스 예절 교육'이 설정된 Training 객체가 findById 메서드에서 반환될 것이다(그림 26-3).

그림 26-3 테스트 실행 시 처리 과정

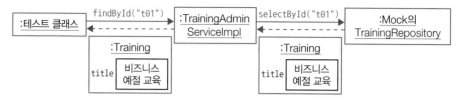

⑥에서는 반환된 Training 객체의 제목을 어설션한다.

26.4 Mockito와 static 임포트

지금부터는 Mockito의 자세한 사용법을 살펴볼 것이다. 우선 Mockito가 제공하는 클래스의 static 메서드를 가져오자.[111] 소스 코드는 [예제 26-2]와 같다.

예제 26-2 Mockito용 static 임포트

```
import static org.mockito.ArgumentMatchers.*;
import static org.mockito.Mockito.*;
```

이렇게 하면 [예제 26-3]에서 Mockito. 또는 ArgumentMatchers.를 생략하고 [예제 26-4] 처럼 작성할 수 있다(any 메서드의 의미는 이어서 설명한다).

예제 26-3 static 임포트를 하지 않는 경우

```
Mockito.doReturn(training).when(trainingRepository).selectById(ArgumentMatchers.
any());
```

----

[111] BDD(Behavior Driven Development, 행위 주도 개발)에서 사용되는 언어에 맞는 메서드를 제공한다. BDDMockito 클래스의 static 메서드를 사용할 수도 있지만 이 책에서는 설명을 생략한다.

예제 26-4 static 임포트를 한 경우

```
doReturn(training).when(trainingRepository).selectById(any());
```

26.5 Mock 객체에 동작 지정하기

Mock 객체에 지정하는 동작은 크게 3가지다.

■ **반환 값을 반환하는 동작**

Mock 객체가 어떤 반환 값을 반환한다. [예제 26-5]와 같이 코드를 작성할 수 있다.

예제 26-5 반환할 객체를 지정한다.

```
doReturn(training).when(trainingRepository).selectById("t01");
```

doReturn 메서드의 인수로 Mock 객체가 반환할 객체를 지정하고, when 메서드의 인수로 Mock 객체를 지정한다. when 메서드의 반환 값으로 Mock 객체가 반환되므로 동작을 지정하는 메서드를 호출한다. 이로써 인수 "t01"을 지정해서 Mock 객체의 selectById 메서드를 호출하면 training의 객체를 반환하는 동작이 지정된 것이다.

■ **반환 값이 void인 동작**

Mock 객체가 반환 값을 반환하지 않는다. [예제 26-6]과 같이 코드를 작성할 수 있다.

예제 26-6 반환 값을 지정하지 않는다.

```
doNothing().when(trainingRepository).insert(training);
```

doNothing 메서드 다음에 when 메서드의 인수로 Mock 객체를 지정하고, 이어서 동작을 지정하는 메서드를 호출한다. 이로써 training의 객체를 인수로 지정하고 Mock 객체의 insert 메서드를 호출하면 아무것도 반환하지 않는 동작이 지정된 것이다.

■ 예외를 던지는 동작

Mock 객체가 예외를 던진다. [예제 26-7]과 같이 코드를 작성할 수 있다.

예제 26-7 　 예외를 던진다.

```
doThrow(DuplicateKeyException.class).when(trainingRepository).insert(training);
```

DoThrow 메서드의 인수로 예외의 타입을 지정하고, when 메서드의 인수로 Mock 객체를 지정하여 동작을 지정하는 메서드를 호출한다. 이로써 training의 객체를 인수로 지정하고 Mock 객체의 insert 메서드를 호출하면 DuplicateKeyException 객체를 던지는 동작이 지정된 것이다.

26.6 Mock 객체의 메서드 인수 지정하기

Mock 객체에 동작을 지정할 때 메서드의 인수를 지정하면 지정한 인수가 전달되었을 때만 동작이 활성화된다(예제 26-8).

예제 26-8 　 메서드의 인수를 지정한다.

```
doReturn(training).when(trainingRepository).selectById("t01");
```

인수로 "t01"이 지정되었을 때만 training 객체를 반환한다. 만약 "t01" 이외의 인수가 지정되면 null이 반환된다. 인수를 임의로 지정할 경우 [예제 26-9]처럼 작성할 수 있다.

```
doReturn(training).when(trainingRepository).selectById(any());
```

any 메서드는 ArgumentMatchers 클래스의 static 메서드다. 어떤 타입, 값(null 포함)의 인수가 전달되더라도 training 객체를 반환한다. 이밖에도 anyString(임의의 문자열) 메서드나 anyInt(임의의 정수) 메서드와 같은 anyXxx 메서드가 여러 개 준비되어 있다. anyXxx 메서드의 경우 null을 포함하지 않고 null을 제외한 Xxx 타입의 임의의 값이라는 뜻이 된다.

26.7 여러 번 호출되는 Mock 객체의 메서드 지정하기

Mock 객체의 메서드가 여러 번 호출되는 경우 호출될 때마다 동작을 바꿀 수 있다. 호출될 때 인수 값이 다르다면 [예제 26-10]과 같이 작성한다.

예제 26-10 　 인수 값이 다른 경우

```
doReturn(training1).when(trainingRepository).selectById("t01");
doReturn(training2).when(trainingRepository).selectById("t02");
```

"t01"을 지정하여 selectById 메서드가 호출되면 training1 객체를 반환하고, "t02"를 지정하여 selectById 메서드가 호출되면 training2 객체를 반환한다. 호출될 때 인수 값에 관계없이 동작을 바꾸고 싶을 때는 [예제 26-11]과 같이 작성한다.

예제 26-11 　 인수 값에 관계없이 동작을 바꾸고 싶은 경우

```
doReturn(training1, training2).when(trainingRepository).findById(any());
```

doReturn의 인수에 쉼표로 구분하여 여러 개의 객체를 지정한다. 이렇게 하면 selectById 가 첫 번째 호출될 때는 training1의 객체를 반환하고, 두 번째 호출될 때는 training2의 객체를 반환한다. 참고로 [예제 26-12]와 같은 코드는 예상대로 동작하지 않는다.

예제 26-12 잘못된 코드

```
doReturn(training1).when(trainingRepository).selectById(any());
doReturn(training2).when(trainingRepository).selectById(any());
```

첫째 줄의 동작이 둘째 줄의 동작으로 덮어씌워지므로 selectById 메서드를 처음 호출할 때 와 두 번째 호출할 때 모두 training2 객체가 반환된다.

26.8 Mock 객체의 메서드 호출을 확인하는 어설션

테스트 대상 메서드를 호출했을 때 Mock 객체의 메서드가 예상대로 호출되었는지를 어설션 할 수 있다. [예제 26-13]의 코드를 살펴보자.

예제 26-13 Mock 객체의 메서드가 원하는 대로 호출되었는지 어설션한다.

```
@Test
void test_register() {
    TrainingAdminInput trainingAdminInput = new TrainingAdminInput();
    trainingAdminInput.setTitle("SQL 입문");
    trainingAdminInput.setReserved(0);
    trainingAdminInput.setCapacity(8);

    trainingAdminService.register(trainingAdminInput); ❶

    verify(trainingRepository).insert(any()); ❷
}
```

❶에서 Service 객체의 register 메서드를 호출한다. register 메서드 내에서 Repository 객체의 insert 메서드가 호출된 것으로 가정하고, insert 메서드가 호출되었는지 확인하기 위해 ❷에서 verify 메서드를 호출하고 있다. verify 메서드는 Mockito 클래스의 static 메서드다. Mock의 메서드가 호출되었음을 어설션할 수 있다. 만약 호출되지 않았다면 테스트는 실패한다. verify 메서드를 사용하면 [예제 26-14]와 같이 호출된 횟수를 확인할 수 있다.

예제 26-14   verify 메서드 사용

```
verify(trainingRepository, times(2)).insert(any());
```

verify 메서드의 두 번째 인수로 times 메서드의 반환 값을 지정하고, times 메서드의 인수로 기대하는 호출 횟수(여기서는 2회)를 지정한다.

한 번도 호출되지 않았는지 확인하려면 [예제 26-15]와 같이 코드를 작성한다.

예제 26-15   호출 횟수가 0인지 확인한다.

```
verify(trainingRepository, never()).insert(any());
```

verify 메서드의 두 번째 인수로 never 메서드의 반환 값을 전달한다. 참고로, verify 메서드를 필요 이상으로 사용하면 작업량이 늘어나거나 테스트 코드의 유지 보수성이 저하되므로 주의해야 한다. [예제 26-16]은 필요 이상으로 verify 메서드를 사용하는 코드다.

예제 26-16   필요 이상으로 verify를 사용하는 코드

```
@Test
void test_findById() {
    Training training = new Training();
    training.setTitle("비즈니스 예절 교육");
    doReturn(training).when(trainingRepository).selectById("t01");
    Training actual = trainingAdminService.findById("t01");
    assertThat(actual.getTitle()).isEqualTo("비즈니스 예절 교육"); ❶
```

```
    verify(trainingRepository).selectById("t01"); ❷
  }
```

인수 "t01"을 사용해 Mock 객체의 selectById를 호출하면 '비즈니스 예절 교육'이라는 타이틀의 Training 객체를 반환하는 동작을 지정하고 있다. 그 후 Service 객체의 메서드를 호출한다. Service 객체의 메서드 내에서는 Mock 객체의 selectById가 호출될 것으로 예상되므로 반환된 Training 객체의 타이틀이 '비즈니스 예절 교육'인지 ❶에서 어설션한다. ❶에서 어설션이 성공한 시점에서 인수 "t01"을 사용해 Mock 객체의 selectById가 호출된 것이 명백하지만 ❷에서 verify 메서드로 인수 "t01"을 사용해 Mock 객체의 selectById가 호출되었는지를 어설션하고 있다. ❷의 verify 메서드는 이중 어설션이다.

또한 이처럼 MockitoExtension.class(@ExtendWith로 지정)를 사용한 경우 기본적으로 Mock의 메서드가 사용되지 않았을 때는 자동으로 오류가 발생한다. 이런 의미에서 verify는 불필요하다.[112]

26.9 Mock 객체의 메서드에 전달된 인자 확인하기

테스트 대상 메서드의 처리에 따라서는 Mock 객체의 메서드에 전달된 인수의 내용을 자세히 확인하고 싶을 때가 있다. [그림 26-4]를 보면서 설명한다.

그림 26-4 Mock 객체의 메서드에 전달된 인수 확인

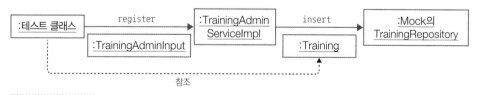

---

112 〈28장 Controller 단위 테스트〉에서 소개하는 @MockBean을 사용한 방법은 MockitoExtension 클래스를 사용하지 않으므로 동작을 지정한 Mock 객체의 메서드가 사용되지 않아도 오류가 발생하지 않는다.

테스트 클래스에서 강의 등록을 위한 Input 객체(TrainingAdminInput)를 준비해서 TrainingAdminSerivceImpl 객체의 register 메서드를 호출하고 있다. 객체의 내용을 Training 객체로 변환하여 Mock 객체의 insert 메서드의 인수로 전달한다고 가정해보자. 이때 TrainingAdminServiceImpl 객체에 의해 Input 객체가 제대로 Training 객체로 변환 되었는지 확인할 필요가 있다. Training 객체로 예상대로 변환되었는지 확인하기 위해서는 테스트 클래스 내에서 Mock 객체의 메서드에 전달된 Training 객체를 참조할 수 있으면 좋다.

Mockito의 ArgumentCaptor 클래스를 사용하여 Mock 객체의 메서드에 전달된 객체를 테스트 클래스에서 참조할 수 있다(예제 26-17).

예제 26-17 ArgumentCaptor 클래스를 사용한다.

```java
@Test
void test_register() {
    TrainingAdminInput trainingAdminInput = new TrainingAdminInput();
    trainingAdminInput.setTitle("SQL 입문");
    trainingAdminInput.setReserved(0);
    trainingAdminInput.setCapacity(8);

    ArgumentCaptor<Training> trainingCaptor =
        ArgumentCaptor.forClass(Training.class); ①
    doNothing().when(trainingRepository).insert(trainingCaptor.capture()); ②

    trainingAdminService.register(trainingAdminInput); ③

    Training training = trainingCaptor.getValue(); ④
    assertThat(training.getTitle()).isEqualTo("SQL 입문");
    assertThat(training.getReserved()).isEqualTo(0);
    assertThat(training.getCapacity()).isEqualTo(8);
}
```

① 에서 ArgumentCaptor 클래스의 forClass 메서드 인수로 Mock의 메서드에 전달되는 객체

의 클래스(Training)를 지정하고, forClass 메서드의 반환 값으로 ArgumentCaptor 객체를 가져온다. ❷에서 동작을 지정할 Mock의 메서드(insert 메서드)를 지정할 때 인수로 ❶에서 가져온 ArgumentCaptor 객체의 capture 메서드의 반환 값을 지정한다. 그런 다음 ❸에서 테스트 대상인 register 메서드를 실행한다. 테스트 대상 메서드 안에서는 Mock 객체의 insert 메서드가 호출되고 Training 객체가 인수로 전달된다고 가정한다.

Mock 객체의 insert 메서드에 전달된 Training 객체는 ❹와 같이 ArgumentCaptor 객체의 getValue 메서드로 가져올 수 있다. 이후로는 가져온 Training 객체의 내용을 자유롭게 어설션하면 된다.

26.10 Mock을 사용한 테스트의 단점

Service의 업무 로직 처리 중에 다양한 Repository 객체의 메서드를 대량으로 호출하면 Mock 객체에 동작을 지정하거나 Mock 객체의 메서드가 적절하게 호출되었는지 확인하는 코드가 복잡해진다. 이 상태에서 리팩터링[113]이나 기타 변경으로 Service 클래스나 Repository 클래스의 프로그램을 수정하면 테스트 클래스 내의 Mock 관련 소스 코드가 큰 영향을 받게 된다.[114] 이러한 업무 로직 테스트에 다음 장에서 설명할 방법을 사용할 수도 있다.

실습

1972-shopping-test-service에 이 장의 실습 과제가 준비되어 있으니 꼭 도전해보자.

---

[113] 처리 결과를 바꾸지 않고, 유지 관리성을 높이고자 프로그램 내부를 개조하는 것을 말한다.
[114] Mock의 단점은 자바 전문가로 유명한 마틴 파울러(Martin Fowler)의 기사에서도 언급되었다
(*https://martinfowler.com/articles/mocksArentStubs.html#CouplingTestsToImplementations*).

Service·Repository
통합 테스트

이 장에서는 Service와 Repository를 연결해 테스트하는 통합 테스트를 설명한다. 테스트 방식을 설명한 후에는 구체적인 테스트 코드 작성법을 설명한다.

27.1 Service·Repository 통합 테스트의 개요

Service와 Repository 통합 테스트의 테스트 대상은 [그림 27-1]처럼 Service와 Repository 모두다. Service 객체와 Repository 객체를 연결한 상태에서 Service 객체의 업무 로직을 호출하고, 데이터베이스의 데이터를 원하는 대로 가져오거나 업데이트할 수 있는지 테스트한다.

그림 27-1 테스트의 개요

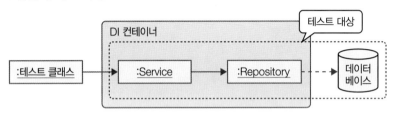

Service 객체와 Repository 객체는 DI 컨테이너를 사용하여 객체를 생성한다. Service 객체에는 Repository 객체가 인젝션되며, Repository 객체가 인젝션된 Service 객체를 테스트 클래스의 객체에 인젝션하는 형태가 된다.

26장의 마지막에 언급했던 것처럼 업무 로직을 테스트할 때 Mock의 단점이 커진다면 이 장에서 소개하는 테스트를 고려해볼 수 있다.

27.2 DI 컨테이너를 생성하기 위한 애너테이션

테스트 실행 시 DI 컨테이너를 생성하는 애너테이션으로 @SpringBootTest를 사용한다. 예제 코드는 [예제 27-1]과 같다.

```
@SpringBootTest(webEnvironment = WebEnvironment.NONE) ❶
class ReservationServiceTest {

    @Autowired
    ReservationService reservationService; ❷

    @Test
    void test_findStudentTypeByCode() {
        StudentType studentType
            = reservationService.findStudentTypeByCode("FREELANCE"); ❸
        assertThat(studentType.getName()).isEqualTo("프리랜서"); ❹
    }
}
```

❶에서 테스트 클래스에 붙인 @SpringBootTest는 DI 컨테이너를 생성하기 위한 애너테이션이다. 컴포넌트 스캔이나 자동 구성을 제한하지 않고 DI 컨테이너를 생성한다. 다만 Service와 Repository를 통합 테스트하는 경우에는 스프링 MVC 구동을 위한 웹 관련 설정이 필요하지 않다. webEnvironment = WebEnvironment.NONE을 지정해 웹 관련 설정을 무효화한다(단, Controller의 Bean은 활성화되어 생성된다).

또한 DI 컨테이너를 생성할 때 불러올 JavaConfig 클래스를 지정하지 않았으므로 스프링이 자동으로 찾아준다. 찾는 방법은 〈24장 자동 테스트와 스프링의 테스트 지원〉에서 소개했다.

❷부터는 이전 장에서 소개한 내용과 크게 다르지 않다. 테스트할 객체를 ❷에서 인젝션하고, ❸에서 인젝션한 객체의 메서드를 테스트 메서드 안에서 호출한다. ❹에서는 호출한 메서드의 반환 값이 예상대로 나오는지 어설션한다.

27.3 데이터베이스에 데이터 준비하기

Service와 Repository의 통합 테스트에서는 데이터베이스 접근을 포함하여 테스트한다. 테스트할 때 테스트용 데이터를 데이터베이스에 등록해야 한다. [그림 27-2]에 데이터를 준비하는 과정을 나타낸 것이다.

그림 27-2 데이터베이스의 데이터 준비

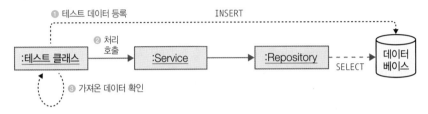

[그림 27-2]는 데이터를 검색하는 Service의 메서드를 테스트한다고 가정한다. 테스트 클래스는 INSERT 문으로 테스트 데이터를 데이터베이스에 등록하고(❶), Service 객체의 메서드를 호출한다(❷). Service 객체의 메서드 안에서는 Repository 객체의 메서드가 호출되고 데이터베이스에 SELECT 문이 실행되어 데이터를 가져온다. Repository 객체는 가져온 데이터를 반환하고, Service 객체도 데이터를 반환한다. 반환된 데이터를 테스트 클래스가 확인한다(❸).

27.4 @Sql 애너테이션

테스트용 데이터 준비에는 〈25장 Repository 단위 테스트〉에서 소개한 @Sql을 사용한다. 예제 코드는 [예제 27-2]와 같다.

```
@Test
@Sql("ReservationServiceTest.sql")
void test_findStudentTypeByCode() {
    StudentType studentType
        = reservationService.findStudentTypeByCode("FREELANCE");
    assertThat(studentType.getName()).isEqualTo("프리랜서");
}
```

테스트 메서드에 @Sql을 붙이고, INSERT 문이 포함된 ReservationServiceTest.sql 파일을 지정했다. 이렇게 하면 테스트 메서드가 실행되기 직전에 ReservationServiceTest.sql 파일에 기재된 INSERT 문이 실행되어 데이터가 준비된다. @Sql은 테스트 클래스에도 붙일 수도 있는데, 테스트 클래스에 붙인 경우 모든 테스트 메서드를 테스트할 때 지정한 파일의 SQL이 실행된다.

27.5 데이터 정리

25장에서는 트랜잭션 롤백이 자동으로 이루어져 데이터가 정리되는 것을 소개했는데, DI 컨테이너를 생성하는 애너테이션으로 @JdbcTest를 사용한 경우 @JdbcTest 안에 포함된 @Transactional에 의해 자동으로 롤백하는 기능이 활성화된다.

이 장에서 사용하는 @SpringBootTest에는 @Transactional이 포함되어 있지 않다. 따라서 명시적으로 테스트 클래스에 @Transactional을 추가해야 한다. 예제 코드는 [예제 27-3]과 같다.

```
@SpringBootTest(webEnvironment = WebEnvironment.NONE)
@Sql("ReservationServiceTest.sql")
@Transactional ①
class ReservationServiceTest {
    @Autowired
    ReservationService reservationService;
    @Test
    void test_findStudentTypeByCode() {
        ...
    }
    @Test
    void test_findAllStudentType() {
        ...
    }
}
```

①에 @Transactional이 붙어있다. [예제 27-3]에는 두 개의 테스트 메서드가 있는데, 각 테스트 메서드가 호출되는 시점에서 트랜잭션이 시작되고, 테스트 메서드가 종료되는 시점에서 롤백된다. 롤백되면 데이터가 정리되며, 정리된 상태에서 다음 테스트 메서드가 실행된다.

27.6 갱신 계열 처리 테스트

지금까지 소개한 테스트는 Service 객체의 메서드를 호출해 예상대로 데이터를 가져올 수 있는지 확인하는 참조 계열 테스트였다. 이제부터는 Service 객체의 메서드를 호출해 예상대로 데이터가 업데이트되었는지를 테스트하는 갱신 계열의 테스트를 살펴본다. [그림 27-3]은 갱신 계열 테스트의 개요다.

그림 27-3 갱신 계열 처리 테스트

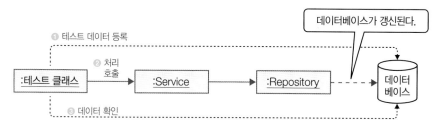

테스트 데이터를 등록하고 Service 객체의 처리를 호출하는 부분까지는 참조 계열 테스트와
같다(❶, ❷). 이번에는 Service 객체의 처리 안에서 업데이트 처리가 이루어져 데이터베이
스의 데이터가 갱신된다. 여기서 업데이트는 등록, 변경, 삭제를 포함한다. Service 객체의
처리가 끝나면 테스트 클래스는 데이터베이스의 내용을 확인한다(❸).

27.7 JdbcTemplate으로 데이터 확인하기

25장에서도 소개했지만 데이터베이스의 내용물을 확인하는 간편한 수단으로 JdbcTemplate
클래스를 사용할 수 있다. 테스트 클래스에 JdbcTemplate 객체를 인젝션하여 임의의 SQL로
데이터를 취득하고 예상대로 데이터가 나오는지 확인한다. 예제 코드는 [예제 27-4]와 같다.

예제 27-4 JdbcTemplate 클래스를 사용한 데이터 확인

```
...
@Autowired
JdbcTemplate jdbcTemplate; ❶
...
@Test
void test_reserve() {
    ...
    Reservation reservation = reservationService.reserve(reservationInput); ❷
    Map<String, Object> reservationMap = jdbcTemplate.queryForMap( ❸
```

```
        "SELECT * FROM reservation WHERE id=?", reservation.getId());
    assertThat(reservationMap.get("name")).isEqualTo("김철수");
    assertThat(reservationMap.get("phone")).isEqualTo("090-0000-0000");
    ...
    Map<String, Object> trainingMap = jdbcTemplate.queryForMap( ④
        "SELECT * FROM training WHERE id=?", "t01");
    assertThat(trainingMap.get("reserved")).isEqualTo(4);
    }
    ...
```

① 에서 JdbcTemplate 객체를 인젝션하고 ② 에서 강의를 신청하는 업무 로직을 호출한다.
이때 데이터베이스에 수강 신청 데이터가 등록된다. ③ 에서는 JdbcTemplate 객체를 사용해
등록되었을 수강 신청 레코드를 SELECT 문으로 가져온다. 이어지는 행에서 가져온 레코드의
컬럼 값을 어설션하고, ④ 이후에는 강의 테이블의 레코드를 가져와 신청 수가 바뀐 것을 어
설션한다.

실습

2002-shopping-test-service-repository에 이 장의 실습 과제가 준비되어 있으니 꼭 도
전해보자.

Controller 단위 테스트

Controller는 브라우저의 요청을 수락하는 시점부터 처리를 시작하므로 주로 키 입력을 사용하여 테스트한다는 이미지가 강하다. 하지만 테스트 효율성을 고려하면 Controller 테스트도 자동 테스트로 수행하는 것이 좋다. 이 장에서는 Controller의 단위 테스트 방법을 설명하되, 서버 측에서 HTML을 생성하는 웹 애플리케이션에 대한 단위 테스트에 중점을 둔다. RESTful 웹 서비스에 대한 단위 테스트는 〈30장 RESTful 웹 서비스 테스트〉에서 소개한다.

28.1 Controller 단위 테스트의 개요

Controller 단위 테스트의 개요는 [그림 28-1]과 같다.

그림 28-1 Controller 단위 테스트

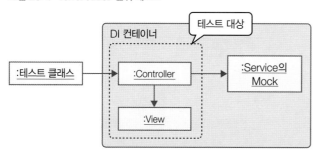

Controller 클래스는 스프링 MVC의 다양한 애너테이션을 사용하므로 웹 관련 설정을 해서 DI 컨테이너를 생성하고 스프링 MVC를 가동하면서 테스트한다. Controller 객체가 호출하는 Service 객체는 Mock 객체로 전환된다. Mock 객체는 〈26장 Service 단위 테스트〉에서 소개한 Mockito를 사용하며, 주로 Controller 클래스에 붙인 다양한 애너테이션이 예상대로 동작하는지, 호출한 Service 객체의 메서드가 처리 결과에 따라 적절한 응답을 반환할 수 있는지를 테스트한다. 덧붙여 Controller와 함께 View도 동작하지만 이 책에서는 View가 생성한 HTML의 내용을 자세히 확인하지 않으므로 'Controller 단위 테스트'(View 제외)라고 부르기로 한다.

테스트 클래스 객체에 Controller 객체의 Bean을 인젝션하고 Controller 객체의 핸들러 메서드를 직접 호출하면 단순한 메서드 호출이 되기 때문에 Controller 클래스에 붙인 애너테이션(ⓒ @XxxMapping 등)이 유효한지 확인할 수 없다. 따라서 테스트 클래스는 스프링 MVC의 배후 처리를 통해 간접적으로 핸들러 메서드를 호출할 필요가 있다. 이때 스프링은 MockMvc라는 편리한 기능을 제공한다.

28.2 MockMvc란?

MockMvc는 스프링의 테스트 지원 기능이 제공하는 것으로, Controller에 의사 요청^{pseudo} request을 보낼 수 있다. 가짜 요청이므로 실제로 HTTP 프로토콜로 통신하는 것은 아니다. 따라서 AP 서버를 구동할 필요가 없다. [그림 28-2]은 MockMvc의 작동 방식을 나타낸 것이다.

그림 28-2 MockMvc의 작동 방식

MockMvc를 사용하면 테스트 클래스가 MockMvc 객체의 처리를 호출한다. 내부에서는 DispatcherServlet(스프링 MVC 내부 프로그램) 객체가 호출되어 Controller 객체가 호출되는 형태가 된다. MockMvc를 사용하면 AP 서버를 시작하지 않기 때문에 테스트 실행이 빨라진다는 장점이 있다.

28.3 MockMvc 사용법

MockMvc를 사용한 테스트 클래스를 살펴보자(예제 28-1).

예제 28-1 MockMvc를 사용한 테스트 클래스

```
...
@Autowired
MockMvc mockMvc; ❶

@Test
void test_displayDetails() throws Exception { ❻
    ...
    mockMvc.perform( ❷
        get("/training/display-details")
```

```
            .param("trainingId", "t02")
    ) ❸
    .andExpect(status().isOk()) ❹
    .andExpect(view().name("training/displayDetails"))
    .andExpect(content().string(containsString("자바 교육"))); ❺
}
...
```

자세한 내용은 나중에 설명할 것이므로 지금은 간단히 짚고 넘어가겠다. MockMvc 객체는 DI 컨테이너에서 관리되므로 ❶과 같이 테스트 클래스에 주입할 수 있다. 가짜 요청을 전송할 때는 ❷와 같이 perform 메서드를 사용한다. ❷~❸ 부분이 perform 메서드를 호출하여 요청을 전송하는 부분으로, URL 경로와 요청 파라미터를 지정하여 요청을 전송한다. ❹~❺에서는 응답 내용을 어설션한다. 상태 코드와 생성된 HTML의 내용을 확인한다.

또한 MockMvc 객체의 perform 메서드는 throws 구문에서 검사 예외인 Exception 타입이 지정되어 있으므로 처리할 필요가 있다. 정상 테스트에서는 예상하지 못한 예외가 발생한 경우 테스트 메서드의 상위로 전파해야 하므로 try~catch 블록으로 에워싸는 것이 아니라 ❻과 같이 테스트 메서드의 throws 구문에서 Exception 타입을 지정하는 것이 좋다.

28.4 DI 컨테이너를 생성하기 위한 애너테이션

Controller를 단위 테스트할 때는 테스트 클래스에 @WebMvcTest를 붙인다. @WebMvcTest는 테스트 클래스를 실행할 때 자동으로 DI 컨테이너를 생성해주는 애너테이션으로, 생성할 때 자동 설정과 컴포넌트 스캔에 제한을 걸어준다. 이를 통해 불필요한 자동 설정(⑩ 데이터베이스 관련 설정)을 비활성화하거나 @Service, @Repository의 스테레오타입 애너테이션이 있는 클래스의 Bean 정의를 비활성화할 수 있다. [예제 28-2]는 테스트 클래스의 예다.

```
@WebMvcTest(TrainingController.class) ❶
class TrainingControllerTest {

    @Autowired
    MockMvc mockMvc; ❷

    @MockBean
    TrainingService trainingService; ❸

    @Test
    void test_displayDetails() throws Exception { ❹
    ...
```

먼저 @WebMvcTest를 붙이고 ( ) 괄호 안에는 테스트할 Controller 클래스를 지정한다(❶). 그러면 테스트 실행 시 자동으로 DI 컨테이너가 생성되고 TrainingController 클래스의 Bean이 DI 컨테이너에서 관리된다. 명시적으로 JavaConfig 클래스를 지정하지 않았기 때문에 스프링의 테스트 지원 기능은 자동으로 JavaConfig 클래스를 찾아준다. 찾는 방법은 〈24장 자동 테스트와 스프링의 테스트 지원〉에서 소개한 규칙을 따른다. 보통은 main 메서드를 가진 클래스가 JavaConfig 클래스로 로딩된다. ❷에서는 MockMvc 객체를 인젝션하고, ❸에서는 Service의 Mock 객체를 생성한다. 〈26장 Service 단위 테스트〉에서는 Mockito에서 제공하는 @Mock 애너테이션을 사용하여 Mock 객체를 생성했지만 이번에는 스프링에서 제공하는 @MockBean 애너테이션을 사용한다.

@MockBean 애너테이션을 필드에 적용하면 스프링은 Mockito를 사용하여 Mock 객체를 생성하고 필드에 할당한다. 더불어, 생성된 객체를 DI 컨테이너에 Bean으로 등록해준다. 따라서 TrainingController 객체에 인젝션되는 Service 객체는 Mock 객체가 된다. 테스트 시 주요 객체 간의 연결은 [그림 28-3]과 같다(DispatcherServlet은 생략했다).

그림 28-3 주요 객체의 연결

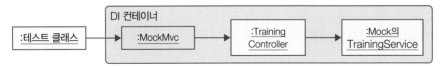

[예제 28-2]에서 ❹의 테스트 메서드에서는 Mock 객체에 동작을 지정하고, MockMvc 객체를 사용하여 요청을 전송하는 등의 내용을 작성한다. Mock객체는 Mockito에서 생성한 것이므로 사용법은 26장에서 소개한 방법과 같다.

28.5 MockMvc와 static 임포트

이번에는 MockMvc의 자세한 사용법을 살펴보자. 먼저 static 임포트를 한다. MockMvc를 사용하는 경우 여러 클래스의 static 메서드를 자주 호출하게 된다. 만약 static 임포트를 하지 않고 테스트 프로그램을 작성하면 [예제 28-3]과 같은 코드가 되고 만다.

예제 28-3 static 임포트를 하지 않은 경우

```
mockMvc.perform(
    MockMvcRequestBuilders.get("/training/display-details")
    .param("trainingId", "t02")
)
.andExpect(MockMvcResultMatchers.status().isOk())
.andExpect(MockMvcResultMatchers.view().name("training/displayDetails"))
.andExpect(MockMvcResultMatchers.content()
    .string(Matchers.containsString("자바 교육")));
```

'클래스명.메서드명' 형태가 반복 작성되어 가독성이 떨어진다. 그래서 [예제 28-4]처럼 static 임포트를 작성한다.

```
import static org.hamcrest.Matchers.*;

import static org.springframework.test.web.servlet.request.MockMvcRequestBuilders.*;

import static org.springframework.test.web.servlet.result.MockMvcResultHandlers.*;

import static org.springframework.test.web.servlet.result.MockMvcResultMatchers.*;
```

이제 [예제 28-3]의 코드를 [예제 28-5]와 같이 작성할 수 있다.

예제 28-5　static 임포트를 한 경우

```
mockMvc.perform(
    get("/training/display-details")
    .param("trainingId", "t02")
)
.andExpect(status().isOk())
.andExpect(view().name("training/displayDetails"))
.andExpect(content().string(containsString("자바 교육")));
```

군더더기 없이 작성되어 가독성이 좋아졌다.

28.6 요청 지정하기

MockMvc를 사용하여 다양한 요청을 지정하는 방법을 설명한다. 요청을 전송하는 메서드는 MockMvc 클래스의 perform 메서드이며, perform 메서드를 호출하는 방법은 [예제 28-6]과 같다.

```
@Test
void test_displayList() throws Exception {
    ...
    mockMvc.perform( ❶
        get("/training/display-details") ❸
        .param("trainingId", "t02") ❹
    ) ❷
    .andExpect(status().isOk())
    .andExpect(view().name("training/displayDetails"))
    .andExpect(content().string(containsString("자바 교육")));
}
```

괄호의 시작과 끝을 알기 어렵지만 perform 메서드의 호출 부분은 ❶~❷다. perform 메서드 인수에 요청 내용을 지정한다. 요청 내용은 MockMvcRequestBuilders 클래스 static 메서드에서 지정할 수 있다. ❸에서는 get 메서드를 사용한다. MockMvcRequestBuilders 클래스의 static 메서드는 static 임포트를 했다고 가정하므로 MockMvcRequestBuilders.를 작성하지 않았다. get 메서드는 HTTP의 GET 메서드 요청을 지정하는 메서드다. 인수로 지정한 URL 경로로 요청을 보낸다. ❹에서는 메서드 체인에서 param 메서드를 호출해 요청 파라미터(파라미터명: trainingId, 파라미터 값: t02)를 지정한다.

get 메서드나 param 메서드를 비롯하여 요청 내용을 지정하기 위한 다양한 메서드가 있다. [표 28-1]에 주요 메서드를 정리했다.

표 28-1 요청 내용을 지정하는 주요 메서드

메서드	용도	예시
get	HTTP의 GET 메서드를 지정한다. 인수로 경로를 지정하며, 경로 안에 가변 부분이 있으면 두 번째 인수 이후에 값을 지정한다.	get("/display-detail/{id}","p01")

	HTTP의 POST 메서드를 지정한다. 인수 로 경로를 지정하며, 경로 안에 가변 부분 이 있으면 두 번째 인수 이후에 값을 지정 한다.	
post	HTTP의 POST 메서드를 지정한다. 인수 로 경로를 지정하며, 경로 안에 가변 부분 이 있으면 두 번째 인수 이후에 값을 지정 한다.	post("/validate-input")
param	요청 파라미터를 지정한다.	param("customerName", "김철수")
sessionAttr	세션 스코프에 임의의 객체를 지정한다.	sessionAttr("customerName", "김철수")
flashAttr	플래시 스코프에 임의의 객체를 지정한다.	flashAttr("orderId", "o01")
cookie	Cookie에 임의의 데이터를 지정한다.	cookie("language", "ko")

28.7 응답 어설션

MockMvc를 사용하여 응답의 다양한 데이터를 어설션하는 방법을 알아보자. 응답 내용을 어설션할 때는 perform 메서드의 반환 값인 ResultActions 객체의 andExpect 메서드를 이용한다. [예제 28-7]의 코드를 살펴보자.

예제 28-7 andExpect로 응답의 내용을 어설션한다.

```
@Test
void test_displayList() throws Exception {
    ...
    mockMvc.perform(
        get("/training/display-details")
        .param("trainingId", "t02")
    )
    .andExpect(status().isOk()) ①
    .andExpect(view().name("training/displayDetails")) ②
    .andExpect(content() ③
    .string(containsString("자바 교육"))); ④
}
```

❶에서 andExpect 메서드를 호출하여 어설션하고 싶은 내용을 인수로 전달한다. status 메서드는 static 임포트한 MockMvcResultMatchers 클래스의 static 메서드로 상태 코드가 200 OK라는 것을 어설션한다. andExpect 메서드는 메서드 체인을 사용해 여러 개 연결할 수 있는데, ❷에서는 MockMvcResultMatchers 클래스의 view 메서드로 Controller가 반환한 View 이름을 어설션하고, ❸과 ❹에서는 content 메서드로 HTML의 내용을 어설션한다. ❹에서는 HTML 안에 '자바 교육'이라는 문자열이 포함되어 있음을 어설션한다. 응답 내용을 어설션하는 주요 메서드를 [표 28-2]에 정리했다.

표 28-2 응답 내용을 어설션하는 주요 메서드

메서드명	용도	예시
status	상태 코드(200 OK 등)를 확인한다.	status().isOk()
view	핸들러 메서드가 반환한 View 이름을 확인한다.	view().name("order/form")
content	응답 바디의 내용을 확인한다.	content().string(containsString("지우개"))
request	요청 스코프와 세션 스코프의 내용을 확인한다.	request().attribute("userName", "김철수")
flash	플래시 스코프의 내용을 확인한다.	flash().attribute("orderId","o01")
cookie	Cookie 데이터를 확인한다.	cookie().value("language", "ko")
model	Model의 내용을 확인하거나 입력 검사 오류의 내용을 확인한다.	model().attribute("userName", "김철수")
redirectedUrl	리다이렉트 URL을 확인한다.	redirectedUrl("/order/complete")

28.8 입력 검사 오류 어설션

Controller의 주요 역할 중 하나는 입력 검사다(〈11장 스프링 MVC + Thymeleaf〉 참고). MockMvc를 이용한 테스트에서는 Model 객체의 내용을 참조하여 입력 검사의 오류 내용을 어

설선할 수 있으며, 입력 검사에서 오류가 발생하면 오류 내용이 Model 객체에 저장된다. [예제 28-8]의 코드를 살펴보자.

예제 28-8　입력 검사 오류 어설션

```java
@Test
void test_validateInput_입력오류() throws Exception {
    mockMvc.perform(
        post("/reservation/validate-input")
    )
    .andExpect(view().name("reservation/reservationForm"))
    .andExpect(model().attributeHasFieldErrorCode("reservationInput", "name",
"NotBlank")) ❶
    .andExpect(model().attributeHasFieldErrorCode("reservationInput", "phone",
"NotBlank")) ❷
    .andExpect(model().attributeHasFieldErrorCode("reservationInput",
"emailAddress", "NotBlank")) ❸
    .andExpect(model().attributeHasFieldErrorCode("reservationInput",
"studentTypeCode", "NotBlank")); ❹
}
```

❶~❹에서 입력 검사의 오류 내용을 어설션한다. model 메서드의 반환 값에 대해 attribute HasFieldErrorCode 메서드를 호출하고 원하는 오류의 내용을 인수로 지정한다. 첫 번째 인수는 Model 객체 내 Input 객체의 속성명, 두 번째 인수는 프로퍼티명, 세 번째 인수는 오류 코드를 지정한다. 오류 코드는 애너테이션 이름을 사용할 수 있다. [예제 28-8]의 검사 내용을 [예제 28-9]와 같이 조금 더 간단하게 작성할 수도 있다.

예제 28-9　입력 검사 오류를 간소화한 어설션

```java
@Test
void test_validateInput_입력오류() throws Exception {
    mockMvc.perform(
        post("/reservation/validate-input")
```

```
    )
    .andExpect(view().name("reservation/reservationForm"))
    .andExpect(model().attributeHasFieldErrors( ❶
        "reservationInput", "name", "phone", "emailAddress", "studentTypeCode")); ❷
}
```

❶과 ❷에서는 model 메서드의 반환 값에 대해서 attributeHasFieldErrors 메서드를 호
출한다. 첫 번째 인수로는 Model 객체 내의 Input 객체의 속성 이름을 지정하고, 두 번째 인
수 이후에는 오류가 발생한 프로퍼티명을 지정한다. 지정한 프로퍼티에서 입력 검사 오류가
있는 것을 어설션할 수 있다. [예제 28-8]과 비교했을 때 어떤 오류인지(NotBlank 오류인지
다른 오류인지)는 확인할 수 없지만 테스트 프로그램 작성은 간단해진다.

28.9 디버깅을 위한 로그 출력

andExpect 메서드의 어설션이 실패하면 스프링의 테스트 지원 기능은 디버깅을 쉽게 할 수
있도록 (가짜) 요청과 응답의 내용을 콘솔에 출력해준다. 만약 andExpect 메서드가 성공한
경우에도 직접 요청과 응답 내용을 확인하고 싶은 경우 [예제 28-10]처럼 작성하여 요청과
응답 내용을 콘솔에 출력할 수 있다.

예제 28-10   요청과 응답 내용을 콘솔에 출력한다.

```
mockMvc.perform(
    get("/training/display-details")
    .param("trainingId", "t02")
)
.andExpect(status().isOk())
.andExpect(view().name("training/displayDetails"))
```

```
.andExpect(content().string(containsString("자바 교육")))
.andDo(print()); ①
```

①에서 andExpect 메서드에 연결하여 andDo 메서드를 호출하고 있다. 인수는 print 메서드의 반환 값을 전달한다. 테스트를 실행하면 [예제 28-11]과 같이 출력된다.

출력된 요청과 응답 내용

```
MockHttpServletRequest: ①
HTTP Method = GET
Request URI = /training/display-details
Parameters = {trainingId=[t02]}
Headers = []
Body = null
Session Attrs = {}
...
MockHttpServletResponse: ②
Status = 200
Error message = null
Headers = [Content-Language:"en", Content-Type:"text/html;charset=UTF-8"
...
```

① 부분부터 요청 내용이 출력되고, ② 부터는 응답 내용이 출력된다.

28.10 Mock 객체에 동작 지정하기

마지막으로 Mock 객체에 동작을 지정하는 방법을 알아보자(예제 28-12).

```
@WebMvcTest(TrainingController.class)
class TrainingControllerTest {
    @Autowired
    MockMvc mockMvc;

    @MockBean
    TrainingService trainingService;

    @Test
    void test_displayDetails() throws Exception {

        Training training = new Training();
        training.setTitle("자바 교육");
        doReturn(training).when(trainingService).findById("t02"); ①

        mockMvc.perform( ②
            get("/training/display-details")
            .param("trainingId", "t02")
        ...
        .andExpect(content().string(containsString("자바 교육"))); ③
        ...
```

①에서는 Mock 객체에 동작을 지정한다. Mock의 TrainingService 객체의 findById 메서드가 호출되면 타이틀이 '자바 교육'인 Training 객체를 반환하는 동작을 지정하고 있다. ②에서는 MockMvc 객체를 사용해 요청을 전송한다. [그림 28-4]처럼 요청에 대응하는 TrainingController 객체의 핸들러 메서드(displayDetail 메서드를 가정한다)가 호출되고 핸들러 메서드 안에서 Mock의 TrainingService 객체의 findById 메서드가 호출된다.

그림 28-4 Mockito를 사용한 처리의 흐름

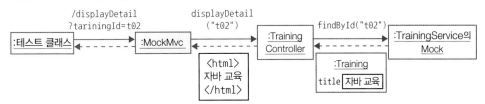

findById 메서드 반환 값의 Training 객체가 TrainingController 객체로 반환되고, 타이틀의 값이 View 객체에 의해 HTML 안에 삽입된다. [예제 28-12]의 ❸에서 HTML의 내용을 어설션하고 있다.

실습

2102-shopping-test-controller에 이 장의 실습 과제가 준비되어 있으니 꼭 도전해보자.

Controller·Service ·Repository 통합 테스트

이 장에서는 Controller, Service, Repository 통합 테스트에 대해 설명한다. 테스트의 개요를 설명한 후, 구체적인 테스트 코드를 작성법을 설명한다. 참고로 여기서 설명하는 테스트는 서버 측에서 HTML을 생성하는 웹 애플리케이션에 대한 통합 테스트다. RESTful 웹 서비스에 대한 통합 테스트는 〈30장 RESTful 웹 서비스 테스트〉에서 설명한다.

29.1 Controller·Service·Repository 통합 테스트의 개요

[그림 29-1]과 같이 DI 컨테이너를 생성하고, Controller·View·Service·Repository를 연결하여 테스트한다.

그림 29-1 테스트 개요

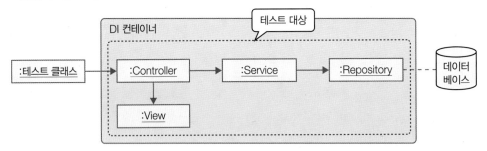

이 책에서는 View가 생성한 HTML의 내용을 자세히 확인하지 않으므로 'Controller·Service·Repository 통합 테스트'(View 제외)라고 부르고, Controller 처리를 호출할 때는 〈28장 Controller 단위 테스트〉에서 소개한 MockMvc를 사용한다.

29.2 테스트 클래스

테스트 클래스의 예제 코드는 [예제 29-1]에서 확인할 수 있다.

예제 29-1   테스트 클래스

```
@SpringBootTest ❶
@AutoConfigureMockMvc ❷
@Transactional ❸
@Sql("TrainingControllerIntegrationTest.sql") ❹
public class TrainingControllerIntegrationTest {
```

```
    @Autowired
    private MockMvc mockMvc; ⑤

    @Test
    public void test_displayDetails() throws Exception {
        mockMvc.perform( ⑥
          get("/training/display-details")
          .param("trainingId", "t02")
        )
        .andExpect(content().string(containsString("자바 교육")));
    }

    @Test
    public void test_displayList() throws Exception {
        mockMvc.perform( ⑦
            get("/training/display-list")
        )
        .andExpect(content().string(containsString("비즈니스 예절 교육")))
        .andExpect(content().string(containsString("자바 교육")))
        .andExpect(content().string(containsString("마케팅 교육")));
    }
}
```

❶에서 테스트 클래스에 붙인 @SpringBootTest는 DI 컨테이너를 생성하기 위한 애너테이션이다. 컴포넌트 스캔이나 자동 설정을 제한하지 않고 DI 컨테이너를 생성한다. DI 컨테이너 생성 시 불러오는 JavaConfig 클래스를 지정하지 않았기 때문에 스프링이 자동으로 찾아준다. 찾는 방법은 〈24장 자동 테스트와 스프링의 테스트 지원〉에서 설명했다.

❷에서 @AutoConfigureMockMvc는 MockMvc 객체를 구성하기 위한 애너테이션이다. 〈28장 Controller 단위 테스트〉에서 소개한 @WebMvcTest와 달리 MockMvc 객체가 자동으로 설정되지 않으므로 @AutoConfigureMockMvc를 붙일 필요가 있다.

❸에서 @Transactional은 〈27장 Service·Repository 통합 테스트〉에서 소개한 애너테이션으로, 데이터베이스를 롤백하여 데이터를 정리하는 데 사용된다. 각 테스트 메서드가 호출될 때 트랜잭션이 시작되고, 각 테스트 메서드가 종료될 때 롤백된다. 롤백되면 데이터가 정리되며, 정리된 상태에서 다음 테스트 메서드가 실행된다.

❹에서 @Sql은 〈25장 Repository 단위 테스트〉에서 소개한 애너테이션으로, 데이터베이스에 데이터를 등록하는 데 사용된다. INSERT 문이 포함된 TrainingControllerIntegrationTest.sql 파일을 가리키며, 이렇게 하면 테스트 메서드가 실행되기 직전에 TrainingControllerIntegrationTest에 포함된 INSERT 문이 실행되어 데이터가 준비된다. @Sql을 테스트 클래스에 적용했으므로 모든 테스트 메서드가 실행될 때마다 INSERT 문이 실행된다.

❺에서는 MockMvc 객체를 인젝션하고, ❻과 ❼에서 MockMvc 객체를 사용하여 요청을 전송하고 결과를 어설션한다.

29.3 Controller에서 세션 스코프와 플래시 스코프를 사용한 테스트

〈19장 세션 스코프〉에서 Controller 클래스에서 세션 스코프를 다루는 방법을 소개했다. [예제 29-2]처럼 세션 스코프로 관리하고자 하는 객체의 클래스에 @SessionScope를 붙이면 세션 스코프의 Bean을 등록할 수 있다.

예제 29-2 세션 스코프의 Bean

```
@Component ❶
@SessionScope ❷
@SuppressWarnings("serial")
public class ReservationSession implements Serializable {
    private ReservationInput reservationInput;
```

```
    public ReservationInput getReservationInput() {
        return reservationInput;
    }
    public void setReservationInput(ReservationInput reservationInput) {
        this.reservationInput = reservationInput;
    }
    ...
}
```

❶은 Bean을 정의하기 위한 스테레오타입 애너테이션이다. 컴포넌트 스캔이 되면 Bean으로 등록된다. 그리고 ❷와 같이 @SessionScope를 붙이면 세션 스코프 안에 Reservation Session 객체가 자동으로 저장된다. Controller의 예제 코드는 [예제 29-3]과 같다.

예제 29-3 세션 스코프와 플래시 스코프를 사용하는 Controller

```
@Controller
public class ReservationController {
    ...
    private final ReservationSession reservationSession; ❶
    public ReservationController(ReservationSession reservationSession, ...
        this.reservationSession = reservationSession;
    ...
    @PostMapping(value = "/reserve", params = "reserve")
    public String reserve(RedirectAttributes redirectAttributes) {
        ReservationInput reservationInput = reservationSession.
            getReservationInput(); ❷
        Reservation reservation = reservationService.reserve(reservationInput);
        redirectAttributes.addFlashAttribute("reservation", reservation); ❸
        return "redirect:/reservation/display-completion";
    }
    ...
}
```

①은 세션 스코프의 Bean 필드이며, 생성자의 인수로 인젝션한다. ②에서 세션 스코프의 Bean으로부터 ReservationInput 객체를 가져오는데, ReservationInput 객체에는 사용자가 강의를 신청하기 위해 입력한 이름과 전화번호 등이 저장되어 있다고 가정한다.

Service 객체의 업무 로직을 호출하여 수강 신청을 처리한 다음, ③에서 Reservation 객체를 플래시 스코프에 저장한다. 그후 완료 화면으로 리다이렉트하기 위한 값을 반환한다. 이 핸들러 메서드(reserve 메서드)를 테스트하는 예제 코드는 [예제 29-4]와 같다.

예제 29-4 세션 스코프와 플래시 스코프를 사용한 Controller 테스트

```java
@SpringBootTest
@AutoConfigureMockMvc
@Transactional
@Sql("ReservationControllerIntegrationTest.sql")
public class ReservationControllerIntegrationTest {

    @Autowired
    private MockMvc mockMvc;

    @Autowired
    JdbcTemplate jdbcTemplate; ①

    @Test
    public void test_reserve() throws Exception {
        ReservationInput reservationInput = new ReservationInput();
        reservationInput.setName("김철수");
        reservationInput.setPhone("090-0000-0000");
        reservationInput.setEmailAddress("taro@example.com");
        reservationInput.setStudentTypeCode("FREELANCE");
        reservationInput.setTrainingId("t01");

        ReservationSession reservationSession = new ReservationSession(); ②
        reservationSession.setReservationInput(reservationInput);
```

```
        MvcResult mvcResult = mockMvc.perform(
            post("/reservation/reserve")
            .param("reserve", "")
            .sessionAttr("scopedTarget.reservationSession", reservationSession) ③
        )
        .andExpect(redirectedUrl("/reservation/display-completion"))
        .andReturn(); ④

        Reservation reservation =
            (Reservation)mvcResult.getFlashMap().get("reservation"); ⑤
        Map<String, Object> reservationMap = jdbcTemplate.queryForMap(
            "SELECT * FROM reservation WHERE id=?", reservation.getId()); ⑥
        assertThat(reservationMap.get("name")).isEqualTo("김철수");
        assertThat(reservationMap.get("phone")).isEqualTo("090-0000-0000");
        Map<String, Object> trainingMap = jdbcTemplate.queryForMap(
            "SELECT * FROM training WHERE id=?", "t01");
        assertThat(trainingMap.get("reserved")).isEqualTo(4);
    }
}
```

❶에서는 업데이트된 데이터베이스 내용을 확인하기 위해 JdbcTemplate 객체를 인젝션한다. ❷에서는 세션 스코프에 저장할 ReservationSession 객체를 준비하고, 다음 행에서 Setter 메서드로 ReservationInput 객체를 설정한다.

❸에서는 MockMvc로 요청을 전송할 때 ReservationSession 객체를 미리 세션 스코프에 저장한다. 세션 스코프의 Bean을 사용하는 경우 세션 스코프에 저장되는 객체의 속성 이름은 'scopedTarget. + Bean 이름'이 된다.[115] Bean 이름은 Bean에 할당된 ID다. 컴포넌트 스캔으로 가져올 때 기본적으로 클래스 이름의 첫 글자를 소문자로 한 것이 Bean 이름이다. 따라

---

[115] 매뉴얼 등에서 공식적으로 명기된 것은 아니므로 변경될 수 있다.

서 scopedTarget.reservationSession이라는 속성 이름으로 세션 스코프에 객체를 저장해야 한다.

④에서는 andReturn 메서드를 호출하여 응답 정보를 가진 MvcResult 객체를 가져온다. ⑤에서는 MvcResult 객체의 getFlashMap 메서드를 호출하고, 플래시 스코프에 저장된 데이터에 접근해서 Reservation 객체를 가져온다.

플래시 스코프의 내용을 어설선할 경우 .andExpect(flash().attribute("reservation", ...))와 같이 작성할 수도 있지만 이번에는 플래시 스코프에 저장된 Reservation 객체의 정보를 사용해 데이터베이스를 검사하기 때문에 이렇게 작성했다.

⑤에서 획득한 Reservation 객체에서 ID를 가져와 ⑥에서 SELECT 문의 파라미터로 사용한다. 이어지는 행에서는 SELECT 문으로 가져온 레코드의 정보가 예상과 같은지 확인한다.

실습

2152-shopping-test-controller-servicerepository에 이 장의 실습 과제가 준비되어 있으니 꼭 도전해보자.

RESTful 웹 서비스 테스트

이 장에서는 RESTful 웹 서비스를 제공하는 Controller 테스트에 대해 설명한다. 먼저 RESTful 웹 서비스를 테스트할 때 무엇이 필요한지 설명한 다음, 단위 테스트와 통합 테스트에 대해서 각각 설명한다.

30.1 RESTful 웹 서비스 테스트에 필요한 것들

[그림 30-1]을 보며 RESTful 웹 서비스 테스트에서 필요한 사항을 살펴보자.

그림 30-1 RESTful 웹 서비스의 테스트

RESTful 웹 서비스는 요청 헤더를 사용해서 송수신하는 데이터의 형식(JSON이나 XML 등)을 전환하는 특징이 있다. 예를 들어 요청 바디의 데이터 형식을 지정하는 Content-Type 헤더나 응답 바디의 데이터 형식을 지정하는 Accept 헤더 등이 있다. 따라서 테스트 클래스가 요청을 보낼 때는 요청 헤더를 지정해야 한다.

RESTful 웹 서비스는 응답의 상태 코드를 사용하여 처리 결과를 나타낸다. 테스트 클래스에서는 기대하는 상태 코드가 반환되는지 확인해야 한다. 또한 리소스를 새로 등록할 때 설정되는 Location 헤더 등 응답 헤더의 값을 확인해야 하는 경우도 있다. 또한 웹 서비스에서 획득한 데이터는 응답 바디에 JSON이나 XML 형식으로 반환되므로 JSON이나 XML 형식의 데이터 내용이 예상대로인지 확인할 필요가 있다.

30.2 Controller 단위 테스트

RESTful 웹 서비스의 Controller 단위 테스트에서도 〈28장 Controller 단위 테스트〉에서 소개한 MockMvc를 사용한다. MockMvc는 RESTful 웹 서비스 테스트에 편리한 기능을 제공한

다. 지금부터 리소스를 새로 등록할 때 POST 요청을 테스트하는 테스트 코드를 살펴보자(예제 30-1).

예제 30-1 POST 요청 테스트

```
@WebMvcTest(TrainingAdminRestController.class) ❶
class TrainingAdminRestControllerTest {
    @Autowired
    MockMvc mockMvc;
    @MockBean
    TrainingAdminService trainingAdminService;
    @Test
    void test_registerTraining() throws Exception {
        Training training = new Training();
        training.setId("t99");
        doReturn(training).when(trainingAdminService).register(any()); ❷

        String requestBody = """ ❸
            {
              "title": "SQL 입문",
              "startDateTime": "2021-12-01T09:30:00",
              "endDateTime": "2021-12-03T17:00:00",
              "reserved": 0,
              "capacity": 8
            }"""; ❹

        mockMvc.perform( ❺
            post("/api/trainings")
            .contentType(MediaType.APPLICATION_JSON) ❻
            .content(requestBody) ❼
        )
        .andExpect(status().isCreated()) ❽
        .andExpect(header().string("Location","http://localhost/api/trainings/t99")); ❾
    }
}
```

❶에서는 Controller 단위 테스트를 위해 @WebMvcTest를 붙이고, 테스트 대상인 Controller 클래스(trainingAdminRestController)를 지정한다. TrainingAdminRest Controller 클래스는 강의 데이터 등록 및 업데이트를 위한 REST API를 제공한다. [예제 30-1]에서는 강의 데이터의 신규 등록 요청을 테스트하고 있다. ❷에서는 Mockito를 사용하여 Mock의 Service 객체(TrainingAdminService)의 반환 값을 지정한다. 새로 등록된 강의 데이터(Training 객체)를 지정하고, 강의 데이터의 ID는 t99로 설정한다. ❸~❹는 요청 바디에 작성할 강의 데이터의 JSON 데이터다(자바 15부터 도입된 텍스트 블록^{Text Blocks}을 사용했다).

❺에서는 MockMvc 객체의 perform 메서드를 호출하여 요청을 전송한다. 요청 내용을 지정할 때 ❻에서 요청 헤더의 Content-Type을 지정한다. 이번에는 요청 바디의 데이터를 JSON 형식으로 전송하므로 JSON 형식으로 지정한다(MediaType의 Enum 값인 APPLICATION_JSON을 지정하고 있지만 실제 요청 헤더에는 application/json이라는 값이 설정된다). ❼에서 ❸~❹에서 준비한 JSON 데이터를 요청 바디에 설정한다.

요청 내용을 지정하는 주요 메서드를 [표 30-1]에 정리했다.

표 30-1 요청 내용을 지정하는 주요 메서드

메서드	용도	예시
get	HTTP의 GET 메서드를 지정한다. 인수로 경로를 지정하고, 경로 중에 가변 부분이 있으면 두 번째 인수 이후로 값을 지정한다.	get("/products/{id}", "p01")
post	HTTP의 POST 메서드를 지정한다. 인수로 경로를 지정하고, 경로 중에 가변 부분이 있으면 두 번째 인수 이후로 값을 지정한다.	post("/products/")
put	HTTP의 PUT 메서드를 지정한다. 인수로 경로를 지정하고, 경로 중에 가변 부분이 있으면 두 번째 인수 이후로 값을 지정한다.	put("/products/{id}", "p01")
delete	HTTP의 DELETE 메서드를 지정한다. 인수로 경로를 지정하고, 경로 중에 가변 부분이 있으면 두 번째 인수 이후로 값을 지정한다.	delete("/products/{id}", "p01")

contentType	요청 헤더의 Content-Type을 지정한다	contentType(MediaType. APPLICATION_JSON)
header	임의의 요청 헤더를 지정한다.	header("CUSTOM_HEADER", "foo")
content	요청 바디를 지정한다.	content("{\"foo\":\"bar\"}")

❽부터는 andExpect 메서드를 사용하여 응답 내용을 어설션한다. ❽에서는 상태 코드 201 Created가 반환되는 것을 확인하고, ❾에서는 응답 헤더의 Location 헤더 값을 확인한다. 새로 등록된 강의 데이터의 ID가 t99이므로 t99의 강의 데이터를 특정하는 URL로 되어 있다고 가정한다. 응답 내용을 어설션하는 주요 메서드를 [표 30-2]에 정리했다.

표 30-2 응답 내용을 어설션하는 주요 메서드

메서드	용도	예시
status	상태 코드(200 OK 등)을 확인한다.	status().isNoContent()
header	응답 헤더의 값을 확인한다.	header().string("Location", "http://localhost/products/p99")
content	응답 바디의 내용을 확인한다.	content().json("{...}")
jsonPath	JSONPath[116]를 사용해서 응답 바디의 내용을 확인한다.	jsonPath("$.title").value ("자바 교육")
xpath	XPath[117]를 사용해서 응답 바디의 내용을 확인한다.	xpath("/Product/name").string ("지우개")

30.3 JSON 문자열 쉽게 생성하기

[예제 30-1]의 ❸에서는 JSON 문자열을 직접 작성했지만 JSON 구조가 복잡해지면 직접 작성하기가 번거로워진다. 이 절에서는 JSON 문자열을 자바 객체에서 자동으로 생성하는 노하우를 설명한다.

116 [3부 부록]의 〈A.24 JSONPath〉 참고
117 XML 데이터 내의 요소와 속성을 특정할 수 있는 표준 서식

DI 컨테이너 안에는 JSON 데이터를 변환해주는 ObjectMapper 객체가 자동으로 Bean으로 등록되어 있다. ObjectMapper는 Jackson이라는 라이브러리의 클래스다. ObjectMapper를 사용하면 자바 객체를 쉽게 JSON 데이터로 변환할 수 있다. 예제 코드는 [예제 30-2]와 같다.

예제 30-2   ObjectMapper를 사용해 자바 객체를 JSON 데이터로 변환한다.

```
...
@Autowired
ObjectMapper objectMapper; ①

@Test
void test_registerTraining() throws Exception {

    ...
    TrainingAdminInput trainingAdminInput = new TrainingAdminInput(); ②
    trainingAdminInput.setTitle("SQL 입문");
    trainingAdminInput.setStartDateTime(LocalDateTime.of(2021, 12, 1, 9, 30));
    trainingAdminInput.setEndDateTime(LocalDateTime.of(2021, 12, 3, 17, 0));
    trainingAdminInput.setReserved(0);
    trainingAdminInput.setCapacity(8); ③
    String requestBody = objectMapper.writeValueAsString(trainingAdminInput); ④
    ...
}
```

[예제 30-2]는 [예제 30-1]에서 JSON 문자열을 직접 작성하던 부분을 ObjectMapper 객체를 사용하여 JSON 문자열을 생성하도록 변경한 것이다. ①에서는 ObjectMapper 객체를 인젝션한다. ②~③에서는 JSON 데이터의 원본이 되는 자바 객체를 생성한다. ④에서 ObjectMapper 객체의 writeValueAsString 메서드를 사용하여 JSON 문자열을 생성한다.

이 방법의 단점은 JSON 데이터의 원본이 되는 객체의 클래스(여기서는 TrainingAdmin Input)의 오류를 감지할 수 없다는 것이다. 예를 들어 TrainingAdminInput 클래스에는 startDateTime이라는 프로퍼티가 있다고 가정하지만 만약 실수로 startDate라는 프로퍼티명으로 구현해 버렸다면 생성되는 JSON 데이터 내의 멤버명도 startDate가 된다. Controller 객체의 처리가 실행될 때 오류가 있는 JSON 데이터에서 TrainingAdminInput 객체로 변환되지만 멤버명과 프로퍼티명이 같으므로 문제없이 작동하게 된다. 이런 단점을 피하려면 [예제 30-1]처럼 JSON 데이터를 직접 작성하거나 [예제 30-3]처럼 Map 객체에서 JSON 데이터로 변환하는 것이 좋다.

예제 30-3 ObjectMapper를 사용해 Map 객체를 JSON 데이터로 변환한다.

```java
...
@Autowired
ObjectMapper objectMapper;

@Test
void test_registerTraining() throws Exception {
    ...
    Map<String, Object> data = new HashMap<>();
    data.put("title", "SQL 입문");
    data.put("startDateTime", "2021-12-01T09:30:00");
    data.put("endDateTime", "2021-12-03T17:00:00");
    data.put("reserved", 0);
    data.put("capacity", 8);
    String requestBody = objectMapper.writeValueAsString(data);
    ...
}
```

30.4 JSONPath를 사용하여 응답 확인하기

이 절에서는 RESTful 웹 서비스에서 가져온 데이터를 테스트 클래스에서 확인하는 방법을 설명한다. RESTful 웹 서비스에서 가져온 데이터가 JSON 형식인 경우 JSON 형식 데이터의 내용이 예상대로인지 확인할 필요가 있다. JSON 형식 데이터에서 특정 부분을 추출할 때 편리한 것이 JSONPath[118]다. MockMvc는 JSONPath를 사용한 어설션을 지원한다. 예제 코드는 [예제 30-4]와 같다.

예제 30-4 JSONPath(jsonPath 메서드)를 사용한 어설션

```java
@Test
void test_getTraining() throws Exception {
    Training training = new Training(); ❶
    training.setTitle("자바 교육");
    training.setStartDateTime(LocalDateTime.of(2021, 12, 1, 9, 30));
    training.setEndDateTime(LocalDateTime.of(2021, 12, 3, 17, 0));
    training.setReserved(3);
    training.setCapacity(10); ❷
    doReturn(training).when(trainingAdminService).findById("t01"); ❸

    mockMvc.perform(
        get("/api/trainings/{id}", "t01") ❹
        .accept(MediaType.APPLICATION_JSON)
    )
    .andExpect(status().isOk())
    .andExpect(jsonPath("$.title").value("자바 교육")) ❺
    .andExpect(jsonPath("$.startDateTime").value("2021-12-01T09:30:00"))
    .andExpect(jsonPath("$.endDateTime").value("2021-12-03T17:00:00"))
    .andExpect(jsonPath("$.reserved").value("3"))
    .andExpect(jsonPath("$.capacity").value("10"));
}
```

❶~❷에서 Mock의 Service 객체가 반환할 강의 데이터를 준비하고, ❸에서 준비된 강의 데이터를 반환하도록 Mock 객체에 지시한다. Controller 객체는 이 데이터를 JSON 형식으로 하여 응답 바디로 반환한다고 가정한다.

----
118 [3부 부록]의 〈A.24 JSONPath〉 참고

❹에서 MockMvc 객체를 사용하여 요청을 송신하고 있다. ❺ 이후에는 응답 바디의 내용을 어설션하고 있다. andExpect 메서드의 ( ) 괄호 안에서 jsonPath라는 메서드를 호출한다. jsonPath 메서드는 MockMvcResultMatchers 클래스의 static 메서드다. static 임포트를 했으므로 MockMvcResultMatchers.를 생략했다. jsonPath 메서드 인수에 JSONPath 서식을 지정하고 어설션하고 싶은 값을 추출한다. $가 JSON 데이터의 가장 바깥쪽 객체를 나타내므로 가장 바깥쪽 객체의 멤버 값을 하나하나 어설션하고 있는 것을 알 수 있다.

30.5 눈으로 JSON 문자열 확인하기

상황에 따라서는 응답 바디로 반환된 JSON 데이터를 눈으로 확인하고 싶을 수 있다. JSON 데이터 형식으로 콘솔 화면에 출력하고 싶은 경우에는 [예제 30-5]와 같이 코드를 작성하면 된다.

예제 30-5 JSON 데이터를 변환해서 출력하는 코드

```
String responseBody = mockMvc.perform(
    get("/api/trainings/{id}", "t01")
    .accept(MediaType.APPLICATION_JSON)
)
.andExpect(status().isOk())
.andExpect(jsonPath("$.title").value("자바 교육"))
...
.andExpect(jsonPath("$.capacity").value("10"))
.andReturn().getResponse().getContentAsString(StandardCharsets.UTF_8); ❶
String json = objectMapper.readTree(responseBody).toPrettyString(); ❷
System.out.println(json);
```

마찬가지로 MockMvc 객체를 사용해서 요청을 전송하고 결과를 어설션하고 있다. ❶에서는 andReturn( ).getResponse( ) 메서드로 응답 데이터를 가져오고, getContentAsString 메서드로 응답 바디의 데이터를 문자열로 가져온다. getContentAsString 메서드 인수는 응답 바디 데이터의 문자 코드를 지정한다.

❷에서는 ObjectMapper 객체에 형식 지정 전의 JSON 문자열을 불러온 후, JSON 형식으로 변환된 문자열을 가져온다. [예제 30-5]를 실행하면 [예제 30-6]과 같은 JSON 문자열이 콘솔에 출력된다.

예제 30-6 JSON 형식의 문자열이 출력된다.

```
{
  "id" : "t01",
  "title" : "자바 교육",
  "startDateTime" : "2021-12-01T09:30:00",
  "endDateTime" : "2021-12-03T17:00:00",
  "reserved" : 3,
  "capacity" : 10,
  "reservations" : null
}
```

특별히 JSON 형식일 필요가 없다면 〈28장 Controller 단위 테스트〉에서 소개한 andDo (print( ))로 디버깅용 로그를 출력하여 표시할 수도 있다.

30.6 RESTful 웹 서비스 통합 테스트

Controller·Service·Repository를 연결하여 RESTful 웹 서비스를 통합 테스트하는 방법은 크게 두 가지다. 하나는 MockMvc를 사용하는 방법이고, 다른 하나는 MockMvc를 사용하지 않고 내장 AP 서버를 구동하여 테스트하는 방법이다.

30.6.1 MockMvc를 사용한 통합 테스트

MockMvc를 사용한 통합 테스트 방식은 [그림 30-2]와 같다

그림 30-2 MockMvc를 사용한 통합 테스트

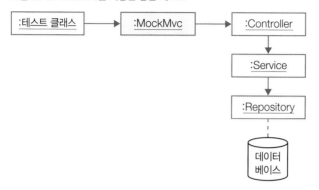

테스트 클래스는 MockMvc 객체를 통해 Controller 객체의 처리를 호출하고, Controller 객체에서 Service 객체를, Service 객체에서 Repository 객체를 호출한다. Repository 객체는 데이터베이스에 접근한다. 테스트 클래스 예제 코드는 [예제 30-7]과 같다.

예제 30-7 MockMvc를 사용한 통합 테스트

```
@SpringBootTest ①
@AutoConfigureMockMvc ②
@Sql("TrainingAdminRestControllerIntegrationTest.sql") ④
@Transactional ⑤
class TrainingAdminRestControllerIntegrationTestMockMvc {
    @Autowired ③
    MockMvc mockMvc;

    @Test
    void test_getTrainings() throws Exception {
        mockMvc.perform(
            get("/api/trainings")
            .accept(MediaType.APPLICATION_JSON)
```

```
        )
        .andExpect(status().isOk())
        .andExpect(jsonPath("$.length()").value(3))
        .andExpect(jsonPath("$[0].title").value("비즈니스 예절 교육"))
        .andExpect(jsonPath("$[1].title").value("자바 교육"));
    }


    @Test
    void test_getTraining() throws Exception {
        mockMvc.perform(
            get("/api/trainings/{id}", "t01")
            .accept(MediaType.APPLICATION_JSON)
        )
        .andExpect(status().isOk())
        .andExpect(jsonPath("$.title").value("비즈니스 예절 교육"));
    }
}
```

❶에서 @SpringBootTest를 지정하고, ❷에서는 MockMvc 객체를 구성하도록 @Auto
ConfigureMockMvc 애너테이션을 붙였다. 이렇게 하면 DI 컨테이너에 MockMvc 객체가 등록
되고, ❸과 같이 @Autowired로 인젝션할 수 있다. ❹의 @Sql은 데이터베이스에 데이터를 등
록하는 SQL 파일을 불러오는 애너테이션이다. 클래스에 애너테이션을 붙였기 때문에 각 테
스트 메서드가 호출될 때마다 SQL 파일을 불러오게 된다. ❺의 @Transactional은 테스트
메서드 실행 후 자동으로 데이터베이스를 롤백하기 위한 애너테이션이다. 롤백하면 데이터
가 원래 상태로 돌아가고 다음 테스트 메서드에 영향을 주지 않는다. 테스트 클래스 안에는
두 개의 테스트 메서드가 정의되어 있는데, 둘 다 MockMvc를 사용하여 테스트하고 있다.

30.6.2 내장 AP 서버를 사용한 통합 테스트

내장 AP 서버를 사용한 통합 테스트는 [그림 30-3]과 같이 구성된다.

그림 30-3 내장 AP 서버를 사용한 통합 테스트

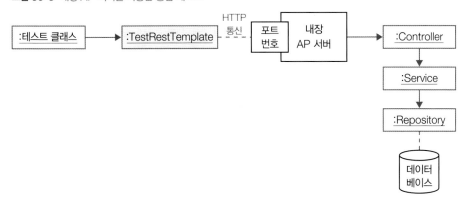

실제 AP 서버(기본으로 Tomcat이 사용된다)가 포트 번호를 사용하여 시작된다. 포트 번호는 명시적으로 지정할 수 있지만 테스트를 병렬로 실행할 때 포트 번호가 중복되지 않도록 하기 위해 임의의 포트 번호를 사용하는 것이 일반적이다. 테스트 클래스는 AP 서버에 대해 HTTP 프로토콜을 사용하여 요청을 전송한다. 이때 스프링이 제공하는 TestRestTemplate 클래스를 사용할 수 있다. TestRestTemplate 클래스는 〈22장 RESTful 웹 서비스 호출〉에서 소개했던 RestTemplate 클래스를 테스트 용도로 확장한 클래스다. 사용법은 RestTemplate 클래스와 거의 동일하다. 내장 AP 서버를 사용하는 테스트 클래스 코드를 살펴보자(예제 30-8).

예제 30-8 내장 AP 서버를 사용한 통합 테스트

```
@SpringBootTest(webEnvironment = WebEnvironment.RANDOM_PORT) ①
@Sql("TrainingAdminRestControllerIntegrationTest.sql") ②
@Sql(value = "clear.sql", executionPhase =
    Sql.ExecutionPhase.AFTER_TEST_METHOD) ③
class TrainingAdminRestControllerIntegrationTestApServer {
    @Autowired
    TestRestTemplate testRestTemplate; ④

    @Test
    void test_getTrainings() {
```

```
        ResponseEntity<Training[]> responseEntity =
            testRestTemplate.getForEntity("/api/trainings", Training[].class);
        assertThat(responseEntity.getStatusCode()).isEqualTo(HttpStatus.OK);
        Training[] trainings = responseEntity.getBody();
        assertThat(trainings.length).isEqualTo(3);
        assertThat(trainings[0].getTitle()).isEqualTo("비즈니스 예절 교육");
        assertThat(trainings[1].getTitle()).isEqualTo("자바 교육");
    }

    @Test
    void test_getTraining() {
        ResponseEntity<Training> responseEntity =
        testRestTemplate.getForEntity("/api/trainings/{id}", Training.class, "t01");
        assertThat(responseEntity.getStatusCode()).isEqualTo(HttpStatus.OK);
        Training training = responseEntity.getBody();
        assertThat(training.getTitle()).isEqualTo("비즈니스 예절 교육");
    }
}
```

❶에서는 @SpringBootTest를 붙이고 괄호 안에 webEnvironment = WebEnvironment.
RANDOM_PORT를 지정했다. RANDOM_PORT는 시작할 AP 서버의 포트 번호를 무작위로 할당하기 위한 설정이다. 사용할 수 있는 포트 번호를 운영체제에서 무작위로 할당해준다.

❷의 @Sql은 데이터베이스에 데이터를 등록하는 SQL 파일을 읽어들이는 애너테이션이다. 이 애너테이션은 클래스에 적용되어 각 테스트 메서드가 호출될 때마다 SQL 파일을 불러온다.

❸의 @Sql은 데이터베이스의 데이터를 정리하기 위한 애너테이션이다. 테스트 메서드 종료 후 데이터를 정리하는 방법으로 이전에는 @Transactional을 사용한 트랜잭션 롤백을 소개했지만 AP 서버를 실행해서 테스트할 때는 @Transactional을 적용해도 AP 서버에서 작동하는 애플리케이션의 트랜잭션이 롤백되지 않는다. 그러므로 여기서는 명시적으로 DELETE

문을 실행하는 방법을 소개한다. 먼저 [예제 30-9]와 같이 각 테이블에 대해 DELETE 문을 실행할 SQL을 SQL 파일로 작성한다.

예제 30-9 모든 테이블에 대해 DELETE 문을 실행하는 SQL 파일(clear.sql)

```
delete from reservation;
delete from student_type;
delete from training;
```

파일명은 임의로 지정할 수 있는데, 여기서는 clear.sql이라는 이름을 사용한다고 가정한다. @Sql 애너테이션을 이용해 작성한 SQL 파일을 지정하고, SQL 파일을 불러오는 타이밍은 테스트 메서드 실행 후로 지정한다. [예제 30-8]의 ❸에서는 불러올 SQL 파일로 clear.sql을 지정하고, executionPhase 속성으로 ExecutionPhase.AFTER_TEST_METHOD를 지정한다.

executionPhase 속성은 지정한 SQL 파일을 실행할 타이밍을 지정하는 속성이다. 기본적으로는 테스트 메서드 실행 전이지만 ExecutionPhase.AFTER_TEST_METHOD로 지정하면 테스트 메서드를 실행한 후에 실행된다. 이렇게 지정함으로써 테스트 메서드 실행 후에 clear.sql이 실행되어 데이터베이스 테이블이 정리된다.

❹에서는 스프링이 제공하는 TestRestTemplate 객체의 Bean을 인젝션한다. TestRestTemplate 객체에는 AP 서버에 무작위로 할당된 포트 번호가 설정되어 있다. 따라서 요청할 때의 URL은 포트 번호 뒷부분의 경로만 지정하면 된다. 테스트 클래스 안에는 두 개의 테스트 메서드가 정의되어 있다. 둘 다 TestRestTemplate 객체를 사용하여 AP 서버에 요청을 보내고 받은 응답을 어설션한다. TestRestTemplate 클래스의 사용법은 RestTemplate 클래스와 거의 동일하므로 22장을 참고하자.

지금까지 MockMvc를 사용한 통합 테스트와 내장 AP 서버를 이용한 통합 테스트를 소개했는데, 어느 쪽이 더 우수하다고 할 수는 없다. MockMvc를 이용한 통합 테스트의 경우

@Transactional을 사용할 수 있는 등 비교적 테스트를 쉽게 작성할 수 있다. 반면에 내장 AP 서버를 이용한 통합 테스트의 경우 AP 서버를 사용해 HTTP 통신을 하므로 실제로 운영할 때의 조건에 가까워져 테스트 신뢰성이 높아진다. 어느 쪽을 채택할 것인지는 각 개발 프로젝트에 맞게 결정하면 된다.

실습

2251-training-test-rest에 이 장의 실습 과제가 준비되어 있으니 꼭 도전해보자.

스프링 시큐리티의 테스트 지원

스프링 시큐리티를 사용한 애플리케이션의 테스트 코드를 작성할 때 스프링 시큐리티가 제공하는 테스트 지원 기능을 사용하면 편리하다. 이 장에서는 스프링 시큐리티의 테스트 지원 기능 사용법을 설명한다.

31.1 스프링 시큐리티의 테스트 지원 기능

스프링 시큐리티를 사용한 애플리케이션에서는 인증, 권한 부여 및 CSRF 검사 등 보안에 관한 다양한 처리가 이루어진다. 스프링 시큐리티의 테스트 지원 기능을 사용하면 이러한 처리가 제대로 동작하는지 간편하게 테스트할 수 있다. 이 테스트 지원 기능은 크게 MockMvc(〈28장 Controller 단위 테스트〉참고)와 연동한 기능, 애너테이션을 사용한 기능 이렇게 두 가지로 나눌 수 있다. MockMvc와 연동한 기능에서는 다음과 같은 작업을 수행할 수 있다.

- **인증한 사용자 정보를 임의로 지정한다**
  MockMvc 객체를 사용하여 요청을 전송할 때 인증된 사용자의 ID나 권한을 원하는 대로 지정할 수 있다. 이를 통해 충분한 권한을 가진 사용자가 접근할 때의 동작과 권한이 부족한 사용자가 접근할 때의 동작을 간단하게 테스트할 수 있다.

- **올바른 CSRF 토큰을 요청에 포함한다**
  스프링 시큐리티는 기본적으로 CSRF를 검사하므로 올바른 CSRF 토큰이 요청에 포함되지 않으면 애플리케이션이 제공하는 URL에 접근할 수 없다. 스프링 시큐리티의 테스트 지원은 MockMvc에서 요청을 보낼 때 올바른 CSRF 토큰 값을 요청에 포함시켜주는 기능을 제공한다. 개발자는 올바른 토큰 값을 몰라도 상관없다.

애너테이션을 사용한 기능에서는 MockMvc와 연동한 기능과 마찬가지로 인증한 사용자의 정보를 임의로 지정하여 테스트할 수 있다. 우선 MockMvc와 연동한 기능을 살펴보자.

31.2 MockMvc와 연동한 스프링 시큐리티의 테스트 지원 기능

MockMvc를 사용한 자동 테스트 패턴으로는 28장에서 소개한 Controller의 단위 테스트와 29장에서 소개한 Controller·Service·Repository의 통합 테스트가 있다. 스프링 시큐리티의 테스트 지원 기능을 사용하는 경우 [예제 31-1]과 같이 작성한다.

```
...
import static
org.springframework.security.test.web.servlet.request.SecurityMockMvcRequestPost
Processors.*; ❶
...
@WebMvcTest(TrainingAdminController.class)
@Import(SecurityConfig.class) ❷
class TrainingAdminControllerSecurityTest {
    @Autowired
    MockMvc mockMvc; ❸
    ...
}
```

테스트 메서드를 작성하기 전에 먼저 ❶과 같이 static 임포트를 하는 것이 좋다. MockMvc
와 연동된 스프링 시큐리티의 테스트 지원 기능을 사용하는 경우에는 SecurityMockMvcReq-
uestPostProcessors 클래스의 static 메서드를 많이 사용한다. ❷에서는 스프링 시큐리티
설정을 하는 JavaConfig 클래스의 SecurityConfig 클래스를 임포트하고 있다. 임포트하는
이유는 @WebMvcTest가 컴포넌트 스캔을 제한하고 있고, 스테레오타입 애너테이션 중 하나
인 @Configuration(SecurityConfig 클래스에 붙어있다고 가정한다)을 컴포넌트 스캔에
서 가져오지 않도록 설정되어 있기 때문이다. 따라서 명시적으로 SecurityConfig 클래스를
가져와야 한다. ❸에서는 MockMvc 객체를 인젝션하고 있다.

Controller·Service·Repository 통합 테스트에서 스프링 시큐리티의 테스트 지원 기능을
사용하려면 [예제 31-2]와 같이 작성하면 된다.

예제 31-2　Controller·Service·Repository 통합 테스트

```
...
import static
org.springframework.security.test.web.servlet.request.SecurityMockMvcRequestPost
```

```
Processors.*;

...

@SpringBootTest

@AutoConfigureMockMvc

@Transactional

@Sql("TrainingAdminControllerIntegrationTest.sql")

class TrainingAdminControllerIntegrationSecurityTest {

    @Autowired

    MockMvc mockMvc;

    ...

}
```

[예제 31-1]과 마찬가지로 SecurityMockMvcRequestPostProcessors 클래스의 static 메서드를 static 임포트한다. 나머지는 29장의 설명과 같다.

31.3 인증한 사용자의 정보를 임의로 지정하기

MockMvc와 연계하여 인증한 사용자의 정보를 임의로 지정할 수 있다. 예제 코드는 [예제 31-3]과 같다.

예제 31-3   인증한 사용자 정보를 지정한 예

```
...
@Test
void test_displayList_GUEST사용자는접근할수없다() throws Exception {
    mockMvc.perform(
        get("/admin/training/display-list")
        .with(user("foo").roles("GUEST")) ❶
    )
```

```
    .andExpect(status().isForbidden()); ❷
}
...
```

테스트 메서드 안에서 MockMvc 객체의 perform 메서드를 사용해 요청을 전송하고 있다. perform 메서드의 인수로 넘겨줄 요청 데이터를 준비할 때 ❶처럼 with 메서드로 인증한 사용자의 정보를 지정할 수 있다. SecurityMockMvcRequestPostProcessors 클래스가 제공하는 user 메서드로 사용자 ID를 지정하고, roles 메서드로 권한(역할)을 지정한다. ❶에서는 GUEST 권한을 지정했다. 요청을 보낼 URL "/admin/training/display-list"는 GUEST 권한으로 접근할 수 없어 권한 부여에 실패하는 가정이므로 403이 반환될 것이다. ❷에서는 403 Forbidden 상태 코드가 반환되는 것을 어설션으로 확인하고 있다.

31.4 CSRF 토큰 지정하기

〈14장 스프링 시큐리티〉에서는 스프링 시큐리티가 CSRF 토큰을 사용하여 CSRF에 대처하는 방법을 설명했다. 이번에는 CSRF 토큰을 요청에 포함하는 방법을 설명한다. 스프링 시큐리티는 POST와 같은 갱신 요청에 포함되는 CSRF 토큰과 세션 스코프에서 가지고 있는 CSRF 토큰을 비교하여 일치하는지 확인한다. 따라서 테스트 코드에서 POST 요청을 보낼 때는 CSRF 토큰을 요청 파라미터에 포함시켜야만 한다. 하지만 테스트를 작성하는 개발자는 스프링 시큐리티가 가진 CSRF 토큰 값을 모르기 때문에 지정할 수가 없다.

스프링 시큐리티의 테스트 지원 기능을 사용하면 CSRF 토큰의 값을 개발자가 모르더라도 쉽게 요청에 포함시킬 수 있다. 예제 코드는 [예제 31-4]와 같다.

CSRF 토큰 전송

```
@Test
void test_validateUpdateInput_ADMIN사용자는접근할수있다() throws Exception {
    mockMvc.perform(
        post("/admin/training/validate-update-input")
        .with(user("foo").roles("ADMIN"))
        .with(csrf()) ❶
    )
    .andExpect(status().isOk());
}
```

MockMvc 객체에서 전송할 요청의 내용을 지정할 때 ❶과 같이 with 메서드의 인수에 csrf 메서드의 반환 값을 지정한다. csrf 메서드는 SecurityMockMvcRequestPostProcessors 클래스의 static 메서드다. 개발자가 명시적으로 CSRF 토큰 값을 지정하지 않아도 올바른 CSRF 토큰 값이 자동으로 요청에 포함된다.

31.5 애너테이션을 사용하는 기능

애너테이션을 사용하는 기능의 경우 인증한 사용자 정보를 애너테이션으로 지정할 수 있다. [예제 31-3]을 [예제 31-5]와 같이 작성할 수 있다.

예제 31-5 인증한 사용자 정보를 애너테이션으로 지정한다.

```
...
@Test
@WithMockUser(roles = "GUEST") ❶
void test_displayList_GUEST사용자는접근할수없다() throws Exception {
    mockMvc.perform(
        get("/admin/training/display-list")
```

```
        )
        .andExpect(status().isForbidden());
    }
    ...
```

❶과 같이 테스트 메서드 위에 @WithMockUser를 추가하면 roles 속성을 사용하여 원하는 권한을 지정할 수 있다. MockMvc를 이용하는 테스트에서는 MockMvc와 함께 작동하는 기능을 통해 인증한 사용자의 정보를 지정할 수 있으므로 애너테이션의 기능을 사용할 필요가 없지만 MockMvc를 사용하지 않는 테스트에서 인증한 사용자 정보를 지정하고 싶은 경우에는 애너테이션의 기능을 사용할 필요가 있다. 주된 사용 시나리오로는 메서드 인가 테스트가 있다.

31.6 메서드의 인가 테스트

메서드의 인가는 메서드에 대해 권한을 부여하는 것으로, 14장에서도 소개했다. [예제 31-6]과 같이 메서드에 @PreAuthorize 애너테이션을 붙이고 ( ) 괄호 안에 인가 조건을 지정한다.

예제 31-6 　메서드의 인가

```
@Service
@Transactional
public class TrainingServiceImpl implements TrainingService {
    ...
    @Override
    @PreAuthorize("hasRole('ADMIN')")
    public void delete(String trainingId) {
        trainingRepository.delete(trainingId);
    }
```

```
        ...
    }
```

[예제 31-6]에서는 delete 메서드를 호출할 수 있는 조건으로 사용자가 ADMIN 권한을 요구
하고 있으며, ADMIN 권한이 없는 사용자가 delete 메서드를 호출하려고 하면 메서드의 처리
가 실행되지 않고 AccessDeniedException 예외가 발생한다. 참고로, 메서드의 인가는 업무
로직 메서드인 Service의 메서드에서 수행하는 것이 일반적이다.

메서드의 인가를 테스트할 때는 테스트 메서드에서 delete 메서드를 호출하여 Access
DeniedException 예외가 발생하는지 검사한다. 이때 인증한 사용자의 정보를 임의로 지정
할 수 있으면 편리하다. 테스트 메서드에서 delete 메서드를 호출할 때는 MockMvc를 사용하
지 않기 때문에 MockMvc를 사용해서 사용자 정보를 지정할 수 없다. 그 대신 @WithMockUser
를 사용할 수 있다. 예제 코드는 [예제 31-7]과 같다.

예제 31-7 @WithMockUser를 사용한 예

```
@SpringBootTest ①
@Transactional
@Sql("TrainingAdminServiceSecurityTest.sql")
class TrainingAdminServiceSecurityTest {
    @Autowired
    TrainingAdminService trainingAdminService;

    @Test
    @WithMockUser(roles = "GUEST") ②
    void test_delete_GUEST사용자는호출할수없다() {
        assertThatThrownBy(() -> { ③
            trainingAdminService.delete("t01");
        }).isInstanceOf(AccessDeniedException.class); ④
    }

    @Test
```

```
    @WithMockUser(roles = "ADMIN") ❺
    void test_delete_ADMIN사용자는호출할수있다() {
        trainingAdminService.delete("t01");
    }

    @Test
    @WithAnonymousUser ❻
    void test_delete_인증되지않은경우호출할수없다() {
        Assertions.assertThatThrownBy(() -> {
            trainingAdminService.delete("t01");
        }).isInstanceOf(AccessDeniedException.class);
    }
}
```

[예제 31-7]은 Service와 Repository의 통합 테스트를 가정한다. ❶에서 @SpringBoot
Test를 지정하여 DI 컨테이너를 생성하도록 하고 있다. 〈27장 Service · Repository 통합
테스트〉에서는 Service와 Repository를 통합 테스트할 때 애너테이션을 지정하는 방법으
로 @SpringBootTest의 ( ) 괄호 안에 webEnvironment = WebEnvironment.NONE을 지정했
는데, 여기서는 지정하지 않았다. 이유는 다음 절에서 설명한다.

❷에서는 @WithMockUser를 붙여 인증한 사용자의 정보를 지정한다. roles 속성으로 임의의
권한을 지정할 수 있는데, 여기서 지정한 GUEST 권한으로는 delete 메서드를 호출할 수 없어
예외가 발생한다고 가정한다.

❸에서는 assertThatThrownBy 메서드(AssertJ[119]에서 제공하는 메서드)를 사용하여 예외
가 발생한다고 가정한 처리(delete 메서드 호출)를 람다 식으로 전달한다. ❹에서는 메서드
체인을 사용해 isInstanceOf 메서드를 호출하고, AccessDeniedException 객체가 던져지
는 것을 어설션한다.

---

119 [3부 부록]의 〈A.23 JUnit〉 참고

❺ 이후의 테스트 메서드에서는 ADMIN 권한을 가진 사용자로 delete 메서드를 호출하고, 이를 문제없이 호출할 수 있는지 확인한다.

❻에서는 테스트 메서드에 @WithAnonymousUser를 붙였다. @WithAnonymousUser의 AnonymousUser는 인증되지 않은 사용자 정보를 나타낸다(스프링 시큐리티에서는 이를 'Anonymous User〈익명 사용자〉'로 표현한다). 인증되지 않은 사용자가 delete 메서드를 호출할 수 없다는 것을 확인하고 있다.

31.7 webEnvironment = WebEnvironment.NONE을 지정하지 않은 이유

좀 더 자세히 알아보자. 14장에서 설명한 스프링 시큐리티의 요청 인가에서 requestMatchers 메서드를 사용한 설정이 도입되면 이면에서 웹 관련 구성이 필요해진다. 웹 관련 설정이 되어 있지 않으면 DI 컨테이너 생성 시 오류가 발생한다. 따라서 webEnvironment = WebEnvironment.NONE을 지정하면 웹 관련 구성이 되지 않기 때문에 인가 설정에서 실패하고 테스트가 작동하지 않는다. 이러한 이유로 [예제 31-7]의 ❶에서는 webEnvironment = WebEnvironment.NONE을 지정하지 않고 웹 구성을 활성화했다.

또한 27장에서 소개한 Service와 Repository의 통합 테스트에서 순수하게 업무 로직을 테스트할 때는 스프링 시큐리티 설정이 필요없다. 반대로 스프링 시큐리티가 도입되면 메서드의 인가 처리가 작동하여 테스트가 어려워질 수 있다. 업무 로직만 테스트하는 Service와 Repository의 통합 테스트에서는 [예제 31-8]처럼 @SpringBootTest(webEnvironment = WebEnvironment.NONE)을 지정하여 웹 구성을 비활성화하고, [예제 31-9]처럼 스프링 시큐리티 설정을 하는 JavaConfig 클래스에 @ConditionalOnWebApplication을 붙이는 것이 좋다.[120]

----

120 *https://github.com/spring-projects/spring-boot/issues/12034#issuecomment-365458642*

```
@SpringBootTest(webEnvironment = WebEnvironment.NONE)
@Transactional
@Sql("TrainingAdminServiceTest.sql")
class TrainingAdminServiceTest {

    ...

}
```

```
@ConditionalOnWebApplication
@Configuration
@EnableWebSecurity
@EnableMethodSecurity
public class SecurityConfig {

    ...

}
```

@ConditionalOnWebApplication은 스프링 부트에서 제공하는 애너테이션으로, '웹 관련 설정이 되어 있을 때만 설정을 활성화한다'는 것을 뜻한다. 따라서 SecurityConfig 클래스는 [예제 31-7]과 같이 웹 관련 설정이 활성화된 경우(webEnvironment = WebEnvironment.WebEnvironment.NONE을 지정하지 않았을 때)에만 가져온다.

@SpringBootTest(webEnvironment = WebEnvironment.NONE)을 지정해서 테스트하면 웹 관련 설정이 비활성화되므로 SecurityConfig 클래스는 가져오지 않는다. 이를 통해 스프링 시큐리티의 기능을 작동시키지 않고 테스트할 수 있다.

31.8 TestRestTemplate을 사용한 테스트

내장 AP 서버를 구동하여 REST API를 테스트할 때 TestRestTemplate을 사용할 수 있다는 것을 〈30장 RESTful 웹 서비스 테스트〉에서 소개했다.

TestRestTemplate을 사용하는 경우 MockMvc 구조를 사용하지 않으므로 MockMvc와 연동된 스프링 시큐리티의 테스트 지원 기능을 사용할 수 없다. 또한 @WithMockUser와 같은 사용자 정보를 지정하는 애너테이션은 AP 서버에서 작동하는 애플리케이션에는 작동하지 않기 때문에 사용할 수 없다. 그러므로 기본적으로 TestRestTemplate 객체에서 전송하는 요청 데이터에 인증을 위한 정보(ID, 비밀번호 등)를 포함하는 형태가 된다.

REST API 쪽이 Basic 인증을 지원하는 경우 TestRestTemplate 클래스의 withBasicAuth 메서드가 편리하다. withBasicAuth 메서드의 인수로 사용자 이름과 비밀번호를 지정하면 Basic 인증에 필요한 정보가 HTTP 헤더의 Authorization 헤더에 자동으로 기재되어 요청이 전송된다(예제 31-10).

예제 31-10 withBasicAuth 메서드

```
@Autowired
TestRestTemplate testRestTemplate;

@Test
void test_getTrainings() {
    ResponseEntity<Training[]> responseEntity = testRestTemplate
        .withBasicAuth("taro", "taro123") ❶
        .getForEntity("/api/trainings", Training[].class);
    ...
}
```

---

❶에서 withBasicAuth 메서드를 호출하고 있다. 첫 번째 인수가 사용자 이름이고 두 번째

인수가 비밀번호다. withBasicAuth 메서드의 반환 값은 TestRestTemplate 객체이므로 계속해서 getForEntity 메서드로 GET 요청을 보내고 있다.

실습

2201-training-test-security에 이 장의 실습 과제가 준비되어 있으니 꼭 도전해보자.

Selenide를 사용한 E2E 테스트

브라우저 화면을 조작하여 작동을 테스트할 때 사람이 수동으로 입력 테스트를 하는 것보다 테스트 코드로 브라우저를 조작하여 테스트하는 편이 더 빠르고 정확하다. 이 장에서는 브라우저 조작을 자동화해서 테스트하는 데 사용되는 자바 라이브러리인 Selenide 사용법을 설명하고, 스프링의 테스트 지원과 함께 사용하는 방법을 소개한다.

32.1 E2E 테스트

E2E 테스트는 [그림 32-1]과 같이 Controller·View·Service·Repository 처리를 연결하고 내장 AP 서버를 구동하여 테스트한다.

그림 32-1 E2E 테스트

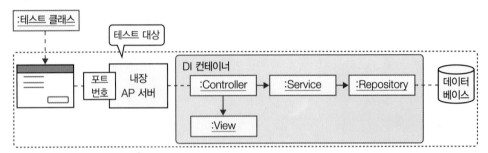

View가 생성한 HTML은 실제로 브라우저에서 표시되며, 브라우저 조작은 테스트 클래스가 자동으로 수행한다. 브라우저를 자동으로 조작하기 위해 이 장에서는 Selenide라는 라이브러리를 사용한다.

32.2 Selenide란?

Selenide는 웹 응용 프로그램을 자동으로 테스트하기 위한 자바 라이브러리다. 내부에서는 브라우저 조작을 자동화하는 Selenium WebDriver라는 라이브러리가 사용된다. 이는 Selenium WebDriver를 테스트에 특화된 방식으로 확장한 라이브러리라고 할 수 있다. [예제 32-1]에서 간단한 예를 살펴보자.

예제 32-1 Selenide를 사용한 간단한 예

```
class SampleTest {
    @Test
```

```
    void test() {
        Selenide.open("https://www.google.com"); ❶
        Selenide.$("*[name=q]").should(Condition.focused); ❷
    }
}
```

❶에서는 URL을 지정해서 브라우저를 실행한다. 테스트를 실행하면 자동으로 브라우저가 열리고 지정된 URL에 접근하여 화면이 표시된다. ❷에서는 표시된 화면에서 name 속성이 q 인 태그(검색 키워드 입력 필드)에 포커스가 맞추어져 있는지 확인하고 있다. 자세한 사용법 은 다음 절에서 설명한다.

32.3 @SpringBootTest와 함께 사용하기

이전 예제에서는 구글 화면을 테스트했지만 실제 프로젝트에서는 자신들이 개발한 웹 애플 리케이션을 테스트한다. 브라우저로 웹 애플리케이션에 접속하기 위해서는 AP 서버를 실행 해야 한다. 〈24장 자동 테스트와 스프링의 테스트 지원〉에서 소개한 @SpringBootTest를 사용하면 DI 컨테이너를 생성하는 것뿐만 아니라 자동으로 AP 서버를 실행할 수 있다. @SpringBootTest의 webEnvironment 속성으로 WebEnvironment.RANDOM_PORT를 지정하 면 테스트 실행 시 임의의 포트 번호를 사용하여 자동으로 AP 서버를 실행한다. 이 기능과 Selenide를 함께 사용하면 [예제 32-2]와 같이 작성할 수 있다.

예제 32-2 Selenide와 @SpringBootTest를 함께 사용한다.

```
@SpringBootTest(webEnvironment = WebEnvironment.RANDOM_PORT) ❶
class ReservationUiTest {
    @Value("${local.server.port}") ❷
    int randomPort;
```

```
@BeforeEach
void setup() {
    Configuration.baseUrl = "http://localhost:" + randomPort; ❸
}

@Test
void test() {
    Selenide.open("/training/display-list"); ❹
    ...
```

❶에서는 테스트 클래스에 @SpringBootTest를 붙였다. 이로써 테스트 실행 시 자동으로 DI 컨테이너가 생성된다. 게다가 webEnvironment 속성에 WebEnvironment.RANDOM_PORT가 지정되어 있으므로 AP 서버(기본으로 Tomcat이 사용된다)가 실행된다. AP 서버가 사용하는 포트 번호는 운영체제에서 사용 가능한 포트 번호 중에서 무작위로 선택된다. 고정된 포트 번호를 지정할 수도 있지만 지정한 포트 번호가 이미 테스트를 실행하는 운영체제에서 사용되고 있거나 여러 테스트를 동시에 실행하려고 할 때 포트 번호가 중복되어 테스트가 실패할 가능성이 있으므로 무작위로 지정하는 편이 좋다.

❷에서는 DI 컨테이너가 관리하는 프로퍼티 local.server.port를 @Value(〈23장 프로퍼티 외부화〉참고)로 가져온다. local.server.port는 자동으로 갖게 되는 프로퍼티로, 실행 중인 AP 서버가 사용하는 포트 번호를 포함한다. 이를 이용해 무작위로 선택된 포트 번호를 가져와서 randomPort 변수에 대입한다. ❸에서는 Selenide에 대해 URL 앞부분을 지정한다. Configuration 클래스는 Selenide의 클래스이며, randomPort 변수를 사용해 포트 번호 부분도 지정한다. 이렇게 하면 테스트 메서드에서 URL을 지정할 때 포트 번호보다 뒷부분의 경로만 지정하면 된다.

❹에서는 Selenide의 open 메서드를 호출하고 경로를 지정해 브라우저를 실행하고 있다.

32.4 @Sql과 함께 사용하기

@Sql을 함께 사용해서 테스트용 데이터를 등록할 수 있다(예제 32-3).

Selenide와 @Sql을 함께 사용한다.

```java
@SpringBootTest(webEnvironment = WebEnvironment.RANDOM_PORT)
class ReservationUiTest {
    @Value("${local.server.port}")
    int randomPort;

    @BeforeEach
    void setup() {
        Configuration.baseUrl = "http://localhost:" + randomPort;
    }

    @Test
    @Sql("ReservationUiTest.sql")  ❶
    void test() {
        Selenide.open("/training/display-list");
        ...
```

[예제 32-2]에 ❶ 부분이 추가됐다. ❶에서는 @Sql을 사용하여 SQL 파일의 경로를 지정한다. 이렇게 하면 테스트 메서드가 실행되는 타이밍에 지정된 SQL 파일이 자동으로 실행된다. 파일에는 테스트용 데이터를 등록하는 INSERT 문이 작성되어 있다는 가정이므로 데이터베이스에 테스트용 데이터가 등록된다.

32.5 데이터 정리

〈30장 RESTful 웹 서비스 테스트〉에서도 언급했지만 AP 서버를 실행하여 테스트할 경우

@Transactional을 붙여도 롤백되지 않는다. 따라서 이 절에서는 명시적으로 DELETE 문을 실행한다. 모든 테이블의 DELETE 문을 작성한 SQL 파일을 생성하고 @Sql로 지정한다(예제 32-4).

예제 32-4 테스트 메서드를 실행한 후에 SQL 파일을 불러온다.

```
@SpringBootTest(webEnvironment = WebEnvironment.RANDOM_PORT)
class ReservationUiTest {
    ...
    @Test
    @Sql("ReservationUiTest.sql")
    @Sql(value = "clear.sql",          ❶
        executionPhase = ExecutionPhase.AFTER_TEST_METHOD)  ❷
    void test() {
        Selenide.open("/training/display-list");
        ...
```

❶의 @Sql에서 clear.sql을 지정한다. clear.sql은 모든 테이블에 대한 DELETE 문을 작성한 SQL 파일이다. 그리고 ❷에서는 executionPhase 속성으로 ExecutionPhase.AFTER_TEST_METHOD를 지정한다. executionPhase 속성은 지정한 SQL 파일을 실행하는 시점을 지정하는 속성이다. 기본값은 테스트 메서드 실행 전이지만 ExecutionPhase.AFTER_TEST_METHOD를 지정하면 테스트 메서드가 완료된 후에 실행된다. 이렇게 하면 테스트 메서드를 실행한 후에 clear.sql이 실행되어 데이터베이스의 테이블을 정리한다.

32.6 Selenide와 static 임포트

이제부터 Selenide의 자세한 사용법을 알아보자. Selenide를 사용할 때 많은 static 메서드를 호출하게 되므로 미리 [예제 32-5]처럼 static 임포트를 해두는 것이 좋다.

```
import static com.codeborne.selenide.Selenide.*;

import static com.codeborne.selenide.Condition.*;

import static com.codeborne.selenide.Selectors.*;
```

static 임포트에 의해 [예제 32-6]의 코드가 [예제 32-7]과 같이 간결해진다.

```
@Test
void test() {
    Selenide.open("https://www.google.com");
    Selenide.$("*[name=q]").should(Condition.focused);
}
```

```
@Test
void test() {
    open("https://www.google.com");
    $("*[name=q]").should(focused);
}
```

32.7 브라우저 실행 방법

브라우저를 실행하는 open 메서드를 알아보자. open 메서드에는 다음과 같이 접속할 URL을 인수로 지정한다.

- **open(URL 문자열)**
  Selenide에 의해 이미 브라우저가 실행된 경우 실행된 브라우저에 지정한 URL의 화면을 불러온다.

32.8 화면 요소 참조 방법

Selenide에서는 브라우저에 표시된 화면 속 개별 요소를 참조하여 클릭 등의 조작이나 어설션을 수행한다. 화면 요소를 참조하는 구문은 다음과 같이 두 가지다.

- **$ (요소의 검색 조건)**
  검색 조건에 일치하는 첫 번째 요소를 참조한다.

- **$$ (요소의 검색 조건)**
  검색 조건에 일치하는 모든 요소를 참조한다.

$나 $$ 기호가 등장했는데, 실제로는 $나 $$라는 이름의 static 메서드다(Selenide 클래스가 제공한다).

32.9 화면 요소의 검색 조건 지정하기

화면 요소의 검색 조건은 Selenide가 제공하는 By 객체를 사용하는 방법과 CSS 선택자^{selector}의 문자열을 사용하는 방법을 사용해 지정할 수 있다. [예제 32-8]은 By 객체를 사용한 예다.

예제 32-8 By 객체를 사용하는 경우

```
$(byTagName("title"))    // 태그명을 지정하여 검색
$(byClassName("error"))  // 클래스명을 지정하여 검색
```

By 객체는 Selectors 클래스의 static 메서드를 사용하여 생성할 수 있다. byTagName 메서드는 HTML의 태그 이름을 검색 조건으로 사용할 수 있고, byClassName 메서드는 클래스 이름(class 속성의 값)을 검색 조건으로 사용할 수 있다. CSS 선택자의 문자열을 사용하는 경우 [예제 32-9]와 같이 작성한다.

CSS 선택자의 문자열을 사용하는 경우

```
$("input")              // 태그명을 지정하여 검색
$(".error")             // 클래스명을 지정하여 검색
$("a[href*=trainingId]") // 앵커 태그(<a> 태그)의 href 속성 값에 trainingId의 문자
가 포함되는 요소를 검색
```

CSS 선택자의 형식에 따라 유연하게 검색 조건을 지정할 수 있다. 이 장에서는 CSS 선택자의 문자열을 사용하는 방법을 설명한다.

32.10 $와 $$의 차이점

화면 요소를 참조할 때 사용하는 $와 $$의 차이를 [예제 32-10]을 통해 알아보자. [예제 32-10]을 불러온 화면의 HTML이라고 가정한다.

불러올 화면의 HTML

```
<table>
  <tr>
    <th>강의명</th>
    <td>
      <span>자바 교육</span> ❶
    </td>
  </tr>
  <tr>
    <th>신청 수</th>
    <td>
      <span>2</span> ❷
    </td>
  </tr>
  <tr>
```

```
      <th>정원</th>
      <td>
        <span>10</span> ③
      </td>
    </tr>
  </table>
```

CSS 선택자에서 tr span(tr 요소 아래의 span 요소)을 지정한 경우 ①, ②, ③ 3개의 span 요소를 가져오는 형태가 된다. [그림 32-2]와 같이 3개의 span 요소가 차례대로 나열되어 있다고 생각하면 된다.

그림 32-2 tr span으로 가져오는 3개의 span의 요소

다음으로 $와 $$의 차이점을 알아보자(그림 32-3).

그림 32-3 $와 $$의 차이점

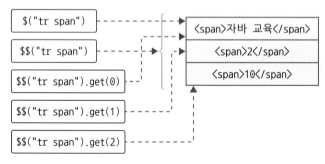

$("tr span")으로 요소를 참조할 때는 CSS 선택자에서 일치하는 첫 번째 요소를 참조하므로 자바 교육을 참조하게 된다. $$("tr span")으로 요소를 참조할 때는 세

요소를 모두 참조하는데, 각 요소가 배열처럼 순서대로 나열되어 저장된다. 따라서 $$("tr span").get(0)이라고 작성하면 <span>자바 교육</span>을 참조하고, $$("tr span").get(2)라고 작성하면 10을 참조하게 된다.

32.11 화면 요소 조작하기

참조하는 화면 요소에 대해 클릭 등의 조작을 할 수 있다. 화면 요소를 조작하기 위한 대표적인 메서드를 [표 32-1]에 정리했다.

표 32-1 조작을 위한 대표적인 메서드

메서드	용도	예시
click()	클릭을 조작한다.	$("#some-button").click()
presenter()	Enter 키를 누른다.	$("#some-input").pressEnter()
selectRadio(선택지의 값)	선택지의 값을 지정해서 라디오 버튼을 선택한다.	$("#some-radio").selectRadio("KOREA")
selectOptionByValue(선택지의 값)	선택지의 값을 지정해서 풀다운을 선택한다.	$("#some-pulldown").selectOptionByValue("KOREA")
setValue(문자열)	지정한 문자열을 입력 필드에 설정한다.	$("#some-input").setValue("김철수")

[예제 32-11]처럼 작성한 경우에는 name 속성의 값이 phone인 input 요소에 090-0000-0000을 입력할 수 있다.

예제 32-11

```
$("input[name=phone]").setValue("090-0000-0000")
```

32.12 요소의 정보 가져오기

참조하고 있는 화면 요소의 정보를 가져올 수도 있다. 대표적인 메서드를 [표 32-2]에 정리했다.

표 32-2 정보를 가져오는 대표적인 메서드

메서드	용도	예시
text()	요소 안의 텍스트를 가져온다.	$("#some-span").text()
val()	value 속성의 값을 가져온다.	$("#some-input").val()
attr(속성명)	지정한 속성의 값을 가져온다.	$("#some-div").attr("class")
getSelectedOptionValue()	풀다운으로 선택된 값을 가져온다.	$("#some-pulldown").getSelectedOptionValue()

[예제 32-12]와 같이 작성한 경우에는 tr 요소 아래의 span 요소 안의 텍스트를 가져온다.

예제 32-12

```
$("tr span").text()
```

[예제 32-13]과 같은 HTML이 화면에 표시되어 있는 경우에는 '자바 교육'이라는 문자열을 가져온다.

예제 32-13

```
<tr>
    <th>강의명</th>
    <td><span>자바 교육</span></td>
</tr>
```

32.13 요소의 내용 어설션

참조 중인 화면 요소의 내용이 예상과 같은지 확인하는 메서드를 설명한다. 어설션할 때는 should 메서드를 호출하여 어설션할 내용을 지정한다. '$(요소의 검색 조건).should(어설션 내용)'과 같은 형식으로 작성한다. should 외에도 shouldBe, shouldHave라는 메서드가 있지만 모두 should의 별명으로 처리되므로 어떤 것을 사용하더라도 동작은 같다. 각 개발 프로젝트에 맞게 어떤 것을 사용할지 결정하는 것이 좋다. 어설션의 내용으로 전달하는 인수는 Condition 객체다. Condition 객체는 Condition 클래스의 static 메서드나 static 필드를 사용하여 가져온다. Condition 클래스의 주요 static 메서드와 static 필드를 [표 32-3]에 정리했다.

표 32-3 Condition 클래스의 주요 static 메서드와 static 필드

메서드	용도	예시
attribute(속성명, 값)	지정한 속성이 원하는 값인지 확인한다.	$("#some-div").should (attribute ("class", "error"))
exactValue(값)	value 속성 값이 원하는 값인지 확인한다.	$("#some-input").should (exactValue("김철수"))
text(값)	요소 안의 텍스트가 원하는 값을 포함하는지 확인한다.	$("#some-span").should (text("Java"))
exactText(값)	요소 안의 텍스트가 원하는 값인지 확인한다.	$("#some-span").should (exactText("자바 교육"))
matchText(정규표현)	요소 안의 텍스트가 원하는 값인지 정규표현으로 확인한다.	$("some-span").should (matchText("비즈니스.*교육"))
focused	요소가 활성화되었는지(포커스를 갖고 있는지) 확인한다.	$("#some-button").should (focused)
disable	요소가 비활성화 상태인지 확인한다.	$({"#some-button").should (disable)

[예제 32-14]와 같이 작성할 경우 tr 요소 아래의 span 요소의 텍스트가 '자바 교육'으로 되어 있음을 어설션한다.

```
$("tr span").should(exactText("자바 교육"))
```

32.14 Selenide를 사용한 테스트

지금까지 Selenide 사용법을 대략적으로 설명했다. 마지막으로 Selenide를 사용한 테스트 방법을 알아보자(예제 32-15).

예제 32-15 Selenide를 사용한 테스트

```
@Test
@Sql("ReservationUiTest.sql") ①
@Sql(value = "clear.sql", executionPhase =
    ExecutionPhase.AFTER_TEST_METHOD) ②
void test_신청한다() {
    open("/training/display-list"); ③
    // 강의 목록 화면
    $("tr span").should(exactText("비즈니스 예절 교육")); ④
    ...
    $("tr a").click(); ⑤
    // 강의 상세 화면
    $$("tr span").get(0).should(exactText("비즈니스 예절 교육")); ⑥
    ...
    $("input[value=수강 신청]").click(); ⑦
    // 신청 폼 화면
    $("input[name=name]").setValue("김철수"); ⑧
    ...
    $("input[value=신청 내용 확인]").click(); ⑨
    // 신청 확인 화면
    ...
    $("input[value=신청 완료]").click(); ⑩
```

```
    // 신청 완료 화면
    String reservationId = $("div span").text(); ⑪
    Map<String, Object> reservationMap
        = jdbcTemplate.queryForMap("SELECT * FROM reservation WHERE id=?",
reservationId); ⑫
    Assertions.assertThat(reservationMap.get("name")).isEqualTo("김철수");
}
```

①~②에서는 앞서 설명한 대로 스프링의 @Sql을 사용해 테스트 데이터를 데이터베이스에 등록하고, 테스트 메서드 실행 후 데이터베이스를 정리하도록 설정한다.

Selenide 사용은 ③부터다. ③에서는 open 메서드를 호출해 브라우저를 실행하고 강의 목록 화면을 표시한다. ④에서는 강의 목록 화면 안의 span 요소의 텍스트가 '비즈니스 예절 교육'임을 어설션한다. ⑤에서 앵커 태그(<a> 태그)의 링크를 클릭하면 강의 상세 화면이 표시된다. ⑥에서 강의 상세 화면 중 0번째 span 요소의 텍스트가 '비즈니스 예절 교육'임을 어설션한다. ⑦에서는 '수강 신청' 버튼을 클릭하여 신청 폼 화면을 표시한다. ⑧에서는 입력 필드에 "김철수"를 입력하고 있다. ⑨에서는 '신청 내용 확인' 버튼을 클릭하여 신청 확인 화면을 표시한다. ⑩에서는 '신청 완료' 버튼을 클릭하여 완료 화면을 표시하고 있다. 완료 화면 안에는 실행된 신청 ID가 표시될 것으로 예상되며, ⑪에서는 신청 ID 값을 화면에서 가져온다고 가정한다. ⑫에서는 가져온 신청 ID와 미리 인젝션해둔 JdbcTemplate 객체를 사용하여 데이터베이스를 검색하고 원하는 레코드가 등록되어 있는지 확인한다.

실습

2302-shopping-selenide에 이 장의 실습 과제가 준비되어 있으니 꼭 도전해보자.

PART

3부

부록

여기서는 입문자에게 익숙하지 않거나 헷갈리기 쉬운 용어를 설명한다. 1부와 2부 본문에서 이
내용들이 언급되는 경우 주석을 달아 바로 찾아볼 수 있도록 했다. 이 책의 예제 애플리케이션으
로 사용된 '수강 신청 애플리케이션'과 '상품 주문 애플리케이션'의 개요도 설명해두었으니 유용
하게 활용하기 바란다.

부록

A.1 트랜잭션

트랜잭션^{transaction}은 여러 개의 관련된 처리를 하나의 처리로 다룰 때의 단위를 나타내는 용어다. 예를 들어 상품을 판매하는 경우에는 고객 주문, 상품 발주, 상품 입고, 상품 출고와 같은 처리가 필요한데, 이런 처리를 하나로 묶어 '상품 판매'라는 트랜잭션으로 표현할 수 있다(그림 A-1).

그림 A-1 상품 판매 트랜잭션

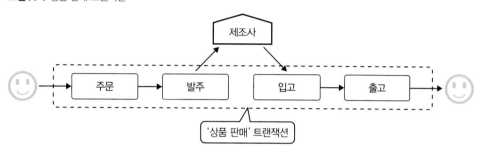

모든 처리를 정상적으로 마친 경우에만 트랜잭션이 완료된다. 따라서 [그림 A-1]에서는 출고까지 끝나야 비로소 트랜잭션이 완료된다. 만약 중간에 처리가 실패하면 주문이 시작되기 전 상태로 되돌아간다. 예를 들어 주문을 했는데 상품이 입고되지 않으면 주문이 취소된다.

트랜잭션의 개념은 데이터베이스(DB)에도 존재한다. 관련된 여러 SQL 실행을 하나의 트랜잭션으로 처리할 수 있다. 트랜잭션을 확정(처리 결과를 공식적으로 보관)하는 것을 커밋^{commit}이라고 하며, 원래 상태로 되돌리는 것을 롤백^{rollback}이라고 한다. [그림 A-2]와 같은 은행 계좌 이체 트랜잭션을 생각해보자.

A가 B에게 10만원을 이체한다고 가정해보자. 그럼 'A의 계좌에서 1만원을 출금하는 SQL'과 'B의 계좌에 1만원을 입금하는 SQL' 두 가지 SQL을 실행해야 한다. 그리고 두 가지 SQL이 모두 성공해야 이체가 완료된다. 첫 번째 SQL을 실행하기 전에 DB에 트랜잭션 시작을 지시하고, 두 번째 SQL이 성공하면 커밋을 지시하여 처리한 결과를 DB에 보관한다.

그림 A-2 은행 계좌 이체 트랜잭션

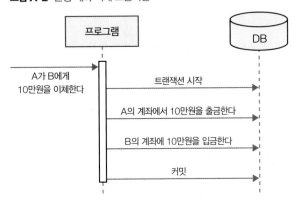

만약 어떤 이유로 두 번째 SQL이 실패했다면 첫 번째 SQL이 실행되기 전 상태로 되돌아가야 한다. 그렇지 않으면 A의 계좌에서 10만 원이 빠져나간 채로 남게 되기 때문이다. 이런 경우에는 [그림 A-3]처럼 DB에 롤백을 지시한다. 그림 트랜잭션이 시작되기 전 상태로 데이터가 되돌아간다.

그림 A-3 은행 계좌 이체 롤백

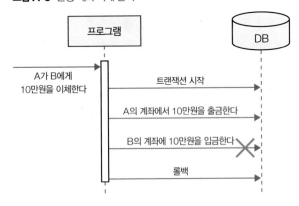

A.2 AP 서버

AP 서버 Application Server 는 웹 애플리케이션이나 웹 서비스를 실행하는 프로그램이다(맥락에 따라 프로그램이 아니라 서버 머신을 가리키기도 한다). AP 서버는 웹 서버로서의 기능을 갖추고 있어 HTTP 통신을 할 수 있다. 클라이언트가 HTTP 요청을 보내면 AP 서버가 이를 받아들여 애플리케이션의 처리를 호출한다. 애플리케이션 처리의 결과는 AP 서버가 HTTP 응답으로 클라이언트에게 반환한다(그림 A-4). 자바의 경우 대표적인 AP 서버 제품으로 Apache Tomcat이 있다.

그림 A-4 AP 서버

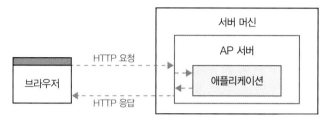

A.3 인터페이스

인터페이스interface는 자바의 언어 사양에서 제공하는 메커니즘이다. 클래스 작성 방식과 비슷하지만 인터페이스는 메서드의 시그니처(메서드 이름, 인수, 반환 값의 타입)만 작성하고 메서드의 내용은 비워둔다. 메서드의 내용을 채우는 것은 인터페이스를 구현하는 클래스다. [예제 A-1]은 인터페이스, [예제 A-2]는 인터페이스를 구현한 클래스의 예다.

예제 A-1 인터페이스의 예

```
public interface TrainingRepository {
    List<Training> selectAll();
}
```

```
public class JdbcTrainingRepository implements TrainingRepository {

    ...
    @Override
    public List<Training> selectAll() {
        // 데이터베이스에서 데이터를 가져온다.

        ...
        return trainings;
    }

}
```

'public interface 인터페이스명'으로 인터페이스를 선언하고, 블록 안에 메서드의 시그니처(인수, 반환 값)를 정의한다. [예제 A-1]에는 이름이 selectAll이고 인수는 없으며 반환 값의 타입이 List<Training>인 메서드가 선언되어 있다.

이 인터페이스를 구현한 것이 [예제 A-2]다. 클래스를 선언할 때 'implements Training Repository'라고 작성하면 TrainingRepository 인터페이스를 구현할 수 있다. 구현 클래스에서는 인터페이스에서 선언한 메서드의 내용을 작성해야 한다. 즉, selectAll 메서드를 선언하고 내용을 작성하면 된다.

굳이 인터페이스를 만드는 이유는 무엇일까? 가장 큰 장점은 인터페이스를 호출하는 쪽 개발 코드를 수정하지 않고도 인터페이스의 구현 클래스를 바꿀 수 있다는 점이다. 순서대로 설명해보겠다.

먼저 인터페이스를 호출하는 쪽에서는 [예제 A-3]과 같이 인터페이스 변수를 준비하여 인터페이스에서 선언된 메서드를 호출할 수 있다. 구현 클래스는 따로 작성할 필요가 없다.

```
public class TrainingServiceImpl {
    private TrainingRepository trainingRepository;
    ...
    public List<Training> findAll() {
        return trainingRepository.selectAll();
    }
}
```

그렇다고 해서 인터페이스 자체가 작동하는 것은 아니다(인터페이스에는 메서드의 처리가 작성되어 있지 않다). 실제로 작동할 때는 trainingRepository 변수에 TrainingRepository 인터페이스를 구현한 클래스(여기서는 JdbcTrainingRepository 클래스)의 객체를 할당한다. 그리고 [그림 A-5]처럼 TrainingServiceImpl 객체가 TrainingRepository 인터페이스를 구현한 클래스의 객체에 대해 처리를 호출한다.

그림 A-5 인터페이스를 구현한 객체의 메서드 호출

또한 TrainingServiceImpl 클래스의 trainingRepository 필드에는 TraininRepository 인터페이스를 구현한 임의의 클래스 객체를 대입할 수 있다. 예를 들어 [예제 A-4]와 같이 TrainingRepository 인터페이스를 구현한 클래스를 별도로 작성했다고 가정해보자.

예제 A-4 　다른 구현 클래스

```
public class MockTrainingRepository implements TrainingRepository {
    ...
    @Override
    public List<Training> selectAll() {
        // 테스트용으로 적당한 데이터를 준비한다.
        ...
```

```
        return trainings;
    }
}
```

그리고 [그림 A-6]과 같이 프로덕션 환경에서는 JdbcTrainingRepository 객체를 사용하고 테스트 환경에서는 MockTrainingRepository 객체를 사용한다고 해보자.

그림 A-6 구현 클래스의 치환

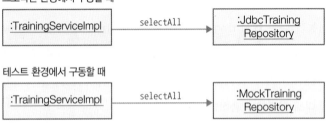

TrainingServiceImpl 클래스의 trainingRepository 필드에 대입하는 객체를 변경하면 TrainingServiceImpl 클래스의 소스 코드를 수정하지 않고도 TrainingRepository 인터페이스의 구현 클래스를 변경할 수 있다. 참고로, 필드에 객체를 대입하는 부분에 대한 설명은 〈3장 DI의 개념〉에서 다룬다.

A.4 커맨드라인 인수

커맨드라인 인수Command Line Argument는 자바 명령어를 실행할 때 프로그램에 임의의 문자열을 전달하기 위한 수단 중 하나다. 실행하고 싶은 클래스(main 메서드를 가진 클래스) 이름 뒤에 임의의 문자열을 지정하면 해당 문자열이 main 메서드의 인수(문자열 배열)로 전달된다. 문자열은 공백으로 구분하여 여러 개를 지정할 수 있다(그림 A-7).

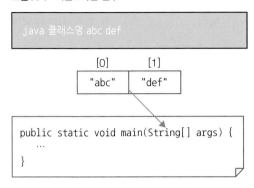

A.5 애너테이션

애너테이션Annotation은 클래스나 메서드 등에 부가적인 정보를 설정하기 위한 자바의 기능으로, '@애너테이션명' 형식으로 사용된다. 많은 종류의 애너테이션이 존재하며, 자바에서 표준으로 제공하는 것도 있고 라이브러리에서 제공하는 것도 있다. 또 자신만의 애너테이션을 직접 만들 수도 있다.

애너테이션 자체가 어떤 처리를 하는 것은 아니며, 단순한 표식 같은 역할을 한다. 애너테이션이 붙어있는 부분을 컴파일러나 라이브러리가 감지하여 부가적인 처리를 해준다. [예제 A-5]의 코드에는 @Override와 @Transactional이라는 애너테이션이 사용되었다.

예제 A-5 애너테이션의 예

```java
public class OrderServiceImpl implements OrderService {

    ...
    @Override
    @Transactional(timeout = 30)
    public Order placeOrder(OrderInput orderInput, CartInput cartInput) {

        ...
```

@Override는 자바에서 제공하는 표준 애너테이션이다. 이 애너테이션을 사용하면 컴파일 시에 인터페이스의 메서드가 올바르게 오버라이드되었는지를 컴파일러가 확인해준다(예를 들어 메서드 이름의 철자가 인터페이스에서 정의된 것과 다르면 컴파일 오류를 발생시킨다).

@Transactional은 스프링에서 제공하는 애너테이션이다. 이 애너테이션이 적용된 메서드가 호출되면 스프링이 자동으로 데이터베이스의 트랜잭션 제어를 수행한다.

A.6 DataSource

SQL을 실행하기 위해서는 데이터베이스(DB) 연결이 필요한데, DataSource는 DB 연결을 위한 자바 표준 인터페이스다. getConnection이라는 메서드를 호출하면 DB 연결을 나타내는 Connection 객체가 반환된다. DataSource 자체는 인터페이스이므로 DataSource 인터페이스를 구현하는 구상 클래스Concrete class[121]가 필요하다. DataSource의 구상 클래스를 제공하는 대표적인 라이브러리 제품으로는 HikariCP와 Commons DBCP가 있다. 구상 클래스 안에서 JDBC 드라이버Driver[122]를 사용하면서 커넥션 풀Connection Pool, 연결 실패 시 재연결 등의 기능을 구현한다.

커넥션 풀은 DB에 접속할 때 부하를 낮추기 위한 메커니즘이다. DB에 접속할 때는 배후에서 인증이 이루어지기도 하기 때문에 처리하는 데 부하가 걸린다. 커넥션 풀은 [그림 A-8]처럼 애플리케이션 시작 시 여러 개의 DB 접속을 일괄적으로 수행하여 Connection 객체를 여러 개 보관해둔다.

---

121 생성자를 호출하여 객체를 만들 수 있는 클래스. 객체에는 원본 구상 클래스가 반드시 존재한다.
122 DB 제품과 실제로 통신하는 프로그램

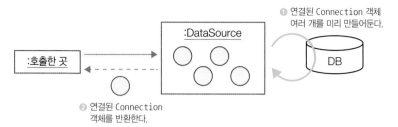

애플리케이션이 DB에 접속할 때는 이미 연결된 Connection 객체를 반환한다. 인증 등의 처리가 이뤄지지 않기 때문에 애플리케이션은 즉시 Connection 객체를 획득할 수 있다. Connection 객체 획득만을 고려하면 JDBC의 DriverManager 클래스를 사용할 수도 있지만 커넥션 풀 등의 기능을 사용할 수 없으므로 작동 확인 등의 용도가 아니라면 DataSource를 사용하는 것이 좋다.

A.7 내장 DB

내장 데이터베이스(DB)는 애플리케이션과 같은 자바 프로세스 안에서 작동하는 자바로 만들어진 DB다. 애플리케이션 프로세스에 내장된 DB를 그림으로 나타내면 [그림 A-9]와 같다.

그림 A-9 내장 DB

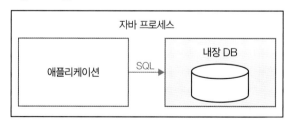

내장 DB의 가장 큰 장점은 DB를 미리 설치할 필요가 없다는 점이다. 내장 DB의 라이브러리를 불러오기만 하면 DB를 실행할 수 있다. 또한 데이터는 기본적으로 메모리에 저장되기 때문에 프로세스가 종료되면 데이터도 사라진다. 그래서 내장 DB를 개발이나 테스트 시에 사용하는 경우가 많다. 대표적인 내장 DB 제품으로는 H2, HSQLDB, Derby 등이 있다.

A.8 검사 예외와 비검사 예외

자바의 예외는 크게 검사 예외와 비검사 예외('런타임 예외'라고도 한다)로 나뉜다.

검사 예외는 메서드를 호출하는 쪽에 예외 처리를 강제하는 예외다. 예외를 처리하지 않으면 컴파일 오류가 발생한다. 구체적으로는 [예제 A-6]과 같이 메서드 호출 시 try~catch 블록으로 감싸거나 [예제 A-7]과 같이 호출하는 쪽 메서드 정의에 throws 구문을 작성하여 검사 예외를 전파한다(검사 예외를 전파하면 전파된 곳에서도 처리가 필요하다).

예제 A-6　try~catch 블록에 의한 예외 처리

```
...
try {
    // 검사 예외를 던질 가능성이 있는 메서드 호출
    foo.fooMethod();
} catch (검사 예외) {
    ...
}
...
```

예제 A-7　throws 구문 의한 예외 처리

```
public void barMethod() throws 검사 예외 {
    ...
    // 검사 예외를 던질 가능성이 있는 메서드 호출
    foo.fooMethod();
    ...
}
```

비검사 예외는 예외 처리를 강제하지 않는다. [예제 A-8]과 같이 try~catch 블록이나 throws 구문을 작성하지 않아도 컴파일이 통과된다. 예외가 던져지면 자동으로 전파되는데, 전파된 곳에서도 처리를 강제하지 않는다.

예제 A-8 비검사 예외

```
public void barMethod() {
    ...
    // 비검사 예외를 던질 가능성이 있는 메서드 호출
    foo.fooMethod();
    ...
}
```

최근의 애플리케이션 개발에서는 비검사 예외를 선호하는 경향이 있다. 왜 비검사 예외가 선호될까?

먼저 검사 예외를 사용할 때의 문제점을 살펴보자. [그림 A-10]은 검사 예외를 사용했을 때의 문제점을 보여준다.

그림 A-10 검사 예외의 문제점

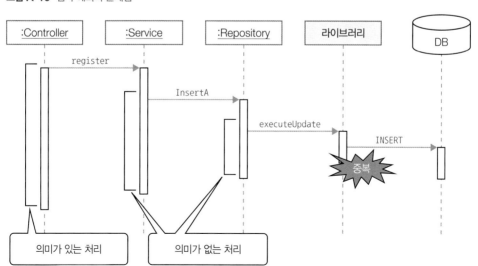

[그림 A-10]은 Repository 객체가 라이브러리를 사용해 데이터베이스에 접근할 때 라이브러리가 검사 예외를 던지는 경우를 보여준다. 여기서는 사용자가 어떤 데이터를 등록하려고 할 때 키가 중복되어 예외가 던져졌다고 가정한다. 이때 입력한 키가 중복되었으므로 원래 입력 화면으로 전환하여 사용자에게 다른 키를 입력하도록 처리하고자 한다.

라이브러리의 executeUpdate 메서드가 검사 예외를 던질 가능성이 있으므로 호출자인 Repository 클래스에서는 처리가 필요하다. 여기서는 try~catch 블록으로 감싼다고 하자 (그림에서 말풍선을 표시한 [모양의 선). 하지만 Repository 클래스가 키 중복 예외를 잡아도 원래 화면으로 되돌리는 처리는 할 수 없다. 어쩔 수 없이 잡은 예외를 그대로 호출한 Service에 던진다. 그러면 Repository 클래스의 insertA 메서드가 검사 예외를 던질 가능성이 생기므로 Service 클래스가 insertA를 호출할 때 try~catch 블록으로 감싸야 한다. 하지만 Service 클래스도 원래 화면으로 되돌리는 처리를 할 수 없기 때문에 잡은 예외를 그대로 던지게 된다. 그러면 이번에는 Controller 클래스가 try~catch 블록을 작성해야만 한다. 단, Controller 클래스는 원래 화면으로 되돌릴 수 있다. 따라서 이제야 비로소 의미 있는 try~catch 블록을 작성할 수 있다.

이때의 문제는 의미 없는 처리를 작성해야 한다는 점이다. [그림 A-10]에서는 Service 클래스와 Repository 클래스에 작성된 try~catch 블록이 의미 없는 처리로 되어 있다. 의미 없는 처리를 작성하는 것은 가독성과 유지 보수성을 떨어뜨린다. 또한 자바 초보자가 컴파일 통과만을 위해 try~catch 블록을 작성하고 잡은 예외를 던지지 않은 채 예외가 없다고 간주해버리면 버그로 이어질 위험도 있다.

또한 try~catch 블록이 아니라 throws 구문으로 처리하는 경우에도 호출자가 원래는 의존하지 않아도 되는 예외 클래스에 의존하게 하는 구조는 바람직하지 않다. 예를 들어 Repository 클래스가 JDBC의 검사 예외인 SQLException 클래스를 던질 때 Repository 클래스뿐만 아니라 Service 클래스의 메서드에도 throws SQLException을 작성해야 한다. 그럼 Service 클래스는 JDBC를 의식하는 역할이 아닌데도 JDBC에 의존하는 코드가 되고 만다. 예를 들어 Repository 클래스가 데이터베이스가 아니라 REST API에서 데이터를 가져오게 되어 다른 예외를 던지는 구조로 변경된 경우 Service 클래스에서 메서드의 throws 구문을 수정해야 한다. 반면에 비검사 예외인 경우에는 [그림 A−11]과 같은 형태가 된다.

그림 A-11 비검사 예외를 사용한 해결

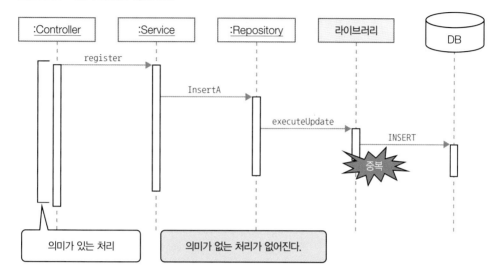

라이브러리의 executeUpdate 메서드가 키 중복 시 비검사 예외를 던진다고 하자. execute Update 메서드 호출자인 Repository 클래스는 핸들링 처리를 작성하지 않아도 컴파일이 통과된다. 예외가 던져진 경우에는 자동으로 Service 클래스로 전파되며, Service 클래스에서도 예외 처리를 기술하지 않아도 된다. 던져진 예외는 자동으로 Controller 클래스로 전파된다. Controller 클래스는 원래 화면으로 되돌릴 수 있으므로 Controller 클래스에서 try ~catch 블록을 작성한다.

비검사 예외를 사용한 경우 예외 처리가 가능한 부분에만 예외 처리를 작성하면 된다. 불필요한 예외 처리를 작성할 필요가 없어지므로 코드가 단순해진다는 장점이 있다.

다만 비검사 예외의 경우 처리하지 않아도 컴파일 오류가 발생하지 않기 때문에 어디에서 어떻게 처리해야 하는지가 모호한 경우가 많다. 이를 명확히 하기 위해서는 설계 단계에서 명시하거나 예외 상황에 대한 테스트를 철저히 수행하여 처리가 누락되는 것을 방지해야 한다.

개발 프로젝트에 따라 업무적인 예외(◐ 재고 부족을 나타내는 예외)를 의도적으로 섬사 예외로 설정하여 처리를 강제하는 경우도 있다.

A.9 Map

Map은 List와 마찬가지로 여러 객체를 저장할 수 있는 자바 표준 인터페이스다. List에서는 내부 객체를 번호로 관리하지만 Map에서는 이름으로 관리한다(그림 A-12).

그림 A-12 List와 Map

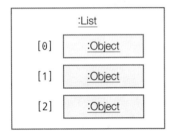
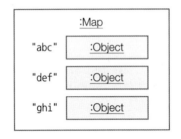

Map을 사용하는 프로그램의 예를 살펴보자(예제 A-9).

예제 A-9 Map을 사용한 프로그램의 예

```
Map map = new HashMap();
map.put("abc", objX);
map.put("def", objY);
map.put("ghi", objZ);
Object foo = map.get("def");
```

Map 인터페이스의 구상 클래스는 여러 종류가 있지만 여기서는 대표적인 HashMap 클래스를 사용한다. put 메서드는 Map 안에 객체를 저장하기 위한 메서드로, 저장할 때 객체에 임의의 이름을 지정한다. 여기서는 "abc", "def", "ghi"라는 이름으로 각각 변수 objX, objY, objZ

객체를 저장한다. 마지막에 호출한 get 메서드는 Map 객체 안에 있는 객체를 이름을 지정해서 가져오기 위한 메서드다. 이름으로 "def"를 지정했으므로 objY 객체를 가져오게 된다.

A.10 ThreadLocal

ThreadLocal은 같은 스레드^{thread} 내에서 데이터를 공유할 수 있게 해주는 자바의 기능이다. 예를 들어 [그림 A-13]처럼 A의 요청을 처리하는 스레드 내에서 임의의 시점에 ThreadLocal에 있는 데이터에 접근할 수 있다.

그림 A-13 ThreadLocal의 개요

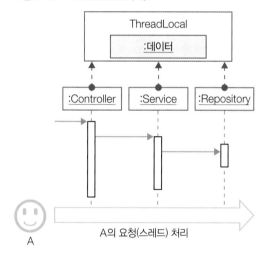

A의 스레드에서 호출된 임의의 메서드가 ThreadLocal에 데이터를 저장해두면 A의 스레드 내의 다른 메서드에서도 저장해둔 데이터를 사용할 수 있다. 보통 메서드를 넘나들며 데이터를 공유할 때는 데이터를 인수로 전달하는 경우가 많은데, ThreadLocal을 사용하면 인수로 데이터를 전달하지 않고도 데이터를 공유할 수 있다. 또한 [그림 A-14]처럼 A와 B가 요청을 보낼 경우 각각 전용 공간이 확보된다.

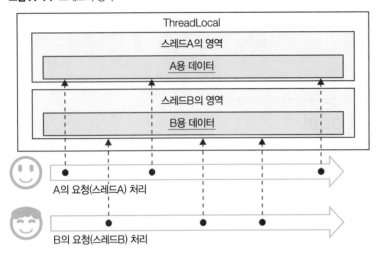

그림 A-14 스레드의 영역

이처럼 ThreadLocal을 이용하면 A의 데이터와 B의 데이터를 별도로 관리할 수 있는 장점이 있다. 그렇다고 해서 ThreadLocal을 적극적으로 사용하라는 뜻은 아니다. 여러 메서드에서 데이터를 공유해야 하는 경우 기본으로 인수나 반환 값을 넘겨줘야 한다. 예를 들어 덧셈하는 메서드를 호출할 때 ThreadLocal을 사용해 더하는 수나 더한 수를 공유한다면 사용하기 어렵고 이해하기 어렵고 테스트하기도 어려운 상태가 된다.

ThreadLocal은 주로 프레임워크 내부나 공통 구성 요소에서 사용된다. 예를 들어 데이터베이스 레코드를 갱신할 때 로그인 중인 사용자의 ID를 칼럼으로 설정하고 싶다고 하자. 요청 처리를 시작할 때 사용자 ID를 ThreadLocal에 저장하고, 데이터베이스를 갱신할 때 ThreadLocal에서 사용자 ID를 가져오는 등의 활용 시나리오를 고려할 수 있다. 그럼 중간 처리에서는 사용자 ID를 의식하지 않고 프로그래밍할 수 있다.

A.11 로그 레벨과 로거

로그 레벨은 로그의 중요도를 나타낸다. 소스 코드에서 로그 출력 처리를 작성할 때 로그 레벨을 지정할 수 있고, 프로그램을 실행할 때 어떤 레벨의 로그를 실제로 출력할 것인지 선택할 수 있다. 일반적인 로그 레벨의 종류는 레벨이 낮은 순으로 TRACE, DEBUG, INFO, WARN, ERROR가 있다.

예를 들어 [예제 A-10]과 같이 소스 코드에 5가지 로그 레벨의 로그 출력 처리를 작성했다고 하자. logger 변수 안에는 로거^{logger} 객체가 저장되어 있다고 가정한다(로거는 로그 출력을 위한 객체다).

> **예제 A-10** 5가지 로그 레벨

```
logger.trace("트레이스입니다.");
logger.debug("디버그입니다.");
logger.info("정보입니다.");
logger.warn("경고입니다.");
logger.error("오류입니다.");
```

프로그램을 실행할 때 로그 레벨을 DEBUG로 지정하면 [예제 A-11]과 같이 출력된다.

> **예제 A-11** DEBUG로 지정하여 실행한 경우

```
디버그입니다.
정보입니다.
경고입니다.
오류입니다.
```

지정한 레벨 이상의 로그가 출력됐다.

이번에는 프로그램을 실행할 때 로그 레벨을 WARN으로 지정하면 [예제 A-12]와 같이 출력된다.

> **예제 A-12** WARN으로 지정하여 실행한 경우

```
경고입니다.
오류입니다.
```

예를 들어 스테이징 환경이라면 장애를 분석하기 쉽도록 DEBUG 레벨로 지정하여 많은 로그를 출력하도록 하고, 프로덕션 환경이라면 처리 성능이 저하되지 않도록 WARN으로 지정하여 최소한의 로그만 출력하는 식으로 조정할 수 있다.

실행 시 지정하는 로그 레벨은 로거별로 지정할 수 있다. 로거는 로그 출력을 위한 객체다. 로거에는 임의의 이름을 붙일 수 있지만 관례적으로 로그를 출력하는 클래스의 '패키지명 + 클래스명'으로 지정하는 경우가 많다. 예를 들어 Slf4j라는 라이브러리를 사용했다면 [예제 A-13]과 같이 작성하여 로거를 가져올 수 있다(로거명으로 "com.example.Foo"를 지정한다).

> 예제 A-13 로거 가져오기

```
public class Foo {
    private static final Logger logger
        = LoggerFactory.getLogger("com.example.Foo");
    ...
}
```

또한 [예제 A-14]와 같이 작성하여 로거 이름을 지정할 수도 있다.

> 예제 A-14 로거 가져오기

```
public class Foo {
    private static final Logger logger
        = LoggerFactory.getLogger(Foo.class);
    ...
}
```

[예제 A-14]와 같이 작성하면 클래스명을 변경할 때 자동으로 로거명이 변경되므로 일반적으로 이 방법을 사용한다.

실행 시 로그 레벨을 지정하는 방법은 여러 가지가 있지만 스프링 부트를 사용할 경우 스프링 부트 설정 파일(application.properties)에서 지정할 수 있다. 이때는 [예제 A-15]와 같은 방법으로 지정한다.

> **예제 A-15** 로그 레벨 지정하기

```
logging.level.com.example.Foo=DEBUG
logging.level.com.example=WARN ①
logging.level.org.springframework=DEBUG ②
```

logging.level. 뒤에 로거명을 지정하고, = 오른쪽에 로그 레벨을 작성한다. 로거명은 전방일치[123]로 작성 가능하므로 ①과 같이 패키지명만 지정할 수 있다. [예제 A-13]에서는 com.example 패키지 내 클래스의 로그 출력은 WARN 레벨로 출력하지만 com.example.Foo 클래스만 DEBUG 레벨로 출력한다고 지정한다.

많은 라이브러리에서 로거명으로 '패키지명+클래스명'을 사용하므로 라이브러리의 패키지명이나 클래스명으로 로그 레벨을 지정할 수 있다. ②에서는 스프링 패키지 org.springframework에 DEBUG를 지정했으므로 스프링 내부에서 출력하는 로그를 DEBUG 레벨로 출력한다.

A.12 Maven

Maven은 애플리케이션이 사용하는 라이브러리를 관리(어떤 라이브러리를 사용할 것인가? 어떤 버전으로 할 것인가?)하거나 빌드(소스 코드를 컴파일하여 JAR 등의 파일로 패키징하는 것)하기 위한 도구다. 이 책에서는 라이브러리를 관리하는 용도로 Maven을 사용하므로 Maven의 라이브러리 관리에 관해 설명하겠다.

---

123 옮긴이_ 두 문자열을 비교할 때 문자열 시작 부분이 일치하는 것을 말한다.

Maven을 개발하는 커뮤니티는 인터넷에 Maven Central Repository라는 서버를 공개하고 있다. 여기에는 스프링을 비롯한 다양한 자바 라이브러리가 등록되어 있다. 따라서 Maven 설정 파일에 라이브러리 이름과 버전만 지정하면 자동으로 Maven Central Repository에서 라이브러리를 다운로드할 수 있다. [그림 A-15]는 Maven의 라이브러리 관리 방식을 보여준다.

그림 A-15 Maven의 라이브러리 관리

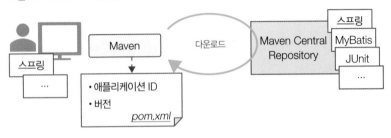

Maven의 설정 파일은 pom.xml이라는 이름의 XML 파일로 작성한다. Maven은 각 라이브러리를 아티팩트[artifact]라는 단위로 관리한다. 개발자는 pom.xml에 아티팩트 ID와 버전을 명시하여 필요한 라이브러리를 다운로드할 수 있다(Maven 등장 이전에는 개발자가 각 라이브러리의 다운로드 사이트에 접속하여 수동으로 다운로드했다).

A.13 클래스 패스

클래스 패스[ClassPath]란 자바 컴파일러나 자바 가상 머신[Java Virtual Machine](JVM)에서 클래스 파일(.class 파일)을 불러오는 위치를 말한다. 여기서는 JVM에서 불러오는 경우만을 설명한다.

자바 프로그램을 실행할 때 클래스 패스를 지정하면 지정된 클래스 패스에서 클래스 파일을 불러온다. [그림 A-16]과 같이 자바 소스 코드를 컴파일해 생성된 클래스 파일을 폴더에 출력하고 클래스 파일이 출력된 폴더를 클래스 패스로 지정한다. 자바 프로그램을 실행하면

JVM이 시작되고 지정된 클래스 패스에서 클래스 파일을 로드해 처리를 실행한다. 클래스 패스를 여러 개 지정할 수도 있다.

그림 A-16 클래스 패스

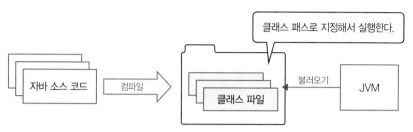

Maven 프로젝트에서 src/main/java, src/main/resources, src/test/java, src/test/resources 아래에 있는 파일은 IDE에 의해 자동으로 컴파일되어 지정한 폴더에 클래스 파일이 생성된다. 프로퍼티 파일 등의 파일은 복사된다(그림 A-17). 프로덕션 코드(애플리케이션의 처리가 작성된 코드)의 클래스 파일과 테스트 코드의 클래스 파일은 별도 폴더에 생성된다.

그림 A-17 클래스 파일 출력

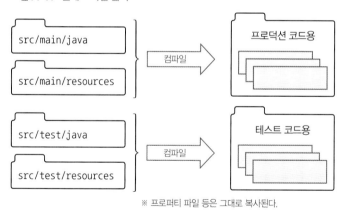

프로덕션 코드의 클래스를 실행한 경우 프로덕션 코드용 폴더가 클래스 패스로 지정된다. 테스트 코드의 클래스를 실행한 경우 프로덕션 코드 폴더와 테스트 코드 폴더가 모두 클래스 패스로 지정된다(그림 A-18).

그림 A-18 클래스 패스

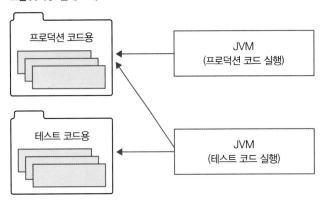

또한 애플리케이션이 사용하는 라이브러리(JAR 파일)도 자동으로 클래스 패스로 지정된다. [그림 A-19]는 각각의 JAR 파일이 하나의 클래스 패스로 지정된 모습이다.

그림 A-19 라이브러리와 클래스 패스

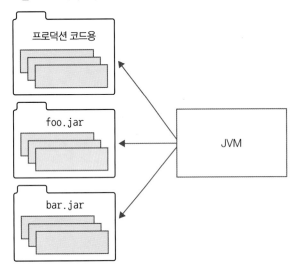

클래스 패스 내부에는 자바의 패키지 구조에 맞게 폴더가 생성된다(JAR 파일은 ZIP 형식으로 압축되어 있다). 예를 들어 com.example 패키지에 FooApplication.java라는 클래스를 만들 경우 클래스 패스의 com 폴더 아래의 example 폴더 아래에 컴파일된 FooApplication.

class가 배치된다(그림 A-20). 또한 src/main/resources에 foo.properties라는 프로퍼티 파일을 작성한 경우 클래스 패스 바로 아래로 foo.properties 파일이 복사된다.

그림 A-20 클래스 패스의 내부 구조

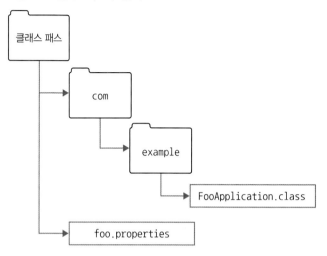

실제 개발 프로젝트에서 '클래스 패스 바로 아래에 속성 파일을 배치하세요'라는 말을 자주 듣게 되는데, 대부분 src/main/resources 바로 아래에 속성 파일을 배치하라는 뜻이다.

A.14 템플릿 파일과 템플릿 엔진

템플릿 파일은 HTML이나 이메일 문장 등을 작성할 때 틀이 되는 파일이다. 예를 들어 검색 결과를 표시하는 HTML을 만들 때 검색 결과에 따라 내용은 달라져도 화면 구성이나 레이아웃은 같다. 이처럼 정형화된 부분은 템플릿 파일로 작성하고, 매번 바뀌는 부분에는 플레이스홀더 Placeholder(데이터를 삽입하는 위치)를 작성한다.

이처럼 템플릿 파일의 플레이스홀더에 데이터를 삽입하여 최종 결과물을 생성하는 프로그램을 템플릿 엔진이라고 한다. 대표적인 템플릿 엔진으로는 자바 표준인 JSP Java Server Pages와 오픈 소스 라이브러리인 Thymeleaf가 있다. [예제 A-16]은 Thymeleaf를 사용할 때의 댐플릿 파일의 예다.

Thymeleaf를 사용할 때의 템플릿 파일

```html
<!DOCTYPE html>
<html xmlns:th="http://www.thymeleaf.org">
  <head>
    <title>북 애플리케이션</title>
  </head>
  <body>
    <h1>도서 목록</h1>
    <table border="1">
     <tr>
      <th>ID</th><th>제목</th><th>저자</th>
     </tr>
     <tr th:each="book : ${books}">
       <td th:text="${book.id}"></td>
       <td th:text="${book.title}"></td>
       <td th:text="${book.author}"></td>
     </tr>
    </table>
  </body>
</html>
```

Thymeleaf 템플릿 파일 작성 방법은 자세히 다루지 않지만 ${ } 부분이 플레이스홀더를 나타낸다. HTML을 만들 때마다 플레이스홀더 부분에 데이터가 삽입된다.

A.15 HTTP 요청과 HTTP 응답의 데이터 구조

HTTP 요청 데이터는 크게 요청 라인, 요청 헤더, 요청 바디로 구성된다. 요청 데이터의 구조는 [그림 A-21]과 같다.

그림 A-21 HTTP 요청 데이터 구조

```
PUT /products/p01 HTTP/1.1
Host: shopping.example.com
Content-Type: application/ json

{
    "id": "p01",
    "name": "name01",
    "price": 100,
    "stock": 99
}
```

요청 라인
요청 헤더
요청 바디

첫 번째 줄이 요청 라인이다. 요청 라인은 요청의 개요, 즉 어떤 리소스에 대해 어떤 작업을 할 것인가를 나타낸다. 요청 라인에는 HTTP 메서드, URL 경로, HTTP 버전이 들어간다. [그림 A-21]은 /products/p01 경로로 식별되는 리소스에 대해 갱신(PUT 메서드가 나타내는 작업)을 요청하는 것임을 알 수 있다.

두 번째 줄부터는 요청 헤더를 작성한다. 요청 헤더는 요청에 대한 부가적인 정보를 나타내는데, 정보의 종류에 따라 다양한 이름의 헤더가 있다. 줄을 구분하여 여러 개를 지정할 수 있으며, 각 줄은 '헤더명:값' 형식으로 작성한다. [그림 A-21]에는 Host 헤더와 Content-Type 헤더가 작성되어 있고, 각 요청이 전송될 호스트명과 요청 바디의 데이터 형식이 지정되어 있다.

요청 헤더 아래에 빈 줄을 삽입하면 그 아래가 요청 바디가 된다. 요청 바디에는 서버가 요청한 처리를 수행하는 데 필요한 데이터를 작성한다. [그림 A-21]에는 갱신할 상품 데이터가 작성되어 있다. 참고로 요청 바디가 비어 있는 경우도 있다.

이번에는 HTTP 응답의 데이터 구조를 알아보자. HTTP 응답 데이터는 크게 상태 라인, 응답 헤더, 응답 바디로 구성된다. 응답 데이터의 구조는 [그림 A-22]와 같다.

그림 A-22 HTTP 응답 데이터 구조

```
상태 라인 {  HTTP/1.1 200 OK
응답 헤더 {  Content-Type: application/ json
            Date: Tue, 03 Jan 2023 04:52:28 GMT

            {
응답 바디 {     "id": "p01",
               "name": "name01",
               "price": 100,
               "stock": 10
            }
```

첫 번째 줄은 상태 라인이다. 상태 라인은 응답의 결과를 나타낸다. 상태 라인에는 HTTP 버전, 상태 코드, 상태 텍스트가 들어간다. [그림 A–22]는 상태 코드로 200이 반환되고, 상태 텍스트로 OK가 작성되어 있다. 상태 코드마다 상태 텍스트의 문구가 정해져 있다. 예를 들어 상태 코드 404의 경우에는 상태 텍스트가 Not Found다. 참고로 상태 텍스트는 생략될 수 있다.

두 번째 줄부터는 응답 헤더를 작성한다. 응답 헤더는 응답의 부가적인 정보를 나타낸다. 정보의 종류에 따라 다양한 이름의 헤더가 존재한다. 행을 구분하여 여러 개를 지정할 수 있으며, 각 행은 '헤더명:값' 형식으로 되어 있다. [그림 A–22]에는 Content-Type 헤더와 Date 헤더가 작성되어 있고, 각각 응답 바디의 데이터 형식과 응답 데이터를 생성한 날짜와 시간이 지정되어 있다.

응답 헤더 아래에 빈 줄을 삽입하면 그 아래가 응답 바디가 된다. 응답 바디에는 클라이언트가 요청한 데이터를 작성한다. [그림 A–22]에는 클라이언트가 요청한 상품 데이터가 작성되어 있다. 응답 바디가 비어 있는 경우도 있다.

A.16 요청 파라미터

요청 파라미터는 HTTP 요청으로 서버에 가변적인 데이터를 전송하는 수단 중 하나다. '파라미터명=값&파라미터명=값&...' 형식으로 여러 개의 데이터를 전송할 수 있다. 요청 파라미터를 전송하는 방법은 HTTP의 GET 메서드인 경우와 POST 메서드인 경우가 다르다.

GET 메서드의 경우 파라미터를 HTTP 요청의 URL 끝에 붙인다. [예제 A-17]은 요청 파라미터가 포함된 GET 요청이다.

예제 A-17 요청 파라미터가 붙은 GET 요청

```
GET /search?keyword=java&price=1000 HTTP/1.1
Host: localhost:8080
```

URL 경로 끝에 ?를 붙이고 이어서 요청 파라미터를 작성한다. [예제 A-17]에서는 keyword와 price 파라미터의 값이 각각 java, 1000으로 지정되어 있다. [예제 A-17]의 요청을 브라우저로 전송하는 방법은 다음과 같이 3가지다(자바스크립트 프로그램 제외).

- **브라우저 주소창에 요청 파라미터가 포함된 URL 입력하기**

그림 A-23 브라우저 주소창에 요청 파라미터가 붙은 URL을 입력한다.

`Enter` 키를 누르면 [예제 A-17]의 요청이 전송된다.

- **HTML의 앵커 태그로 요청 파라미터와 함께 URL 지정하기**

예제 A-18 HTML의 앵커 태그(<a> 태그)로 요청 파라미터가 포함된 URL을 지정한다.

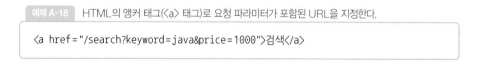

표시된 링크를 사용자가 클릭하면 [예제 A-18]의 요청이 전송된다.

• **HTML의 `<form>` 태그에서 method 속성을 "get"으로 지정하기**

> 예제 A-19 HTML의 `<form>` 태그에서 method 속성을 "get"으로 지정한다.

```
<form action="/search" method="get">
    <input type="text" name="keyword"/>
    <input type="text" name="price"/>
    <input type="submit" value="검색"/>
</form>
```

GET 메서드의 경우 URL에 요청 파라미터가 포함되지만 브라우저 종류에 따라 처리할 수 있는 URL의 문자 수가 제한될 수 있다. 또한 URL은 브라우저의 기록에 남아있기 때문에 파라미터의 정보가 실수로 재전송될 가능성이 있다. 따라서 GET 메서드로 요청 파라미터를 전송하는 것은 참조 계열 요청(검색 조건 등)에서 사용하는 것이 일반적이다. 갱신 계열 요청에서는 입력될 문자가 URL의 제한을 초과하거나 실수로 히스토리에서 다시 갱신될 위험이 있으므로 일반적으로 GET 메서드를 사용하지 않는다.

POST 메서드의 경우 요청 파라미터는 요청 바디에 기재된다. [예제 A-20]은 요청 파라미터가 명시된 POST 요청이다.

> 예제 A-20 요청 파라미터를 기재한 POST 요청

```
POST /register HTTP/1.1
Host: localhost:8080
Content-Type: application/x-www-form-urlencoded

fullName=김철수&address=서울&note=토요일오후배송희망...
```

빈 줄 아래 부분이 요청 바디로, 요청 파라미터 fullName, address, note가 전송된다. POST 요청을 전송하려면 [예제 A-21]처럼 `<form>` 태그의 method 속성에 "post"를 지정한다.

예제 A-21 〈form〉 태그에서 method 속성을 "post"로 지정한다.

```
<form action="/register" method="post">
    <input type="text" name="fullName"/>
    <input type="text" name="address"/>
    <textarea name="note"></textarea>
    <input type="submit" value="등록"/>
</form>
```

표시된 '등록' 버튼을 사용자가 클릭하면 [예제 A-20]의 요청이 전송된다. POST 메서드의 경우 요청 바디에 요청 파라미터가 기재되며 요청 바디에 문자 수 제한이 없으므로 입력의 길이가 길어져도 문제가 없다. 또한 요청 바디 데이터는 브라우저의 기록에 남는데, 재전송하려고 하면 브라우저가 경고를 보낸다. 따라서 일반적으로 갱신 계열 요청은 주로 POST 메서드를 사용한다.

A.17 컨텍스트 패스

컨텍스트 패스ContextPath는 AP 서버에서 실행 중인 애플리케이션을 식별하기 위한 경로의 첫 부분이다. 컨텍스트 패스는 애플리케이션을 AP 서버에 배포할 때 임의의 경로로 지정할 수 있다. 예를 들어 [그림 A-24]처럼 AP 서버에서 애플리케이션 A와 애플리케이션 B가 작동하고 있고 각각에 텍스트 경로로 /appA와 /appB가 지정되어 있다고 가정해보자.

그림 **A-24** 컨텍스트 패스

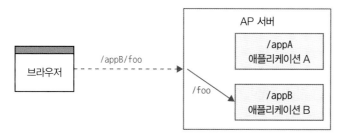

브라우저의 요청 경로가 /appB/foo인 경우 AP 서버는 경로의 처음 부분을 확인하여 석설한 애플리케이션(여기서는 애플리케이션 B)에 요청을 전달한다. 애플리케이션 B는 /appB를 포함하지 않는 /foo에 대한 요청으로 처리를 작성할 수 있다. 한 가지 덧붙이자면, 컨텍스트 패스는 AP 서버에 배포할 때 결정하는 것이므로 소스 코드 안에 컨텍스트 패스를 하드 코딩하지 않도록 하자.

A.18 YAML

YAML은 다양한 용도로 사용되는 표준화된 텍스트 데이터 형식이다. 주로 프로그램이나 도구가 읽어들이는 설정 파일의 형식으로 많이 사용된다. YAML이라는 단어는 원래 'Yet Another Markup Language'의 줄임말이었지만 최근에는 'YAML Ain't Markup Language'의 줄임말로 사용된다. YAML 형식의 데이터를 살펴보자(예제 A-22).

예제 A-22 YAML 형식의 데이터

```
employeeName: 김철수
department:
  name: 개발1부
  manager:
    name: 김철수
age: 25
projects:
- projectId: proj01
  projectName: X시스템개발
- projectId: proj02
  projectName: Y시스템개발
```

YAML에서는 키와 값을 : (콜론 뒤에 공백이 있어야 한다)으로 연결하는데, 이 키와 값의 집합을 맵(또는 객체)이라고 한다. [예제 A-22]의 첫 번째 줄에는 employeeName이라는 키에 김철수라는 값이 설정되어 있다. 또한 파일 전체가 employeeName, department, age, projects라는 키와 그 값들, 즉 맵으로 구성되어 있다.

값 부분에 맵을 작성할 때는 값 부분을 줄바꿈하고 들여쓰기한다. [예제 A-22]에서는 department 키의 값이 맵으로 구성되어 있는데, 이 맵은 name과 manager라는 두 개의 키를 가지고 있다. 그리고 manager 키의 값은 다시 name이 키, 값이 김철수인 맵으로 구성되어 있다.

또한 값 부분에는 배열(또는 시퀀스)을 작성할 수 있다. 배열의 값을 작성할 때는 값 부분을 줄바꿈한 후, 배열 요소 앞에 - (하이픈 뒤에 공백이 있어야 한다)을 넣고 -의 오른쪽에 맵을 작성한다. [예제 A-22]에서는 projects 키의 값이 배열로 되어 있으며 두 개의 맵을 포함하고 있다. 첫 번째 요소는 projectId 키의 값이 proj01, projectName 키의 값이 X시스템 개발인 맵이고, 두 번째 요소는 projectId 키의 값이 proj02, projectName 키의 값이 Y시스템 개발인 맵이다.

A.19 JSON

JSON은 다양한 용도로 사용되는 표준화된 텍스트 데이터 형식이다. 주로 웹 서비스에서 데이터를 송수할 때 사용된다. JSON은 'JavaScript Object Notation'의 줄임말로, 이름에서 알 수 있듯이 원래는 자바스크립트 객체를 텍스트로 표현하기 위한 형식이지만 간단하고 이해하기 쉬운 구조라서 현재는 다양한 용도로 사용된다. JSON 형식의 데이터를 살펴보자(예제 A-23).

예제 A-23 JSON 형식의 데이터

```
{
    "employeeId": "emp01",
    "employeeName": "김철수",
    "age": 25,
```

```
    "projects": [
      {"projectId": "proj01", "projectName": "X시스템개발"},
      {"projectId": "proj02", "projectName": "Y시스템개발"}
    ]
}
```

JSON에서는 객체를 { } 괄호로 나타낸다. 객체 안에는 멤버라 불리는 데이터(자바에서 말하는 필드에 해당한다)를 '"멤버명": 값' 형식으로 작성한다. [예제 A-23]에서는 가독성을 위해 콜론(:)과 값 사이에 공백을 넣었지만 공백이 없어도 상관없다. 각 멤버는 쉼표(,)로 구분해 여러 개를 나타낼 수 있다. 또한 [ ] 괄호를 사용하면 배열을 표현할 수 있다. [예제 A-23]에서는 projects 멤버의 값이 배열로 되어 있고, 각각의 요소가 객체로 저장되어 있다. 배열의 요소도 쉼표로 구분한다.

A.20 서블릿과 서블릿 필터

서블릿^{Servlet}은 요청을 수신하고 응답을 반환하는 프로그램을 만들기 위한 자바 표준 기술이다. 프로토콜의 종류에 제한이 있는 것은 아니지만 일반적으로 HTTP 프로토콜을 사용한다. 서블릿의 규칙을 따르는 클래스(일반적으로 Servlet 클래스라고 한다)를 AP서버에 등록하면 HTTP 요청에 대응하여 AP 서버가 Servlet 객체의 메서드를 호출해준다(그림 A-25).

그림 A-25 Servlet 객체의 메서드를 호출하는 과정

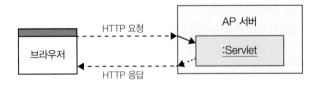

서블릿 필터^{Servlet Filter}는 Servelt 처리 전후에 임의의 처리를 끼워넣기 위한 자바 표준 기술이다. [그림 A-26]과 같이 클라이언트(브라우저)와 Servlet 객체 사이에 들어가 전처리와 후처리를 할 수 있다.

그림 A-26 Servlet Filter 객체가 전후의 처리를 담당한다.

또한 [그림 A-27]과 같이 Servlet Filter 객체를 여러 개 연결할 수도 있다.

그림 A-27 Servlet Filter 객체를 여러 개 연결한 경우

Filter 객체 A가 Filter 객체 B의 메서드를 호출하고, Filter 객체 B가 Filter 객체 C의 메서드를 호출하고, 마지막 Filter 객체의 메서드가 Servlet 객체의 메서드를 호출하는 형태다. 객체의 메서드가 종료되면 반대 방향으로 처리 과정이 되돌아간다. Servlet 객체의 메서드가 종료되면 마지막 Filter 객체의 메서드로 이어지고, 마지막 Filter 객체의 메서드가 종료되면 그 전 Filter 객체의 메서드로 이어지는 형태다.

A.21 리다이렉트와 포워드

리다이렉트^{redirect}와 포워드^{forward}는 다른 경로로 처리를 전환하는 메커니즘으로, 각각 전환 방식이 다르다.

리다이렉트의 경우 리다이렉트 출발지 페이지의 처리가 끝나면 브라우저에 리다이렉트 응답

을 반환한다. 리다이렉트 응답은 HTTP 사양으로 표준화되어 있으며, 응답 속에 리다이렉트 목적지 URL이 포함되어 있다. 브라우저는 리다이렉트 응답에 포함된 URL에 즉시 요청을 보내고, 이를 리다이렉트 목적지 URL에서 받아 처리한다(그림 A-28).

그림 A-28 리다이렉트

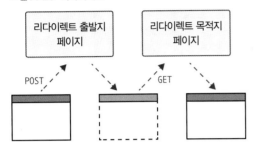

리다이렉트 요청은 GET으로 전송해야 하므로 리다이렉트 목적지 URL에서 GET 요청을 받는 형태가 된다.

포워드는 포워드 출발지 URL과 포워드 목적지 URL의 처리가 하나의 요청 안에서 이루어진다(그림 A-29).

그림 A-29 포워드

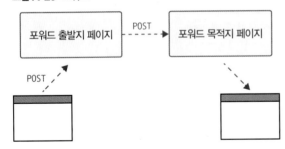

포워드 출발지 페이지는 받은 요청을 포워드 목적지 페이지로 그대로 전달하는 형태가 되므로 요청이 GET인 경우도 있고 POST인 경우도 있다. [그림 A-29]에서는 포워드 출발지 URL에서 POST 요청을 받았기 때문에 포워드 목적지 URL도 POST로 전달받는다. 만약 포워드 출발지 URL에서 GET으로 요청을 받은 경우라면 포워드 목적지 URL도 GET으로 받아야 한다.

A.22 Serializable

자바 표준 직렬화^{Serialization}는 자바 객체를 파일이나 네트워크에 출력할 수 있는 데이터 형식으로 변환하는 기술이다. 컴퓨터가 파일을 읽고 쓰거나 네트워크로 통신할 때 데이터를 바이트열(바이트형 값을 보관하는 배열)로 취급한다. 자바 표준 직렬화 외에도 '직렬화'라는 용어를 사용하는 경우가 있다. 한 가지 예로 자바 객체를 JSON 형식으로 변환하는 것을 직렬화라고 하기도 한다.

자바 표준 직렬화를 사용하는 대표적인 시나리오로 세션 스코프에 있는 객체를 파일로 내보내는 상황을 들 수 있다. 세션 스코프 안의 객체는 AP 서버의 메모리에 보관되는데, AP 서버는 메모리가 부족해지면 세션 스코프 안의 객체를 일단 파일로 대피시켜 메모리를 확보하려고 한다(내보낸 데이터는 필요에 따라 다시 불러와 자바 객체로 되돌릴 수 있다). 파일로 내보낼 때는 직렬화하여 객체를 변환한다. 직렬화가 작동하는 방식은 [그림 A-30]과 같다.

그림 A-30 직렬화가 작동하는 방식

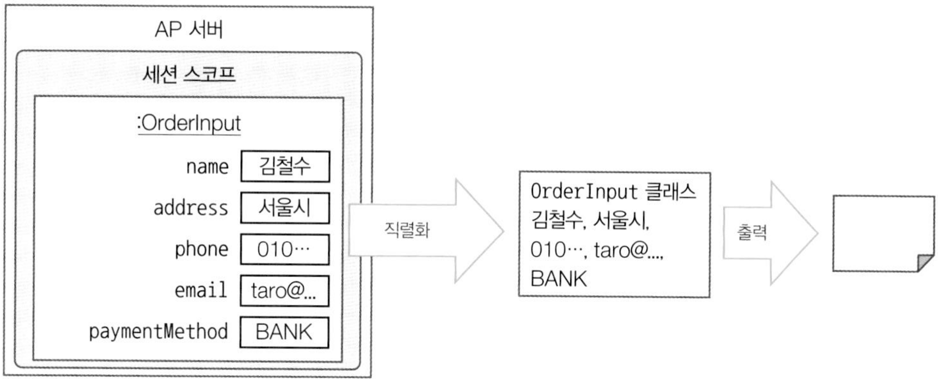

AP 서버의 메모리 안에는 `OrderInput` 객체가 있고, 객체의 필드에는 값이 저장되어 있다. 직렬화되면 클래스의 정보나 필드의 값이 파일로 출력 가능한 형식으로 변환된다. [그림 A-30]의 경우 직렬화된 데이터가 사람이 눈으로 읽을 수 있는 형식로 되어 있지만 실제로는 바이너리 형식이기 때문에 사람이 읽을 수 없다.

직렬화되는 객체의 클래스는 [예제 A-24]와 같이 Serializable 인터페이스를 구현해야 한다.

Serializable 인터페이스

```java
public class OrderInput implements Serializable {
    ...
}
```

Serializable 인터페이스를 구현하지 않은 객체를 직렬화하려고 하면 오류가 발생한다. 세션 스코프에 저장되는 객체는 AP 서버에 의해 직렬화될 가능성이 있으므로 Serializable 인터페이스를 구현해야 한다. 참고로 Serializable 인터페이스에는 정의된 메서드가 없다. 단순한 표식으로 사용되는 인터페이스다('마커 인터페이스^{marker interface}'라고 한다).

직렬화된 데이터에는 직렬화된 시점의 클래스 버전이 포함된다. 직렬화된 데이터를 읽어와 객체로 복원할 때 클래스가 변경됐는지 확인하기 위해서다(예 필드 이름이 변경된 경우). 최신 클래스 버전과 직렬화된 시점의 클래스 버전을 비교하여 버전이 다르면 오류를 발생시켜 불완전한 객체를 생성하지 않도록 한다. 클래스 버전은 serialVersionUID라는 이름의 static 필드에 지정된 임의의 버전 번호로, [예제 A-25]와 같이 지정할 수 있다.

예제 A-25 serialVersionUID 지정

```java
public class OrderInput implements Serializable {
    private static final long serialVersionUID = 123456789L;
    ...
}
```

참고로 serialVersionUID 필드를 작성하지 않은 경우 클래스 정보를 기반으로 자바에서 자동으로 버전 번호를 생성한다. 단, Serializable 인터페이스를 구현했는데 serialVersionUID 필드를 작성하지 않는 경우 컴파일러가 경고를 보낸다. 경고를 표시하지 않도록 컴파일러에 전달하려면 [예제 A-26]과 같이 클래스 위에 @SuppressWarnings("serial")을 붙인다.

```
@SuppressWarnings("serial")
public class OrderInput implements Serializable {

    ...

}
```

A.23 JUnit

JUnit은 자바에서 테스트 프로그램을 작성할 때 표준으로 사용되는 라이브러리다(유사한 라이브러리가 많지만 JUnit이 표준이다). 최신 버전은 5.x 계열이고, 유지 관리 중인 기존 애플리케이션에서는 4.x 계열을 사용하는 경우도 많다.

4.x 계열과 5.x 계열은 사용하는 클래스나 애너테이션이 다르지만 기본적인 사용법은 같다. 이 책에서는 5.x 계열을 사용한다. [예제 A-27]을 살펴보자.

예제 A-27 JUnit의 테스트 클래스

```
class SampleServiceTest {
    SampleService sampleService;
    @BeforeEach
    void setUp() {
        sampleService = new SampleService();
    }
    @Test
    void test_getSample() {
        String result = sampleService.getSample();
        Assertions.assertThat(result).isEqualTo("sample");
    }
}
```

JUnit으로 테스트 프로그램을 만들 때는 먼저 테스트 클래스를 작성한다. 클래스명은 임의로 지정할 수 있다. 작성한 테스트 클래스에 @Test를 붙인 메서드를 정의하면 해당 메서드가 테스트 메서드가 되고, 테스트의 최소 단위가 된다. 참고로 JUnit 5.x 계열에서는 테스트 클래스나 테스트 메서드에 public 접근 제한자를 붙이지 않아도 작동한다.

테스트에 필요한 처리(테스트할 클래스의 객체를 준비하거나 테스트할 데이터를 데이터베이스에 등록하는 등)는 @BeforeEach를 붙인 메서드에 작성한다. @BeforeEach를 붙인 메서드는 @Test를 붙인 테스트 메서드보다 먼저 호출된다. [예제 A-27]에서는 @BeforeEach 메서드에서 테스트할 SampleService 클래스의 객체를 생성하여 필드에 대입하고 있다. @Test를 붙인 테스트 메서드에서는 필드에 대입된 SampleService 객체에 테스트하고 싶은 메서드를 호출하여 결과를 확인한다(Assertions.assertThertThat...에 관해서는 잠시 후에 설명한다).

테스트 메서드가 여러 개일 경우 @BeforeEach가 붙은 메서드는 각 테스트 메서드가 호출되기 전에 매번 호출된다. [예제 A-28]의 코드를 살펴보자.

[예제 A-28] 여러 개의 테스트 메서드와 @BeforeEach

```java
class SampleTest {
    @BeforeEach
    void setUp() {
        System.out.println("setUp");
    }
    @Test
    void test1() {
        System.out.println("test1");
    }
    @Test
    void test2() {
        System.out.println("test2");
    }
}
```

@Test가 붙은 테스트 클래스가 두 개 있다. [예제 A-28]을 실행하면 콘솔에는 [예제 A-29]와 같이 출력된다.

테스트 실행 시 콘솔 출력

```
setUp
test1
setUp
test2
```

@BeforeEach가 붙은 setup 메서드가 각 테스트 메서드보다 먼저 호출됐다는 것을 알 수 있다. 참고로 [예제 A-29]에서는 test1 메서드 뒤에 test2 메서드가 호출됐지만, 테스트 메서드 호출 순서는 보장되지 않는다. 따라서 메서드 호출 순서에 따라 달라지는 테스트 클래스(test1 메서드를 호출한 다음에 test2 메서드를 호출해야만 예상대로 작동하는 등)를 만들어서는 안 된다.

@BeforeEach 외에도 첫 테스트 메서드가 호출되기 전에 1번만 호출하는 @BeforeAll, 각 테스트 메서드가 호출된 후 매번 호출하는 @AfterEach, 마지막 테스트 메서드가 호출된 후 1번만 호출하는 @AfterAll과 같은 애너테이션도 있다. 이 책에서는 다루지 않으므로 자세한 설명은 생략한다.

테스트 메서드에서 실행 결과가 예상과 일치하는지 확인하는 것을 어설션[assertion]이라고 한다. 예를 들면 테스트 대상 메서드가 반환한 Order 클래스의 객체의 customerName 필드가 "cname01"인지 확인하는 것이다. 어설션을 위한 라이브러리도 있는데, 이 책에서는 AssertJ라는 라이브러리를 사용한다. [예제 A-30]은 AssertJ를 사용한 어설션의 예다.

AssertJ를 사용한 어설션

```
Assertions.assertThat(order.getCustomerName()).isEqualTo("cname01");
```

AssertJ가 제공하는 Assertions 클래스의 assertThat 메서드의 인수에 확인할 값을 지정하고, assertThat 메서드의 반환 값에 대해 isEqualTo 메서드를 호출하여 기대하는 값을 지정한다. 확인하고 싶은 값과 기대하는 값이 일치하면 테스트가 성공하고, 다르면 실패한다.

AssertJ는 assertThat과 isEqualTo 외에도 수많은 유용한 메서드를 제공한다. 이 책에서는 소개하지 않지만 인터넷에서 찾아보면 도움이 될 것이다.

또한 assertThat 메서드를 비롯한 Assertions 클래스의 static 메서드를 자주 호출하게 되므로 [예제 A-31]과 같이 static 임포트를 해두면 편리하다.

예제 A-31 Assertions의 static 임포트

```
Assertions.assertThat(order.getCustomerName()).isEqualTo("cname01");
```

이처럼 static 임포트를 해두면 assertThat 메서드를 호출할 때마다 Assertions.를 작성할 필요가 없다. 테스트 실행은 Eclipse나 IntelliJ IDEA와 같은 IDE에서 수행할 수 있다(Maven이나 Gradle과 같은 빌드 도구에서 실행할 수도 있다). IDE는 JUnit과 연계하는 기능을 제공하므로 화면 조작으로 테스트 실행을 지시하면 [그림 A-31]과 같이 JUnit 테스트 엔진(테스트 메서드를 호출하는 프로그램)이 시작된다.

그림 A-31 테스트 실행 흐름

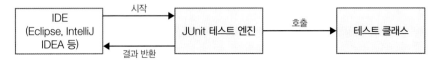

테스트 엔진은 테스트 클래스의 테스트 메서드를 호출해 테스트 결과를 IDE에 전달하고, IDE는 테스트 결과를 화면에 표시한다.

A.24 JSONPath

JSONPath는 JSON 데이터에서 특정 부분을 추출할 때 사용하는 표준화된 형식이다. [예제 A-32]의 데이터를 보면서 몇 가지 대표적인 구문을 살펴보자.

예제 A-32   JSON 데이터의 예

```
{
    "id": "o01",
    "customerName": "김철수",
    "customerAddress": "address01",
    "orderItems": [{
      "id": "i01",
      "priceAtOrder": 1000,
      "product": {
       "id": "p01",
       "name": "name01"
      }
     },{
      "id": "i02",
      "priceAtOrder": 2000,
      "product": {
      "id": "p02",
      "name": "name02"
      }
     }]
}
```

JSONPath는 가장 바깥쪽에 있는 객체를 $로 나타내며, '$.멤버명' 형식으로 멤버의 값을 참조할 수 있다. 예를 들어 $.customerName이라고 작성하면 "김철수"라는 값을 참조할 수 있다. 또한 배열 요소는 [요소번호]로 참조할 수 있다. $.orderItems[0].priceAtOrder라고 작성하면 orderItems 배열의 0번째 요소의 priceAtOrder 멤버를 참조하여 1000을 얻을 수 있다. $.orderItems[1].product.name이라고 작성하면 orderItems 배열의 1번째 요소의 product 객체의 name 멤버를 참조하므로 name02를 얻을 수 있다. 또한 length( )를 사용하면 배열 객체의 요소 개수를 구할 수 있다. 따라서 $.orderItems.length( )라고 작성하면 2를 얻을 수 있다.

A.25 수강 신청 애플리케이션

브라우저를 통해 수강 신청을 하는 애플리케이션이다. [그림 A-32]에 애플리케이션의 개요를 나타냈다.

그림 A-32 수강 신청 애플리케이션

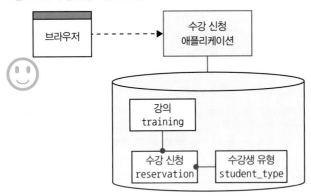

데이터베이스의 테이블로 training, reservation, student_type 3가지를 사용한다. 주요 클래스와 인터페이스는 [그림 A-33]과 같다.

그림 A-33 수강 신청 애플리케이션의 주요 클래스와 인터페이스

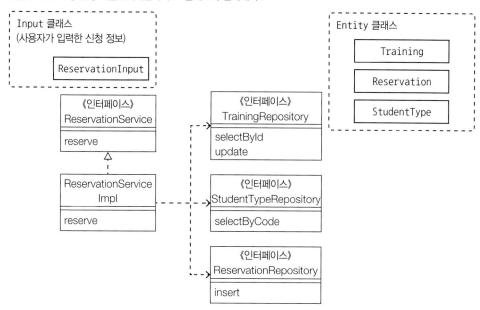

주요 클래스와 인터페이스의 역할을 [표 A-1]에 정리했다.

표 A-1 수강 신청 애플리케이션의 주요 클래스와 인터페이스

클래스·인터페이스	역할
ReservationInput	사용자가 입력한 신청 정보(신청하는 강의 정보, 사용자 정보 등)를 갖는 Input 클래스
ReservationService	수강 신청 메서드(reserve 메서드)를 정의한 Service 인터페이스. ReservationInput을 인수로 받는다.
ReservationServiceImpl	수강 신청 메서드를 구현한 Service 클래스
ReservationRepository	신청 데이터의 데이터베이스 접근하기 위한 Repository 인터페이스
StudentRepository	수강생 유형 데이터의 데이터베이스에 접근하기 위한 Repository 인터페이스
Training	강의 데이터를 갖는 Entity 클래스
Reservation	신청 정보를 갖는 Entity 클래스
StudentType	수강생 유형 데이터를 갖는 Entity 클래스

수강 신청 메서드 처리의 흐름은 [그림 A−34]와 같다.

그림 A-34 수강 신청 메서드 처리의 흐름

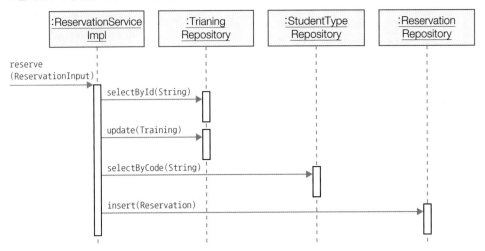

사용자가 입력한 신청 정보를 인수로 하여 ReservationServiceImpl 객체의 reserve 메서드가 호출되고, reserve 메서드 내에서 TrainingRepository 객체의 selectById 메서드를 호출하여 신청한 강의 데이터를 가져온다. 강의 데이터 내의 신청 수를 1개 늘리고 TrainingRepository 객체의 update 메서드로 강의 데이터를 업데이트한다. 이후 StudentTypeRepository 객체의 selectByCode를 호출하여 수강생 유형 코드를 지정하여 수강생 유형 데이터를 가져온다(수강생 유형 ID를 가져오는 목적). 이후 ReservationRepository 객체의 insert 메서드로 수강 신청 데이터를 삽입한다.

A.26 상품 주문 애플리케이션

브라우저를 통해 상품을 주문하는 애플리케이션이다. [그림 A−35]에 애플리케이션의 개요를 나타냈다.

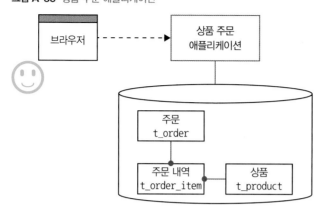

그림 A-35 상품 주문 애플리케이션

데이터베이스의 테이블로 t_order(주문), t_order_item(주문 내역), t_product(상품)의
3가지를 사용한다. 주요 클래스와 인터페이스는 [그림 A-36]과 같다.

그림 A-36 상품 주문 애플리케이션의 주요 클래스와 인터페이스

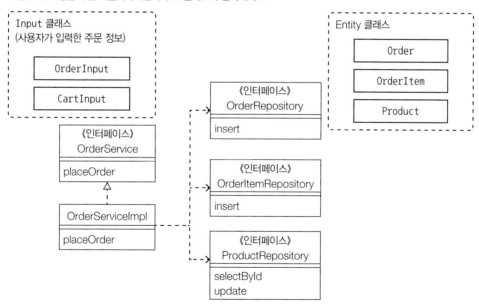

주요 클래스와 인터페이스의 역할을 [표 A-2]에 정리했다.

표 A-2 상품 주문 애플리케이션의 주요 클래스와 인터페이스

클래스·인터페이스	역할
OrderInput	사용자가 입력한 주문 정보(사용자 이름, 주소 등)를 가진 Input 클래스
CartInput	사용자가 주문할 상품 정보를 가진 Input 클래스
OrderService	상품 주문 메서드(placeOrder 메서드)를 정의한 Service 인터페이스
OrderServiceImpl	상품 주문 메서드를 구현한 Service 클래스
OrderRepository	주문 데이터의 데이터베이스에 접근하기 위한 Repository 인터페이스
OrderItemRepository	주문 상세 데이터의 데이터베이스에 접근하기 위한 Repository 인터페이스
ProductRepository	상품 데이터의 데이터베이스에 접근하기 위한 Repository 인터페이스
Order	주문 데이터를 가진 Entity 클래스
OrderItem	주문 상세 데이터를 가진 Entity 클래스
Product	상품 데이터를 가진 Entity 클래스

상품 주문 시 처리의 흐름은 [그림 A-37]과 같다.

그림 A-37 상품 주문 메서드의 처리 흐름

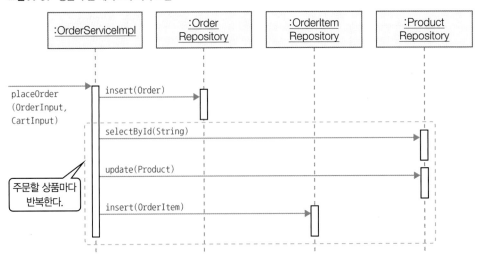

사용자가 입력한 주문 및 상품 정보를 인수로 하여 OrderServiceImpl 객체의 placeOrder 메서드가 호출된다. 상품 주문 메서드에서 OrderRepository 객체의 insert 메서드를 호출

하여 주문 데이터를 삽입한다. 그 후 주문하는 상품마다 반복해서 처리한다. 반복 처리에서는 ProductRepository 객체의 selectById 메서드를 호출하여 상품 데이터를 가져오고, 가져온 상품의 재고 수량을 줄인 후, ProductRepository 객체의 update 메서드로 상품 데이터를 갱신한다. 그런 다음 OrderItemRepository 객체의 insert 메서드를 호출하여 주문 상세 데이터를 삽입한다.